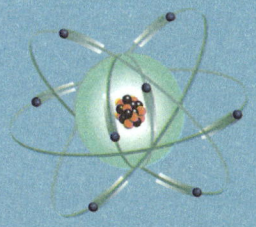

科学探索

任中原　主编

中国华侨出版社
北京

图书在版编目（CIP）数据

科学探索 / 任中原主编. —北京：中国华侨出版社，2016.11（2020.12重印）

ISBN 978-7-5113-6401-2

Ⅰ.①科… Ⅱ.①任… Ⅲ.①科学知识－普及读物 Ⅳ.①Z228

中国版本图书馆CIP数据核字（2016）第250950号

科学探索

主　　编：任中原

责任编辑：兰　芷

封面设计：李艾红

文字编辑：朱立春

美术编辑：潘　松

经　　销：新华书店

开　　本：720mm×1020mm　　1/16　　印张：20　　字数：650千字

印　　刷：北京德富泰印务有限公司

版　　次：2017年1月第1版　　2020年12月第3次印刷

书　　号：ISBN 978-7-5113-6401-2

定　　价：39.80元

中国华侨出版社　　北京市朝阳区西坝河东里77号楼底商5号　　邮编：100028

法律顾问：陈鹰律师事务所

发 行 部：（010）58815874　　　传　　真：（010）5815857

网　　址：www.oveaschin.com　　　E－m a i l：oveaschin@sina.com

如果发现印装质量问题，影响阅读，请与印刷厂联系调换。

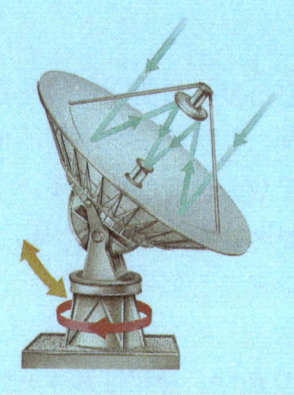

前言

PREFACE

近现代以来，科学技术一直在以飞快的速度发展着，人类利用科技创造了一个又一个神话：探索宇宙边际，登陆月球，深入地壳，预测天气变化，克隆动植物，攻克多种顽疾，日益便捷的交通工具不断问世，互联网大发展……人类总是在不断尝试着新的东西。可以说，科学包含了世界的全部奥妙，其不断进步更是给人类社会带来了翻天覆地的变化。

然而，科学离我们并不遥远，并非只有在设施完善的实验室里才能接触到它。科学无处不在，它存在于我们的日常生活中，与我们形影相随。可是，说到科学，你究竟了解多少呢？首先可以肯定的一点是，科学绝不仅仅是数理化知识那么简单。如果有人告诉你，科学有着非常神秘的一面，你相信吗？为了满足读者在自然科学方面的好奇心，启迪智慧，答疑解惑，我们精心制作了一套精美的科学大餐，就是这本《科学探索》。

科学领域是暗藏玄机的，是曲折离奇的，是惊心动魄的，是独特另类的，是充满挑战与刺激的，更是充满智慧与想象的：深不可测、无所不吞的黑洞，宇宙中相互"残杀"的星星，神秘的不明飞行物，来历不明的外星人，火山惊

天大爆发，从地下升起的死神——地震，横空出世、扫荡一切的龙卷风，动物世界里的凶残捕食者，危机四伏的植物王国，显微镜下渺小却能传播病毒的危险怪物，来自身体的绝密报告，曾夺去无数人生命的传染病，杀伤力巨大的机器人战争，专搞破坏和恶作剧的电脑黑客，暗藏玄机的密码王国，惊心动魄的破案现场……然而，林林总总的科学现象看似怪异，背后却无不隐藏着严谨、准确的科学知识。

从某种程度上来说，科学因其抽象性、复杂性、神秘性和未知性而显得可怕。首先，科学的力量是强大的，它创造了无数的奇迹，例如人类探索太空的梦想早已变为现实；其次，科学技术是一把双刃剑，在造福人类的同时给人类带来了痛苦，在改造世界的过程中也给世界留下了很多潜在的危机，如核武器的出现给人类生存带来了威胁；此外，还有许许多多人类尚未攻克的科学谜题，如神秘的麦田怪圈、癌症的病因等，它们的存在挑战着人类的认知能力和生存极限。然而，一旦我们揭示了种种复杂现象背后隐藏的真相，掌握了足够丰富的科学知识，洞悉了事物运作的原理和规律，很多看似神秘的现象便不攻自破了。何况，从宇宙到地球，从人类社会到动植物王国，从科学到艺术，人类在各个领域中所取得的成就，几乎都是在探索与解答种种神秘现象的过程中创造出来的。诸多曾经让人类恐惧的现象，今天早已不再神秘；而今天的离奇现象，相信随着科技的进步，真相迟早也将浮出水面。

目录

CONTENTS

第1篇 奇妙的科学世界

神秘的天与地…………………2

天体玄机………………… 2

　广阔无边的宇宙 ………………… 2

　银河系是如何被发现的 ………… 2

　银河系究竟有多大 ……………… 4

　河外星系的外形和结构 ………… 5

　梦幻般的星座 …………………… 7

　恒星和行星 ……………………… 8

　我们的太阳系 …………………… 8

　太阳的结构 ……………………… 9

　怎样测定太阳的温度 ………… 11

　美丽的流星雨 ………………… 11

地球奥秘 ……………………… 12

　我们的地球 …………………… 12

　地球的大小怎样测定 ………… 13

　精彩的海洋世界 ……………… 15

　海水是什么颜色的 …………… 16

　如何让海水变成淡水 ………… 17

　潮涨潮落 ……………………… 20

　海啸是怎么产生的 …………… 20

　认识大气层 …………………… 21

　冰川和冰山是怎样形成的 …… 22

　世界主要冰川 ………………… 23

　火山为什么会喷发 …………… 23

　火山爆发有规律吗 …………… 24

　地震是怎样发生的 …………… 26

　地球上的煤是怎样形成的 ……… 27

　地球上的石油是怎样形成的 …… 28

　地球上的岩石是怎样形成的 …… 30

要命的数理化…………………… 31

抽象的数学 …………………… 31

　数的来历 ……………………… 31

　神奇的进制 …………………… 31

　黄金分割 ……………………… 32

　勾股定理 ……………………… 33

　认识 π ………………………… 34

　对称图形 ……………………… 34

　仅有的五种正多面体 ………… 35

　圆与球 ………………………… 36

　概率的秘密 …………………… 37

著名的四色猜想 ·················· 38

拓扑 ····························· 38

分形几何 ························· 39

麦比乌斯圈 ······················ 39

让人头大的物理 ················· 40

　时间是什么 ···················· 40

　测来测去 ······················ 41

　无处不在的力 ·················· 42

　机械与传动 ···················· 43

　神奇的流体 ···················· 44

　看得见看不见的波 ·············· 46

　声音的魔力 ···················· 47

　乐音和噪音 ···················· 49

　神秘莫测的光 ·················· 50

　光的性质 ······················ 51

　揭开能量的面纱 ················ 52

　磁力的真相 ···················· 53

　电和磁的联系 ·················· 54

复杂的化学 ······················ 55

　厨房里的化学 ·················· 55

　生活中的化学 ·················· 56

　食物中的化学 ·················· 57

　元素、原子和分子 ·············· 58

　奇妙的化学变化 ················ 59

　物质的状态 ···················· 61

　晶体和非晶体 ·················· 62

　金属元素 ······················ 62

非金属元素 ······················ 63

形式多样的碳 ···················· 64

高分子化合物 ···················· 65

爆炸和燃烧 ······················ 66

庞大的有机家族 ·················· 67

无色无味的空气 ·················· 68

生命之水 ························· 69

古怪的生物学 ·················· 70

动物世界的众生百态 ············· 70

　动物的种类 ···················· 70

　聪明的动物 ···················· 73

　五花八门的叫声 ················ 74

　惊险的旅程 ···················· 75

　共生与寄生 ···················· 76

　动物就餐 ······················ 77

　可怕的捕食者 ·················· 77

　逃生的本领 ···················· 79

　食物链和食物网 ················ 80

　养育后代 ······················ 81

　夜行动物 ······················ 82

植物王国的精灵 ················· 84

　植物王国危机四伏 ·············· 84

　绿色植物 ······················ 85

　植物的"老三样" ··············· 86

　根的秘密 ······················ 87

　食虫植物 ······················ 88

　植物的生存竞争 ················ 90

　菌类植物 ······················ 91

　花朵里的骗局 ·················· 92

　种子的传播与发芽 ·············· 93

显微镜下的生物 ················· 95

　神奇的显微镜 ·················· 95

　一个微小的世界 ················ 95

　医学显微镜 ···················· 96

　渺小的怪物 ···················· 98

　危险的微生物 ·················· 99

神秘的细胞 ……………… 100
藏在家中的危险 ………… 101
恐怖的厕所 ……………… 102
虫子家族的故事……………… 103
丑陋的虫子 ……………… 103
蠕虫 …………………… 104
蜗牛和蛞蝓 ……………… 105
水下怪物 ………………… 106
爬虫 …………………… 107
昆虫入侵 ………………… 108
甲虫 …………………… 109
蚂蚁社会 ………………… 110
蜜蜂家族 ………………… 111
漂亮的虫子 ……………… 112

认识我们的身体……………… **113**
切开大脑看一看 ………… 113
奇妙的感觉 ……………… 114
自动照相机——眼睛 …… 115
神经系统 ………………… 116
灵敏的耳 ………………… 117
具有双重身份的鼻子 …… 118
最合身的衣服——皮肤 … 118
骨头和肌肉 ……………… 119
血管和血液 ……………… 121
心脏怎样为你努力工作 … 122
肺和呼吸 ………………… 123
活跃的肝脏 ……………… 124
穿越肠子的旅行 ………… 125
染病真相 ………………… 126
可怕的病菌 ……………… 127
身体的抵抗 ……………… 128
危险的食物 ……………… 129
医生和救命药 …………… 130
鼠疫 …………………… 132

最前沿的科学新知……………… **133**
各种各样的机器人 ……… 133

我们的机器人朋友 ……… 133
仿人机器人 ……………… 134
工业机器人 ……………… 135
家用机器人 ……………… 136
太空机器人 ……………… 137
海洋机器人 ……………… 138
机器人战争 ……………… 139
前景莫测的生物技术……… 141
了解细胞 ………………… 141
奇妙的基因 ……………… 142
从DNA到蛋白质 ………… 143
克隆技术 ………………… 144
转基因植物 ……………… 145
细胞工程 ………………… 146

让人惊叹的另类科技…………… **148**
代码还是密码 …………… 148
指纹档案 ………………… 149
用DNA破案 ……………… 150
尸检线索 ………………… 151
致命的药剂 ……………… 152
特技效果的魔力 ………… 153
电影魔术 ………………… 154
天气变化随心所欲 ……… 155
制作怪物 ………………… 156
神奇的电子动画学 ……… 157

第2篇　精彩纷呈的科学异想

灿烂星空的遐想——宇宙 …… 160

天的外边是什么 ……… 160
星星为什么掉不下来 ……… 160
如果我掉进黑洞中会发生什么事 … 161
为什么天体都是球形的 ……… 162
太空中是否有很多垃圾 ……… 163
天上没有太阳会怎样 ……… 163
居住在火星上会怎样 ……… 164
为什么冥王星会从行星降格为矮行星 … 165

地上地下的神奇——地球 …… 166

地球是不是标准的正圆球体 ……… 166
天空为什么是蓝色的 ……… 167
为什么太阳和月亮会变颜色 ……… 168
一年之中四季不分会怎样 ……… 169
地心温度为什么如此之高 ……… 170
地球要是一下子没有了吸引力会怎样 … 171
冰川都融化了会怎样 ……… 173
假如火山爆发的时候我在山顶 … 174
南极和北极哪个更冷 ……… 175

天气与气候 ………………… 176

世界各地气候都一样该多好 ……… 176
风是怎么吹起来的 ……… 177

要是能呼风唤雨多神气 ……… 178
怎么不给地球装一个大空调 ……… 179
酸雨真的很酸吗 ……… 181
天天能看到彩虹该多好 ……… 182
腾云驾雾的感觉一定很奇妙 ……… 183
电闪雷鸣是"老天"在发怒吗 ……… 184

奇妙的物理和化学现象 ……… 185

没有空气会怎样 ……… 185
原子是什么样子的 ……… 186
为什么有些原子具有放射性 ……… 187
所有的金属都有磁性会怎样 ……… 188
如果把指南针拿到南极会怎样 ……… 189
东西往上升而不往下掉会怎样 ……… 189
水为什么不往上流 ……… 190
尖尖的针为什么容易刺进物体 ……… 191
气泡为什么是圆的 ……… 191
火箭如何在没有空气的太空里前进 … 192

伟大的科学技术 …………… 194

没有电的生活会怎样 ……… 194
有没有一种海陆空都能用的交通工具 … 195
火车要和火箭一样快该多好 ……… 196
为什么金属也会有记忆力 ……… 197

人类的生理与心理 ………… 199

真的有人能做到两只手一样灵巧吗 … 199
心肌为何能不知疲倦地一直跳动 … 199
人总也不长大该多好 ……… 200
吃多少东西就长多少体重吗 ……… 202
吃饱了总也不饿该多好 ……… 202
人不知道渴该多好 ……… 204
人没有痛感会怎样 ……… 205
和爱因斯坦一样聪明该多好 ……… 206

人类以外的生物世界 ………… 207

灭绝的动物都复活了会怎样 ……207

如果恐龙就在我们身边该怎么办 …208

如果地球上没有动物和植物会怎样 …209

猴子都变成了人该怎么办 ………210

鸡生蛋还是蛋生鸡 ……………212

植物怎么不会跑 …………………213

虫子能变成草吗 …………………214

为什么植物也喜欢"听音乐" …215

为什么有的花香，有的花不香 …216

鲜花只开不谢该多好 ……………217

我要像鸟儿一样飞 ………………218

第3篇　离奇的科学未解之谜

星外传奇 ……………… 220

宇宙中真的存在反物质吗 ………220

暗物质之谜 ………………………223

宇宙中还存在其他"太阳系"吗 226

脉冲星与中子星的奥秘 …………227

水星的真面目 ……………………229

金星上的神秘城墟 ………………230

寻找火星生命 ……………………232

土星与神奇的土星光环 …………235

木星上有生命吗 …………………237

月亮是撞出来的吗 ………………238

难窥其实的月亮背面 ……………239

小行星会撞击地球吗 ……………241

地球揭秘 ……………… 245

地球是怎样诞生的 ………………245

追寻地球的年龄 …………………246

地球内部的奥秘 …………………247

探秘大陆漂移说 …………………249

地震为何难以预测 ………………251

是谁驱使地球在运动 ……………252

地球未来大揭秘 …………………254

地球磁场为什么会"翻跟头" …255

氧气是否会被耗尽 ………………256

地球上的水来自何处 ……………257

巨電是怎样形成的 ………………258

龙卷风成因探秘 …………………260

球形闪电之谜 ·············· 262
海市蜃楼 264
臭氧层真的会消失殆尽吗 ······· 265
探寻沙漠的成因 ·············· 267
深海海沟中的秘密 ·········· 268

人体之谜·················· 269

人类为何会得癌症 ·········· 269
人为什么会做梦 ·············· 271
人脑之谜 ·················· 273
能接收广播的牙齿 ·········· 275
神秘的人体自燃现象 ·········· 276
奇异的人体发电现象 ·········· 277
肉眼看不见的"人体辉光" ····· 278
梦与灵感 ·················· 279
能预测天气变化的关节炎 ······· 280
可怕的整体免疫紊乱 ·········· 282
奇怪的幻肢 ·················· 284

动植物探奇················· 286

动物之间为什么会发生争斗 ······ 286
动物为何冬眠 ·············· 288
动物治病之谜 ·············· 290
骆驼不怕干旱的奥秘 ·········· 291
龟类长寿之谜 ·············· 292
蚂蚁王国中的"公路"之谜 ····· 294
蜜蜂为什么有如此高的筑巢技能 295
植物血型之谜 ·············· 296
植物也能用语言交流吗 ········· 298
植物也有感情吗 ·············· 299
仙人掌"步行"的奥秘 ········· 299
动物肢体再生的奥秘 ·········· 300
鲸集体自杀现象 ·············· 302
抹香鲸为何有如此惊人的潜水能力 303
旅鼠投海自杀之谜 ·········· 304

第1篇

奇妙的科学世界

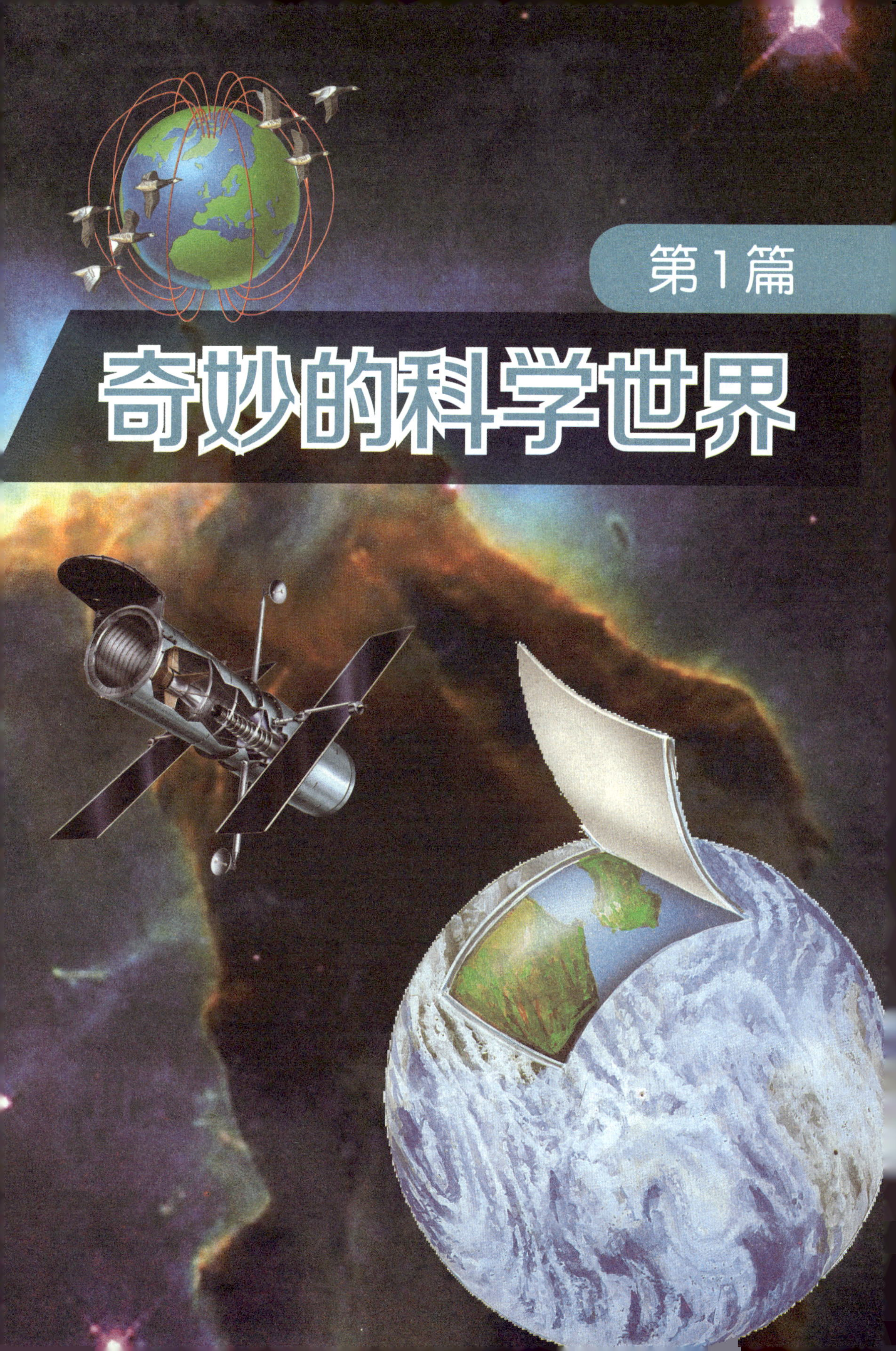

神秘的天与地

天体玄机

广阔无边的宇宙

仰望群星璀璨的夜空，我们就足以感受到宇宙的神秘。就连天文学家对宇宙的了解也非常有限，因为我们现有的探测手段对于浩瀚无穷的宇宙来说仍显得较为落后。我们现在认识的宇宙仅仅是我们可以观测到的那部分，而目前观测不到的领域只能借助建立理论模型来加以猜测。

古代，人们把空间称为"宇"，把时间称为"宙"，因此，我们可以说宇宙是空间和时间的总和。而现代的天文探测表明，宇宙是由各种形态的物质构成的，是在不断运动变化的。关于宇宙，科学家给出的定义是：由空间、时间、物质和能量所构成的统一体，是一切空间和时间的总和。一般理解的宇宙指我们所存在的一个时空连续系统，包括其间的所有物质、能量和事件。根据宇宙大爆炸模型推算，宇宙年龄大约为 137 亿年。也就是说，宇宙在大爆炸之后，又过了 137 亿年，才演化成今天的样子。

宇宙的微小部分，约由 30 个星系构成的星系团。

银河系由 1000 亿个恒星组成，太阳只是其中一颗。

太阳系由太阳连同它的八大行星共同组成。

地球是生命体存在的家园。

渺无边际的宇宙

宇宙有多大？现在我们能观测到的宇宙范围约 130 亿光年远，这意味着，宇宙尽头的一个天体所发出的光和电波要经过 130 亿年才能到达地球。因此，我们所看到的其实是宇宙 130 亿光年前的样子。它现在又是什么样子？我们得再过 130 亿光年才知道。宇宙是怎样诞生的？又是怎样演变成现在这个样子的？……这些问题一直困扰着人们。或许，宇宙远比我们想象的要奇特得多，它以其神秘性和广阔性吸引着我们不断去探索和发现。

银河系是如何被发现的

在古希腊、古罗马的神话故事里解释了银河的起源：万神的主宰宙斯即大神朱比特是一个风流的帝王，他和一位凡间女子生了一个名为赫拉克勒斯的儿子。为了让儿子健康成长，朱比特把私生子悄悄送到熟睡的妻子赫拉身旁，因为赫拉拥有无边的神力，据说吃了她的奶水，孩子的身体就会非常健壮。赫拉克勒斯刚刚吸吮了几口奶水，赫拉就被惊醒了，身体一时失去平衡，乳汁喷射而出，洒向太空，就形成了茫茫银河。

后来，人们通过天文观测知道了银河其实是无数颗星星组成的光带。那么银河系又是怎样被发现的呢？原来，银河系是由天王星的发现者赫歇耳通过数星星数出的一个伟大发现。

英国天文学家威廉·赫歇耳是一位业余天文爱好者。他一生最大的愿望，就是弄明白"宇宙的结构"。为了能数清星星的数目，他热情而又认真地投入了观测。

赫歇耳观测了1086次，共数出117600颗恒星。在数星星的过程中，他发现愈是靠近银河的地方，恒星分布就愈密集，在银河平面方向上恒星数达到最大值，而恒星数目在银河垂直方向上最少。由此赫歇耳提出，银河系是"透镜"或"铁饼"状的庞大天体系统，由恒星连同银河一起构成。其直径与厚度比大约在5：1左右。

赫歇耳设想，太阳大约位于银河中心的地方。地球人朝银河系的直径方向看去，可以看到一些流星以及许多较远、较暗的星星，当人们用肉眼看银河时，只能看到白茫茫的光带，像是天上的河流。如果地球人向银河系的平面垂直方向看，恒星就显得很稀薄，而人们的肉眼只能看到比较近的、很亮的恒星。

随着科技的发展，人们逐渐发现，银河系薄薄的中间凸起的银盘中分布了多数物质，它们主要是恒星，也有部分气体和尘埃。银盘的中心平面称为"银道面"，银盘中心凸起的部分称为银河

银河系侧视图：从侧面看，银河系像中间有突起的碟状盘，周围是一个巨大的球形区叫银晕，标记出银河系还是一个球状气体时的原始范围。银晕包括球状星团和暗物质

银河系
银河系是一个旋涡星系，直径10万光年，但只有2000光年厚。它的生命从数十亿年前开始，那时它是一个巨大的圆形气体云，正在它自身引力的作用下塌陷。它的自转使它变得扁平，形成现在的形状。

系的"核球"，核球呈椭圆形，其中心很小的致密区叫"银核"。分布在银盘外面的是一个范围广大、近似球状的系统，叫作"银晕"。相对于银盘来说，银晕中的物质密度低得多，外面还有银冕，其物质密度更低，大致呈球形。

从银盘上面俯视的银河系颇似水中的旋涡，银河系核球就是旋涡的中心，它向外伸展出几条旋臂，它们是银盘内年轻恒星、气体和尘埃集中的地方，也是一些气体尘埃凝聚形成年轻恒星的地方。迄今为止，已经发现英仙臂、猎户臂、人马臂等存在于银河系中。太阳就在猎户臂的内侧。一般说来，旋臂内的物质密度比旋臂大约高出 10 倍。恒星约占旋臂内的一半质量，气体和尘埃占另一半。

除了自转外，太阳还携带着太阳系天体以每秒约 250 千米的速度围绕着银心公转，轨道半径约 3 万光年，公转一周约 26 亿年之久。银河系也存在自转，它的旋臂也是绕着银河系的中心旋转。通过观测，人们还发现银河系整体也在朝着麒麟座方向运动着，速度达 214 千米 / 秒。

假如从银河系外很远的地方观察太阳，并将它与别的恒星相比较，会发现，太阳在千亿颗繁星中一点儿也不突出，只是一颗大小中等、亮度一般的恒星。从侧面观察银河系像是一个凸透镜状的、直径很大的圆盘。光线从它的一侧走到另一侧，大约需要 8 万 ~ 10 万年。

人类对银河系的轮廓、结构、运行等方面的发现，是认识宇宙的又一次飞跃。

🪐 银河系究竟有多大

银河系究竟有多大？这个问题一直困扰着人类。根据现代的科学研究表明，银河系主要由银盘（包括旋臂）、核球、银晕，以及外围的银冕等部分构成。

银河系的主体为银盘，它的外形呈扁盘状，银河系内的大多数星云和恒星都集中在这个扁盘内，银盘的直径大约为 8 万 ~ 10 万光年，中间部分较厚，厚度约 6000 多光年，

知识档案

光年

光年是一种长度单位，一般被用于计算恒星间的距离。宇宙间的距离非常大，所以只能以光年来计量，光线在一年中所走的距离称为一个光年。光速为每秒约 30 万千米，因此，一光年就是 94600 亿千米。

周围渐渐变薄，到太阳系附近便只剩一半厚度了。由于巨大的银河系本身也要进行自转，所以银盘中的亿万颗星球环绕银河系中心做着旋转运动，四条旋臂从银盘中心向外弯曲伸展出来，看上去就像急流中的旋涡。这里所说的旋臂实际上是恒星、尘埃和星际气体的集中区域，但这物质密集的旋臂并不是固定不变的，恒星一直在旋臂上进进出出，只是它们能够在运动中基本做到"收支平衡"，所以，旋臂的形状看上去始终保持不变。

银河系的中央部分是一个核球，核球内密集着恒星，核球的直径在 1.2 万 ~ 1.5 万光年之间，略呈椭圆形。由于大量的星云和气体尘埃阻挡住了观测的视线，因而科学家们对核球方向的天文观测十分困难，所以，人们至今对它的了解还比较少，但确信无疑的是，核球内的恒星分布是十分密集的。

美丽的银河系

银河系的外形像一个中间厚、边缘薄的扁平盘状体。圆盘部分称为银盘。银盘由恒星、尘埃和气体组成，是银河系的主要组成部分。在银河系中可探测到的物质中，有九成都在银盘范围以内。银盘外形如薄透镜，以轴对称形式分布于银河系中心周围，其中心厚度约1万光年，不过这是微微凸起的核球的厚度，银盘本身的厚度只有2000光年，直径近10万光年，总体上而言，银盘非常薄。太阳系位于银盘以内，距银河系中心约2.5万光年处。

　　银晕是在银盘外围的一个巨大包层，由稀疏的恒星和星际介质组成。它的体积至少要比银盘大50多倍，但质量却只占银河系的1/10，由此可见其物质密度非常稀薄。事实上，除了那些极其稀薄的星际气体外，球状星团是银晕中的主要物质。

　　直到20世纪70年代中期，科学家们才发现了银冕，银冕处于银河系的最外围，它的范围可远及50多万光年以外，比银河系的主体部分还要大。但银冕内基本上没有恒星，而是由极稀薄的气体组成，所以很难准确地测出银冕的真正范围。

河外星系的外形和结构

　　一般的人在白天或夜晚肉眼所看到的天体，绝大多数都是银河系的成员，那么，是不是说银河系就是宇宙？当然不是！在宇宙中有着数以亿计的星系。所以，银河系并不代表宇宙，它只不过是宇宙海洋里的一个小岛，是无限宇宙中很小的一部分。

　　根据天文学家估计，在银河系以外约有上千亿个河外星系，每一个星系都是由数万乃至数千万颗恒星组成的。河外星系有的是两个结成一对，有的则是几百乃至几千个星系聚成一团。现在能够观测到的星系团已有10000多个，最远的星系团离银河系约70亿光年。

　　河外星系的结构和外形也是各种各样。1926年，美国天文学家哈勃根据星系的形

哈勃发现了很多河外星系，从而证明了宇宙比任何人想象的都要大。

态，把星系分为旋涡星系、椭圆星系和不规则星系三大类。后来又细分为旋涡、椭圆、透镜、棒旋和不规则星系五个类型。各种星系中，离银河系较近的星系是麦哲伦云星系和仙女座星系。

麦哲伦云星系包括小麦哲伦云和大麦哲伦云两个星系，它们是离银河系最近的星系，也是银河系的两个伴星，离银河系分别为 16 万和 19 万光年。它们在北纬 20° 以南的地区升出地平面，是银河附近肉眼清晰可见的两个云雾状天体。大麦哲伦云星系在剑鱼座和山案座，张角约为 6°，相当于 12 个月球视直径；小麦哲伦云星系在杜鹃座，张角约为 2°，相当于 4 个月球视直径。两个星系在天球上相距约 20.5 万光年。

仙女座星系，又被称为仙女座大星云，是位于仙女星座的巨型旋涡星系。用肉眼能够看到它，亮度为 4 度，看上去仿佛是一颗模糊、暗弱的星系。

1786 年，仙女座星系被确认为银河系之外的恒星系统。现经测定它与地球的距离是 220 万光年（670 千秒差距）。直径为 16 万光年（50 秒差距），为银河系的 1 倍，是本星系群中最大的一个。近些年来发现，仙女座星系成员的重元素含量从外围向中心慢慢增加。1914 年探知它有自转运动。根据目前的估计，仙女星系的质量应不小于 3.1×10^{11} 倍太阳质量，是本星系群中质量最大的一个。

旋涡星系也叫旋涡星云，是旋涡形状的河外星系。旋涡星系的中心区域为透镜状，周围围绕着扁平的圆盘。由隆起的核心球两端延伸出若干条螺线状旋臂，迭回在星系盘上。旋涡星系又细分为正常旋涡星系和棒旋星系两种。

河外星系除了上述几种星系外，还存在大量各种类型的星系。天文学家估计，在最先进的仪器所观测到的这一部分宇宙里，星系的总数可能达到 1000 亿个之多。后

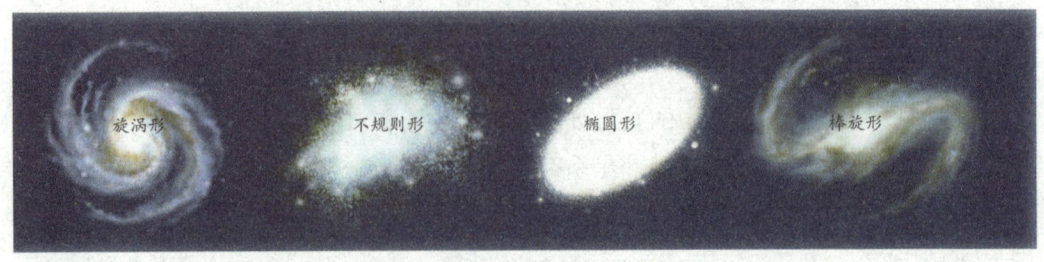

旋涡形　　　不规则形　　　椭圆形　　　棒旋形

星系主要有 4 种形状：旋涡形、不规则形、椭圆形以及棒旋形。

来，美国天文学家宣布发现了迄今为止最大的发光结构——一道由星系组成的至少长5亿光年、宽均为2亿光年、厚约为1500光年、离地球2亿～3亿光年的"宇宙长城"。这座巨大的"宇宙长城"实际上是一个巨大的河外星系。

梦幻般的星座

很多人都喜欢看星星，因为它总是给人一种梦幻般的感觉。

可是，如果不了解星座的话，恐怕就看不出门道了。

什么是星座呢？人们将天空中的星星，按照它们的位置和方向，划分成不同的区域，每一个区域就是一个星座。由于每一个星座都有自己的形状和特点，人们又给它们起了很多好听的名字，赋予它们美丽的神话传说，这样就形成了一个个鲜活的星座。

现代天文学上共分为88个星座。1928年，国际天文联合会正式公布了这88个星座的名称，这其中就包括我们所熟悉的狮子座、天琴座、天鹰座、大熊座、小熊座等星座。

康德曾经说过："世界上只有两样东西能够深深地震撼人们的心灵，一是我们心中崇高的道德准则，另一个就是我们头顶上的天空。"

天上的星座那么多，我们要怎么识别呢？这可就要费点儿心并充分发挥想象力了。我们说过，星座是人为进行命名的，而命名的根据就是星座本身的形状，如天琴座像一把琴，天鹰座像一只鹰，双子座像两个人，等等。

除此之外，还有一种星座的识别方法。每一个星座里面都有一颗特别亮或者是具有代表性的星星，如天琴座有织女星、天鹰座有牛郎星、小熊座有北极星等。只要我们认出了这些特别的星星，就可以快速地识别出整个星座了。

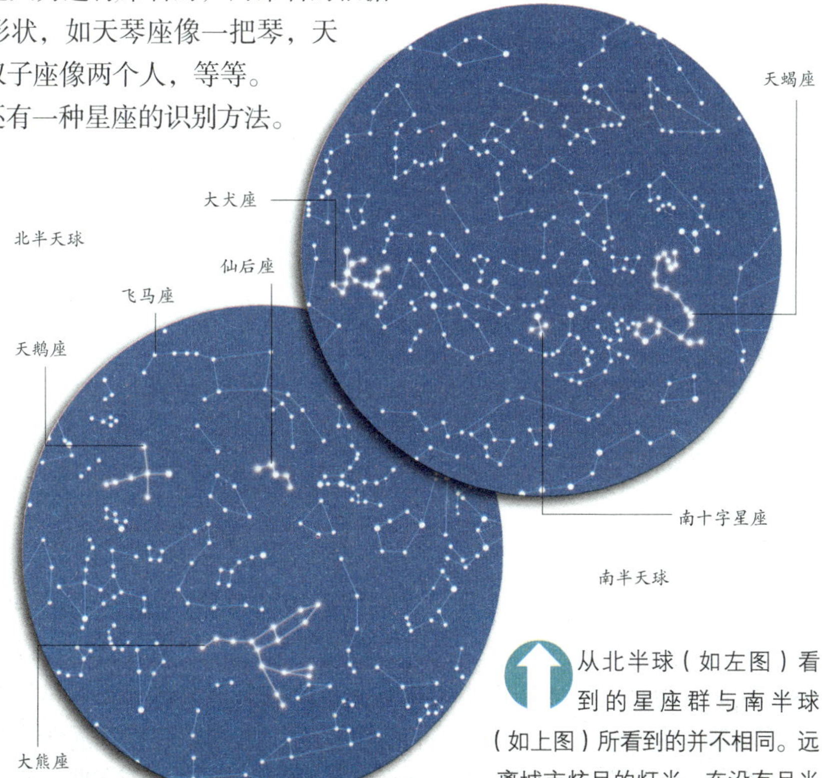

天蝎座

大犬座

北半天球

仙后座

飞马座

天鹅座

南十字星座

南半天球

大熊座

从北半球（如左图）看到的星座群与南半球（如上图）所看到的并不相同。远离城市炫目的灯光，在没有月光的夜晚可以更清晰地观测到恒星。

恒星和行星

什么是恒星？什么是行星呢？

有的人可能会说，恒星是恒久不动的、本身可以发光发热的天体；行星是围绕恒星运动的、本身不会发光的天体。这样的回答是不够全面的。

首先说恒星。没错，以前人们确实认为恒星的位置是永远都不会变的，所以取名为恒星。可事实并非如此，恒星也是会运动的，它也会围绕它所在星系的中心进行运动。我们都知道太阳是恒星，可它不也是在围绕着银河系的中心进行运动吗？

宇宙中的绝大部分天体都是恒星。图为无数恒星构成的星系。

恒星的直径小的只有几千米，大的达 10^9 千米。正常恒星的大气化学组成与太阳大气差不多，以氢、氦为主。恒星之所以能发光发热，是由于它的内部温度高达几百万摄氏度乃至数亿摄氏度，在那里进行着不同的反应（一般为热核反应），并向外辐射大量的能量和抛射物质。一般认为恒星是由星云凝缩而成的。恒星也都在不停地运动和变化着，由于它们距我们十分遥远，所以这种变化很难觉察，故而古人称它们为恒星。我们在夜空所看到的点点繁星，大多是恒星，肉眼可看到的恒星，全天有 6000 多颗。借助望远镜目前可看到几十万乃至几百万颗以上的恒星。

接下来我们再来说说行星。关于行星的定义近年来又做了调整，所以冥王星才被排挤在太阳系行星之外。行星的新定义规定：行星是围绕太阳运转、自身引力足以克服固体应力而使天体呈圆球状、能够清除其轨道附近其他物体的天体。由于冥王星的轨道与海王星相交，所以并不符合这一定义，被降为了"矮行星"。不过，这个结论还存在着很多的争议。

另外，行星一定要有足够的质量，并且应该呈圆球状。如果不符合这些条件，也不能称为行星。

知识档案

为什么恒星会发光而行星却不会

物体只有在达到足够的温度时才可能自行发光。恒星的内部温度高达1000万摄氏度以上，所以那里的物质可以进行热核反应，产生出能量。内部的能量再传到外部，以辐射的形式从恒星表面发射到空间，所以我们可以看到恒星的光辉。行星不仅质量比恒星小得多，而且核心的温度也很低，不可能产生热核反应，这样它们的表面温度就更低了，所以行星都不会发光，它们只能发射微弱的红外光和无线电辐射。

我们的太阳系

太阳系是一个庞大的家庭，它的家庭成员很多，而这个家庭的领导者就是太阳。太阳是整个太阳系的中心，它的引力控制着整个太阳系，其他天体都在围绕它进行公转。我们的地球就是太阳系中的重要成员，它有众多的兄弟姐妹，其中包括水星、金星、木星、火星、土星、天王星和海王星七个近亲，它们都属于行星家族，也包括众多的小行星、卫星、彗星、流星体和其他星际物质等远方亲戚，它们共同组成了伟大的太阳系。

如此庞大的太阳系，它又是如何形成的呢？这个问题让人比较头疼，因为我们谁都没有那个福气见识到它的形成过程。如果真的有时间飞船，我们就可以飞回到50亿年前去一探究竟。只可惜到目前为止，还没有人发明出时间飞船，科学家们也只是凭空猜测，提出了一个又一个假说，但都没有得到公认。也许将来的某一天，这些谜底还要我们来揭开呢！

虽然说现在有关太阳系形成的解释还都是假说，但是有些假说也是有一定的道理的。目前比较普遍的一种说法就是太阳系是由星云形成的，这种星云假说最早是由德国的科学家伊曼努尔·康德提出的。康德在他的著作《自然通史和天体论》中指出，太阳系是由一团星云演变来的。这团星云由大小不等的固体微粒组成，引力最强的中心部位吸收的微粒最多，首先形成了太阳。外面微粒的运动在太阳吸引下向中心体下落时与其他微粒碰撞而改变方向，绕太阳做圆周运动，这些绕太阳运转的微粒逐渐形成几个引力中心，最后凝聚成绕太阳运转的行星。

太阳的结构

太阳是地球上一切生物的能量源泉。它是一颗炽热的发光的恒星，由于太耀眼了，根本无法用肉眼观测其庐山真面目。随着先进的观测仪器的问世，人们才开始慢慢地认识太阳。

太阳被分为几个层次来研究。从太阳中心向外依次为日核、辐射层、对流层和太阳大气。太阳大气包括光球、色球和日冕3部分，太阳半径的15%是由日核构成的，是热核反应区。热核反应发生时，释放出巨大能量的主要形式是氢聚变成氦。日核部分的

日珥

粒状表面：是对流单元（热气环流）所形成的表面斑纹，粒状斑直径约1000千米。

磁毯：由突出于太阳表面外的磁力线环组成。

耀斑：低层太阳大气中的爆炸现象。

耀斑引起的冲击波在表面上传播。

太阳黑子群

日珥：一团悬于太阳大气层中的气体。

细丝：在太阳表面的映衬下，日珥的侧面呈现为游离的丝状状态。

光斑：热的、发白的区域，在太阳黑子出现前后出现。

针状隆起物：出现在太阳极地附近，向外伸出的距离是刺状物的4倍。

刺状物：喷气流

太阳黑子群

太阳的表面是厚达500千米的热气沸腾的"海洋"，而不像地球那样坚固。太阳中心核反应释放出的能量，经过几千年缓慢而费力的旅途，最后突破光球层，发出耀眼的光芒。在光球层上，气体开始变得透明，使光线可以射向宇宙空间。

物质密度是 1.6×10^5 千克 / 米 ^{3}，中心压力达 3300 亿大气压，温度也很高，达 1500 万℃ ~ 2000 万℃。

日核外面就是辐射层，从 0.15 个太阳半径到 0.86 个太阳半径都是辐射层。这里的温度和密度已急剧下降。密度为 18 千克 / 米 ^{3}，温度为 70 万℃。辐射层最先接收到日核传来的能量，通过吸收和再辐射来自日核的能量极高的光子而实现能量传递，每进行一次吸收和再辐射，高能光子的波长会变长，频率降低，这种再吸收、再辐射的过程反复地进行多次，逐渐将高能光子变为可见光和其他形式的辐射，经过对流层后，再向太阳的表面传播。

对流层厚度约 14 万千米，其起点在距离太阳中心 0.86 个太阳半径处。这里的物质内部的温度、压力和密度的梯度特别大，处于对流状态。对流运动的特性是非均匀性，这样会产生噪音，机械能就是这样通过对流层上面的光球层传输到太阳的外层大气的。

光球是人们平时看到的光彩夺目的太阳表面，厚度约 500 千米。光球层温度约 6000℃。

太阳光球上经常出没的一些暗黑色斑点叫太阳黑子。它是太阳活动的基本标志之一。由于太阳黑子的温度比它周围光球的温度要低 1500℃左右，因此在明亮的光球表面呈暗黑色斑点状。充分发展的黑子是由较暗的核和围绕它的较亮的部分构成的，形状很像一个浅碟，中间凹陷约 500 千米。太阳黑子在日面上的分布有一定的规律，表现为东西分布的不对称性和纬度分布的不均匀性。关于太阳黑子，我国最早在《淮南子》中就有记载，而欧洲人 1610 年才开始用望远镜观测黑子。

了解太阳的自转运动可以通过太阳黑子。英国天文爱好者卡林顿在从 1853 年起的 8 年间通过观察记录日面黑子数目的变化发现，太阳不同日面纬度旋转周期各不相同，并不是像人们想象中那样整块的运动。观测表明，太阳平均自转周期是 27 天，自转速度最快的是太阳赤道附近。

通过对太阳黑子数的长期观测和计数，我们可以知道，太阳黑子有一定的周期规律性，其平均周期约为 11 年。德国业余天文学家、药剂师施瓦贝是最早发现太阳黑子活动周期的人，他连续 15 年对太阳黑子进行观察和记录，获得了这一重要的科学发现。现在，人们把黑子出现少的年份称为太阳活动极小年，把黑子大量出现的年份称为太阳活动极大年。

从 1755 年开始的那个 11 年黑子周被现代国际天文界看作是第一个太阳黑子周，人们还规定往后依次排列序号。现在已经排到了第 23 周，这一个黑子周是从 1996 年开始的，达到极大值的时间在 2000 ~ 2001 年。

除了光球以外，太阳表层还有色球层和日冕。通过专门的仪器，可以清晰地看到太阳的色球层，这是一圈环绕太阳光球的厚为 2000 千米的红色大气。观测表明，常有巨大的太阳火舌在日轮边缘升起，这就是日珥。在太空，宇宙飞船曾拍摄到巨大的高达 40 多万千米的日珥！

我们经常看到一些暗黑的长条出现在太阳单色光照片上，这是日珥在日面上的投影，称为"暗条"。此外，色球上更多、更普遍的被称之为"针状物"的许多细小的

"火舌"，其高度在 6000 千米 ~ 17000 千米之间，宽度为几百千米，景色非常壮观，被喻为"燃烧的草原"。

色球层中有时会出现"太阳耀斑"，这是一种突然增亮的太阳爆发现象。耀斑是迄今为止我们发现的太阳上最剧烈的爆发现象，强烈影响到日地空间环境。

日冕是在日全食月球遮掩日轮时，日轮周围的青白色光区，它是太阳大气的最外层。日冕的温度非常高，甚至高达 100 万 ~ 200 万℃，因此有许多不断地向外膨胀的日冕气体，它们会产生连续微粒辐射。这种沿太阳磁力线的粒子流被称为"太阳风"。

怎样测定太阳的温度

最初，人们只是觉得太阳一定无比炽热，谁也无法想象用什么仪器去测量它的实际温度。后来，人们从俄国天文学家采拉斯基教授做的一个实验中受到了启发。他用一个直径 1 米的凹面镜得到一个 1 分钱硬币大小的太阳像。该像位于凹面镜的焦点上。当他用这个亮斑照射一个金属片时，金属片很快就弯曲、熔化了。采拉斯基教授测出这个光斑的温度大约有 3500℃。他断定，太阳上的温度一定要高于 3500℃。

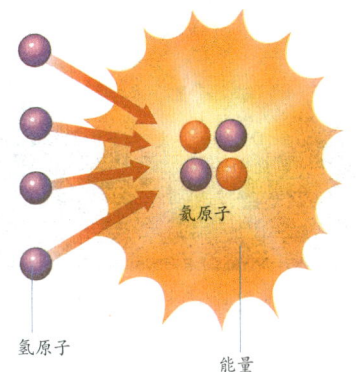

保持太阳不断发光的能量来自它的内部。在太阳内部高温高压的条件下（温度高达 15000000℃），氢原子结合形成氦，这个过程称为核聚变，能够产生巨大的能量。

由于太阳一刻不停地以光的形式向宇宙空间辐射巨大的能量，科学家们可以通过专门仪器测定出太阳辐射量，然后根据辐射量与温度之间的关系来测定温度。1879 年，物理学家斯特凡推算出了一个重要的定律：物体的辐射量与它的温度的千次方成正比。这样，人们根据测得的太阳辐射数推算出太阳表面温度约为 6000℃。

这是一种比较准确的测算方法。随着科学技术的发展，人们在实际研究中发现，物体会随着温度的变化而改变颜色，通常的规律是：600℃时为深红色；1000℃时为鲜红色；1500℃时为玫瑰色；3000℃时为橙黄色；5000℃时为草黄色；6000℃时为黄白色；12000℃ ~ 15000℃时为白色；25000℃以上时为蓝白色。因此，我们可以根据太阳的颜色来估算它的温度。

太阳的表面称为光球，是我们平时可以看到的太阳圆轮。光球外面是太阳大气，依次称为色球和日冕。肉眼只能在日全食时才能看到色球和日冕。光球的颜色呈黄白色，因此我们可以估计它的温度大约为 6000℃。我们平常看到的太阳因为受到地球大气的影响而显出金黄色或其他颜色。

美丽的流星雨

你们看到过流星吗？遇到流星的时候你们有没有许愿呢？你们一定很想知道，对着流星许愿究竟会不会让愿望实现，相信你看完下面的内容就会知道答案了。

流星虽然也叫作星，但它却并不是一般的星体，而是一种现象。在行星际空间，

流星穿越大气层会燃烧，因而会从夜空中一闪而过。

存在大量的固体物质和尘粒，这些物质就被称为流星体，是流星在进入地球以前的状态。流星体也是围绕太阳运转的，当它们接近地球时，会受到地球引力的作用，这将使它们的轨道发生改变，从而有可能穿过地球的大气层，闯入地球。这就是我们平常所看到的流星现象。另外，当地球穿越流星体的轨道时，也可能发生流星现象。

在各种流星现象中，最美丽、最壮观的当然要数流星雨了。流星雨是怎么形成的呢？如果在行星际空间，存在着许多流星体，它们共同组成了"流星群"，当流星群与地球相遇时，就会有大量的流星进入地球，于是就形成了流星雨的壮观场面。流星雨一般都是用其辐射点所在的星座来命名的，如狮子座流星雨、英仙座流星雨、猎户座流星雨等。

关于流星雨的形成，还有另外一种说法，那就是由彗星的碎屑形成的。彗星在运转的时候会将一些碎屑状的物质撒在自己的轨道上，这些物质逐渐脱离了彗星，从而形成了流星群，当与地球相遇的时候就形成了流星雨。比如说在1872年，天文学家曾预测出将有一颗比拉彗星十分接近地球，可是在地球经过比拉彗星轨道的时候，许多地方的人们却看到了一阵极大的流星雨，于是科学家们判断这场流星雨是比拉彗星的残骸所形成的。当然，事实究竟是不是这样的，还有待考证。

地球奥秘

🪐 我们的地球

说起地球，我们真是再熟悉不过了，因为这是我们共同的家园！不过我们这个家可真是太神奇、太伟大了，它身上的秘密有很多到现在还都没有解开。而且我们在前面也讲过，我们的地球是整个太阳系中唯一有生命存在的星体。它孕育了如此多姿多彩的生命，又为我们提供了这么好的生存条件，所以我们一定要爱护地球，保卫我们的家园。

要看到地球的全景，就必须走出地球，

年轻的地球曾是一颗"暴躁"的星球，是暴雨和火山塑造了它的外形。

到太空去看。随着科学技术的发展，这一愿望终于得以实现。只可惜我们现在还不能亲自到太空去看看，据航天员说，在太空放眼望去，我们的地球是最美的。漆黑的天幕衬托着一个蔚蓝的大盘，如同被一个朦胧的淡蓝色玻璃笼罩着，其间还穿插着黄绿相间的花纹和晶莹闪耀的白色珠宝。宇宙辽阔无垠，神秘莫测，而人类生活的地球只是宇宙中的沧海一粟。宇宙不因为地球及生活在地球上的人类而存在，而人类的未来却取决于对宇宙的了解程度。让我们一起走近太阳系中这颗既普通又特殊的行星、我们所赖以生存的家园——地球，去探索这颗母亲星球的种种奥秘。

地球的大小怎样测定

世界上第一个测量地球大小的人是古代希腊天文学家埃拉托色尼，他是在亚历山大城长大的。在亚历山大城正南方的785千米处有一个叫塞尼的城市。塞尼城中有一个非常有趣的现象：每到夏至那天的中午12点，阳光都能垂直照到城中一口枯井的底部。也就是说，在夏至那天的正午，太阳正好悬挂在塞尼城的天顶。

虽然塞尼城与亚历山大城大致处于同一子午线上，但亚历山大城在同一时刻却不会出现这样的景象，太阳总是处于稍稍偏离天顶的位置。在一个夏至日的正午，埃拉托色尼在城里竖起一根小木棍，测出太阳光线与天顶方向之间的夹角是7.2°，相当于360°的1/50。

鉴于太阳与地球之间遥远的距离，太阳的光线可以近似地被看作是彼此平行的。埃拉托色尼根据有关平行的定理得出了∠1＝∠2的结论。

在几何学里，∠2被称为圆心角。根据圆心角定理，圆心角的度数等于它所对应的弧的度数。因为∠2=∠1，所以∠2的度数也是360°的1/50，因此，图中表示亚历山大城和塞尼城距离的那段圆弧的长度，应该等于圆周长度的1/50。也就是说，亚历山大城与塞尼城的实际距离，正好等于地球周长的1/50。

由此可知，测出亚历山大城与塞尼城的实际距离之后，再乘以50，就可以得出地球的周长。埃拉托色尼计算的地球周长为39250千米。

由于这个计算结果是按照大地是球状的假设来运算的，而且得出的数字大得惊人，所以没有人相信。从此以后，对大地的测量和计算在相当长的一段时间内在欧洲中断了。

公元8世纪初，我国唐代天文学家张遂曾亲自指导和组织了一次规模庞大的大地测量。测量的范围北起北纬51°附近，南至北纬17°附近，围绕黄河南北平地这个中心，在全国13个点用传统的圭表测量法对各地冬至、夏至、春分和秋分的正午日影长和漏刻昼夜分差进行了测量。此外，张遂还对各点的北天极高度

知识档案

地球上存在生命的条件

我们知道，生命的存在是需要非常严格的条件的，而这样的条件，只有地球具备，其他的行星都不具备。所以在太阳系中，生命只能在地球上繁衍生息。如地球与太阳的距离适中，因此它有适宜生命存在的地表温度。另外，地球的外围有一层厚厚的大气层，可以调节白天和夜晚的温度，否则昼夜的温差会更大。地球还是唯一一颗在表面存在液态水的行星，这也是生命存在的重要条件。正是因为有了这些生命存在的必备条件，才使得地球孕育了如此众多的生命，包括拥有着无限智慧的人类。

（即当地的纬度）进行了实地测量。例如，在河南省平原地区，他测得该地一纬度的经线的弧长约为 129.41 千米。它与现代测算的北纬 34°5′ 地方的子午线一度弧长 110.6 千米相比，相差 20.7 千米，相对误差为 18.7%。

18 世纪时，法国科学院曾派出两个大地测量队，一个队去了南美洲的赤道地区，另一个队到了瑞典的拉普兰，两队分别测定两个区域里的经线一度的长短。结果证实：地球上经线一度的长度在赤道要比在极区略短些，这说明地球是个扁球体。

科学家们从 19 世纪以来又对地球的大小进行了无数次的测量和计算。苏联学者克拉索夫斯基和他的学生在苏联、西欧和美国等地进行弧度重力测量后所得出的数值，在当时是较为精确的。

由于近年来测量技术不断进步，人类已获得了对地球测量的各种方法。特别是利用宇宙飞船和人造卫星进行测量，能够使人们获得更为精确的地球数据：地球的赤道半径是 6378.14 千米，极半径是 6356.755 千米。赤道半径和极半径之差同赤道半径之比是 1∶298.25。如果按照这个扁平率做成一个半径为 298.25 毫米的地球仪，极半径与赤道半径只有 1 毫米之差，这样一来，就像一个真正的圆球了。

运用现代科技测量出的相关数据显示：地球的经线圈周长约为 40000.5 千米，赤道周长大约是 40075.5 千米，整个地球的平均密度约为 5.517 克 / 厘米^3，表面积约为 5.1 亿平方千米，体积约为 10832 亿平方千米。

我们所说的重量是指地球作用于某人或某物之上的重力。所以说探究地球的重量有多少基本是没有意义的，因为只有和其他物体相比较时地球才会有重量。

不过，人们可以通过计算地球作用于一个已知质量的物体上的重力效应，估算出地球的质量（地球所包含的物质的量）。大多数科学家计算得到的地球质量大约为 5.98×10^{24} 千克。

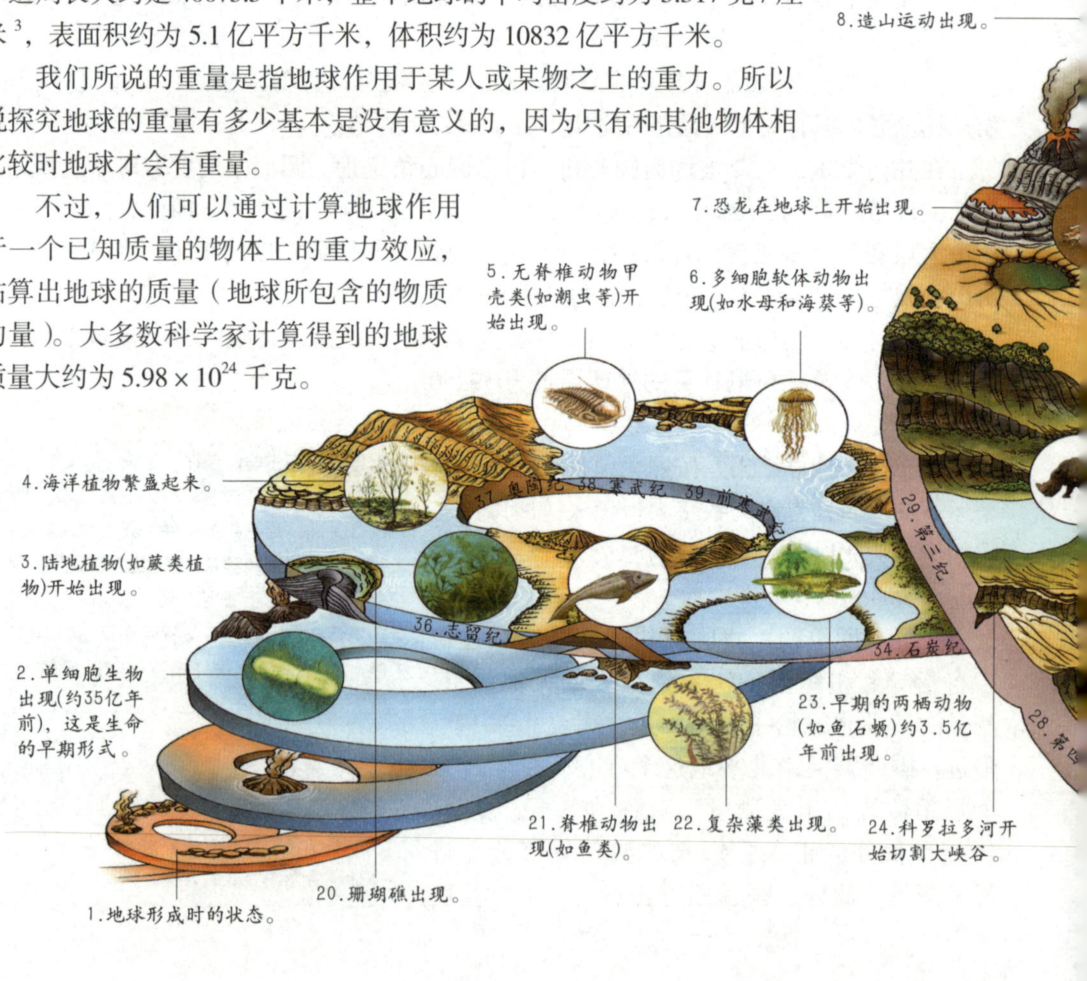

8.造山运动出现。

7.恐龙在地球上开始出现。

5.无脊椎动物甲壳类（如潮虫等）开始出现。

6.多细胞软体动物出现（如水母和海葵等）。

4.海洋植物繁盛起来。

3.陆地植物（如蕨类植物）开始出现。

36.志留纪

34.石炭纪

29.第三纪

28.第四纪

2.单细胞生物出现（约35亿年前），这是生命的早期形式。

23.早期的两栖动物（如鱼石螈）约3.5亿年前出现。

21.脊椎动物出现（如鱼类）。

22.复杂藻类出现。

24.科罗拉多河开始切割大峡谷。

20.珊瑚礁出现。

1.地球形成时的状态。

在太空时代到来之前，估计地球质量是件相当复杂的事情。1774 年，内维尔·马斯基林第一个计算出了相对准确的地球质量值。他根据一个钟摆在重力作用下的摆动规律，估算出苏格兰境内一座高山的质量并计算出它的重力效应——相对于地球重力。

现在，通过观察围绕地球旋转的人造卫星的运动，人们可以更准确地估算出地球的质量。

精彩的海洋世界

海洋是地球的主要组成部分，它的面积要远远大于陆地的面积，约占地球表面积的 71%。海底究竟是什么样子的呢？恐怕现在还没有人能给出确切的答案。因为海洋实在是太深了，我们人类所到达的深度还是非常有限的，至于那些没有涉足过的地方，科学家们就开始发挥他们丰富的想象力，进行假设推理了。

你可千万不要以为海洋就是我们平常所看到的大海。事实上，海和洋并不是一回事，它们之间是不能等同的。洋是海洋的主体，处于海洋的中心部分，它们远离大陆，不受陆地的影响，占海洋总面积的 89%。海则是洋的附属部分，位于洋的边缘，靠近

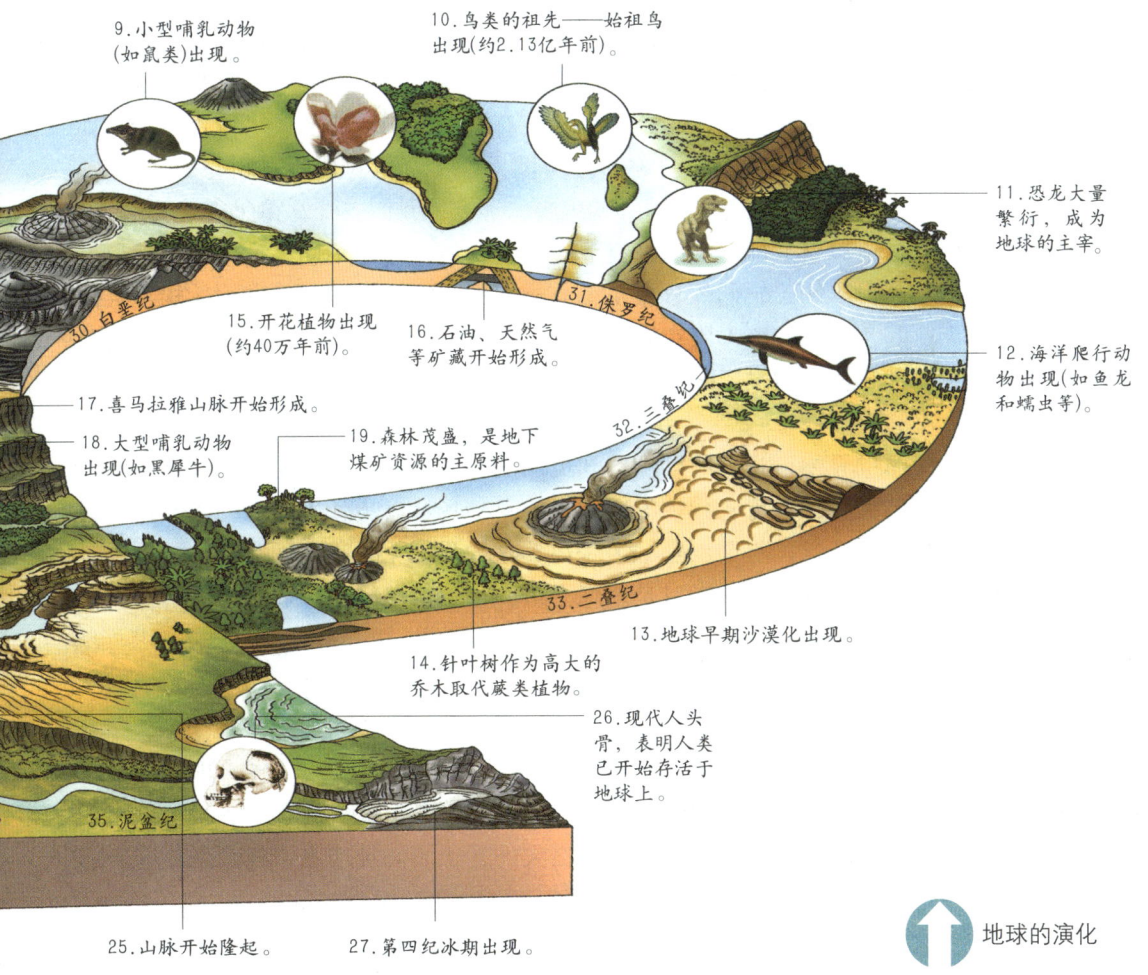

9.小型哺乳动物(如鼠类)出现。

10.鸟类的祖先——始祖鸟出现(约2.13亿年前)。

11.恐龙大量繁衍，成为地球的主宰。

30.白垩纪

31.侏罗纪

15.开花植物出现(约40万年前)。

16.石油、天然气等矿藏开始形成。

12.海洋爬行动物出现(如鱼龙和蠵虫等)。

17.喜马拉雅山脉开始形成。

18.大型哺乳动物出现(如黑犀牛)。

19.森林茂盛，是地下煤矿资源的主原料。

32.三叠纪

13.地球早期沙漠化出现。

33.二叠纪

14.针叶树作为高大的乔木取代蕨类植物。

26.现代人头骨，表明人类已开始存活于地球上。

35.泥盆纪

25.山脉开始隆起。

27.第四纪冰期出现。

地球的演化

从太空中观察，地球是一颗以海洋为主的星球，其表面大约只有 29% 为陆地。

大陆，因此要受到大陆的影响，占海洋面积的 11%。另外，洋都较深，海则较浅。

陆地把广阔的水面分成了四个相通的大洋，它们是太平洋、大西洋、印度洋和北冰洋。太平洋是第一大洋，虽取名太平，但其实并不太平，经常有台风和恶浪兴起；大西洋是第二大洋，它的周围分布着很多发达的国家和地区，因此相关产业也比较发达；印度洋是第三大洋，那里经常发生热带风暴，造成巨大的灾难；北冰洋是第四大洋，位于北极圈内，它的海面和岛屿都被一层厚厚的冰所覆盖。

海洋里面究竟有什么呢？当然，一定会有各种各样的鱼，还有很多海洋生物。那么除此之外呢？会不会有传说中的水晶宫和宝藏呢？这个可不好说，也许真有，只是以人类现有的技术，还无法探知罢了。但是海底有着丰富的能源却是可以肯定的，如果我们好好利用，将会受益无穷。总之，海洋世界绝不会像我们所看到的那样简单，也许在海洋的深处，有着比陆地更为精彩的世界，还有待我们去开发和探索。

去海底探险，绝对是一件刺激而又有趣的事情。在海洋的不同深度，我们可以看到不同的鱼类和海洋生物，它们的分布是很有规律的。下潜得越深，看到珍稀鱼类的可能性就越大。其实，穿着潜水服在海底遨游，看各种各样的鱼从身边游过，本身就是一件很有意思的事情。习惯了陆地的生活，偶尔到海底感受一下鱼的生活，也是很不错的。

在精彩的海洋世界中，我们还可以看到美丽的珊瑚礁。色彩绚丽的珊瑚礁为海洋增添了一道美丽的风景，也为各种鱼类提供了栖息的场所。更让人惊奇的是，这些鱼类会充分利用自身的颜色，与珊瑚礁融为一体，这样我们就很难发现它们。珊瑚礁是海洋中最为复杂的生态系统之一，也是地球上最古老、最珍贵、最多姿多彩的生态系统之一，人们称呼它为"海洋中的热带雨林""海上长城"等。

海水是什么颜色的

蓝色的海水，绿色的海水，无色透明的饮用水……水到底是什么颜色的呢？

答案让人出乎意料：纯净的水是蓝色的。但是由于我们喝水的杯子容量有限，很难分辨出水的颜色来。如果将一个像楼房那么大的杯子装满纯净水，我们就能看到它真正的颜色——蓝色。

水的颜色取决于水分子对光的反射和吸收情况。白光，比如阳光，是由七色光混合而成的，也叫光谱。在光谱中，红色到绿色波长范围的光比较易于被水分子吸收，蓝色部分的光则被反射出去，所以我们就看见了蓝色。

但水的颜色并不是一成不变的。在远离海岸的海域中心位置，海水是深蓝色的，甚至有些发紫。然而在靠近陆地的海岸线一带，由远及近，海水的颜色由蓝变绿，再由绿变成黄绿。为什么会发生这样的变化呢？这与水里的浮游物质和水深有关。

在海岸线附近，海水充满了从陆地上冲来的有机物和小植物。其中有一些很小的绿色植物，叫作浮游植物，它们含有一种叫作叶绿素的化学物质。叶绿素能够吸收大部分的红色光和蓝色光，反射绿色光，于是我们看见的海岸边的海水就是绿颜色的了。

在宇宙空间里，海洋的颜色让我们都可以分辨出地球生命的聚集区。绿色的海域好比是陆地上的热带雨林，充满了生命；而深蓝色的水域是很少有生命的地方，这里好比是大陆上无人居住的白色沙漠。

海水和海水里的浮游物对光的吸收方式也决定了水面下的颜色。假设你正在驾驶一辆黄色潜艇，在水面附近，你的潜艇是黄色的，但是随着潜艇慢慢潜入海底，照到潜艇上的光越来越少，当潜艇下降到水下30米的深度时，阳

当阳光穿过水时，其强度会逐渐减弱。阳光中的红色和橘黄色部分被最先吸收，而蓝色可以照射得最远。在海洋和深的湖泊中，250米以下的水域是漆黑一片的。

光中的黄色、橙色和红色的光几乎都被水分子吸收了，只有蓝色和绿色的光能到达潜艇表面，这时你的潜艇就变成了蓝绿色。如果再往下降，直到绿色光也消失了，潜艇就变成深蓝色了。

浮游物越多，海水越混浊，对光的吸收量就越多。所以越是混浊的海水，你下降时看到周围环境变暗的速度就越快。

🪐 如何让海水变成淡水

我们知道，海水是不能直接饮用的。如此丰富的水资源却不能直接被人类所利用，主要是因为海水中的盐分高达33‰～38‰，根本无法使用。人类要想解决淡水紧缺的难题，淡化海水不失为一条良策。于是，科学家们迈开了探索的步伐并找到了一些行之有效的途径。

目前，人们已研究出了多种海水淡化方法，但比较常用的实现海水脱盐的方法主要有3种：蒸馏法、冷冻法和反渗透法。

最古老的海水淡化方法是蒸馏法，工艺较成熟，比较适用于处理海水。

这是一个大家都见过的方法，原理特别简单。当海水被烧开时会冒出热气腾腾的水蒸气，水蒸气没有什么杂质，遇冷会变成水，这一现象启发了人们。海水蒸馏成淡

水的方法，也就是首先把海水加热到 100℃，使海水冒出热气腾腾的水蒸气。水蒸气里不含盐分，然后让那些水蒸气通过特别的管子跑到专门预备的冷凝装置里。水蒸气到了那里变成了一滴滴的小水珠，这些小水珠聚集在一起就成了淡水。

蒸馏法尽管简单，但它耗时，而且得到的淡水十分有限，所消耗的能源也特别多。

为了减少能源的消耗，人们便创造了水电联产这种把发电与海水淡化结合为一体的、更为先进的办法。这种方法是把大中型海水淡化厂与火力发电厂相结合，利用电厂余热的低压蒸汽作为淡化装置的主要能源。这样，电厂高压、低压的蒸汽能量都得到了充分利用，大大提高了整个工作系统的热效率，大幅度降低了发电与淡化两个系统的设备造价和基本建设费用。因此，海水淡化的成本大为降低。

那冷冻法是怎样的呢？我们知道，在日常生活中，含盐的液体是不结冰的，只有淡水才结冰。海水虽然是咸的，但它依然会结冰，人们对此疑惑不解。后来，人们尝试着把海水冰冻，发现海水不但会结冰，而且结出的冰一点也不咸。原来当海水不完全凝结时，它就分成几乎不含盐的冰和浓缩的盐水。于是人们把冰从盐水中分离出来。就这样冷冻法便诞生了。

冷冻法比较简单，只要使海水温度处在冰点以下，海水中就会结出冰块，然后把冰块取出来融化，就成了淡水。

把海水变淡的另一个主要方法是反渗透法。反渗透法是用一个特殊结构的膜来过滤海水。这种膜和平常有孔的过滤器不同，它是没有孔的。对咸水施加足够的压力，盐分等水合离子留了下来，而水却能穿过膜，变成人们生活所需要的淡水。

上述是将海水中的淡水分离出来的 3 种方法，除了这些方法外，还可以采取离子迁移法和化学法除去海水中的盐。食盐以及大多数其他的盐类的结构是由带相反电荷的离子组成的。水合物是这样形成的：当盐溶于水时，这些离子就与水松散地结合在一起。因此，当晶体结构分解时，能独立移动的离子就产生了。由于这两种离子所带的电荷相反，当它们处于两个带相反电荷的电极中间时，它们的运动方向是相反的。用这种方法使海水脱盐，就是离子迁移法。而化学法则包括离子交换法和沉淀法。

既然有这么多的方法可以用来淡化海水，我们就没必要再为淡水的缺乏而发愁了吧？事实上，以上几种方法虽然可以实现海水的淡化，但是它们都有一个致命的弱点：成本高昂。据估计，用任何方法淡化海水，都需要 11.6 度电才能生产 1000 加仑的淡水。为什么耗电如此大呢？我们都知道水是液体，而液态水分子具有紊乱的分枝结构。如果通过离子转换进行淡化，液态水分子的分枝特性仍然是一个障碍。将水合离子推过由分

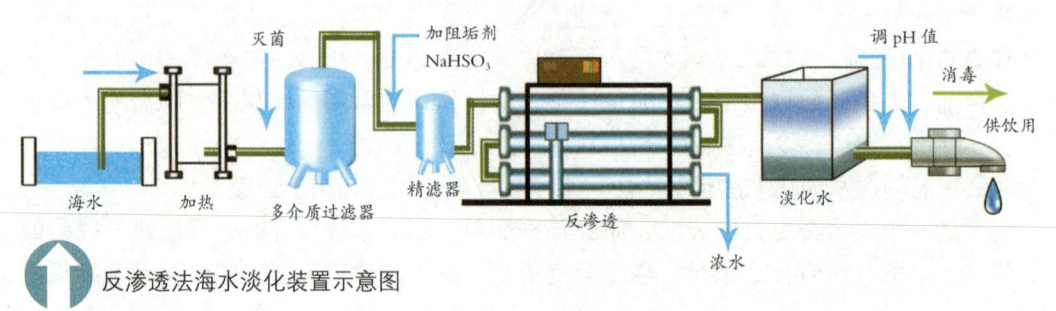

反渗透法海水淡化装置示意图

子紧密结合形成的"乱网"一样的液体，就需要能克服阻力的额外的能量。因此，无论采用哪一种淡化方法，淡化成本的控制都是目前最大的难题。

但科学家们为了人类的共同命运，仍在坚持不懈地进行着探索。大家都知道，水的汽化需要消耗热，水蒸气冷凝成液态水则要释放热能。在蒸馏中，这两个过程是同时进行的。这个假设引起了人们的兴趣：如果在同一温度上进行两个过程，热量的释放与消耗正好相等。这样，除了偶然的热量丧失之外，在用蒸馏法进行淡化时，就不需要热能了。这一设想从理论上看起来虽然简单，但实际操作中却没有那么简单方便，因为咸水的蒸汽压略低于淡水。从蒸馏器中释放出来的咸水的蒸汽，在蒸馏器的温度下无法冷凝成液态淡水，除非采用增大其压力和密度的办法将其稍微压缩。如果进行了压缩，在蒸馏的汽化过程中消耗的热量，将在冷凝整齐时在冷凝器中全部释放出来。如果能找到回收所有这种热量的方法，就可将热量再用来蒸发新的咸水。用这种方法回收热量所消耗的唯一能量，是用来压缩咸水产生的蒸汽，直到其压力与蒸馏器温度下淡水的压力相同为止。

科学家在热带和亚热带进行了利用太阳能蒸发盐水的大量实验。太阳能的优点是不需成本，缺点是其能量较弱。随着覆盖在液体上的水蒸气密度不断增大，还没有到达水面，太阳光就被遮掉了。此外，利用太阳能蒸发的最大弱点还在于不能回收蒸发水的过程中消耗的热量。目前，用电热补充太阳能的尝试也不太成功。

为了克服这一缺点，科学家们又研制出新的淡化方式，这种方法是多效蒸发。在多效蒸发过程中，消耗的热能大部分能从冷凝器中回收，而且可以反复使用好几次。因此产生的蒸馏水量至少为原来的2.5倍，而在蒸汽压缩蒸馏中，则可能为原来的10倍。

此后，又出现了一些更能节约热量的海水淡化法，如真空急骤蒸馏法。这种方法主要是使用低压废蒸汽——蒸汽发生过程中的副产品或工业中产生的蒸汽和电能的副产品进行海水淡化。这种方法，由于预热、热输入和急骤蒸馏的循环被打破，形成许多连续的回路，盐水在回路之间反复循环，因此，和其他方

蒸馏法是海水淡化最古老的方法，图为蒸馏法的简易实验装置。

法相比较，蒸发过程需要在温度更高的环境中完成。在回路之间，一部分盐水通过前效应反复循环。和其他方法相比较，这种方法利用热的效率高，因为温度越高，产生的蒸汽越多。现在人们仍对这种方法进行研究，还可能有进一步的突破。

随着研究的加深，向海洋索取淡水已取得了惊人的发展。目前，从事海水淡化工作的国家越来越多，据统计，已有40多个国家开始了研究和生产。他们采用的淡化方法各不相同。不过，淡化海水的基本原理不外乎上面所提到的。全世界的海水淡化工厂大约有7500多个。在沙特阿拉伯的尤拜尔，有一个淡化厂每天可提供4.85亿升淡水，目前是世界上最大的海水淡化厂。在我国南部海疆西沙群岛的永兴岛上的军民也

是靠海水淡化来获取大部分的生活用水。有关数据显示，世界上淡化水的日产量已达到 2300 万吨，并以 10% ~ 30% 的年增长率攀升。世界海水淡化市场年成交额已达 10 亿美元。

虽然海水淡化已取得了一定的成效，但前景却不容乐观。世界上还有许多国家在这方面的研究尚处于起步阶段。因此，目前的海水淡化技术还需要世界各国共同努力去进一步完善，从而解决人类的淡水问题。

潮涨潮落

去过海边的人一定知道，海水每天都会有规律地涨落。一般来说是每天两次，早晚各一次。通常情况下，人们把白天那次潮涨潮落称为潮，而把晚上的那次称为汐，以此来进行区分。潮涨时，海水会迅速地把沙滩淹没，使平坦的沙滩变成一片汪洋；潮落时，海水又会迅速地退去，那片宽敞平坦的沙滩又重新露了出来。海水的涨落就是这样神奇，而且海水也很勤快，它从来都不知疲惫，日复一日，年复一年，永不停息地涨涨落落，从不偷懒。正因为这样，我们才能看到这样壮观的景象。

一次涨潮发生在地球向着月球的地方，此时月球的引力大于离心力，引力起主导作用。

涨潮时，海水上涨，波浪滚滚，景色十分壮丽。

一次涨潮发生在地球背对着月球的地方，此时离心力大于地球的引力，离心力起主导作用。

退潮时，海水悄然退去，露出一片海滩。

海水的潮汐现象主要是由于月球的引力作用而形成的。你可能觉得月球的引力没有多大，至少比地球的引力要小得多。但实际上，月球的引力也是很大的，大到足以影响地球上海水的活动。我们都知道，月球是围绕地球运转的，因此它的引力会在不同的时间作用到不同的海域，于是也就出现了不同的潮汐。

海水的潮汐现象确实是神奇而又伟大的。在涨潮时，还有一种更为雄伟壮观的景象，那就是涌潮。不过你们要知道，并不是所有的海域都可以出现涌潮的。涌潮是由于特殊的地理环境所造成的，只有在那些水深逐渐变浅，且海岸陡峭、河口呈喇叭口状的海湾才能出现涌潮。在我国的钱塘江口就可以见到涌潮，潮起之时，潮水像一堵高墙一样咆哮前进，怒浪排空，有如万马奔腾，蔚为壮观。

海啸是怎么产生的

人们都说"无风不起浪"，但为什么有时没有风的时候也会波涛汹涌，形成几十米高的巨浪呢？这种现象叫作海啸，海啸发生时会造成严重的破坏。那么，海啸是怎么产生的呢？

海底地壳的断裂是造成海啸的最主要原因，地壳断裂时，有的地方下陷，有的地方抬升，震动剧烈，在这种震动中就会有波长特别长的巨大波浪产生，这种巨大的波浪传至港湾或岸边时，水位就会因此而暴涨，向陆地冲击，产生的破坏作用极其巨大。1923年9月1日发生著名的日本大地震时，海浪剧烈地冲击横滨，海水带走了几百所房屋。事后人们发现，那里附近海底的地壳不仅断裂开来，并且发生了巨大的位移，所以会形成270米的隆起与下陷的高度差，进而出现海浪滔天的景象。

海啸是由于深海地震引起的巨大的、具有极大破坏性的海浪。

有时海啸是由海底的火山喷发造成的。像1883年，爪哇附近喀拉喀托岛上的火山喷发时，在海底裂开了一个深坑，深达300米，激起高达30米以上的海浪，巨浪把3万多人卷到海里。火山在水下喷发，海水还会因此沸腾，涌起水柱，难以计数的鱼类和海洋生物死亡，在海面上漂浮。

此外，有时海啸是由海底斜坡上的物质失去平衡而产生海底滑坡造成的。

也有些海啸是由风造成的。当强大的台风从海面通过时，岸边水位会因此而暴涨，波涛汹涌，甚至使海水泛滥成灾，由此造成的损失是巨大的。这种现象被人们称为"风暴海啸"或者"气象海啸"。

但是，并不是所有的海底地震都会引发海啸，一般而言，海啸是否会出现，与沿岸的地貌形态也有很大的关系。

认识大气层

我们知道，空气是我们赖以生存的条件之一，没有了空气，我们就无法呼吸，生命当然也就无法继续。但是你们知道空气是从何而来的吗？

没错，就是令人敬畏的大气层。我们的地球被一层很厚的大气层包围着，它不仅为我们提供生存所必需的空气，而且还为我们提供最适宜生存的温度，并为我们阻挡太阳光中的有害物质。可以说，没有大气层，所有的生命都将消失。看，在地球表面那一层淡蓝色的美丽外衣就是大气层，我们就生活在这个大气层的底部。

因为有了大气层，我们还可以看到很多有趣的天文现象。还记得儿时的那首歌谣吗："一闪一闪亮晶晶，满天都是小星星。"正如太阳那样，所有的恒星都是能够持续发光的，可为什么我们所看到的星星却会眨眼睛呢？可不要以为真的是星星在闪闪发光，其实这都是大气层搞的鬼。大气是不停地流动着的，而且密度也在不断地变化，因此当星光通过时，就会因为光线折射程度的不断改变而出现闪烁的现象。

根据高度的不同，大气层被分为了对流层、平流层、中间层、热层和外逸层。对流层是最底层，也是人类活动的主要场所；平流层是第二层，这里的空气呈水平流动，总

是风平浪静，晴空万里；中间层是第三层，这里可以反射地面发出的无线电波；热层是第四层，这里的温度可达到1200℃左右，经常会出现极光等光学现象；最外面一层是外逸层，这里的大气已经非常稀少，有的则因为很少有分子和它碰撞而一去不复返了。

冰川和冰山是怎样形成的

在一些高山地区或是在两极地区，常见到的那一层雪白无瑕的"外衣"是什么？它们即是冰川。那么，冰川又是如何形成的？冰川是冰雪贮存和运动的一种形式，但在不同地区，其成因略有差别。在高山地区的冰川是由于那里地势高、空气稀薄、不保暖，冰雪在这里不易融化而形成。两极地区分布着的冰川则由于太阳辐射弱，热量少，气候终年寒冷，冰雪被一年四季堆积而形成。全世界冰川的总面积约有2900多万平方千米，而90%以上分布在两极地区。

作为固体的冰在重力作用下，从高处向低处缓慢流动，冰川之名由此而来。冰川的流动速度极慢，每昼夜一般只能移动1米，个别流速快的冰川能流动20多米。冰川的流动速度随冰川厚度增加、坡度变大、气温升高而加快。

冰川不是简单地由普通的水凝结而成，构成冰川的冰又称冰川冰。由于雪花越降越多，即使在阳光照射下稍有融解，但随即又冻结起来，这种情况下结成的颗粒状雪粒使得冰川冰密度略小于普通的冰，其进一步结成冰层即构成冰川。

冰川有高山冰川和大陆冰川两种，高山冰川是指存在于高山上的冰川，大陆冰川则指分布在两极地区的冰川。厚度在1000米以上的冰川将整个南极大陆和格陵兰岛的极大部分都掩埋在其下。

南极是世界上冰川分布最广的地区，冰川总面积约占地球上冰川总面积的85%以上，其冰川总体积约有2800万立方千米。坡度不大，只在边缘处向外倾斜，将长长的冰舌伸入海中是南极冰川的最大特点。冰山主要有角锥形和桌形两种形状，大的能在海上漂浮2～10年。浮动着的冰川一般

冰川是自然界的一股巨大侵蚀力量，在重力作用下，携带着大量碎石的冰川从山顶缓慢向下滑移，途中毫不留情地侵蚀着地表，是大自然开谷移山的一种壮观景象。

角峰

冰斗

冰碛

冰川的移动

在冰川口，冰雪融化，岩屑堆积成小丘，被称作终点冰碛。

冰川口

融化的冰水

被冰川运动搬运的花岗岩

只有近 100 米露出海面，而实际往往长达几千米，其他约占冰川体积 6/7 的部分就埋在水面下。冰川的漂浮，对极地航行极为危险，是导致极地航行船只沉没的原因之一。

🪐 世界主要冰川

欧亚大陆——喜马拉雅山地区有纳布冰川等 6 条冰川，面积达 1600 平方千米。中国境内的冈底斯山、昆仑山、喀喇昆仑山、唐古拉山、天山山脉、阿尔泰山以及横断山脉也是世界主要高山冰川分布区。帕米尔山脉费德钦科等冰川共有 7042 平方千米。阿乌尔山、堪察加、科里雅克高原、西伯利亚、乌拉尔、兴都库什山脉、高加索山、阿尔卑斯山脉、比利牛斯山脉、斯堪的纳维亚半岛、格陵兰（180.2

北极和南极分别是地轴的北端和南端。极地地区（包括北极和南极）是地球上最冷的地方，并且常年被冰雪覆盖着。

万平方千米冰川）、加拿大北极群岛和北极其他岛屿、冰岛等都有冰川。北美洲——阿拉斯加地区有 5.2 万平方千米的冰川，还有海岸山脉、洛基山和加拿大大陆冰川。南美洲——安第斯山脉有 2.5 万平方千米的冰川。大洋洲有 1000 余平方千米，非洲只有 22 平方千米的冰川。而最大的冰川在南极洲，其他地方跟它的量是不能相提并论的。

🪐 火山为什么会喷发

火山喷发是地壳中的岩浆向上喷出地面时的现象。一般情况下，地壳把岩浆紧紧地包住。地球内部有相当高的温度，岩浆不甘于寂寞，它老是想要逃离出去。然而，由于地下的压力极大，岩浆无法很轻易地冲出去。地下受到的压力在地壳结合得比较脆弱的部分比周围小一些，这里的岩浆中的水和气体就很有可能分离出来，促使岩浆的活动力加强，推动岩浆喷出地面。当岩浆冲出地面时，原来被约束在岩浆中的水蒸气和气体很快分离出来，体积迅速膨胀，火山喷发就此产生。

岩浆冲出来的通道是否畅通与火山喷发的强弱有很大关系。如果岩浆很黏很稠，有时再加上火山通道不但狭窄而且紧闭，这时就极易被堵塞，这就需要地下的岩浆聚集非常大的力量才能把它冲破。一旦冲开，伴随而来的就是一场威力极猛的大爆炸。有时候，一次火山喷发过程，就可以喷发出来几十亿立方米的火山碎屑物。假如岩浆的黏稠度小，所含气体也不多，通道相对而言比较畅通，经常有喷出活动，那么就不会引起大的爆炸。夏威夷群岛上有一些火山，就是第二种情况。

火山大都分布在那些地壳运动较为强烈，而且相对而言较为薄弱的地方。这种地方陆地上和海里都有。海底的地壳很薄，一般只有几千米，有些地方还有地壳的裂痕，所以在海洋底部分布着很多火山。例如临近大西洋中部亚速尔群岛的卡别林尤什火山，它位于一条巨大的断裂带之上，当它喷发时，炽热的浪涛从深邃的海洋底部涌出，一时间，洋面会沸腾起来。在开始时人们还以为是一条大鲸吐出的水柱呢！它的火山喷发活

动持续了 13 个月，结果一片好几百公顷的新陆地出现了，这块新陆地与亚速尔群岛中的法雅尔岛连接在一起。海洋中有很多像这样的海底火山。

在火山喷发过程中，会有岩浆喷出地面，那些岩浆的活动能力极强，可以时常喷发的火山在地质学中被称为"活火山"。例如，位于太平洋中的夏威夷群岛上的基拉维亚火山，长期以来总有岩浆从中不断地涌出，有时还会发生极为猛烈的爆发，它就属于活火山。有一些火山在喷发之后，需要经过很长一段时间在地下聚集起足够的岩浆才可以再次喷发，当它暂时不再活动的时候，被地质学家称为"休眠火山"。例如在北美洲西部的喀斯喀特山脉中就有很多这样的火山。人类并没有找到它们曾爆发过的历史记载，但根据探测，它们还有活动能力。不过，这一类火山，有的也可能就此一直沉睡下去。还有些火山因为形成时间很早，地下的岩浆已经冷凝固化，不再活动，或是虽然地下还有岩浆存在，但因为那里地壳厚实坚硬，其中差不多所有的裂缝都被以前挤入的岩浆凝结堵塞住，岩浆无法再喷发出来了。地质学上把这些已失去了活动能力的火山叫作"死火山"。例如，非洲坦桑尼亚边境上的乞力马扎罗山，就是一座非常有名的死火山。人们可以从飞机上清晰地看到火山口内堆积着很厚很厚的白雪。

火山灰

火山口

熔岩流

火山坑

岩浆室

⬆ 火山喷发，岩浆四射，构成了地球上最壮观的风景。火山爆发是由地壳破裂引起的。全世界大约有 500 处活火山。

🪐 火山爆发有规律吗

古罗马人普林尼安是世界上第一个详细记载火山情况并实地考察过火山的人。公元 79 年，意大利著名的维苏威火山爆发了。这次火山爆发喷出的熔岩流到了附近的城市，并将古罗马的繁华城市——庞贝彻底湮没了。普林尼安对这次火山爆发进行了实地考察，并且记下了爆发的全过程，这样就为后人了解这次灾难留下了珍贵的资料。不幸的是，由于他在做记录时吸入了火山喷发时带出的有毒气体，在做完记录后不久就离开了人世。人们为了纪念他，决定用他的名字来命名这次火山喷发。因此，维苏威型火山喷发的另一个名称就是"普林尼安型火山喷发"。

20 世纪以来，伴随着各项科学技术的发展，人们对火山的研究也取得了重大的进展。1944～1945 年，苏联东部堪察加半岛一带的克留赤夫火山开始了大规模的喷发，这次喷发持续了很长时间，而且相当猛烈。当喷发停止后，一支探险队来到深 200 多米、直径 600 米的火山口里，对这次火山喷发进行了为期很长的系统研究。他们在这个地方一工作就是将近 30 年。他们的辛苦劳动并没有白费，他们发现了一些火山活动的规律。这大大推动了人类预测火山爆发的步伐。1955 年，苏联科学院的火山研究站综合许多前人研究的成果以及他们自己的经验，对堪察加半岛进行了一番实地考察，预测该岛的另一座火山即将喷发。不出所料，在预报发布后的十多天，这座火山就爆发了。因为事先收到预报，附近的人们采取了许多安全防护措施，所以此次火山爆发没有造成重大损失。

富士山是日本最高峰，它由多次火山爆发喷出的熔岩和灰层堆积而成。它最近一次爆发是在 1707 年。

在加勒比海东部，有一个小岛名叫瓜德罗普岛，和平宁静，景色宜人。1976 年夏天，这个岛上的苏弗里埃尔火山开始喷发，且接连不断，该岛上 7.5 万名居民的正常生活受到了极大的干扰。

这个消息传出后，世界各地的火山专家不断前来，在对那里进行了全面考察后却提出了两种截然相反的观点。以比利时火山专家哈伦·塔齐耶夫为首的专家小组持乐观态度。在他们看来，苏弗里埃尔火山的内部构造与亚洲的菲律宾、印度尼西亚一带的火山相似，都是由于地下水被加热产生蒸汽，然后从火山口喷出。这就导致每 10 分钟一次的小规模喷发。因为不会有大规模的喷发，所以岛上的居民应该是安全的，不用逃离家园。

塔齐耶夫坚信自己的推断是正确的。为了让岛上居民相信他，以避免不必要的逃亡，他决定去火山口，在那里对岩石的变化进行实地考察。但这时，因为火山接连喷发，火山口已经很难接近了。

在这种危急的情况下，专家们对塔齐耶夫的决定非常担心，都要求他放弃这个打算，因为这样太危险了。然而，塔齐耶夫毫不动摇，坚决去考察。这位伟大的科学家在以前就曾上百次地进行过火山探险，这次他又率领一支由 9 人组成的观察小组，于 1976 年 8 月 30 日前往火山口进行实地考察。塔齐耶夫在这次考察中差点失去了宝贵的生命。

塔齐耶夫带领的探险小组以极大的勇气和科学精神从火山口带回

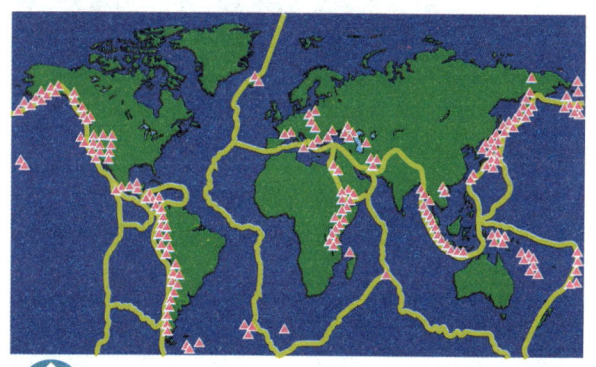

粉色的三角形表示是火山活跃地带，黄色的线表示板块交界处。

了大量的第一手资料。这些资料证明塔齐耶夫的观点是正确的。由于他的正确推断，在瓜德罗普岛上面居住的人在火山的呼啸中坚持了正常的生活与工作，并没有逃离家园。所以，这里的人们对塔齐耶夫的杰出贡献十分感谢，将其誉为"无所畏惧的火神"。

1982 年 3 ~ 4 月，埃尔奇琼火山一下子爆发了。埃尔奇琼火山海拔高达 1134 米，将大量的尘土和气体喷射到距地面 42 千米的高空，然后洒落在南北美洲之间的广大区域。附近村庄全部被如同冰雹一样的熔岩和火山灰所袭击。

埃尔奇琼火山的爆发最早是由美国的卫星探测到的，火山喷发后，地球高层大气中的臭氧、二氧化碳、水汽的含量以及海洋的表面温度都出现了异常。天空中还出现了由几百万吨火山灰和烟气组成的一个厚达 3000 米的巨大云层。科学家对此进行了分析，然后断定，由于大量阳光被厚厚的云层阻挡，使一些地区得不到照射，就造成了地表温度的变化，甚至有些地方出现了干旱、暴雨和热浪等灾害。研究人员如果想更详细地研究这个现象，并仔细地观察它所带来的后果，就需要更多的第一手资料。于是，他们乘飞机来到火山口，进行实地考察。

考察队员来到火山口后发现，这里是一片寸草不生的不毛之地。几个月前，火山就停止了大规模的喷发，但仍有有毒气体和水蒸气从湖水中和地面上那些大大小小的裂缝中不断地冒出，温度高达 93℃。到这里的人如果不戴防护面具，几分钟内就会死亡，即使戴上也只能在那儿待几个小时。环境如此恶劣，使得考察队员不能在此久留，只能把营地建在火山口外。然后，每天冒着生命危险乘直升机进出火山口。但用这种方法也很困难，因为火山口经常有很大的风，使得直升机飞行困难，再加上云层很厚，致使驾驶员很难看清周围的情况，根本无法使直升机安全降落。

🪐 地震是怎样发生的

如果从地球表面看，一切似乎都很平静，因此一说到地震，人们总觉得是比较少见的事。事实上，根本不是这样，地球上经常会发生地震。地震是一种非常普遍的自然现象，就像下雨、刮风一样。据科学家们用精确的仪器观测，地球上每年大约发生 500 万次地震，并且平均一天会发生 1 万多次。但是，这些地震大部分都微乎其微，人们不用仪器观测是根本感觉不到的，每一年中这样的小地震大约占当年地震的 99%；人们可以感觉到的，只不过占 1%。

地球上为什么会常常发生地震呢？

大多数地震是由地壳运动所引发的。刚硬的岩石在运动中受到力的作用，形状发生改变，有时甚至发生断裂，此时就会发生地震。目前人们虽然对推动地壳发生变动的力量从何

发生地震时，压力波会由震中向四周辐射。地震是沿着地壳断层（如箭头所示）反方向运动的两个岩层移动的结果。

而来仍持有异议，对地震产生的根本原因也有许许多多的推测，但大家一致认为某一地区的岩石发生了断裂是该地区发生地震的直接原因。地下的岩石产生了新的断裂，或是原来就有裂缝，再次发生错动是绝大多数地震发生的原因。许多威力极大的地震都发生在地下存在断裂的地方。当地下的岩石因为受到力的作用而将要断裂时，月亮和太阳的引力作用，水（水库）或大气对地面的压力的变化，都有可能促使断裂发生，有触发地震的作用。

其次，地震又常常作为火山爆发的伴侣出现，在地球上存在着大量的火山，火山每次爆发，会从地下喷射出大量炽热的岩浆，体积急速膨胀，对地壳有所冲击，因此一定会引起地震。

既然每年地球上发生如此多的地震，我们为什么感觉到的很少呢？

原来，在地球上发生地震时，震动也有强度的大小，释放出来的能量也有多有少，按照它们大小的不同，大致可以分为微震、弱震和强震等三大类。可使器皿叮当作响，使吊钟和电灯、壁上的挂图发生晃动的地震称为弱震。可以使墙开裂、山石崩落、房屋倒塌的地震称为强震。一些非常强烈的地震还能在眨眼之间把整个城镇摧毁，如1976年的唐山大地震，在地球上如此强烈的地震平均每年大约发生10多次，但有时候并不是发生在像唐山这样人口极为稠密的地区，给人类带来的灾害也不会像唐山地震那样严重。除了强震以外，弱震是不会给人类造成危害的，至于微震，就更没有多大影响了。绝大多数地震都是微震。

地震发生时，也不是所有人都可以感觉得到，在一定范围内的人们才能感觉到。地震时，人们把震动的发源处叫作震源。震动自震源起，以波动的形式向四周发散传出，叫震波。在震源处地震波的能量最大，在传播过程中，地震波能量会逐渐消失，传得越远就越微弱，传到一定距离，就可以弱到人一点也感觉不出来。我们住的地方倘若在这次地震中人所能感觉的范围之外，那我们就感觉不出来了。

地球上的煤是怎样形成的

众所周知，煤是从地下开采出来的。可是，为什么地下有这么多煤呢？在回答这一个问题之前，首先需要知道煤是如何形成的。

有人说煤长得像石头，甚至通常把质量不好的煤叫作"石煤"，所以认为煤是由石头变来的。但是，如果你再仔细观察一下会发现有些煤块上会有植物的根茎和叶等形状的痕状。倘若把煤切成薄片，在显微镜下进行观察，有时可以看到相当清晰的植物构造和组织，而且有时像树干一类的东西还保存在煤层之中。在中国著名的抚顺煤矿，大量琥珀含在煤层之中，有的里面甚至包有极为完整的昆虫化石，它是一种相当精美的艺术品。事实上，琥珀就是由树木所分泌出来的树脂演变而成的。这一切都表明煤主要是由植物演变而来的。

古代植物又是如何演变成煤的呢？

原来，在历史上，有一些时期的环境非常有利于煤的形成。由于气候条件适宜，在这些时期，茂密高大的植物到处繁殖，大量高等或低等植物、浮游生物以及水草等

从右图可知数百万年来煤是如何形成的。很多植物遗体被深深掩藏于岩层的下方，最上方的岩石会挤压下层，使沙子和泥土变为坚硬的岩石，植物的残留物则由泥煤转变为煤。

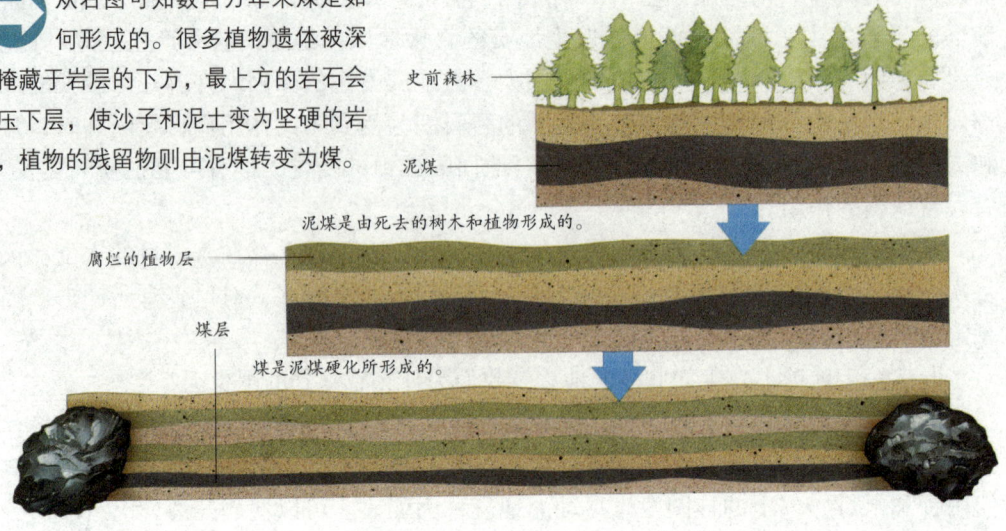

史前森林

泥煤

泥煤是由死去的树木和植物形成的。

腐烂的植物层

煤层

煤是泥煤硬化所形成的。

生长在沼泽、内陆和海滨地带。由于后来的地壳运动，这些植物就一批一批地被埋藏在地面的低洼地区和海洋或沼泽的边缘地带。这些被泥沙所掩盖的植物，长时间受着压力、细菌和地心热力的作用，原来所含的氮气、氧气以及其他挥发物质等都逐渐地跑掉了，剩下来的大部分就是"炭"（一般称这种作用为"炭化作用"）。这样泥炭就最先形成了，随后泥炭被埋藏得越来越深，碳质的比例在温度和压力的作用之下不断增高，褐煤和无烟煤便逐渐形成了。简单而言，煤就是经过这样的凝胶作用以及炭化作用形成来的。

由于各地都有不同的地壳运动特点，有些地区植物遗体的堆积速度和地壳的下降速度大体一致，保持均衡，很可能形成较厚的煤层；有些地方地壳沉降速度变化非常大，许多薄的煤层可能会在这里形成。

煤形成之后，在漫漫地质年代中，还不断地经受着各种变化和变动。原来水平的煤层可能会因地壳的构造运动而引发断裂和褶皱，有一些煤层被掩藏到地下更深的地方去了，因此至今还在地下沉睡没有被人们发现；而另一些煤层在一些比较浅的地方埋藏着，而且经过后来的侵蚀、风化的作用而露出地表，根据这些露在地表的"煤苗子"，我们找起煤矿来就会相当容易。目前许多埋藏在地下较深的煤田随着人们对于煤的形成规律的进一步掌握以及矿物勘探与开采技术的改进，而不断地被发现、开采及利用。

🪐 地球上的石油是怎样形成的

石油被人们称为"黑色的金子"，它是攸关人类生存的重要能源。

石油是由地质时期的动植物的遗体在地下高压高温及微生物作用下，经过漫长而复杂的化学变化逐渐形成的一种较为黏稠的液体矿藏，它也是原油及原油的加工产品的总称。凡是从油田开采出来还没有经过加工处理的石油叫作原油。原油通常情况下是深褐色、黑色的，但是，也有绿色，甚至无色的原油，这主要由开采地的特质所决定。原油不溶于水，有特殊的气味，密度也比水小，溶、沸点不固定。

石油大多在地下（或海底）深埋着，它属流体矿物，所以通常只需打竖井之后通过采油管开采。在打成一口油井的初期，由于地层下有很大的压力，油层内的石油经常受压力驱使而自动向上喷，这时就可以采用"自喷采油法"采油。自喷采油不但设备简单，管理方便，而且开采经济，产量也高，是当前较为理想的采油方式，一般采用先进技术且条件好的油井可保持几年甚至十几年的自喷形式。已过自喷期的油井或油层压力较低，石油只能够流入井里但却没有能力再往地面上喷射，此时要采用机械采油方法亦即通过安装在井上的俗名叫"磕头机"的抽油泵往上抽油。使用磕头机抽油的油井也可以在相当长的时间内维持一定的产量。

石油是一种极为重要的天然资源，我们在日常生活和交通中都会用到它。它储藏于很深的地下或海床之下。海底石油可通过与海床相连且漂浮在海面上的石油钻塔进行开采。

现代生活一刻也离不开石油，它是工业的血液，是最最重要的能源之一，而西亚则是世界上的最重要的石油产区。

根据大陆漂移学说的解释，西亚原本是古地中海的一部分，经过沧海桑田的多次变化之后，古地中海的范围渐渐缩小，幼发拉底河和底格里斯河带来的泥沙也在

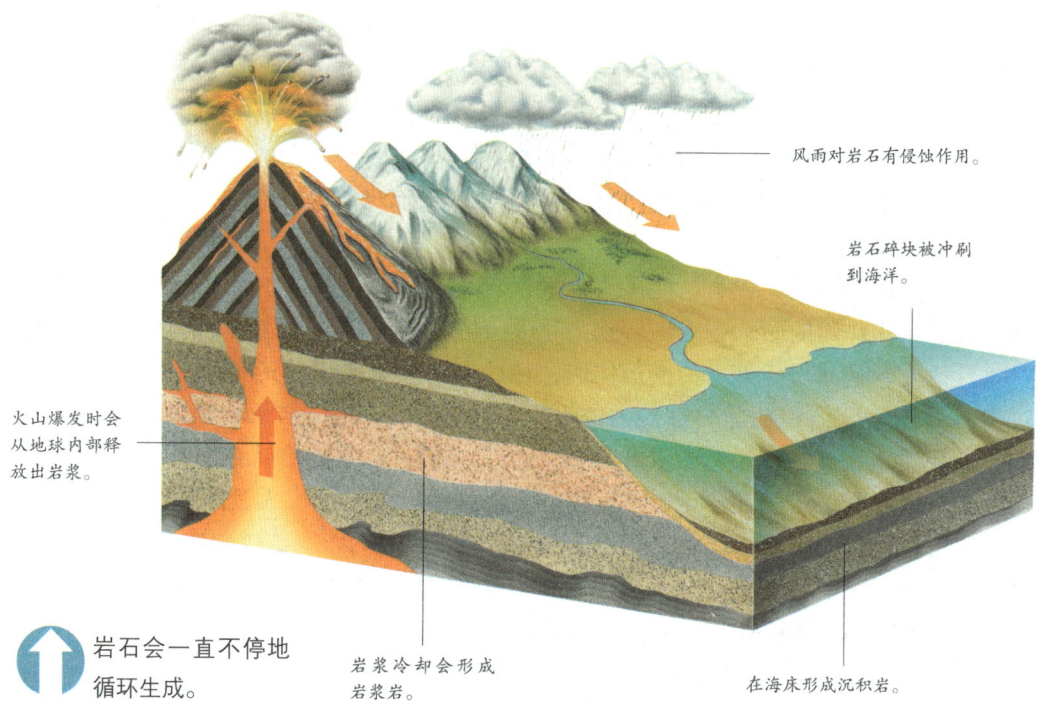

风雨对岩石有侵蚀作用。

岩石碎块被冲刷到海洋。

火山爆发时会从地球内部释放出岩浆。

岩石会一直不停地循环生成。

岩浆冷却会形成岩浆岩。

在海床形成沉积岩。

不断地缩小海湾的面积。以海湾为中心的浅海地区是一片古老台地，这些地区主要进行的是升降运动，它们的褶皱运动非常平缓。升降运动形成4000～12000米的非常厚的沉积层。从结构上看，因为褶皱运动不是十分强烈，所以形成一系列平缓而巨大的简单穹隆或背斜构造，这种构造对贮油贮气极为有利。例如举世闻名的沙特加瓦尔背斜构造，长240千米，宽35千米，这里形成了原油储量达到100亿吨以上的闻名遐迩的加瓦尔油田。

西亚的纬度偏低，它的这一地理条件造成生物数量相当繁多；西亚地区所拥有的"两河"、广阔的浅海的大量泥沙形成相当良好的还原环境；平缓的地质构造和沉积层为原油的储备提供了优良的储油条件，这些就是西亚成为世界储油最丰富的地区的自然原因。

地球上的岩石是怎样形成的

岩石分布在地球的各个地方。有些地方虽然从表面上看是泥沙，但下面则是岩石；还有海洋、江河，在水层底下也是岩石。岩石紧紧地裹在地球的外面，人们把它叫作岩石圈。岩石圈最厚之处已超过100千米，换言之，不但地壳是由岩石构成的，就连地幔的最上端也是由岩石构成的。

为什么地球上会有如此多的岩石呢？

瑞典著名博物学家林耐曾经说过这样一句名言："岩石并非自古就有，它们是时间的孩子。"的确，地球上每一块岩石都是在地球的演变过程中渐渐形成的。

根据岩石不同的形成方式，我们能够把所有的岩石划分为火成岩、变质岩、沉积岩三大类。

火成岩是地球岩石圈的主要组成部分。地壳中大约3/4的岩石以及地幔顶部的全部岩石属于火成岩。火成岩是由炽热熔融的岩浆冷却凝固之后形成的。倘若它们是由火山喷发出来的岩浆冷却凝固而成的，则可被称为火山岩，如安山岩、玄武岩等。今天，我们仍然可以在一些火山活动的地区，观察到火山岩的形成过程。虽然有些地方覆盖着上万平方千米厚达上千米的火山岩，但它所占的比例并不是很大，绝大多数岩石是由那些没有能够喷发到地表的岩浆直接在地下深处冷却凝固而形成的，这叫火成岩，如分布较为广泛的橄榄岩、花岗岩等。

早先形成的包括火成岩、变质岩和沉积岩等在内的岩石，在地面暴露以后，会受到侵蚀和风化作用的破坏，逐渐转化为化学分解物和泥沙。这些化学分解物和泥沙经过水、风或者是冰川等外力的搬运作用，最后在湖海盆地或者其他低洼处堆积，再经过漫长的压紧胶结和地球内部热力的影响，再一次固结成为岩石，形成沉积岩，例如，由泥质堆积而成的页岩以及由沙粒胶结而成的砂岩等。在形成沉积岩的过程中，生物经常葬身其中，故而还可以在沉积岩里找到由古生物遗迹或遗体构成的化石。

岩石在地球的演变过程中，受到强烈的挤压或高温的影响，或者被注入外来物质，从而发生面目全非的变化，一种新的岩石由此产生，我们把这种岩石称为变质岩。例如，花岗岩能够变成片麻岩，页岩和一些砂岩会变成片岩、板岩等。

总之，地球上的所有岩石的形成，都无法脱离以上三种途径。

要命的数理化

抽象的数学

🪐 数的来历

也许有的人会想，如果没有数该多好，那样我们就不用和数学打交道了。当初是谁这么无聊，发明了数这种东西呢？

其实，数是很讨人喜欢的，也是非常重要的，我们一天也离不开它。数是十分伟大的发明，也是人类祖先的一大创造。

在原始社会，数的概念就产生了。为了生存，人类要进行各种活动，比如说狩猎、捕鱼、种树等，在与这些猎物、果实和鱼等实物接触的过程中，人们就有了多和少的概念。也就是说，最早的数是和实物结合在一起的。人们开始懂得一个野果和一只野兔都是一个单位，两只山羊和两条鱼都是两个单位等，这就是人们最早对数的认识，数的概念也就是从这时起开始形成的。

在人们的脑海中已经形成数的概念以后，就开始寻求计数的方法。在最早的时候，就是借助手指、脚趾以及小石子这些工具来计数的。想一想小的时候，你们的父母是不是也教你们用手指计数呢？当父母说"一"的时候，你们就伸出一个手指；数"二"的时候，就伸出两个手指……

不管是用手指、脚趾还是用小石子等物体，它们的计数都是暂时的。你不可能总是举着几个手指不动吧！为了方便计数，聪明的原始人又发明了结绳计数和记号计数。结绳计数就是在绳子上打结，每一件物品打一个结；而记号计数则是在兽皮、树木或石头等物体上做记号，每一件物品做一个记号。这些记号，慢慢地就变成了最早的数学符号。数的概念就是在这一过程中逐渐发展起来的。

现在我们来想一想，我们的生活能不能离开数，我们所进行的各种活动又有哪一项缺少了数的参与？结果我们会发现，数存在于我们生活的各个角落，每一个细微的地方都有它的存在。如果真的没有了它，我们的社会就会急剧倒退，退到人类社会的最初状态——原始社会，那将是多么可怕的一件事呀！

🪐 神奇的进制

虽然结绳计数法已经可以解决一些问题，不过这样的计数方式也只能计量少量的物体，物体一多，就忙不过来了。如果遇到 100 个、1000 个物体呢？打上这么多绳结

算盘

"算盘"也称"计数盘",一般认为起源于中国,是一直沿用至今的最古老的算盘形式。它不但能用来加、减、乘、除,还可以进行更为复杂的数学演算,例如计算分数和开平方根。它是由9根棍子固定在一个方形的木框中构成的,一根横木条将木框分为不相等的两部分。每根棍子上都有5颗珠子在下半框,2颗在上半框。任意取一根串珠棍作为个位,它的左边的棍子就依次是十位、百位、千位等等,在它右边的棍子依次就是十分位、百分位、千分位等等。0~4的数字用下半框的珠子表示,其余的5个数字就需要上半框的珠子来表示了(注:上半框的一个珠子代表5),例如数字8就用上半格1个珠子和下半格3个珠子来表示。

还不得把人累死?随着社会的发展,人们所需要用到的数字肯定也会越来越大。在这种情况下,新的计数方法产生了。

由于数量太多的物体很难表示,所以人们就想到了当物体达到某一个数的时候,就做另外一个记号。以我们现在广泛使用的十进制为例,当有10个小石子的时候,就用另外一个大石子表示,依此类推。这样一来,数的表示就简单多了。除了十进制,还有二进制、八进制、十二进制、二十进制、六十进制等。

其他的进制又是怎么来的呢?其实这些进制都是人类通过观察所得到的,比如说二十进制,人的手指和脚趾加在一起正好是二十;又比如说十二进制,是因为在一年之中出现了12次月亮的盈亏等。只有二进制的产生是人类抽象思维的结果,是为了研究数的性质而建立的。

这些进制虽然没有十进制应用得那么广泛,可是却仍然很重要。比如说一年有12个月、一天有24小时,一小时有60分钟,一分钟有60秒,都是它们发挥作用的体现。

还有在计算机中,应用的可都是二进制。

古代的进制比较混乱,各种进制都有,但是应用最多的还是十进制。为什么十进制会受到这么多人的青睐呢?这可能与人的手指有关。我们说过,最早人们是用手指来计数的,但这只能计量10个以下的物体。后来,人们就想到了10个手指可以用一个小石子代替的办法,发明了十进制。人的手指是最灵活的,用到的地方也最多,所以由它而产生的十进制也是应用最为广泛的。

🪐 黄金分割

黄金分割是什么?如果你是一个爱美又懂得欣赏美的人,那么你就一定要记住它,因为它实在是太有用了。我们所看到的很多美景,都与黄金分割有着莫大的关联,这其中包括雄伟的建筑、奇妙的图形、雅致的工艺品以及神奇的植物,等等。而且如果你的身体符合黄金分割率,也会显得特别匀称、迷人。

让我们先来画一条线段,然后再在线段的上面寻找一点,将线段分成两段。这一点可不是随便找的,在分割完成以后,你要保证其中一部分与整个线段的比值和另外一部分与这部分的比值相等。

这个比值是 0.618，就是黄金分割点。其实我们所说的黄金分割指的就是这个比值，因为按照这个比例设计出来的造型十分优美，所以才称它为黄金分割。

0.618，这个看似普通的小数，可是世人的宠儿，在很多地方都可以看到它的身影。很多生活用品和工艺品的宽长之比就是0.618；在建筑物中，也多次采用 0.618 这个数字；就连我们人体也充分利用了它，肚脐以上的部分与整个身体的比值就是 0.618；在绘画作品中，作品的主题都会放在整个画面的 0.618 处；在弦乐器中，艺术家们也会将琴马放在琴弦的 0.618 处。所以说，0.618 在绘画、雕塑、音乐、建筑等领域，以及在管理和工程设计等方面，都起着非常重要的作用。

如果你曾经去看过演出，那么你有没有留意报幕员上台的时候不是站在舞台的中央，而是站在台上的一侧呢？你们知道这其中的原因吗？

对，他站在了黄金分割点，站在那里看上去更美观。不仅如此，站在黄金分割点上，还更有利于声音的传播，使我们听得更清楚。

以帕提农神庙为例，别看它现在只剩下一座石柱林立的外壳，以前它可威风着呢！因为它是希腊全盛时期建筑与雕刻的主要代表，是古希腊雅典卫城中最大的一座神庙，也是人类艺术宝库中一颗璀璨的明珠。而这座伟大的建筑，就充分利用了

只要你留心，就会发现生活中有很多符合黄金分割律的例子，例如芭蕾舞演员的优美动作、女神维纳斯像。可以说，在生活中哪里有黄金分割，哪里就有美。

黄金分割。简单地说，帕提农神庙的正面符合多重黄金分割矩形。而黄金分割矩形的最大特点就是将其再分割以后，还可以得到一个等比的矩形和一个正方形。将最大的黄金分割矩形再分割，就得到了二次黄金分割矩形和一个正方形。二次黄金分割矩形构成楣梁、中楣和山形墙的高度，而正方形则确定了山形墙的高。最小的黄金分割矩形又确定了中楣和楣梁的位置。现在，你们应该清楚黄金分割有多么神奇和伟大了吧！

勾股定理

勾股定理，听起来似乎很深奥，可实际上不过就是两条直角边的平方之和与斜边的平方相等。

为什么这个定理被称作勾股定理呢？难道发明它的人叫作勾股？当然不是，哪有

人会叫那么难听的名字？

其实，勾股定理是我国的叫法。因为在我国的古代，将两条直角边分别叫作勾和股（较长的一条叫作股，较短的一条叫作勾），而将直角的对边叫作弦，所以才将这个定理称为勾股定理，我们所熟悉的"勾3股4弦5"就是这么来的。但是外国人将它称为毕达哥拉斯定理，这次你猜对了，由于外国人以为最早发现勾股定理的人是古希腊的数学家毕达哥拉斯，所以才将它称为毕达哥拉斯定理。

勾股定理揭示了直角三角形边之间的关系。例如：直角三角形的两个直角边 a、b 的值分别为 3、4，则斜边 c 的平方 = a 的平方 + b 的平方，9+16=25，即 c=5，则说明斜边为 5。

认识 π

π 是什么你们一定都清楚，就是圆周率嘛！我们都知道圆周率应该是一个常数，而关于这个常数的数值，你的数学老师一定会告诉你，它介于 3.1415926 和 3.1415927 之间。在运算的过程中，我们则取值为 3.14。不过也许有些力求精确的人对这样的数值并不满意，因为 3.14 只是一个近似的数值，它的后面明明还有很多位，为什么将它们全部舍掉呢？这当然是为了计算的方便，如果每次运算都要带一大堆的小数，到时你就会讨厌数学了。

> **知识档案**
>
> **祖冲之与圆周率**
>
> 祖冲之是中国南北朝时期著名的数学家、天文学家和机械制造家。就是他推算出圆周率的真值应该在 3.1415926 和 3.1415927 之间，这是世界上获得的第一个具有七位小数的圆周率，比西方数学家早了 1100 多年。另外，祖冲之还确定了 π 的两个近似分数：22/7 和 355/113，使计算变得更加简单。

π 的精确数值是多少呢？如果有人问你这个问题，你一定答不出来。事实上你也不可能答出来，因为迄今为止，还没有人可以回答这个问题。我们知道，π 实际上就是圆周与圆的半径的比值，人们虽然知道它应该是一个常数，但是却始终无法算出它的精确值。人们从公元前 2 世纪开始，一直算到今天，虽然已经获得了数亿位，可是却仍然是一个近似值。所以也有人说这是科学史上的"马拉松"，但是这个比赛什么时候能到达终点，现在谁都说不清。

对称图形

我们所生活的世界充满了各种各样的图形，如果你们留心观察就会发现，有很多图形都是存在共同点的。

你能说出闹钟与飞机之间的共同点吗？对，它们都是对称的。

你能说说什么是对称吗？如果一个物体从中间分成两半儿，这两半儿是完全相同的，那它就是对称的。

不过这只是对称的一种情况，它们的共同点是它们都有一条对称轴，如果沿着这条对称轴把它们分成两半儿，那么对称轴两边的图形就是完全一样的。我们把这种有对称轴的对称图形称作轴对称图形。

还有一种对称图形，它没有一条对称轴，但是它有一个对称中心。也就是说，沿着图形的对称中心旋转 180° 以后，可以得到和原来的图形完全相同的图形。我们把这种有对称中心的对称图形称为中心对称图形。

要判断一个图形是轴对称图形还是中心对称图形，方法很简单，只要我们找到它的对称轴和对称中心就可以了。如果一个图形沿着一条线对折后可以完全重合，这个图形就是轴对称图形，这条直线就是它的对称轴。如果一个图形在倒过来以后可以和原来的图形完全重合，这个图形就是中心对称图形，它的中心点就是对称中心。当然，有的图形可能既是轴对称图形，又是中心对称图形；也有的图形可能既不是轴对称图形，也不是中心对称图形。

蝴蝶的两个翅膀可以精确地叠合在一起，它是典型的轴对称图形。

现在，人们总是喜欢强调对称美，把什么东西都弄成对称的，事实上，就连我们人体也是对称的。对称虽然很美妙，可它也有可怕的地方。如果你来到了对称的世界，那么你所做的任何事情就必须都是对称的。你别想穿什么新奇的衣服，也别想搞什么新潮的造型，因为那会破坏了你本来的对称性。

不过，我们的生活还真是不能少了对称：如果飞机没有了对称，那么它在空中飞行的时候就会失去平衡，发生事故的概率也将大大增加。如果闹钟没有了对称，表针的走动就不再均匀，这样就难以保证时间的准确性。如果我们人体不再对称，那将变得更为可怕。你有没有想过，如果你的两只眼睛一只长在眉毛下，而另一只长在鼻子上；你的两只耳朵一只长在脑袋的一侧，而另一只长在头顶上……那将是多么可怕的一件事！

仅有的五种正多面体

今天，让我们一起走进多面体的世界，去认识几个特殊的朋友。事实上，我们就生活在一个多面体的世界中，如果你是个善于观察的人，就一定会发现，我们的周围存在着很多多面体，比如说我们的书本、电视、冰箱等。如果让你给多面体下一个定义，你应该怎么下呢？其实这很简单。首先，它必须是一个立体，而且是由多边形所围成的立体。当然，多边形的数量至少应该是四个。那么我们今天的主角是哪几位特殊的朋友呢？它们就是仅有的五种正多面体，即是正四面体、正六面体、正八面体、正十二面体和正二十面体。

所谓正多面体，当然要首先保证它是一个多面体，而它的特殊之处就在于它的每一个面都是正多边形，而且各个面的正多边形都是全等的。也就是说，将正多面体的各个面剪下来，它们可以完全重合。虽然多面体的家族很庞大，可是正多面体的成员却很少，仅有五个。

这几个正多面体分别是由什么组成的呢？

正四面体是由四个全等的等边三角形组成的；正六面体是由六个全等的正方形组成的；正八面体是由八个全等的等边三角形组成的；正十二面体是由十二个全等的正五边形组成的；正二十面体是由二十个全等的等边三角形组成的。

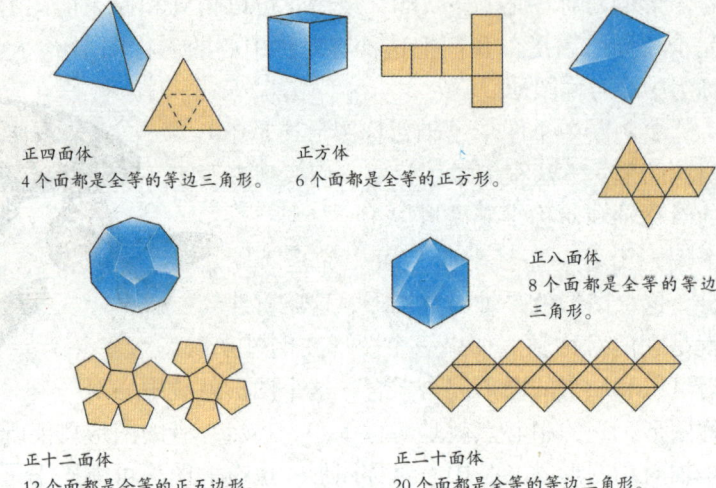

正四面体
4个面都是全等的等边三角形。

正方体
6个面都是全等的正方形。

正八面体
8个面都是全等的等边三角形。

正十二面体
12个面都是全等的正五边形。

正二十面体
20个面都是全等的等边三角形。

圆与球

圆在我们的生活中几乎随处可见：车轮，杯子，皮球，等等。圆的东西不仅样子美观，给人视觉上的享受，而且还很实用。试想一下，如果车轮不是圆的，那车子还能走得这么平稳吗？如果皮球不是圆的，那还拍得起来吗？再想一想，你是不是更喜欢圆圆的月亮呢？圆圆的脸蛋是不是更讨人喜欢呢？所以说，我们偏爱圆也是很有道理的。

球是什么？它和圆又有什么关系呢？很明显，球也是圆的，它们的最大区别就在于圆是平面图形，而球是立体的。换句话说，球是由无数个圆组成的。如果把皮球的气放光，将它压扁，那么它就是一个圆。

为什么自然界有这么多的圆形和球体呢？难道只是为了美观吗？当然不是，它们还有更实用的一面。现在我们来做一个简单的圈地游戏：给你们每个人一条绳子，这条绳子的长度是相等的，都是1米。你们可以随意用它圈出一个图形，然后再计算出你所圈图形的面积。

来看看结果吧：如果圈的是正方形，它的边长是25厘米，面积就是625平方厘米；如果圈的是长方形，长是30厘米，宽是20厘米，面积就是600平方厘米；如果圈的是等边三角形，边长约是33厘米，面积就约等于472平方厘米；如果圈的是圆形，得到的面积约为800平方厘米。分析一下计算结果，我们就可以发现，同样长的绳子，圈出的圆是面积最大的。这是圆的另一个优势，也是它

汽油桶等装液体的容器大都是圆柱形的，这是因为用同样大的平面材料做成的容器中，圆柱体的容积最大，省钱又省料。

深受人们喜爱的原因之一。既然同样的材料做出的圆面积最大，那么它所能盛的东西自然也就越多，这就是为什么我们平常所见到的杯子、酒桶等物体都是圆柱形的主要原因。

概率的秘密

说实话，概率是非常让人讨厌的，因为它总是充满了不确定。而且它的名声也不太好，因为人们总是喜欢把它和掷骰子等赌博活动联系在一起。

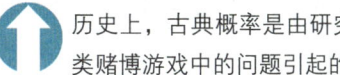

历史上，古典概率是由研究诸如掷骰子一类赌博游戏中的问题引起的。

现在来回答一个问题，当我们将硬币抛向空中的时候，它落地后是正面还是反面呢？

有的人会说：硬币落下来之后可能是正面，也可能是反面，这让我们怎么猜呢？不过，只要我们不都猜正面或都猜反面，就一定会有人猜中，因为它只有这两种可能性。

那硬币落地的时候有没有可能既不是正面也不是反面呢？当然不能，硬币落地只有两种情况，不是正面就一定是反面。

这就是我们今天所要认识的概率。如果一件事情所产生的结果并不是只有一种情况，那么它所产生的结果就存在一个概率的问题，而且所产生的各种情况的概率的总和一定是1。像我们刚才所说的硬币问题，显然它的结果就只有两种，那么发生其中一种结果的可能性就是1/2。也就是说，发生两种情况的概率是均等的，二者各占一半。用一个介于1（表示一定发生）和0（表示不发生）之间的数，就可表示某一事件发生的概率。法国人帕斯卡于1642年用掷骰子的方法研究出了概率的基本原理法则。

学习了概率的知识以后，你就可以解决生活中的很多实际问题。比如说很多人热衷于买彩票，甚至还通过种种方法来预测下一期的开奖号码，可是这种预测真的有效吗？当然不是。有些人认为很久都没有出现的号码在这一期出现的概率比较大，也有人认为上期已经出现过的号码这期就不会再出现。其实这种想法都是错误的，因为每一个号码在每一期所出现的概率都是相等的，没有什么大小之分。

知识档案

鸽笼原理

三只鸽子要飞进两个笼子，那么其中一定有一个笼子里面有两只鸽子。道理很简单，如果一个笼子只装一只鸽子，那么两个笼子就只能装下两只鸽子，那么另外的一只怎么办呢？它一定也要飞进笼子，不管它飞进哪一个，都会使那个笼子里面变成两只鸽子。扩展开来，如果n+1只鸽子要飞进n个笼子，那么至少有一个笼子里面有两只或两只以上的鸽子。鸽笼原理是一个非常简单但却很实用的原理，而且了解鸽笼原理，对于我们研究概率也是很有帮助的。根据鸽笼原理，我们可以解决很多问题。比如说在13个人中，至少有两个人会出生在同一个月份；在32个出生在同一月份的人中，至少有两个人会出生在同一天，等等。

🪐 著名的四色猜想

四色猜想来自英国，被称为是近代世界三大数学难题之一。一位在科研部门搞地图着色工作的大学毕业生在工作中发现了一个有趣的现象，那就是每幅地图都可以用四种颜色来着色，使得拥有共同边界的国家都被染上不同的颜色。

数学家们永远都那么好奇，在此之后，英国的数学家凯利就正式向伦敦数学学会提出了这个猜想：任何地图着色只需要四种颜色就足够了。也曾有科学家对此作出了证明，可遗憾的是，这些证明在后来都被证明是错误的。直到电子计算机问世以后的1976年，两位美国的数学家——阿佩尔和哈肯在两台不同的电子计算机上苦苦奋战了1200个小时，作了1000亿个判断，才完成了四色猜想的证明。

🪐 拓扑

拓扑是几何学的一个分支，而且是一门非常有趣的学问。还记得我们在前面讨论过的哥尼斯堡七桥问题吗？它可是为拓扑学的发展做出了很大贡献。

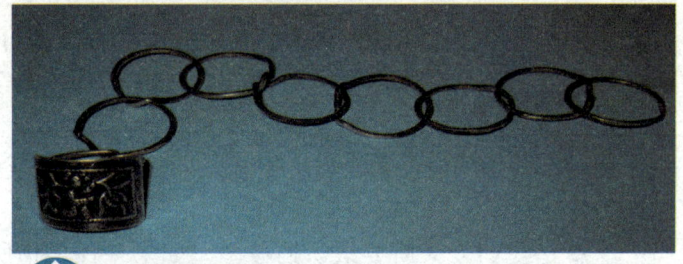

↑ 我们熟悉的玩具九连环就运用了拓扑学原理，即将平面空间的形状拉抻改变。

虽然说拓扑学的历史很悠久，可以追溯到18世纪的数学家欧拉和高斯的研究，但是其真正的发展，却是从19世纪末才开始的。通常的几何学所研究的内容无非就是物体的长短、大小、面积、体积等度量性质和数量关系，可是拓扑却完全不把这些放在眼里，它特立独行，只做自己喜欢的事情。

既然拓扑不会考虑普通几何学所研究的东西，那它要研究什么呢？

简单地说，拓扑学研究的是物体本身的性质。在拓扑学看来，没有任何物体是不能弯曲的。也就是说，任何物体的形状都是可以发生改变的。而拓扑要研究的就是当有形物体的形状发生一系列的变化时，怎么样才能保持它的性质不变。比如说一块橡皮泥，你可以把它捏成小白兔，也可以把它捏成小鸭子，但不管它的外形是什么，它的本质都是橡皮泥。这就是拓扑所要研究的问题。

看橡皮泥捏成的三个物体，也许你会觉得它们是完全不同的三样东西，可是在认识了拓扑以后，你就不能再这样说了。因为这三样东西虽然摆出了不同的姿态，可是我们经过拓扑的训练，便可以一眼看穿它们的真面目，其实它们是完全相同的。别忘了，在拓扑的世界里，是没有什么正方形、圆形和三角形之分的。

回到前面的七桥问题，欧拉在解决问题的时候不是也没有考虑它的大小和形状吗？他所考虑的只是点和线的个数，所以才画出了那张原理图。这就是拓扑思考问题的出发点。拓扑学就是要训练我们透过事物的表面看本质，这点是非常重要的。

🪐 分形几何

20世纪70年代，美国的计算机专家曼德罗特创立了一门新的学科，称分形几何，是专门研究不规则曲线图形的。

什么是分形几何？我们首先来观察一下雪花的形状，当然，我所说的雪花是完整的雪花，你必须保证它不会融化。也许你们可能觉得这根本就不用观察，因为我们都知道雪花是六角形的。可是我现在要说的是，这个答案并不是完全正确的。为什么这样说呢？因为雪花有着一种特殊的特性——自相似性。

自相似性指的是物体的局部与整体在形态、性质、功能等方面具有统计意义上的相似性。比如磁铁，将磁铁切出一小部分，这部分与原来的磁铁一样，都具有南北极，而且都具有磁性。这种具有自相似性的物体，适当地放大或缩小它的几何尺寸，它的整个结构并不会发生变化。

自相似性示意图

先画一个等边三角形，再做一个等边三角形，使其边长为原三角形的1/3。把小等边三角形放在原三角形的三条边上，得到一个六角形。按此方法再选取更小的小三角形放在六角形的边上。如此做下去，你就会得出雪花的形状了。雪花的每一部分经过放大，都与其整体一模一样。

现在你应该知道雪花的形状了吧！没错，雪花也是这样的。如果将雪花的每一部分放大，就又可以得到一片雪花。一片晶莹剔透的雪花，实际上是由无数个与它完全相同、只是比它小很多倍的小雪花构成的。如果我们人类也具有自相似性，那就是说我们的身体可以分成很多个小的我们，那是多么可怕的一件事呀！

分形几何还有更为神奇的地方，它可以把我们带到分维的世界里面。我们都知道，我们所生活的空间以及我们周围的物体都是有维数的，比如说：点是零维的，一条直线是一维的，一个平面是二维的，一个立体是三维的，等等。可是你们听说过几分之几维吗？这听起来好像很悬，不过分形几何却可以办得到。

比如说一根树干，它要分出很多树枝，而树枝还要再分出很多细枝，那么要测量它的周长，你应该怎么办呢？没错，这个时候我们就要用到分形几何。因为我们既不能把它看成是一维的，也不能把它看成是二维的，要解决这个问题，唯一的办法就是分维。所以说，分形几何是很有用的，自然界的很多物体，我们都可以用分形几何去测量。

🪐 麦比乌斯圈

麦比乌斯圈是什么？它是一个圆圈吗？如果你够聪明，就一定可以想到，它应该是一个圆圈，但绝对不会是一个简单的圆圈，要不就不会给它取个名字了。它就是一个被扭曲了的曲面。因为它是被德国的数学家麦比乌斯发现的，所以才叫它麦比乌斯圈。据说曾有人提出这样一个问题：将一个长方形的纸条首尾相连，做成一个纸圈，

如何只用一种颜色、在纸圈的一面涂抹，最后将纸圈全部涂上颜色而没有空白呢？这个问题可难倒了不少人，就连大数学家麦比乌斯也一度为它困惑。他百思不得其解，于是决定出去走走，清醒一下大脑。当他走到玉米地时，看到了一片肥大的玉米叶子，弯曲着耷拉下来，他顺手撕下一片，将其对接成一个圆圈，结果他惊喜地发现，这就是他梦寐以求的圆圈。所以说，麦比乌斯圈的发现还有玉米叶的一份功劳呢！

麦比乌斯圈非常有用，我们的立交桥和道路就是根据它的原理而建造的，因为这样可以避免车辆和行人的拥堵，缓解交通压力。

如果我们沿着麦比乌斯圈走上一圈，就可以在不重复的情况下走完所有的地方，然后再回到原点。麦比乌斯圈实际上也属于拓扑学的范畴，主要研究单侧面问题。现在你是不是更喜欢拓扑学了呢？

自己可以制作麦比乌斯圈吗？当然可以，这其实非常简单。别看在发现麦比乌斯圈的时候绞尽了脑汁，可实际上，这种圆圈是很容易做成的。首先，你需要准备一个长纸带，然后将它的一端扭转180°，再将两端连接起来，这样麦比乌斯圈就做成了。如果要验证你所做的麦比乌斯圈是否正确，最简单的办法就是拿一支铅笔不离纸带一直画下去，看最后是不是能够画过纸带的所有地方，然后再回到起点。如果是，那么恭喜你，你的麦比乌斯圈就成功了！

让人头大的物理

 时间是什么

你们是不是觉得这个问题很可笑，有谁会连时间都不知道呢？我们每天都按时起床，按时吃饭，按时上学，按时睡觉，提醒我们去做这些事情的不就是时间吗？你们是不是觉得钟表上所显示出来的就是时间呢？这当然不能说是错误的，可事实上，时间并没有我们想象的那么简单。

在钟表发明之前，人类是利用地球的运转规律（通过观看天空中的太阳、月亮和星星的运动情况）来计时的，现在则可以通过钟表表针的变化情况来确定时间。目前人们研制的原子钟是一种极精密的计时器，准确度极高。但是仍有一些科学家和哲学家认为原子钟不能与真实时间完全吻合。科学家们认为时间也是一维的（如同长度和宽度一样），可以上下、前后、左右移动，因而把时间定义为除长度、宽度、高度三维空间外的第四维。但是时间不会倒流：一根蜡烛不会越烧越长，人也不可能越活越年轻。

> **知识档案**
>
> **假如时间停滞**
>
> 千万别想这么可怕的事，尽管这样的事从来都没有发生过，但是我们并不愿意做这样的尝试。如果时间停止了，那世界上的一切事物都会静止下来，因为没有时间就没有变化。也就是说，我们会保持同样的姿势直到时间继续前行，否则你就别想动。世界当然也会变成一个静止的世界，毫无生机。这就像我们在看电影的时候按下了暂停键。当然，这只是我自己的猜测，毕竟还没有人见识过这种场面。不过你应该可以想象得到，那一定会是非常可怕的。

测来测去

你们是如何知道自己的身高和体重的呢？是用身高体重测量仪。

没错。再来思考一个问题，体育老师是怎么测量你们的百米速度的呢？是用秒表，他用秒表记下了我们所跑的时间。

现在让我们把这两样东西联系起来，看看它们有什么共同点呢？也许你可能认为这根本就是毫不相关的两件事，但事实并不是这样的。它们虽然功能和长相不同，但是它们却有一点是相同的，那就是都是用来测量的。换句话说，它们都是测量工具。

上面所说的两样东西是我们生活中最常见的，它们分别是用来测量身高、体重和速度。如果推广开来，其实我们生活中最常见的测量就是对长度、质量和时间的测量，而它们的测量工具也是多种多样的。

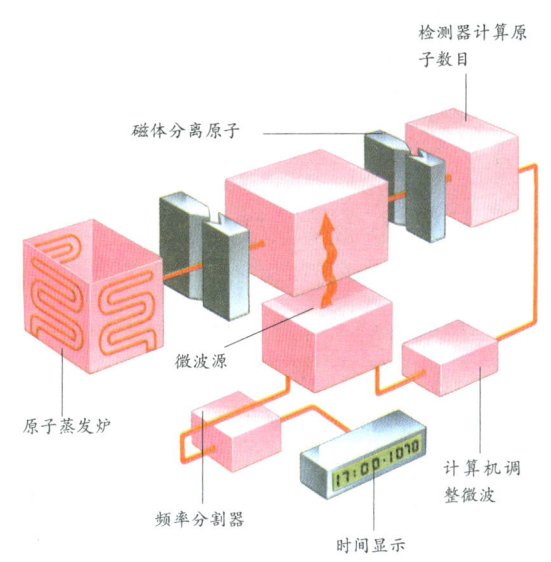

原子时间是以原子吸收了多少电磁波为标准进行衡量的。

虽然说我们现在有先进的电子测量工具，可是在遥远的古代，人们可没见过这样的东西，那么他们是用什么来进行测量的呢？传说我国古代的夏禹，曾经以自己的身长作为基准来测量，并将身长定为一丈；古埃及人把成年人的前臂作为基准来测量，并将其定为一尺；古代的英国人曾以成年男人的脚长作为基准来测量，并将其定为一英尺。

说完了长度，我们再来说说时间。同样，在古代，也没有这些机械的或电子的仪表，可是聪明的古代人还是有办法来测量时间的。在最初没有任何测量工具的情况下，人们想到了利用太阳光下物体的投影来确定时间。因为在不同的时间，物体的投影也是有所差异的。所以说这在没有仪器可用的年代，还不失为一个好办法。后来，人们发明了测量时间的仪器，如日晷和沙漏等，更加方便了时间的测量。

日晷是一个像大圆盘一样的东西，它是通过观测太阳的方位角来预报时间的，原理还是我们在上面所提到的投影原理，只不过这个要精确得多。这个大圆盘上是有刻度的，我们通过指针在盘上的投影，就可以知道当时的时间了。此外，古代人们还发明

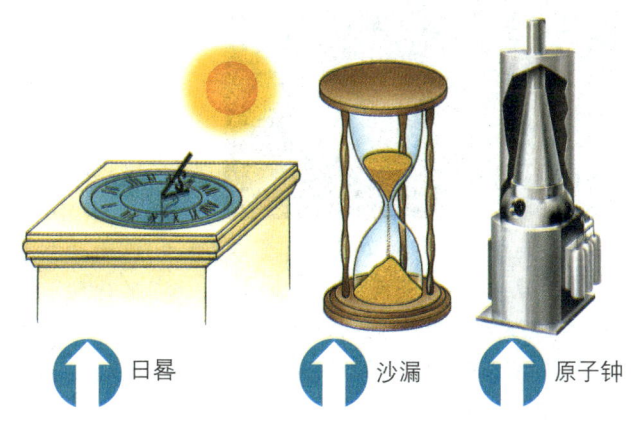

日晷　　沙漏　　原子钟

了很多不依赖日光计时的方法。例如，蜡烛可以稳定地燃烧，因此可以利用燃烧时蜡烛的长度来计算时间，即蜡烛计时法。水或者沙子可以很稳定地从一个容器流到另一个容器里面，这也可以作为测量时间的依据。17世纪时，伟大的意大利科学家伽利略发现一定长度的摆（在线或者杆的底端有一重物）在摆动时具有等时性。正是这个发现使得获得准确时间成为可能，把钟摆的一端与表针连在一起，钟表盘就可以显示时间了。

无处不在的力

力是指物体之间的相互作用。一个物体受到力的作用，一定有另一个物体对它施加这种作用，力是不能摆脱物体而独立存在的。

力可是一个非常黏人的家伙，因为它总是喜欢跟着我们，一点儿私人的空间都不给我们。怎么？不信吗？好吧，今天就带领你们去认识一下这些在我们的生活中无处不在的力。

首先，我们一定要认识这位跟我们时刻不离的力——重力。要知道，我们在任何情况下都一定会受到重力的作用。虽然我们不喜欢被别人黏着，不过我们的生活还真不能离开它。因为只要你想安稳地站在地上，不想在空中飘着，就一定要受到重力的作用。

这个弓形降落伞的工作原理是：降落伞因受到强大的空气阻力而张大成图中的弓形，从而能够降低跳伞者在重力作用下的坠落速度。

地球上所有的物体都要受到重力的作用，不止我们人类，其他的生物和物体也同样要受到它的作用，就连高山、流水和空气也逃脱不掉。

说到重力，就不得不提起牛顿。一次偶然的机会，牛顿看到苹果落地的现象后陷入了思考：为什么苹果会自己掉到地上来呢？又没有人上去摘。于是，他就发现了重力的存在，是重力的作用促使苹果掉到了地上。

重力还有个好朋友，它们也是形影不离的，那就是支持力。也就是说，我们在受到重力的同时，也同样会受到支持力。那么支持力是谁给我们的呢？是支持我们的物体。如果我们站在桌子上，那么就是桌子给我们支持力；如果我们躺在床上，那就是床给我们支持力；如果我们站在地上，那给我们支持力的就是大地。如果没有其他的力来凑热闹，我们所受到的支持力与我们本身的重力是相等的。其实这也是牛顿说的，即牛顿第三定律：两个物体之间的作用力和反作用力是大小相等、方向相反且作用在一条直线上的两个力。

还有一个力也是很讨厌的，那就是摩擦力，这是一种阻碍相对运动的力。当我们骑着自行车向前行走时，摩擦力就找上门了。本来我们可以骑得很快，可就是因为摩擦力在作怪，所以才限制了我们的速度。不过这样也好，最起码减少了交通事故的发生率。如果没有摩擦力，那还不都成了飞车了？摩擦力是两个互相滑行的物体之间的运动阻力。任何质地的物质表面，或者有起伏的表面，甚至是玻璃上，都会有摩擦力存在，它的表

知识档案

摩擦可以用来取火吗

当然可以。还记得我们的祖先钻木取火的故事吗？那就是利用了摩擦生热的原理。在摩擦的过程中，可以产生热量，当这种热量达到一定程度的时候，就会着火。不过你可千万别试图用自己的两只手来摩擦取火，那是一种非常愚蠢的做法。因为我们的皮肤燃点是很高的，不达到一定的温度是不会着火的。而我们的祖先是用干木棍来摩擦取火，因为木材比较容易燃烧，也比较容易达到燃点。

面与沙砾相比，只不过是表面更加光滑而已。物体表面上的起伏对于运动的抵抗效果就如同崎岖不平的道路对于汽车速度的减慢。摩擦力实际上是由于两个物体的分子被虚弱地连接在一起，然后又被分开形成的。摩擦力有一个特点，那就是它只喜欢跟着运动的人，而如果我们老老实实地坐在那里，摩擦力是不会找上门儿的。

机械与传动

机械能够改变力的大小或方向，通过机械，我们能够轻而易举地完成一些徒手很难完成或根本无法完成的任务。机械多种多样，简单的如门把手，复杂的如太空飞船。机械可以划分为6种基本类型：斜面、楔、杠杆、螺旋体、滑轮以及轮轴。所有的机械，包括那些最复杂的机械，都是基于力和位移的关系原理而工作的。

在日常的生活中，我们可以看到很多机械，它们是通过传动的方式来进行运作的，比如说吊车、传送带等。那么，究竟什么是传动呢？其实很简单，就是通过一定的方式把力传给机械。各种活动装置把机械连成了一个整体。

首先，让我们来认识伟大的杠杆。古希腊著名的物理学家阿基米德曾说过："如果给我一个支点，我就能撬起地球。"杠杆其实非常简单，只要有一个固定的支点和一根可以围绕支点旋转的木棍就行了，就像我们小时候玩的跷跷板那样。如果在杠杆的一端加力，那么在它的另一端就可以产生比这个力大几倍或小几倍的力。当然，在大多数情况下，我们用它都是为了省力，

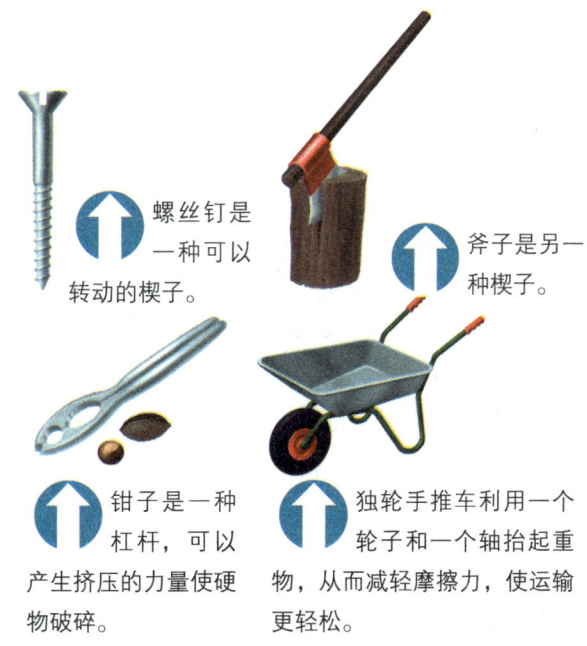

↑ 螺丝钉是一种可以转动的楔子。

↑ 斧子是另一种楔子。

↑ 钳子是一种杠杆，可以产生挤压的力量使硬物破碎。

↑ 独轮手推车利用一个轮子和一个轴抬起重物，从而减轻摩擦力，使运输更轻松。

作用力　　负载

轮轴

斜坡或斜面

支点

⬆ 图中包含有 3 个简单的机械：手推车（杠杆）、轮轴、斜坡（斜面）。

没有人会以这种方式跟自己较劲。所以说我们在移动重物的时候，借助一根木棍就会轻松多了。这个原理就是阿基米德发现的，现在想想他的话似乎也不是不可能的。只要我们所用的杠杆足够长，又足够结实，我们真的可以撬起地球。

斜面是简单机械的一种，指同水平面呈一向上倾斜角度的平面。沿垂线向上举物体费力，若把物体放在斜面上，沿斜面往上推或拉就可以省力。斜面与平面的倾角越小，斜面较长，则省力，但费距离，机械效率低；斜面与平面的倾角越大，斜面较短，则费力，但省距离，机械效率高。

两个斜面背靠背地放在一起，就构成一个楔。我们用楔，例如斧头，来劈开物体。螺丝钉实际上就是缠绕着一根小硬棒的楔，它可以将旋转力转化为缓慢而稳定的推进力。

接下来再让我们认识一下神奇的滑轮。既然叫作滑轮，那就一定是一个像轮子一样的东西了。滑轮的家族有两个兄弟，老大比较稳重，我们叫它定滑轮；老二比较活泼好动，我们叫它动滑轮。两种滑轮虽然样子长得差不多，不过作用可是完全不一样的。定滑轮可以帮助我们改变力的方向，动滑轮则可以帮助我们节省一半的力。

如果要提起一个重物，我们是应该选择定滑轮还是动滑轮呢？如果选用定滑轮，我们就可以改变力的方向，由向上提改为向下拉，这显然要方便得多，但这样做并不能省力；可如果选择动滑轮，我们虽然省了一半的力，但却不能改变力的方向，还是要向上提，比较麻烦。不管选择哪一种滑轮，都不能让我们完全满意。那么，有没有一种办法既可以改变力的方向，又能省力呢？当然有，那就是将定滑轮和动滑轮组合在一起，组成滑轮组，这样定滑轮和动滑轮的功用全都得以发挥，岂不是两全其美吗？其实，在现实的生活之中，由定滑轮和动滑轮所组成的滑轮组是最常用的，也是最实用的，而且滑轮的个数可以根据自己的需要，随意增加组合。

钟表及汽车等设备上能够转动的部分都有传动装置。传动装置可以改变引擎产生的机械力，从而调整设备运动的方向和速度。传动装置通常由两个相互咬合、同步旋转的齿轮构成。当大齿轮带动小齿轮转动时，需要的力较小，转速较快；当小齿轮带动大齿轮转动时，需要的力较大，转速较慢。

🪐 神奇的流体

你们知道流体是什么吗？

当然就是可以流动的物体了。这可不是在和你们开玩笑，我们的生活中确实是存在这样的物体的。如果不相信，你可以想一下，风筝是怎么飞起来的，海上的船又是怎么航行的呢？它们依靠的就是流体的特性。也许你已经想到了，所有的气体和液体都是具有流动性的，所以它们都可以被称为流体。

流体也是有质量的，它的质量与密度和体积有关。与固体不同的是，流体没有固定的形状，你用手去抓也抓不到它。我们都知道，固体是会对我们产生压力的，那么流体会不会？答案是肯定的。而且随着流体深度的增加，压力也会越来越大。比如说

和其他液体一样，无论把水倒入什么容器中它都能和容器保持一样的形状。

我们在潜水的时候，潜入的深度越深，我们所受到的压力就越大，不适感也就越明显。不过流体的"攻击"范围更广，固体只会从一个方向对我们施压，可流体却可以从四面八方对我们造成压力，让我们无处可逃。

你一定会觉得很奇怪，既然随着流体深度的增加，我们所感受到的压力也越大，可为什么我们生活在大气压力最大的底部，却丝毫都感觉不到呢？这主要是由流体的密度决定的。液体的密度比较大，所以压力也就大；而大气的密度则要小得多，所以压力自然也就小得多，而这种压力是不会对我们产生什么影响的，当然也就感受不到了。

流体是可以进行压缩的，这是让固体很嫉妒的地方。但是由于液体的密度比较大，所以它的压缩空间是很小的。相反，气体的压缩空间则比较大。液体虽然也具有流动性，但是它很听话，你如果用一个容器盛着它，它就会乖乖地待在里面。可是气体就比较淘气，它会充满它所能达到的所有空间。由于各个气体分子之间的距离都很远，所以它们的压缩空间是很大的。

还记得阿基米德吗？就是那个扬言要撬起地球的人。他不仅对杠杆感兴趣，而

液体之所以能够迅速地四处流动，像飞流直下的瀑布那样，是因为所有的水分子之间都能自由地相互运动。

且对流体也很感兴趣。他在洗澡时，看到水溢出澡盆而受到启发，发现了浮力。他认为，所有浸在流体中的物体，都会受到一个向上的浮力，而这个浮力的大小就等于物体排开流体的重量。这里所说的重量指的可不是流体的质量，而是流体所受到的重力的大小。这就是阿基米德定律。

阿基米德定律同样适用于气体。根据这一定律，如果我们受到的浮力比我们本身的重力大，那我们就可以飘浮起来。比如说水中石头的重力要大于它排开的水的重量，所以说石头不会漂在水面上，而是会下沉到水底。而木头的重力要小于它排开的水的重量，所以木头可以漂浮在水面上。还有氢气球可以飘在空中，也是同样的道理。

🪐 看得见看不见的波

波其实就是波动的简称，也就是振动的传播过程。比如说将一个小石子扔到水中，水面上马上会泛起层层的水纹，这就是水波，是我们所能看到的最明显的波。除此之外，大部分波是我们看不到的，可它们是的确存在的，比如说声波、无线电波等。波其实就是能量的一种传递形式，将振动物体的能量传递出去。如果振动停止了，没有了能量的来源，波就会自动消失。

波也有横竖之分吗？当然有。那么我们该如何判断横波和纵波呢？首先我们应该弄清楚波的传播方向和波源的振动方向。波的传播方向和波源的振动方向可能一致，也可能相互垂直。当二者方向一致时，这样的波就是纵波；当二者的方向互相垂直时，这样的波就是横波。你可以试着自己判断一下。

根据上面的定义，我们就可以很快地判断出横波和纵波。举个例子吧：当我们向水面扔石子的时候，石子的振动方向应该是向下的，但我们看到它所形成的波形却是向四周扩散开来，可见它是向四周传播的，所以说水波是横波。再比如说一根绳子，我们拿着它的一端上下抖动，可这时形成的波却呈水平方向向前传播，所以

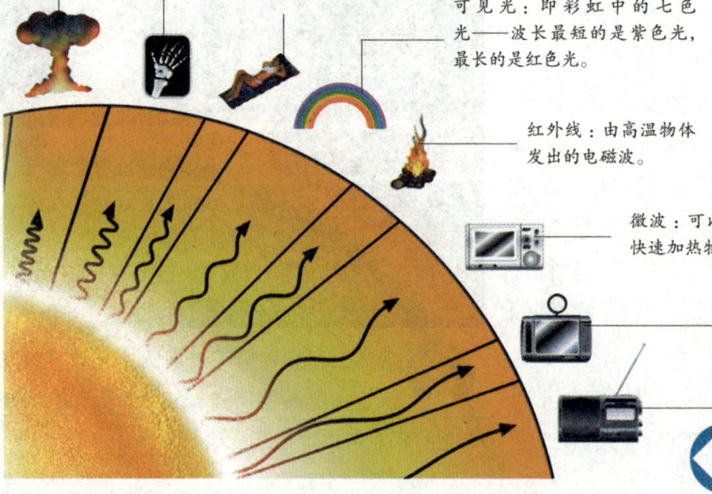

γ射线：对人体有极大危害，是一种高能射线，可以穿透固体，被用于制造核弹。

x射线：比γ射线的波长要长，可以透过除了骨头外的大部分身体组织。

紫外线：太阳辐射中波长最短的电磁波，对人体危害极大，即使微量的紫外线辐射也可能灼伤皮肤。

可见光：即彩虹中的七色光——波长最短的是紫色光，最长的是红色光。

红外线：由高温物体发出的电磁波。

微波：可以用于快速加热物体。

电视广播：所用的无线电波波长为0.5米左右。

高频无线电波：波长介于300～1500米之间。

电磁波谱的各个波段均有不同的用途。

 喷气机在空气中飞行时所发出的声音是由声波产生的，这种声波比光波的传播速度要慢得多，因此光波会先到达人们的眼睛，这就是为什么我们先看到飞机而后才听到声音的原因。

说它也是横波。但是我们在敲鼓的时候，鼓的振动方向与波的传播方向是一致的，所以我们说声波是纵波。

我们对电磁波可能比较陌生，但实际上，电磁波是非常有用的，而且与我们的生活密切相关。比如说，电视机上的影像、手机信号等，都是通过电磁波来传送的。它包括无线电波、微波、紫外线、红外线、X射线等，我们生活中的很多物品和设备就是利用它们的原理制成的。比如说，我们所使用的微波炉就用到了微波；到医院去做疾病诊断的时候又会用到X光；根据红外线的性质，人们又制成了红外线遥感器、红外线烤箱等物品；就连我们都很讨厌的紫外线也具有消毒杀菌的作用，所以我们要经常出去晒晒被子。但是有些电磁波可以产生电磁辐射，对人体是有害的，像我们平常所用的计算机、电视、电热毯等，都可以产生电磁辐射，危害健康。

既然电磁波有这么多种，我们又该怎样进行区分呢？其实，这样的事早就有人想好了，我们只要分享科学家的劳动果实就可以了。由于每种电磁波的波长和频率都是不一样的，所以人们就想到了用这个标准来进行区分，并按照波长或频率的顺序排列起来，列出电磁波谱。其中，无线电波的波长是最长的，而 γ 射线的波长是最短的。

🪐 声音的魔力

声音绝对是一个法力高强的魔法师，因为它可以让平凡的事物变得神奇，让我们的生活更加美好。一个平凡的乐器，因为有了声音，它就会变得不平凡起来，由此它的身价也会倍增。一个普通的人，也很可能因为声音的悦耳而受到大家的喜爱。有了声音，我们可以清楚地表达内心的感受，与人交流；动物们也可以通过它们的语言与同伴交流，并向人类发出特定的信号。比如说小狗会看家、公鸡会叫早等，都是借助它们的声音来向我们传递信息的。

那么，声音是从哪来的呢？

答案是振动。物体的振动会产生声波，而这个正在振动的物体就叫作声源。

人类的声音也是通过振动产生的。我们拥有一个叫作声带的器官，当它振动的时候，声音就会从我们嘴里发出来了。声带就是我们的声源，当我们说话或唱歌的时候，声带就会产生振动，所以我们可以发出声音。

各种声源所发出的声音都是不同的，因为声源不同，振动的频率也不同，发出的声音自然就不相同。

我们可以听见声音，是因为我们拥有健康的听觉器官。也就是说，没有听觉器官的物体是听不见声音的。但是由于听觉器官的功能不同，所以我们所能听到的声音范围也是不同的。比如说我们人类可以听到频率在 20 ~ 20000 赫兹的声波，称为可听声波，低于 20 赫兹的声波称为次声波，而高于 20000 赫兹的声波称为超声波。虽然次声波和超声波我们都听不到，但是有些动物却能听得到。所以说动物通常可以及时发现一些我们人类无法察觉的特殊现象，如地震、台风等。

那么是不是在听觉范围以内的声音，我们就一定可以听到呢？这个也不一定。因为声波发出以后，还必须得传播出去，我们才能听得到。那么声音的传播靠什么呢？靠的是介质。所有能传播声音的物质都可以叫作介质。水、空气、钢铁等物质都可以传播声音。而且不同的介质，传播声音的速度也不同。也就是说，同一种声音，在不同的介质中传播，你能听到的时间就不同。比如说在钢铁中会快一些，而在空气中则会慢一些。但是如果在真空中，声音就是不能传播的。所以说，即使物体所发出的声音在我们的听觉范围内，在真空中我们也是听不到的。

声音可以柔和也可以高亢，音调可高可低，这主要是由声音的能量和频率决定的。大且高的能量波使耳膜振动幅度变大，人就会听到很响的声音；反之低能量波使耳膜振动的幅度变小，人会听到较轻微的声音。声音的音调是由发声体的振动频率（振动频率是指发声体每秒钟的振动次数）决定的。频率越大，音调越高。每一秒内波的振动次数叫作频率，量度单位是赫兹（Hz）。

人们用分贝来测量声音的相对响度。0 分贝大约等于人耳通常可觉察响度差别的最小值。人耳对响度差别能察觉的范围，大约包括以最微弱的可闻声为 1 而开始的标度上的 130 分贝。

核弹爆炸：180 分贝

喷气飞机起飞：110~140 分贝

说话时发出的声音：20 ~ 50 分贝

快速列车：80 分贝

↑ 声音太大会影响听力。大于 130 分贝的声音会使人感到耳朵疼痛难耐；长期暴露在 90 ~ 100 分贝的环境中会导致耳聋；在高噪音的工厂或者车间工作的工人需要佩戴耳朵保护器或者耳塞来防止噪声的侵扰。

知识档案

神奇的回音壁

如果你去过北京天坛的回音壁，就一定会被那里神奇的回音现象所吸引。回音壁是一座圆形的围墙，两个人分别站在墙壁的任意位置，其中一个人斜对着墙壁说话，那么另一个人只要把耳朵贴在墙上，不管相隔多远都可以听到对方的声音。其实，回音壁只是利用了声音的反射原理。当声音在传播的过程中遇到障碍物的时候，就会改变传播方向。回音壁的建造是非常有利于声音的反射的，所以当声音发出后，会经多次反射传到另一个人的耳朵里。

乐音和噪音

虽然各种各样的声音让我们体会到了声音的美妙，可并不是所有的声音都会让人心情愉快的，有些声音听起来特别刺耳，甚至还会影响我们的身体健康。

跟这些讨厌的声音比起来，有些声音则要顺耳得多。这些声音不仅让我们觉得是一种美的享受，更把我们带入了另一个世界，使我们的身心都得到了完全的放松。这种美妙的声音我们就叫它乐音，而那些嘈杂得让人发疯的声音我们就叫它噪音。乐音和噪音虽然都是声音，但是对我们的影响却完全不同。

在紧张的学习之余，或者是当你很劳累的时候，如果能听一听音乐，就会消除紧张和疲劳感，使你的精神振作起来。不仅如此，美妙的乐音还可以促进我们的健康，并具有辅助治疗疾病的作用。有研究表明，当乐音中的声波振动作用于人体的时候，就可以促使我们体内的各器官之间的生理运动更加协调，并能够激发大脑细胞分泌出有益于健康的激素，改善血液循环和新陈代谢，使我们更年轻。所以在临床上，音乐疗法也有很广泛的应用。

如果你已经决定试一试神奇的音乐疗法，那就一定要注意选择合适的音乐。多选择那些优美动听、舒展流畅的乐曲，不要选择那些悲观凄凉的，那只会让你的意志更消沉。

如果你还没有认识到噪音的危害，那么今天就让我们共同来数一数噪音的罪行。首先，噪音会刺激我们的听觉系统，干扰我们正常的学习和生活。想想如果我们在上课的时候，外面有一台锄草机在不停地嗡嗡响，那我们还能继续学习吗？如果长期生活在噪音下，我们的听觉系统就会受到破坏，导致我们的听力下降。更严重的是，过强的噪音还会损害我们的健康，导致头痛、失眠等症状，并可引起心血管疾病和消化系统疾病，严重者还可导致耳聋。

所以说，噪音绝对是一个破坏力很强的家伙，而且也不会成为我们的朋友。我

管弦乐队停止演奏后，音乐声仍然会在大厅里回响2秒钟左右，这段时间被称为混响时间。

们真的就拿噪音没有办法了吗？我们当然有办法减少噪音对我们的伤害，但是却没有办法彻底消除噪音。我们现在所采取的办法就是将一些不可避免的噪音声源与生活区隔离开来，并尽可能地采取无噪音设备，还可以利用吸声系统和隔音系统来降低噪音。

神秘莫测的光

你们觉得光很神秘吗？也许确实是这样的，因为它有着太多美丽的外表，可是我们却始终看不清它的本质。给我们光明的白色太阳光、雨后所出现的七色光，还有交通岗上的红绿灯……这些都是光的化身。我们是离不开光的，因为没有了它，我们就会生活在一片黑暗之中，连太阳光都会远离我们。如果没有了光，我们不仅看不见任何东西，无法继续正常的学习和生活，而且失去太阳照耀的地球还会变成一个大冰窖，我们根本就无法生存。所以说失去光是一件非常可怕的事情。

光究竟是什么颜色的呢？光可不是只有一种颜色，它是有很多颜色的。看看我们这个五颜六色的世界，这可是有光的一份功劳呢！

带颜色波段的光带称为光谱，单色光是从白光中分离来的。

为什么光有这么多种颜色呢？

因为光本身是一种电磁波，而这些光的波长是不同的。不同波长的光呈现出来的颜色是不同的，所以我们可以看到五颜六色的光。比如太阳光，它是由七种不同颜色的光组合而成的。这七种颜色就是我们所熟悉的赤、橙、黄、绿、青、蓝、紫，也就是雨后彩虹的颜色。

既然自然界中七种颜色的光可以组合成白色光，那么是不是所有的光都可以由其他颜色的几种光混合得到呢？对此，科学家们发现，将红、绿、蓝三种颜色的光按照一定的比例混合，就可以形成任意颜色的光。所以我们就把红、绿、蓝这三种颜色的光称为三基色，因为所有的光都可以由它们得到。但是，其他颜色的光却没有办法混合成这三种颜色，这也是它们的独特之处。

我们之所以觉得光很神秘，还有一个很重要的原因，那就是光很会欺骗人的眼睛。你可别小看了它，它欺骗人的本事可高着呢！如果我们要去捞鱼，河里面各种各样的鱼真是讨人喜欢，可是当你去抓它的时候，却怎么也抓不到。你们是不是也遇到过这样的烦恼呢？明明看见鱼就在那里，可是伸手一抓，却什么也没抓到。其实这都是光耍的小把戏，它欺骗了我们的眼睛，让我们觉得鱼好像就在那里。而实际上，鱼却在我们所看到的"鱼"的

折射使吸管看起来是弯的，这当然并不是吸管真的弯了，而是光线在穿过水时发生了弯曲的缘故。

下面，所以我们才会抓不到它。

我们的眼睛之所以会被骗，那是因为光在水中发生了折射现象。当光从一种物质进入另一种物质的时候，就会使光的传播方向发生偏折，这种现象就叫作光的折射。在上面的现象中，光是从空气中进入了水中，所以传播方向发生了偏折，我们所看到的鱼还是光沿直线传播时的位置，这就是我们被骗的原因。其实，在我们的生活中有很多光的折射现象，在沙漠或沿海地区所出现的海市蜃楼，也是由于光在大气层中产生折射造成的。

光的性质

早期的科学家通过不断的研究逐步揭示了光的各种特点：光是如何被透镜折射的？光是如何投下阴影的？光的传播速度有多快？然而对于自然光本身的了解则是理解以上所有光学特性的基础。尤其是：光是由微小的粒子流——像机枪射出的子弹那样——组成的，还是由波纹——像涟漪一般穿过无限的真空——组成的？

我们可以明显地看到平行光线经过透镜后汇聚于一点，而集中的光线可以使得焦点处的温度陡然升高，从而使得放大镜成为"取火镜"。放大镜的这一用途在古希腊时代便为人们所知晓。据说公元前212 年，古希腊科学家阿基米德就曾使用取火镜击退来犯的罗马战船，保卫锡拉库扎。但是在这种情况下光线传播的路线是如何改变的？在其偏转的角度之间又存在着什么性质？这些问题一直没人能够解答，直到 1621 年荷兰数学家威尔布罗德·斯奈尔成为首位研究并测量光线偏转角度的科学家。他发现光线由空气进入玻璃中时，入射角（光线进入玻璃时的角度）与折射角（光线被扭曲偏转后的角度）的关系同玻璃的属性有关，称之为"折射率"。

艾萨克·牛顿是最早对光进行科学研究的人之一，他坚信光是由微小粒子组成的，并以极大的速度运动。

另一位数学家、法国人皮埃尔·德·费马揭示了光能投影的原理。1640 年，费马指出由于光沿直线传播，因此不可能"绕过障碍物"照亮阴影，这就是"费马原理"。同时，费马也观察到光线在较为稠密的介质中传播速度较慢。

1676 年，丹麦天文学家奥列·罗默首次尝试测定光速。他重新核对了意大利天文学家乔瓦尼·卡西尼观察记录中关于木星卫星发生"星食"（当卫星运动到木星背面看不到时所发生的现象）的时间记载，发现当地球朝木星方向运行时所观测到的"星食"发生的时间比当地球向远离木星方向运动时所观测到的时间要提前很多。罗默因此意识到光一定传播了某段距离，因而光速是有限的，由此入手，他开始计算时间差并测量光速。罗默的计算值为 22.5 万千米 / 秒，大约是光速实际值的约 75%。大约 200 年后，法国物理学家阿曼德·菲索设计出更为精确地测量光速的方

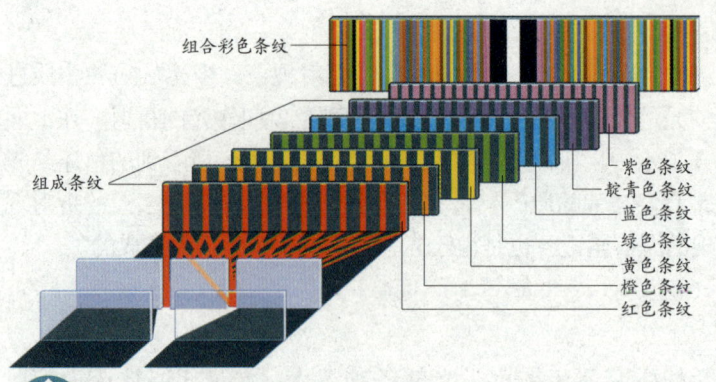

组合彩色条纹

组成条纹

紫色条纹
靛青色条纹
蓝色条纹
绿色条纹
黄色条纹
橙色条纹
红色条纹

干涉现象证明了光拥有"波"的性质。上图展示了白光通过两条平行的狭缝后，被分为其成分色，又组合产生彩色条纹图案的过程。

法，并测得光速值为31.5万千米/秒，比光速实际值大了约5%。随后，美国物理学家阿尔伯特·迈克逊于1882年改进了菲索的方法，重新测量光速为299853千米/秒。当今国际上采用的标准光速值为299793千米/秒。

1675年，英国科学家牛顿认为光是以微小粒子流的方式传播的，因此提出了光的"粒子"理论。数年间，多位科学家均不同程度地质疑过这一理论，而罗伯特·胡克于1665年提出的光的"波"理论就直接挑战着"粒子"理论。胡克根据光线被玻璃折射的现象以及光在密度较大的介质中传播速度较慢的现象等，推断光必然以波的形式传播。1801年，英国物理学家托马斯·扬发现光的干涉现象，这对"粒子"理论是最致命的一击。干涉现象即为白光透过狭缝时，被分成由各种色彩组成的虹，而在当时，只有"波"理论能够解释这一现象。1804年，托马斯·扬将这一成果发表。

但是"粒子"理论与"波"理论的争论仍未停止，直至20世纪初德国物理学家马克思·普朗克提出量子理论之后，才最终将这场争论画上句号。量子理论认为包括光在内的所有形式的能量，在空间中均以有限"量子"（普朗克又称其为"小微粒"）的形式传播，这同牛顿的"粒子"理论非常接近。但随着现代物理的发展，1924年，路易斯·德·波尔提出波尔量子理论，认为所有移动的微粒亦同时表现出"波"的性质，即"波粒二象性"，并证明了这一理论的正确性。因此，牛顿、胡克等人的理论均是正确的，科学上一个伟大的争议话题也最终画上了句号。

揭开能量的面纱

能量是什么？对于这个问题，你可以充分发挥你的想象力，你可以把它想象成一个可爱的小精灵，也可以把它想象成一个庞大的怪物，无论你把它想象成什么样子，它都绝对不会介意。因为它知道，即使我们十分讨厌它，也是绝对离不开它的。如果没有了能量，我们就无法生存。可以说，能量是无处不在的。而且能量的化身也很多，它有很多种存在形式，比如说热能、动能、电能、势能等。

你们能说出来有什么是没有能量的吗？

有人说书桌上的书是静止的，所以它应该是没有能量的。

这是不对的。书放在书桌上，本身有一定的高度，所以它至少也是有重力势能的。另外，物体都是有热能的，想想将书本燃烧之后所释放出来的热量就知道了。

有人说寒冷的冰块应该是没有能量的吧，它还需要借助外力才能融化呢！

这也是不对的。别看冰的温度很低，可是它也是具有能量的。也许你会觉得很不可思议，如果将一个冰块里面的所有能量加在一起，还可以点起一个火焰呢！

其实，所有的物体都是具有能量的，而且不同的能量之间是可以相互转化的。比如说一个物体从高空落下，是将重

当起重机释放举着的物体时，物体的势能转化为动能，物体就可以很快落下来。

力势能转化为动能；摩擦生热是将动能转化为热能；等等。总之，我们应该明白，我们所生活的世界到处都充满了能量，没有谁能够制造出能量，也没有人能够让能量消失，能量永远都是守恒的。虽然我们不能制造能量，但是我们可以通过能量的转化来得到我们所需要的能量，利用风力发电机风能转化为电能就是一个很好的例子。

再问一个问题，为什么我们每天都要摄入食物呢？

因为食物是我们获得能量的主要来源。我们每时每刻都在消耗能量。人体所进行的任何生理活动都要有能量的支持。换句话说，只要生命还在继续，就必须要不断地补充能量。即使是睡觉的时候，我们体内的生理代谢活动也仍然没有停止。只是如果你做的运动多，消耗的能量就多，整天什么都不干，消耗的能量就少。

有的人可能会担心，万一我们所摄入的能量满足不了身体的需要可怎么办呀？

别担心，我们的身体具有储存能量的功能。如果我们所摄入的能量已经消耗完，那么身体就会动用储存在身体内部的能量，也就是脂肪，这是可以满足我们暂时的需要的。可是千万不要长时间停留在这种状态，因为机体为了满足生命活动的需要，不仅会动用身体内部的脂肪，甚至还有可能消耗自身的组织。一旦我们的体内已经没有什么可消耗的，那么生命活动将无法继续下去，生命也就终止了。

所以，我们必须摄取足够的食物，维持身体的正常运转。

当然，也不能吃得太多，能满足我们的需要就好。如果摄入的能量过多，身体又没有那么大的消耗，剩下的能量就会转化成脂肪在体内堆积起来。如果体内堆积了过多的脂肪，不仅会使人肥胖，而且还会增加机体的负担，引起心脑血管等多种疾病。

🪐 磁力的真相

磁力是什么？它当然也是一种力了。不过磁力可不是普通的力，它是一种很特殊的力。我们既看不到它，也感觉不到它，但是你可千万别小看了它，因为它的影响力

非常大，就连我们生活的地球，也要受到它的影响。如果你也对磁力充满了好奇和兴趣，那就让我们一起去探究磁力的真相吧！

磁力既然是一种力，那就一定要有施力的物体，而磁力的制造者就是磁体。大家一定都见过吸铁石吧！吸铁石可以吸引所有的铁制品，而且把两块吸铁石放在一起，它们有的时候互相吸引，有的时候互相排斥。吸铁石的这种性质就叫作磁性，而所有具有磁性的物体都是磁体。

我们都知道，磁体根本不用接触铁，就可以把它吸引过来。但是如果离得太远，这种影响就不存在了。比如说你将一块磁铁放在卧室，而将铁钉放在厨房，这时铁钉是绝对不会被吸引过去的。所以说磁力是有一定的影响范围的，在这个范围之内的铁制品、磁体都会对其产生影响；但如果超出了这个范围，那磁体也是无能为力的。

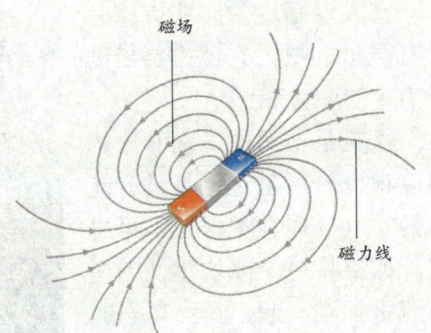

只要磁场周围含有铁，如铁钉或者螺丝钉等物质，它们都会受到磁场的作用。

还有一种有趣的现象，那就是当两块磁体距离较近时，它们或者相互排斥，或者相互吸引。这是为什么呢？原来，磁铁是具有极性的。就如同我们人类有男女、动物有雌雄一样，磁体也分为南极和北极。而且所有的磁体都是喜欢异性、排斥同性的，所以当两块磁体的同一极相互靠近时，它们就会相互排斥；而当它们的不同极相靠近时，它们又会互相吸引。

为什么磁体都有一定的作用范围？磁力又是怎么产生的呢？其实，磁力和电子产生的电力是同一种力，所以也经常有人将磁力叫作电磁力。每一个带有电子的原子都有轻微的磁性，而磁体就是将这些原子集合在一起，所以才产生了强大的磁力。磁力从磁体的北极出发，然后再回到南极。在磁体的周围，存在着磁场，就是它将磁力传递出去的。磁体之间的相互作用也是通过磁场发生的。所以说，磁场是传递磁力的媒介。现在，你该明白为什么磁体可以吸引并没有与它接触的铁钉了吧！

电和磁的联系

人类虽然早在几千年前就已经发现了电现象和磁现象，但是却一直都认为它们是风马牛不相及的两回事。直到19世纪30年代，英国的物理学家法拉第发现了电和磁之间是有联系的，这才使人们的思想得以转变。他不仅发现了很多有趣的电磁现象，而且还大胆提出了"由电产生磁，由磁产生电"的设想。后来，他的研究实践也证明了他的想法是对的。所以说，我们人类能够走进电气化时代，法拉第所做出的贡献是不可磨灭的。

法拉第是怎样证实他的设想的呢？1821年，他发现了电可以产生旋转运动，证实了电可以生磁。我们可以做一个简单的实验：在一根导线的周围放上几根小磁针，当导线通电以后，我们就可以发现，这些磁针发生了偏转，这就说明导线在通电以后，周围产生了磁场。我们还可以将导线缠在铁棒上，通电之后再用一个铁钉去靠近它，发现铁钉可以被铁棒吸引。这说明通电的导线使铁棒磁化，并产生了磁力。我们今天所用的电动机，就是根据这个原理制成的。

1831年，法拉第又发现了电磁感应现象，证实了磁可以生电。我们同样可以通过实验去验证它：将一根带线圈的导线与电流表相连，然后让一块磁铁通过线圈。这时我们可以发现：当磁铁在线圈中运动的时候，电流表的指针发生了偏移。这就说明导线中产生了电流。而且我们还可以发现，磁铁的运动越快，电流表的指针偏移得越明显，也就是说产生的电流越大。我们今天所用的发电机和变压器，就是根据电磁感应的原理制成的。

变压器

法拉第认为，既然电流能够产生磁效应，那么磁场必然也能够产生电流。1831年，他通过图中这个简易装置证明了磁能够发电的原理，而这个装置就是世界上第一台变压器。

复杂的化学

🪐 厨房里的化学

你们去过自己家的厨房吗？去拿过碗，去洗过苹果吗？你们能说出厨房里都有什么东西吗？对，有锅，还有精盐、味精、白糖等各种调料。你们知道这些东西都是干什么的吗？

在做菜的时候，我们都会放少量的味精，因为这可以使菜的味道更鲜美。

放了味精的菜为什么会特别鲜美呢？这主要是因为味精中含有可以提鲜的化学成分——谷氨酸钠。其实，如果你留意味精的包装袋，就会发现味精还有另一个名字，那就是谷氨酸钠，我们能够吃到鲜美的菜肴可都是它的功劳。味精在进入人体后会马上变成很容易吸收的谷氨酸，它可以除掉人体内多余的氨，不仅预防了肝昏迷（是严重肝病引起的、以代谢紊乱为基础的中枢神经系统的综合病征）的发生，而且还满足了大脑的需要。

说完了味精，我们再来说说另一种调味品——糖。很多人都喜欢吃甜食，所以糖也是每个家庭都不可缺少的。我们平常所食用的白糖，是从甘蔗或甜菜中提取出来的，因为纯度比较高，所以呈白色。但是在白糖的制作过程中，会产生多种带色的有机化合物，白糖是经过多次脱色处理的，但其中还会存有少量的有色非糖成分。所以，白糖如果存放的时间过长，这些有色非糖成分就会重新渗透出来。不过即使出现这种情况也不必担心，因为这些成

氯化钠分子构成盐的晶体，例如食用盐、海盐或岩盐。

分对身体是无害的，所以并不影响我们食用。

说完了调味品，我们最后再说说这炒菜用的锅。你们知道用什么样的锅炒出来的菜最好吃，而且最有营养吗？我们所用的锅最常见的有两种，一种是铁的，一种是铝的。那么这两种锅哪一种更适合我们呢？铁和铝都是化学元素，但不同的是，铁对人体有益，而铝却对人体有害。我们人体是需要铁的，因为铁既可以制造血红蛋白，又是血红蛋白的核心。如果体内缺铁，就会造成贫血等疾病。而铁锅可以为我们提供更多的铁，用铁锅炒菜，用油加热以及加上盐和醋后加热，都可以使菜肴本身的含铁量加倍。所以说，为了身体的健康，我们还是应该选择铁锅。

🪐 生活中的化学

在日常的生活中，化学现象及其应用也是随处可见的。刷牙用的牙膏、洗衣服用的肥皂以及防蛀虫的樟脑丸等，都跟化学有着密切的联系。其实，我们还是应该感激化学家的，因为他们利用化学知识为我们创造了很多物品，而这些物品又为我们的生活提供了极大方便。

比如说牙膏。你们知道防蛀的牙膏为什么可以防蛀，加氟的牙膏又为什么要加氟吗？

防蛀的牙膏能够防蛀就是因为里面加了氟化物，而牙膏之所以要加氟当然也就是为了防蛀了。那为什么加了氟化物的牙膏就可以防蛀呢？这是因为氟化物与我们的牙齿有很强的亲和力，它们相互作用以后可以使牙齿的保护层更坚硬，耐酸和耐磨的性能也有所提高，这样就保证了牙齿不易被腐蚀，所以加了氟化物的牙膏可以有效地防治蛀牙。

我们在洗衣服的过程中，会用到肥皂。你们也许会有这样的疑问：洗衣服的时候为什么一定要用水和肥皂呢？我只用水或只用肥皂行不行呢？

肥皂的主要成分是硬脂酸钠盐，既具有亲水性，又具有亲油性。也就是说，肥皂的一部分溶于水，而另一部分溶于油。将衣服的油污处涂抹上肥皂，肥皂中的亲油部分就会跑去与它互溶。但如果没有水，这些油污就还是会停留在上面。而有了水就不一样了，肥皂中的亲水部分也会随着亲油部分在油污外面的水里溶解。这样，油污就从衣服上被溶解到水里面，衣服上的油污也就去除了。所以说，只有在水和肥皂共同作用的情况下，才能彻底消灭污渍。

⬆ 糖被溶解在咖啡中时，糖就是溶质，咖啡是溶剂。

在生活中，你可能会遇到这样的麻烦：本来是好好的毛料衣服，在柜子里放了一年之后却忽然出现很多小洞，连穿都没法穿了。更让人生气的是，你根本就找不到这件事情的罪魁祸首，更没有办法惩罚它。看着好好的衣服变成这样，现在连"凶手"都抓不到，谁能不恼火呢？不过现在好了，自从人们发明了一种叫作樟脑丸的小丸子，这样的现象就很少出现了。只要在柜子里放上樟脑丸，保证你的衣服完好无损。衣服上的小洞是被一种叫作蠹鱼的家伙咬出来的，它们经常躲藏在衣柜里，而且专门偷吃羊毛衣物。但是它们却非常害怕樟脑的气味，所以在放了樟脑丸的衣柜里，这些小虫就不敢再兴风作浪了。

樟脑是一种天然产物，产量非常有限，需求量又很大，所以我们是很难买到的。而我们在市场上买到的樟脑丸，其实并不是樟脑做的，它是用从煤焦油里面提炼出来的萘制成的。萘也可以用来驱逐蛀虫，所以也有人将它叫作萘丸或卫生球。

🪐 食物中的化学

化学真的是无处不在，就连我们的食物也与其息息相关。如果你觉得自己的生活已经很乱了，那么化学一定会让你的生活更乱，因为它实在是太多变了，这让我们多少有些招架不住。比如说当你决定和朋友开怀畅饮的时候，化学就来捣乱了，在你开启啤酒的那一刻，它会喷出大量的泡沫，喷得你满身都是，让你在朋友面前出尽了洋相。再比如说当你决定为家人熬一碗绿豆粥的时候，却发现这些讨厌的绿豆怎么也煮不烂，正在你为此而焦头烂额

柠檬汁中的柠檬酸是由氢、氧、碳与水混合而成的物质。

鸡蛋是由硫、碳、氮、磷、氢和氧等元素组成的。

的时候，化学却在一边偷笑呢！它就是喜欢把我们的生活搅得乱七八糟。啤酒为什么会喷沫呢？这个问题说来话长，具体还要追溯到啤酒的生产原料。我们知道，啤酒是用大麦芽制作而成的。如果用来制作啤酒的大麦在成长、收割、储藏的时候雨水较多，就很容易使大麦在脱粒时受到微生物的感染，致使霉菌繁殖，这样生产出来的啤酒就比较容易喷沫。科学家们经过研究发现，霉菌的代谢物就是造成啤酒喷沫的主要原因。

为什么有些绿豆怎么都煮不烂呢？你可能已经猜到了，是坚硬的表皮造成的。绿豆是由种胚和种皮组成的，种皮又可分为内外两层。在这两层种皮之间，有一种栅栏细胞，其主要成分是钙盐和酸盐。如果这两种成分过多，表皮就会很坚硬，这样的绿豆就煮不烂。另外，还有一种绿豆表面被一层厚厚的角质层包着，这种角质层是一种难溶于水的蜡质，所以这样的绿豆也是煮不烂的。当然，化学也不是每次都给我们制造麻烦，有时它也会良心发现，给我们提供一些方便。比如说在蒸馒头的时候，有了它的帮助，我们就可以蒸出松软可口的馒头了。如果你也十分讨厌那些硬邦邦的馒头，那么不妨请化学来帮帮你的忙。其实，你需要做的事情很简单，只要到超市去买一袋酵母就行了。

为什么使用了酵母的馒头会又松又软呢？这主要是因为酵母中含有酵母菌，而酵母菌又会随身带着很多酶，这些酶在糅合到面团里以后，就会使面团发生一系列的化学变化，最后等到馒头出锅的时候，我们就可以吃到香喷喷的馒头了。听起来是不是有些像变魔术？也许你会觉得有些不可思议，不过这就是神奇的化学。如果你不相信，那就亲自试一试吧！

除了这些，生活中还有很多有趣的化学现象。比如说煮熟的螃蟹变成了红色，是什么原因造成的呢？这其实是因为在螃蟹的甲壳真皮层中，分布着各种颜色的色素细胞。当螃蟹被煮熟时，这些色素细胞在高温的条件下就会被分解破坏掉，而红色素细胞比较稳定，所以就留了下来。

当鸡蛋、黄油以及糖等食物混合到一起进行烹饪时，热量使不同的物质结合在一起生成一种新的物质。

🪐 元素、原子和分子

也许曾经有人告诉过你，世界是由物质组成的。那么物质又是由什么组成的呢？经过不断地研究，科学家们又告诉我们，物质是由不同的化学元素构成的。那什么又是元素呢？又有人给元素下了这样的定义：元素是具有相同核电荷数的一类原子的总称。其实，元素指的就是自然界中118种最基本的金属和非金属物质，就是元素周期表上所列的那些元素。

不要觉得元素周期表只是化学元素的一种简单排列，其实，这样的排列是有一定的道理的。首先，元素周期表上的元素是按照原子量从小到大依次排列的，而且这些元素的性质是具有明显的周期性的。那么是谁那么聪明发现了这个规律呢？那就是俄罗斯的著名化学家门捷列夫，元素周期表和元素周期律都是他在1869年发现的，可以说他的发现在化学发展史上是一个非常重要的里程碑。

目前，我们已经确定的化学元素有118种，每确定一个化学元素，都会给它一个名称。比如说氧、碳、钠、碘等，都是化学元素的中文名称。体现这些元素的最小微粒是原子，原子是构成元素的最小单元，它非常非常小，所以我们用肉眼是看不见的。不同的原子之间可以发生化学变化，重新进行组合，形成新的物质。

德米特里·门捷列夫的元素周期表使无机化学研究领域发生重大变革，为研究原子内部结构奠定了基础。

既然原子是化学元素的最小组成单元，那么是不是说明原子就是不可分割的呢？事实并不是这样的，原子也是可以再分的。原子可以分为中间带正电的原子核以及周围带负电的电子，所以说原子的内部其实是一个非常丰富的世界。但是，如果原子发生了变化，它就会变成另外一种元素。所以，原子并不一定能保持物质本身的特性。原

 化学元素周期表

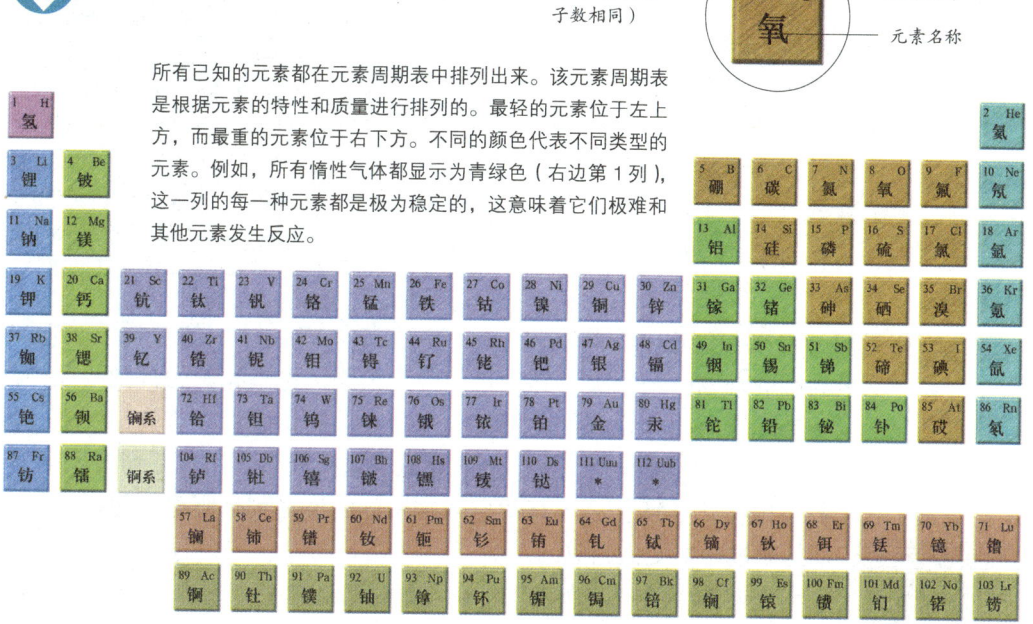

所有已知的元素都在元素周期表中排列出来。该元素周期表是根据元素的特性和质量进行排列的。最轻的元素位于左上方，而最重的元素位于右下方。不同的颜色代表不同类型的元素。例如，所有惰性气体都显示为青绿色（右边第1列），这一列的每一种元素都是极为稳定的，这意味着它们极难和其他元素发生反应。

子核还可以再分吗？当然可以。原子核是由质子和中子组成的，不过中子是不带电的，只有质子带正电荷。在原子核里面，质子和中子是紧紧地堆在一起的，所以原子核的密度很大。如果就质量来说，质子和中子是差不多的，不过中子还要略重一些。

原子核是非常小的，即使跟已经很小的原子相比，原子核也是非常小的。所以原子的大小主要是由最外层电子的大小决定的。其实原子的大部分空间都是空着的，如果把原子想象成一个足球场，那么原子核就只是足球场中的一颗绿豆，而剩下的空间则全部被电子霸占着。

原子中的电子非常淘气，它们总是喜欢到处乱跑，所以原子是很不稳定的。当遇到其他的原子时，它们之间就会发生化学变化，从而形成一种新的分子。分子是由原子构成的，与原子不同的是，分子一般都比较稳定，所以分子可以表现出各种物质的特性。比如说两个氧原子可以结合为一个氧气分子、两个氢原子和一个氧原子可以结合成一个水分子等。但是也有的分子是由单个原子构成的，比如说碳和金属元素。

既然原子和原子可以互相结合为分子，那么分子和分子是不是也可以相互结合呢？答案是肯定的。分子虽然比较稳定，但是它们也不甘心总是停留在一种状态，所以当有其他的分子到来的时候，它们也会试图改变一下自己。比如说当一个氯气分子遇到了两个钠分子，它们就会化合成两个全新的分子——氯化钠分子。

奇妙的化学变化

我们所生活的世界每天都在发生变化，这其中包括物理变化，也包括化学变化。物理变化就是只改变物体的大小、位置、形状等因素，比如，把书包从学校带回了家，

书包的位置发生了变化，就是物理变化。把一块橡皮掰成两半，是它的大小和形状发生了变化，也是物理变化。

而化学变化则要求物体本身性质的变化，并且在化学变化的过程中，必须要有新物质生成。比如，如果将铁锹长时间放在外面，被雨淋到以后，上面就会长出铁锈，这其中有新物质生成，所以就属于化学变化。

知识档案

水果催熟是怎么回事

其实，当果实开始成熟的时候，果肉本身就会产生一种叫作乙烯的气体，它可以将水果催熟。但是，如果要将水果运输到外地，已经熟透的水果就很不方便，尤其是像香蕉、柿子等容易腐烂的水果。所以对于要运输的水果，果农采取的办法就是不等它完全成熟就先摘下来，然后再运到销售地，这时再对它们进行催熟。催熟的具体办法就是将它们放在密闭的房间内，然后放进乙烯气体，这样，水果就可以很快成熟了。

其实在我们的生活中，化学变化的例子非常多，从最高等的动物——人类，到大自然中的植物，再到我们的日常用品，都可以找到化学变化的踪迹。比如说我们食用食物来为我们提供能量，这就是发生在我们体内的化学变化；植物通过吸收空气中的二氧化碳来进行光合作用，并释放出氧气，这就是发生在植物体内的化学变化；还有我们经常用到的洗涤剂、肥皂，包括我们小时候的玩具等，都是通过化学变化制成的。

化学变化不仅在我们的生活中非常重要，在现代化的工业生产中也是必不可少的。比如说金属的冶炼、合成橡胶以及合成纤维的制作、塑料、水泥、涂料、燃料、现代化的玻璃等，都离不开奇妙的化学变化。但是，我们也应该清楚，化学变化必须是在一定的条件下才能进行的。比如说植物要进行光合作用，就必须在光照的条件下进行，如果没有阳光，这种化学变化也就无法进行。再比如说金属的冶炼，必须在很高的温度下才能进行，如果达不到这个温度，也是无法进行冶炼的。

有一种物质可以促使化学反应的发生，这就是催化剂。催化剂是非常神奇的，它可以使在正常情况下反应缓慢甚至不能反应的两种物质发生剧烈的化学反应。很多物品都是在催化剂被发现以后才生产

↑ 烟花的燃放是其内部的物质遇高温发生化学反应，伴随着发光发热的现象。

出来的，比如说合成纤维、合成橡胶、塑料、农药等。催化剂不是只有一种，不同的化学反应，所需要的催化剂也不同，而且也不是所有的反应都需要催化剂。

物质的状态

既然我们所生活的世界是由物质组成的，那么物质在地球上存在就必然有它的存在形式。物质的存在形式有很多种，但是总体来说，都可以归结为三种表现形态，那就是固态、液态和气态。对于物质的这三种状态，我们应该并不陌生，在前面的物理科学中我们也曾提到过，而且在我们的生活中，这三种状态的物质也是随处可见的。

你们能说出在周围的物质中，什么是固态、液态和气态的吗？

我们的桌椅、书本都是固态的，水是液态的，水蒸气就是气态的。

那你们知道它们之间的区别吗？气体和液体都是流体，它们都是可以流动的，而固体不能流动。

确实是这样的。气体是最不安分的，它不仅非常容易流动，而且它没有固定的形状，你把它装入什么容器，它就是什么形状，因为它总是可以充满整个容器。液体则要稳重一些，它虽然也容易流动，但是对于一定量的液体来说，它的体积是不变的，它不会像气体那样充满整个容器。不过液体也没有固定的形状，它总是随着容器的改变而改变自己的形状。最稳重的还是固体，因为它不能流动，所以它总是安安分分地待在那儿，如果你不去挪动它，它是绝对不会自己跑掉的。而且固体也都有自己的形状，只要你不去破坏它，它就永远都保持原形。幸好世界上还有固体，否则真是要天下大乱了。如果我们的房屋、学校、马路等全都变成液体或气体的，那我们应该怎样生活呢？

岩浆中的一部分物质吸收足够多的热量后会转变成气体。

暖空气上升并逐渐冷却下来。

气体（原子或分子）运动速度比较快，可以充满它所在的整个空间。

当温度降至冰点时，液态水就会凝结成冰。

固体、液体和气体

气体（原子或分子）

固体（原子或分子）

液体（原子或分子）

液态水（原子或分子）能自由移动形成水流。

固体（原子或分子）的位置十分固定，无法自由移动。

固体、液体和气体这三种物质之间还有一个非常明显的区别，那就是分子间的距离。气体分子之间的距离最大，所以气体很容易被压缩；液体分子之间的距离次之，表现为凝聚状态；固体分子之间的距离最小，它们排列得很紧密，而且固体分子之间的吸引力要比液体和气体大得多。所以要破坏固体本来的形状，我们需要对它施加很大的外力。

当然，固体也不是一成不变的，只是它并没有液体和气体那样善变。但是在一定的条件下，固体也会发生变化，而且还可以变成液体，甚至是气体。

虽然说固态、液态和气态是物质的三种主要表现形态，但这并不能说明物质除了这三种状态，就没有其他的状态。等离子体就是一种不同于这三种状态的物质状态，所以也将它称为物质的第四状态。它是由带正电和带负电的离子组成的，其中也包括一些中性的原子和分子。我们前面所提到的极光现象，就是天然的等离子体辐射现象。日光灯中发光的电离气体，则是人造等离子体。

🪐 晶体和非晶体

固体可以分为晶体和非晶体两类。晶体有一定的熔点，它的分子结构是十分规则的立方体结构；而非晶体则没有固定的熔点，它的分子结构有点像液体的分子结构，所以也有人叫它流动性很小的液体。在 20 世纪 80 年代，人们又发现了一种人工合成的固体——准晶体，它的结构介于晶体和非晶体之间。

⬆ 钻石是目前所知自然界中最硬的物质，其内部排列是一种由碳原子紧密结合而形成的规则的立方体结构。

晶体可以在固定的温度下融化成液体（晶体融化时的温度就叫熔点），而非晶体是没有这样的温度的。随着温度的升高，非晶体逐渐变软，最后完全变成液体。因为非晶体在加热之后很容易变形，所以我们可以用玻璃、塑料等非晶体制造出各种各样的工艺品。

🪐 金属元素

打开元素周期表，你就会发现，在众多的元素中，金属元素占了绝大部分。如果你不认识哪些是金属元素，那就教你一个最简单的办法，一般来说，带有金字旁的元素都是金属元素。在已经发现的 118 种化学元素中，金属元素就占了 80 多种。而且，金属元素在我们的生产生活中也占有非常重要的位置。

仔细观察身边的事物，你就会发现金属真的是无处不在。比如说工厂里的机械设备，都是用钢铁制成的；在城市中随处可见的铁皮房，是用镀了锌的铁板制成的；我们房屋里面的门窗，是用铝合金制成的；我们厨房里的菜刀，是用不锈钢制成的；电路中的导线，一般都是用铜制成的；还有现代的超音速飞机，也是用金属钛的合金制成的。

为什么金属元素会得到如此的厚爱呢？这当然是因为它们良好的性能了。大多数金属都具有延展性，所以你可以把它拉成一根金属丝，也可以把它压成薄片；金属也具有很强的可塑性，在一定的条件下，你可以把它塑造成各种各样的金属制品；金属还具有良好的导电性和导热性，所以我们生活中的锅、导线等物品都是金属的。为什么金属具有导电性和导热性呢？因为金属里面的自由电子在外加电场的情况下，就可以定向移动，形成电流，这就是金属导电的原因；而且自由电子还可以与周围的金属原子和离子进行能量交换，所以当金属的一部分受热时，自由电子会很快将热量传递给周围的金属原子和离子，使整块金属都热起来，这就是金属导热性好的原因。

↑ 钢铁可以用于制造诸如汽车框架等坚固的支撑结构。

有一类金属非常特殊，它们具有很强的放射性，所以必须要在特殊的容器内进行保存。这类金属可以自己放射出 α、β 和 γ 射线，或者是发生核裂变反应，这样的金属我们就叫它放射性金属，比如铀、镭。它们所放出的射线在石油勘探等领域有很广泛的应用，而且还可以用来治疗恶性肿瘤。但是这种射线对正常人是没什么好处的，因为它会破坏人体的正常细胞，所以你最好离它远点儿。说起放射性元素，我们就必须要提起一个人，因为她不仅是放射性元素的发现者，而且更是将自己的一生都放在了放射性元素的研究工作上，她就是伟大的法国化学家——居里夫人。这是一位非常了不起的女性，她曾经两次获得诺贝尔奖，这在历史上是非常少见的。

金属元素不仅遍布我们生产生活的各个领域，就连我们人体本身，也是离不开金属元素的。有一些金属元素是我们人体不可或缺的，如果缺少了这些元素，就会直接影响我们的健康，导致疾病的发生。比如说缺铁会导致贫血，缺锌会影响儿童发育，缺钙会损害骨骼健康，等等。所以我们可千万不能忽略了这些金属元素，虽然我们对它们的需求量很小，但却依然是不可或缺的。

🪐 非金属元素

与金属元素相对的，那就是非金属元素。别看非金属元素的种类没有金属元素那么多，可是它的成员却非常多。毫不谦虚地说，非金属元素是我们所生活的世界最重要的组成部分，它的质量占地球上所有元素总质量的76％。如果没有了非金属元素，不仅地球上的大部分物质都会消失，就连人类和其他的一切生命物质也都会不复存在，因为构成生物体的主要元素就是碳、氢、氧、氮、磷等非金属元素。

在我们的生活中，非金属元素也发挥着十分重要的作用。我们饮用的自来水，必须要经过氯气的消毒处理才能饮用；我

知识档案

金属元素与非金属元素的区别

非金属元素比较容易得到电子。一般情况下，金属元素最外层的电子数比较少，所以它最外层的电子很容易被掠夺走，最后使其本身失去电子。而非金属元素最外层的电子数比较多，所以它比较容易掠夺其他元素的电子，来满足它本身的需求。

们所摄入的食物，主要是绿色植物以及以绿色植物为食物的家禽和家畜，而绿色植物生长所必需的养料就是氮肥和磷肥；我们身上的衣服，之所以有这么多鲜艳的颜色，就是以硫做染料染成的；我们平常所用的计算机，它的集成电路芯片也是用非金属元素硅制造的。

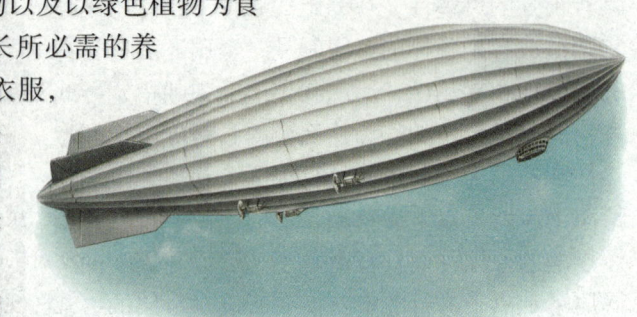

飞艇可以飘浮在空中是因为飞艇里面的气体（如氦气）比外面的空气要轻。

我们的生命是由非金属元素构成的，我们要延续生命，同样离不开这些非金属元素。比如说我们赖以生存的氧气，是我们一刻也离不开的。我们每时每刻都要从外界吸入氧气，没有氧气，我们就无法生存。硒元素也是人体所必需的微量元素之一，硒对癌症的预防也是非常重要的，它可以破坏人体内的致癌物质。还有一种非金属元素也是我们必不可缺的，那就是碘。缺碘会导致儿童智力低下，并引起地方性甲状腺肿等疾病。

在所有的元素中，氢是最轻的，也许当初给氢元素命名的人就是出于这方面考虑，所以才取名为"氢"的。别看它质量很轻，可是它的地位却一点儿也不轻。因为氢比空气要轻，所以用氢气充满的气球和飞艇可以飞上天。而且氢还是一种很环保的能源，因为它燃烧后会生成水，并不会对环境造成污染。氢在地球上的储备是很丰富的，如果我们能够好好利用，就一定会受益无穷。

在众多的非金属元素中，最活泼的一个就是氟了。在常温下，它就可以和几乎所有的元素化合。就连受热以后的黄金也可以在氟气中燃烧。由于氟的化学性质实在是太活泼了，所以在自然界中，我们看不到单体氟，它总是以离子或化合物的形式出现。加氟可以提高产品的性能，比如说含氟的塑料和含氟的橡胶，都具有特别优良的性能。

形式多样的碳

虽然每一种元素只有一个化学名称，但是你可千万别以为它们长得都是一个样子。比如说碳元素，它的家族成员就很多。不要觉得碳只能是那种黑乎乎的样子，其实碳也是爱美的，有时也会把自己打扮得很漂亮。虽然它没有孙悟空那么大的本事，有七十二般变化，但是碳的形式也是多种多样的。

铅笔是我们再熟悉不过的东西了，因为我们每天都在用。你们是不是在想，铅笔和碳有什么关系呢？铅笔应该是铅做的才对呀！事实上，铅笔的笔芯是用石墨做成的，而石墨就是碳的存在形式之一。晶莹璀璨的金刚石，单从外表看真的很难把它和碳联系在一起，因为它和我们印象中的碳相差得实在是太多了。不过事实却告诉我们，金刚石就是由碳原子构成的。

石墨的分子结构是一种层状的结构，在同一层中的碳原子结合力比较强，而层与层之间的结合力却比较弱，可以自由地滑动。正是因为石墨具有这一特点，所以我们可以用石墨来制作润滑剂。我们家中很久不用的锁，倒点铅笔屑进去就会特别好开，就是这个道理。而在金刚石分子中，每一个碳原子都被另外的四个碳原子紧紧包围，它们之间以很强的结合力结合在一起，所以金刚石非常坚硬。我们可以用金刚石来切割玻璃，甚至可以在最坚硬的岩石上钻孔。

在碳的家族中，还有一个非常重要的成员，那就是C_{60}。看它的名字就知道了，它的分子一定是由60个碳原子组成的。从外观上看，C_{60}的分子结构特别像一个足球，所以人们也叫它

石墨铅笔   汽油

碳

钻石   煤

碳及其化合物的用途极其广泛：汽油燃烧可以驱动车辆；石墨可以作为铅笔芯；钻石是名贵的珠宝；煤炭则是能量的一大来源。

足球烯。它也可以用来做润滑剂，而且在一定的压力下，它的耐压程度甚至比金刚石还要高。更为重要的是，如果在它的球体内部放入一个钾原子，它又可以成为一个新型的超导体。

还有更加不可思议的，那就是我们平常所用的高强度的钓鱼竿和网球拍，其实也是由碳制成的。这种碳是纤维状的，所以我们也叫它碳纤维。别看它那么轻，但是它的强度却非常大，据说可以达到钢丝的8倍呢！另外，在爱迪生最开始发明电灯的时候，里面的灯丝就是由碳纤维制成的。现在你对碳应该另眼相看了，或者说该为它的神奇多变而鼓掌喝彩了吧！

🪐 高分子化合物

高分子化合物是什么？它与一般的化合物又有什么区别呢？如果从字面上看，它应该就是一种由高分子组成的化合物。可问题是我们并不知道什么是高分子！这个所谓的高分子，它又比一般的分子"高"在哪里呢？

我们已经知道，分子是由原子构成的。构成分子的原子可以是一个单原子，也可以是两种或两种以上的原子。那么高分子是不是由很多种原子构成的呢？事实并不是这样的。构成高分子的原子种类并不多，但是原子的数量却非常多，可达到100个以上。所以，高分子要比一般的分子更大，分子量也更大，这就是它的高明之处。

高分子其实是由很多分子量很小的单体聚合而成的，比如说许多乙烯分子聚合在一起之后，就形成了聚乙烯高分子。高分子的聚合有很多种形式，可以是同一种分子聚合在一起；也可以是相同数量的不同单体聚合在一起；还可以是不同数量的不同单体聚合在一起。分子聚合以后，所形成的高分子兼具各种单体的优点，所以高分子的

颜料、纤维以及化妆品等都是人造有机化合产品。

用途很广。金属合金的性能要比单一的金属好得多，原因就在于此。

由高分子所组成的物质，我们就叫它高分子化合物。生活中有很多天然的高分子化合物，比如说纤维素、蛋白质、蚕丝、淀粉等，也有很多以高分子化合物为基础的合成材料，比如说塑料、橡胶、尼龙、涂料等。高分子化合物对我们人体的贡献也是很大的，它可以制成人工角膜、人工骨骼、人工皮肤等，这样就可以替换人体内损坏的组织和器官了。

高分子的内部结构是什么样的？与一般的分子又有什么不同呢？如果说一般分子的结构像一个小球，那么高分子的结构就像是一条长链，将这些小球连在了一起。高分子之间存在引力，每条长链不仅各自卷曲，而且还与其他的链互相缠绕，所以高分子化合物既有一定的强度，又具有不同程度的弹性。

我们所用的高分子化合物是怎么制成的呢？作为材料的高分子化合物是由低分子化合物聚合而成的。这些低分子化合物是以煤、石油、天然气等为原料制成的，它们形成高分子化合物有两种方式：一种是加聚，一种是缩聚。加聚就是将这些单体相互加成，结合为高分子化合物；缩聚是这些单体相互缩和，在生成高分子化合物的同时，还会生成其他的低分子化合物。

爆炸和燃烧

爆炸和燃烧也是化学反应吗？没错，化学就是喜欢到处捣乱，时不时还会给我们制造一些麻烦。爆炸就是一种非常可怕的现象，因为它会夺走我们的生命，即使是轻微的爆炸，也足以把我们吓得半死。如果你不幸见识到这种场面，保证你会终生难忘。

不过，我们也不能把所有的爆炸都算到化学的头上，因为有些爆炸跟它并没有什么关系，而是由物理变化引起的。比如说压力容器由于压强突然增大，使高压气体迅速膨胀，就会造成爆炸，这样的爆炸就是物理爆炸。而化学爆炸则是由化学反应所释放的

森林火灾的原因很多，比如闪电和人为纵火等，甚至是太阳光被一个空瓶子聚焦升温都可以引发森林火灾。大火在森林中通常以每分钟两千多米的速度蔓延。消防队员不得不借助直升机来喷水灭火。有些森林火灾能持续好几个月，会造成非常严重的损失。火灾会让森林附近大量的房屋被摧毁，方圆数千米的空气被污染。

能量引起的，比如说炸药的爆炸。还有一种爆炸，它的杀伤力更强，它甚至可以将一座城市在顷刻间夷为平地，这就是更为可怕的核爆炸。核爆炸是由于物质核能的释放所引起的，比如说原子弹的爆炸就是核爆炸。

如果有人告诉你说，面粉也会爆炸，你可能会觉得这是一件非常不可思议的事——我们平常所吃的面粉怎么可能爆炸呢？而实际上，面粉厂的爆炸却是屡见不鲜的。实验证明，当干燥的面粉悬浮在空气中，并且周围的环境达到激烈燃烧的条件时，就会发生爆炸。首先，面粉在空气中需要达到一定的浓度；其次，要达到一定的温度。面粉的爆炸温度只有400℃，相当于一张易燃纸的点火温度。所以在面粉车间，是很容易发生爆炸的，必须要严禁烟火。

燃烧虽然不像爆炸那样猛烈，但它也是一种剧烈的化学反应，而且燃烧所持续的时间更长。说起燃烧，我们就会想起那熊熊的烈火。大火对我们的生命和财产安全都构成了极大的威胁，所以我们一定要安全用火，避免火灾的发生。

物质为什么会燃烧呢？燃烧必须要具备一定的条件，只有这些条件都具备了，燃烧才会发生。首先，必须要有可燃物，也就是可以燃烧的物质；其次，必须要有助燃物，也就是燃烧的环境；最后，必须使可燃物达到燃点，也就是可以燃烧的温度。这三者缺一不可，少了任何一个条件，都无法燃烧。通常所说的助燃物指的都是氧气，因为一般的物质都是在氧气中燃烧的。但是也有例外，比如说氢气可以在氯气中燃烧，镁条可以在二氧化碳中燃烧。

庞大的有机家族

有机家族指的就是有机化合物的大家庭，这可是一个十分庞大的家庭，目前已知的成员就有将近600万种。那么，这个大家族中的成员都有什么共同点呢？我们又怎么判断它是不是有机家族的成员呢？其实，有机化合物都含有碳元素和氢元素，此外，还通常含有氧、氮、硫、磷等元素。在我们的生产和生活中，到处都可以见到有机物，像我们所熟悉的蛋白质、淀粉、脂肪、石油、橡胶等都是有机物，所以说它和我们的关系是非常密切的。下面就给大家介绍几个有特色的有机家族成员吧。

1. 有毒的甲醇

甲醇是一种无色透明的液体，能够溶于水等有机溶剂，且带有类似酒精的气味。你可千万不要被它的表象所蒙蔽，其实甲醇是有毒的，不管是吸入还是误服，都会使人产生中毒反应。中毒者可出现头晕、恶心、视力下降等症状，严重者甚至可以造成失明。我们所听到的假酒中毒事件，其罪魁祸首就是甲醇。有些人为了追求经济利益，用工业酒精兑水来冒充饮用酒，而工业酒精中是含有甲醇的，

工业上常用含糖的物质发酵来生产乙醇（主要是酿酒）。

结果使很多无辜的人受到了伤害，造成了无法挽回的损失。

2. 真正的酒——乙醇

乙醇是以谷物、薯类、果类等物质为原料，经过发酵而酿成的。乙醇也就是我们所说的酒精，食用乙醇经过加水勾兑以后就可以成为醇香的美酒。但工业乙醇却完全是另外一回事，它是以低级烃为原料，在不同的条件和催化剂作用下合成的，成本比较低廉。工业乙醇虽然是重要的工业原料，但是却不能用来配制饮用酒，因为其中都含有不同浓度的甲醇。

3. 神通广大的乙烯

大家对于乙烯一定不陌生，因为我们在前面曾经提到过它，就是那个催熟果实的气体。乙烯非常活泼，所以它也最善于变化，也有人戏称它是化学王国中的"孙悟空"。当它遇到其他的化合物时，很容易与它们发生反应，转变成另一种化合物。比如说乙烯在遇到水的时候就会变成酒精，与氯化氢相遇又会变成一种镇痛药，乙烯分子之间也可以聚合成聚乙烯，等等。总之，乙烯的各种化身都可以为我们所用，所以我们说它神通广大也是名副其实的。

4. 芳香的苯

苯是一种无色、带有芳香气味的液体，所有与苯结构相似的有机化合物都带有强烈的芳香味，所以也将它们称作芳香族化合物。不过你可千万别贪恋苯的香味，虽然它不会像迷香一样把人迷倒，但是它也是有毒的，而且对人体的危害更大。如果经常接触苯，就会使皮肤因为脱脂而变得干燥，还有可能出现过敏性湿疹，长期吸入苯甚至可以造成再生障碍性贫血。由于苯具有挥发性，所以我们一定要注意远离它。

无色无味的空气

我们人类要生存下去，就不能离开空气。也就是说，你必须一天 24 个小时都让它紧紧跟着你，一刻也不能离开，即使在你睡觉的时候，也绝不能给它放假。我们的地球之所以有这样舒适的环境，空气的功劳绝对要记上一大笔。没有了空气，地球也会变得一片荒凉，地球上的所有生命也就全都不存在了。

虽然我们每个人都知道空气对于我们的重要性，可是却没有人见过它的真实面目，也没有办法跟它说一声谢谢。我们每天都生活在空气之中，可是我们既看不到它，也摸不着它。也就是说，我们根本就感觉不到它的存在。

意大利的科学家伽利略曾做过一个实验：用天平称出一个灌足了空气的玻璃瓶的重量，然后再把玻璃瓶上的活塞打开，他发现玻璃瓶的重量变轻了。这个实验就说明了空气是有重量的，也说明了空气其实也是一种物质。后来，他的学生也用实验证明了空气是有压力的。

既然空气是一种物质，可为什么它的重量和压力我们都感受不到呢？难道它没有对我们产生压力吗？当然不是。事实是这样的：空气不仅对我们的身体产生了压力，而且还产生了很大的压力，但是由于它压在我们身体外部和身体内部的力是相等的，所以我们是感觉不到这种力的存在的。

空气的主要成分有氧气、氮气、二氧化碳、水蒸气、氢气和稀有气体，其中氮气和氧气差不多占99%，剩下的气体共占1%。

为什么氮气和氧气占那么大的比例呢？这主要是由自然界经过长期的变化所形成的。在很久以前，地球上是没有绿色植物的，大气的主要成分是一氧化碳、二氧化碳、甲烷和氨。后来，出现了绿色植物，它们要进行光合作用，就要吸收二氧化碳，并释放出氧气，而氧气又可以将一氧化碳氧化成二氧化碳，将甲烷氧化成水蒸气和二氧化碳，将氨氧化成水蒸气和氮气。这种化学反应一直进行下去，空气中的二氧化碳越来越少，氧气逐渐增多，最后就变成了现在的样子。

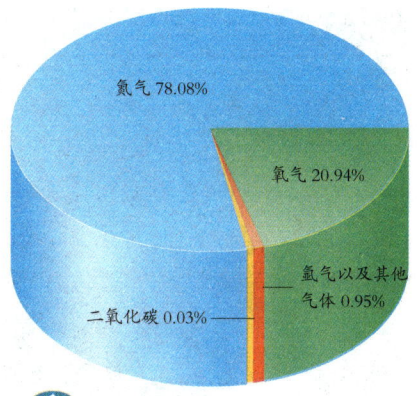

空气是一种混合气体，包裹在地球的周围。地球是太阳系中唯一一颗有空气存在的行星。

🪐 生命之水

水是地球重要的组成部分，也是地球上分布最广的物质，70%以上的地球表面都是被水覆盖着的。而且你们知道吗？人体内也含有大量的水，如果没有水，人类以及其他的生命物质都没有办法生存。我们可能都有这样的体会，没有水喝比没有饭吃更让人难受。如果我们体内缺水，还会导致各种疾病呢！所以说人们经常把水称为"生命之水"。

我们在前面已经提到过，水有三种状态。常温下的水是液态的，当温度到达0℃时，液态的水就会转化成固态的冰；当温度达到100℃时，液态的水又会转化成气态的水蒸气。正是因为水有这三种存在形式，所以大自然中的水才可以循环利用。太阳的热量使江河湖海中的水变成水蒸气蒸发到天空；在天空中，水蒸气遇冷又凝固成云；云不断聚积便形成了降雨，这样就又使水回到了地面，完成了水的循环。

一个水分子是由两个氢原子和一个氧原子所构成的，但是在自然界中，却很少存在真正纯净的水。我们通常所说的水都是酸、碱、盐等物质的溶液，人们经常把蒸馏水看成是纯净水，但实际上，蒸馏水也不过是相对意义上的纯净水，其中也是不可能绝对没有杂质的。纯净水之所以罕见，是因为水是一种非常好的溶剂，很多物质都可以溶解在水里，这也是水容易被污染的主要原因。不过，水良好的溶解性也给我们的生活带来了很多方便，我们可以用它冲咖啡、泡茶、做汤等。

水可以分为重水和轻水，它们之间的主要差别就在于组成水分子的氢原子不同。组成重水的氢原子比普通的氢原子多一个中子，所以比较重，称为重氢，由它与氧结合成的水就是重水。普通的水就是轻水。重水的价格十分昂贵，是原子反应堆中最好的减速剂。但是在重水中的鱼类是不能生存的，用重水浸过的种子也不能

植物生存和生长都需要水。雨林里之所以生长着大量的植物和动物，是因为每年的雨水都特别充足。在整个生态系统中，任何生物群体都不是孤立的，它们总是相互联系相互作用着。

发芽。

　　还有一种水，其中含有较多的钙、镁离子，我们叫它硬水。硬水是不能直接饮用的，必须要经过软化处理，才能转变成生活用水。硬水是怎么软化的呢？这就需要让硬水流经一种叫作沸石的矿物质，使其中的钙、镁离子与沸石中的钠离子互相交换，这样就可以使水中的钙、镁离子大大减少，达到了硬水软化的目的。我们家中的自来水，则是将自然界中的水经过过滤、消毒等处理以后才送入自来水管道的。

　　此外，我们所喝的矿泉水是一种非常有益于人体健康的饮用水。因为在矿泉水中含有很多种人体所必需的微量元素，如果人体缺乏这些元素，就会导致各种疾病。矿泉水可以为人体提供这些必需的元素，所以具有很好的保健效果。

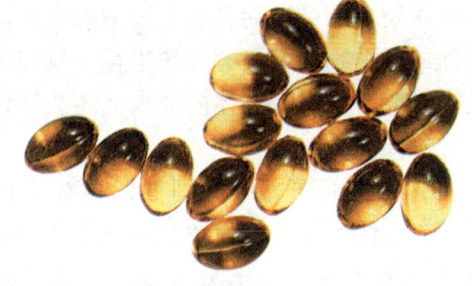

古怪的生物学

动物世界的众生百态

🪐 动物的种类

　　一般而言，人们一提起动物就会想到哺乳动物，其实动物还包括爬行动物、两栖动物、鱼类、鸟类。科学家按照动物的形态结构，把动物分成脊椎动物和无脊椎动物两大类，然后将动物按门、纲、目、科、属、种等单元一一区别开来。具有最基本、最显著的共同特征的生物被分成若干群，每一群即一门。科学家据此将动物分成原生动物门、海绵动物门、腔肠动物门、线形动物门、扁形动物门、脊椎动物门、环节动物门等20余门。门以下为纲，纲是把同一门的生物按照亲缘关系和彼此相似的特性而分成的群体。同一纲的生物按照彼此相似的特征分为几个群，叫作目。同一目的生物按照彼此相似的特性所形成的群体则为科，如鸡形目有雉科、松鸡科等。科下面是属，是同一科的生物按照彼此相似的程度结合而成的群体，如猫科有猫属、虎属等。

属下面是最小的类群——种，又叫物种，是动物分类最基本的单元，如科来特猫是猫属中的一种。随着科学技术的发展，科学家们还运用胚胎学、数学、生物化学等方法对动物进行分类，以便更好地研究自然界。

在动物界中，尽管脊椎动物只占一小部分，但却是最高等的类群，主要包括鱼类、圆口类、两栖类、哺乳类和爬行类。大约5亿年前，生活在海底泥层中的一种像虫一样的小型动物逐渐进化成最初的脊椎动物。脊柱、四肢、感觉器官和大脑组成了典型的脊椎动物。脊椎从颈部延伸至尾部，由许多相互连接的块状椎骨组成，可以保护从脑至全身的神经组织。感觉器官集中在头部，其作用是帮助动物觉察危险，寻找食物和配偶。多数脊椎动物有四肢，有的四肢演化成鳍，有的则演化成腿、上肢或翅膀，包括蛇类在内的许多脊椎动物已经没有了外肢的痕迹。脊椎动物的大脑一般都比较发达，其中以哺乳类动物尤为突出。

脊椎动物按照不同的标准，可以分成不同的类别。如果以在胚胎发育中有无羊膜来看，圆口纲、鱼纲和两栖纲为低等动物，其他的为高等动物；若以变温和恒温来区分，鸟纲和哺乳纲等恒温动物属于高等动物，爬行纲以下的变温动物属于低等动物。在大多数情况下，高等动物专指哺乳动物，鸟纲以下的为低等动物。

相对于上述的高等脊椎动物而言，无脊椎动物是低等的，但种类繁多、数量庞大的无脊椎动物形成了一个巨大的多样化的物种体系。从理论上分析，世界上的任何地方都生活着无脊椎动物。在全世界约1000万种生物当中，90%以上是无脊椎动物。许多科学家还提出，目前尚未发现的无脊椎动物大约为1500万种。这类动物并没有什么共同特征，仅仅靠血缘关系而互相结合。有些无脊椎动物是为人们所

地球上的动物是形形色色的，不同环境中生活的动物具有不同的生活习性、繁殖特性和适应性。

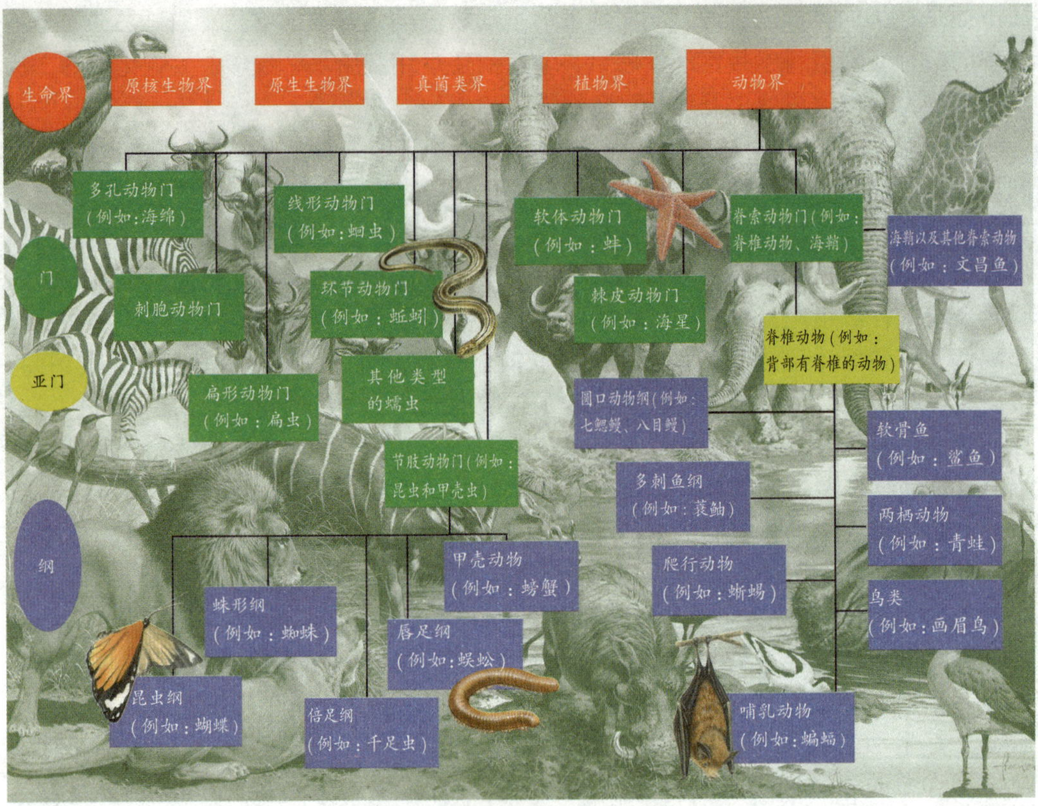

生命界　　原核生物界　　原生生物界　　真菌类界　　植物界　　动物界

门

多孔动物门
(例如：海绵)

线形物门
(例如：蛔虫)

软体动物门
(例如：蚌)

脊索动物门(例如：
脊椎动物、海鞘)

海鞘以及其他脊索动物
(例如：文昌鱼)

刺胞动物门

环节动物门
(例如：蚯蚓)

棘皮动物门
(例如：海星)

脊椎动物(例如：
背部有脊椎的动物)

亚门

扁形物门
(例如：扁虫)

其他类型
的蠕虫

圆口动物纲(例如：
七鳃鳗、八目鳗)

软骨鱼
(例如：鲨鱼)

节肢动物门(例如：
昆虫和甲壳虫)

多刺鱼纲
(例如：鲼鲔)

两栖动物
(例如：青蛙)

纲

甲壳动物
(例如：螃蟹)

爬行动物
(例如：蜥蜴)

鸟类
(例如：画眉鸟)

蛛形纲
(例如：蜘蛛)

唇足纲
(例如：蜈蚣)

昆虫纲
(例如：蝴蝶)

倍足纲
(例如：千足虫)

哺乳动物
(例如：蝙蝠)

动物分类学是识别动物种类，研究动物系统的科学。分类学在很多方面都起着非常重要的作用，例如它可以帮助人们确定哪些动物与早已灭绝的恐龙具有最相似的特征。

熟知的，如昆虫、蜗牛等；有些则是难以觉察的，生物学家甚至无法给它们命名。无脊椎动物通常集中在海洋里，它们有的具有庞大的躯体，如巨型枪乌贼有18米长；有的体型则十分微小，随洋流四处漂泊。除海绵外，几乎所有的无脊椎动物的躯体都具有对称性，有的呈辐射对称，有的呈双边对称。另外，许多无脊椎动物的躯体是由一些分离的环节构成的，这就使得它们能改变自己的形状，并以复杂的方式运动。如蚯蚓在每一环节里都有分离的肌肉，它可以通过协调肌肉的收缩在土壤里蠕动。

动物世界中最大的群系是节肢动物，主要包括昆虫、千足虫、蜘蛛、螨、甲壳以及造型古怪的鲎和海蜘蛛。所有的节肢动物的躯干都是由一排节环构成的，外面由一层外生骨骼或角质层覆盖着，并长有带关节的腿。

脊索动物中的海鞘、柱头虫、文昌鱼等，属于中间类型，兼有无脊椎动物和脊椎动物的特点。

一般而言，同一类群的动物具有比较近的血缘关系。而不同类群之间的动物，有的亲缘关系比较近，有的则比较远。例如海绵这种最简单的有机生物，虽然它属于多细胞生物，却有着与单细胞生物相似的行为特征。它们的躯体是由两层细胞构成的，变形细胞很多，体壁细胞具有多种功能，因此可以说多细胞生物与单细胞生物具有较近的亲缘关系。而那些形态差异比较大的生物，其亲缘关系就比较远。动物的亲缘关系，实际上就是动物的演化关系。曾有科学家根据亲缘关系的远近，将各门动物的关系排列成"系统树"，树的上方是高级的哺乳类动物，下方则是原生的单细胞生物。从这棵树上，人们可以清楚地看到物种在历史长河中的进化步伐，有助于我们了解自然界的奥秘。

聪明的动物

动物也有感觉吗？如果你曾经仔细观察过身边的动物，就一定不会产生这样的疑问。事实上，动物不仅有感觉，而且它们的感觉还很灵敏呢！它们甚至可以感觉到人类无法察觉的事情，比如说地震。尽管我们现在有种种精密的测量仪器，但还是没有办法准确地预报地震。可是一些动物却可以准确地感知地震，在地震发生前，如果你家里有小狗，就会发现它开始躁动不安地乱叫，这就是在向你传达地震将至的信号。

每一种动物都有其独特的感觉，而且都是特别灵敏的。比如说狗的嗅觉特别灵敏，比我们人类要灵敏百万倍；鹰的视觉特别灵敏，它可以在三万多米的高空清楚地看到地面上的一只兔子；蝙蝠的听觉特别灵敏，它甚至可以听到昆虫的脚步声；海豹的触觉特别灵敏，它可以用胡须感受到其他动物的微小运动；鲶鱼的味觉特别灵敏，它的舌头上有 10 万个味蕾，而我们人类只有区区 8000 个。

为什么动物有这些奇特的感觉呢？其实，在地球上生存的每一种动物，都必须有适应生活环境的感觉能力，这是自然选择的结果。如果它们不具备这样的能力，就不可能逃脱灭绝的命运。听了这些你是不是有些失望呢？因为所有的一切都证明了我们人类并不是这个世界上最优秀的生存者。但是也不要太失望，至少到目前为止，我们还没有发现比人类更聪明的动物。

动物也有智商吗？它们也具备思考问题和分析问题的能力吗？如果你曾经看过马戏表演，就一定会说这是真的。不过，这些动物们其实并没有我们想象中的那么聪明。我们都知道，有些动物可以进行数学运算，可这是它们经过逻辑推理得出的结论吗？事实并不是这样的。它们凭借感觉器官去识别信号，而这几乎都要在它们主人的帮助下才能完成。不过我们仍然要说它们是很聪明的，因为它们可以识别很多信号，包括主人的姿势、图片的内容等。

如果你曾训练过家中的宠物，就一定深有体会。当你要它做一件

通过排成"V"字形飞行，大雁可以将迁徙过程中耗费的能量降到最低。每只鸟都利用前一只鸟产生的滑流来减少消耗，并且它们轮流充当领头鸟。

事的时候，如果它完成得很漂亮，你就会马上赏给它一块蛋糕。而当你再次让它做同样的动作时，它当然会很听话地照做，因为它在等着你的蛋糕呢！不过，曾经有报道说德国的一条狗可以用算盘来进行珠算，而且经过科学家的鉴定它确实有这种能力，很不可思议吧！

动物也有感情吗？答案是肯定的。它们虽然没有人类的感情那么丰富，可它们也是有喜怒哀乐的，而且通常都会用行动表现出来。比如说猴子在高兴的时候会唱歌，山羊在高兴的时候会跳舞，有些动物在悲伤的时候甚至会流泪。

五花八门的叫声

大自然中的动物是千奇百怪的，而它们的叫声也是五花八门的，几乎每一种动物都有自己独特的叫声。这些叫声究竟是什么意思呢？是它们在向我们传递什么信号吗？还是它们在与同类交流呢？如果我们同意人类是从动物进化而来的观点，那么我们就应该承认动物也是有语言的，它们可以通过这样的语言与同类进行交流。虽然这些语言不同于我们的语言，我们也根本就听不懂，但它确实是存在的。

想一想我们身边的这些小动物，它们是怎么叫的呢？小狗、小猫、牛、羊、鸡等，它们的叫声都是不同的，与我们人类的语言也有着很大的差别，不过有一种动物是很特别的，它的语言我们一定不会陌生，那就是鹦鹉的语言。我们都知道，鹦鹉可以像人一样说话，这让我们兴奋不已，因为我们找到了人类的伙伴，说明我们不再孤单了。不过它的语言似乎仅限于主人教给它的那几句，而且不分时间和地点，永远都只是那几句。

传统观点一直都认为，鹦鹉可以讲人说的话是一种模仿行为，是条件反射的结果。它们没有发达的大脑，所以不可能懂得人类语言的意义，更不可能运用它们。不过另一种观点则认为事情没有那么绝对。美国的一位心理学家曾训练过一只灰鹦鹉，有一次这只灰鹦鹉对着镜子问："这是什么？"当人们告诉它是灰色的鹦鹉时，它以后便可以认出很多灰色的东西。这就说明了灰鹦鹉在学会语言的同时，也加以了运用，并将它扩大到更广的范围内。

长期以来，人们对这一问题一直都争论不休，但始终都没有得出定论。不过，如果有一天我们真的可以通过训练让鸟类懂得人类的语言，那么就可以进行人鸟对

一头母狮正趴在一处小山岩上吼叫，可能是在召唤它走失的幼崽。除了标志领地主人的吼叫声之外，狮子可能至少还有另外 8 种叫声，分别表示不同的意思。

话了，也许和鸟说话会更有趣。除了鸟类，其他动物的语言也是很值得研究的，它们的语言虽然和我们不太一样，但只要我们细心留意，就可以听懂它们的语言。事实上，遇到不同的情况时，它们就会发出不同的声音。如果我们能认真揣摩这些声音的含义，就会知道它们要告诉我们什么了。

除了声音，观察动物的表情也是一件很有趣的事情。如果你家里有一只小狗或一只小猫，就可以很明显地感受到。当它们高兴的时候，眼睛会特别有神，并且非常乐意和你玩耍；如果它眼巴巴地看着你，并且紧紧地跟着你的时候，那就说明它饿了，在向你要吃的；如果它在眨眼睛，或者是半睁着眼睛，也不用正眼看你，这就说明它很烦或很困，你最好不要去打扰它；如果它的眉毛向下，可眼睛却睁得很大，这就表示它已经生气了，如果你再惹它，它就要发起攻击了。

🪐 惊险的旅程

你们喜欢旅行吗？旅行可以增长见识，开拓视野，最重要的是让人心情愉快，我想没有谁会拒绝这样的诱惑。可是你们知道吗？动物的旅行可没有我们这么舒服自在，它们的旅途可以说是危险重重，甚至随时都可能在旅途中丧生。

你们一定很奇怪，既然在动物的旅途中充满了危险，那它们为什么还是要去旅行呢？你可别把这些动物们想得跟你一样贪玩，它们出去旅行绝不是为了游山玩水，更不是为了逃避假期作业。事实上，动物们的旅行是一种生存需要，它们要去寻找食物、住处或者是配偶。所以，尽管它们都知道自己的旅途很危险，但它们还是一定要去。

有些鲑鱼出生于清澈的河流中，它们在那儿生活上1～2年，然后迁往海洋。几年后，它们又回到原来出生的那条河流，产卵繁殖，然后死去。

不要说你的地理学得有多好，也许你的理论基础很扎实，但要论实践，你是绝对没有办法和鸟类相比的。就以我们最熟悉的鸽子为例，它具有非同寻常的飞行力，连续飞行1120千米都不会累；它还具有超强的视觉和超声波般的听觉，以及可以分辨方向的大脑，这保证了它们在长期的飞行中不会迷失方向。大雁等很多鸟类每年都要进行几次长距离的迁徙，但它们总是能准确到达目的地，这都是它们与生俱来的本领。所以，在飞行方面，很多鸟类都可以称为地理奇才。

与鸟类相比，其他动物的迁徙似乎要更为艰难，尤其是那些可怜的小动物们。如果在途中遇上了可怕的食肉动物，或者是遇上了扛着枪的人类，那它们就惨了。不管是落入谁的手中，它们都难逃被吃掉的命运。

正是因为动物们喜欢旅行的天性，决定了它们的家总是变来变去，而且它们的家真是很糟糕，如果让你去住，我保证你一分钟都忍受不了。比如说海龟等动物常把家安在下水道里；燕子等动物把家安在房檐下或电线杆上；澳大利亚有一种叫作白树蛙

的小动物甚至会把家安在你家中卫生间的水箱里。

只有野生动物才具有迁徙的习性。动物的迁徙主要是受环境的影响，当它现在所处的环境不能满足它的生存需要时，它就会马上搬家。野生动物的迁徙是经常发生的，但是这并不表示我们家中所养的小动物就不具备这样的能力。很多人在搬了家之后，就将家中的小猫留给了邻居，可过了一段时间以后，却往往发现这只可爱的小猫又出现在自己的新家门口。

🪐 共生与寄生

动物的生存方式一直都是我们很感兴趣的话题，它们是如何获取食物的？它们是如何躲避外物的侵袭的？它们又是如何适应环境变化的？在自然界中，有很多动物的独立性是很强的，对于上面的一系列问题，它们通过自己的努力就可以解决。但是，也有一些动物，它们的依赖性很强，必须要借助其他动物的力量才能解决困难。今天，我们就来介绍两种特殊的生存方式——共生和寄生。

共生就是共同生存的意思。共生的双方本着平等自愿、互惠互利的原则进行合作，在合作的过程中，双方都可以得到益处，但是也都必须要有所付出，为对方服务。共生者之间是非常友好的，它们在为对方提供帮助的同时，也在享受着对方的服务，这样，共生的双方都可以得到真正的实惠，使它们能够更好地生存下去。这有点儿像当今很流行的一个词——"双赢"，是对双方都有利的生存方式。

在自然界中，存在着很多这样的共生者。比如说在海中的虾虎鱼和虾，它们就是很好的合作伙伴。虾负责挖洞穴，营造它们共同的家。要知道，虾是看不见的，而虾虎鱼就会指引它去寻找食物。如果遇到了危险，它们又会一起逃走。虾将触角吸附在虾虎鱼的尾巴上，这样，它们就可以一起行动了。虽然它们看起来不太般配，不过它们确实相处得很好。再比如说寄居蟹和海葵，海葵通过寄居蟹的运动来扩大取食范围，而寄居蟹也可以利用海葵的刺细胞来防御敌害。总的来说，共生的特点就是互相帮助、互相照顾。

⬇ 这条小丑鱼躲在海葵触角的保护之下，海葵的触角有着毒刺，但是小丑鱼却并不会触动它们。

如果说共生的生活方式对双方都是有利的，那么寄生就远没有那么公平了。有一些动物是很懒的，它们从来就不会自己去寻找食物，而是从别的动物那里窃取，这些可恶的家伙我们就叫它们寄生者。那些被它们选中的动物则很不幸地成了宿主，它们无私地为寄生者提供营养物质和居住场所，但是它们本身却得不到任何益处。而寄生者不用付出任何代价，就可以得到自己想要的东西，它们这种不劳而获的行为是非常可耻的，我们现在把一些不能自食其力而总是依靠别人才能生活的人比喻成寄生虫，就是这个道理。

寄生的例子也很多，通常都是原生动物、线形动物等低等动物寄生在高等动物体内。不过也有高等动物寄生的情况，比如说七鳃鳗以外寄生的方式寄生在其他鱼类的体外。还有一种更为特殊的寄生，那就是鱼的雄体可以寄生在雌体的鳃盖内。总之，共生和寄生都是动物体经过长期的进化所选择的最适应自然环境的生存方式，只有通过这样的方式，它们才能安全地生存下去。

动物就餐

动物是怎样进食的？它们也有像我们一样的消化器官吗？它们也有固定的就餐时间吗？我们都知道，动物们的食物跟我们的食物有很大的差别，那么它们的进食方式是不是也与我们完全不同呢？如果你们也对这些问题很有兴趣，那就要听仔细了，千万别走神儿，否则你会错过很多精彩的环节。

鬣狗的感觉器官非常敏锐，犬齿、裂齿发达，咬合力更是惊人，是可以嚼食骨头的哺乳动物。

动物们的摄食器官可以说是千奇百怪，但可以肯定的是，它们与我们人类的器官有着很大的不同。比如说长颈鹿用它长长的舌头来卷住树叶；南美的食蚁兽用它带有黏液的舌头来舔食蚂蚁；大象用它长长的鼻子来吸水；青蛙用它的黏舌头将飞虫粘住……动物们的舌头好像特别有用，很多动物都把它当成摄食的工具，好像在这一点上我们人类又输给了动物，因为我们的舌头似乎没有那么灵敏。

回想一下你家里的小猫或小狗是怎么喝水的？没错，它们是用舌头舔的。小猫或小狗的舌头都可以卷成铲形，所以它们可以很轻松地把水卷上来。

可怕的捕食者

在众生百态的动物世界，生存着很多捕食者。如果你饿了，会怎么办呢？我想一定是去厨房看看有什么吃的，或者是去外面的饭店用餐，又或者去超市买点儿自己喜欢的东西来吃。可你知道动物们会怎么做吗？它们会出去寻找猎物，然后再用它们来

世界上最大的潜水高手是重达 50 吨的抹香鲸，可以下潜到 2000 米以下，有能力袭击最大的无脊椎动物——巨型鱿鱼。

填饱肚子。如果你在树林里遇到了一只饥饿的老虎，那可就惨了，因为它此刻一定在想怎么把你变成午餐，并且会马上付诸行动。

很多动物都是以捕食其他动物为生的，我们将这些动物称为捕食者。这些捕食者是非常凶残，也是非常可怕的，因为它们的存在，那些可怜的小动物整天都处于担心和忧虑之中，随时都要做好逃跑的准备。更为可怕的是，这些捕食者还充满了智慧，它们可以使用种种手段来诱骗你走入它的陷阱，然后再给你致命的一击。幸好那些凶猛的捕食者都生活在人烟稀少的地方，否则我们真不敢想象会发生什么。

不管是在陆地上，还是在海里，都生存着危险的捕食者。如果说陆地上的老虎和狮子已经让你心惊肉跳，那么在海里的大白鲨也绝不会让你放松，它只会让你的神经绷得更紧。鲨鱼的感觉非常灵敏，它可以感受到水下距自己 1.6 千米远的物体的运动。更为可怕的是，它还可以感觉到猎物的心跳。虽然心跳只会产生微小的电波，但是鲨鱼却可以感受到它。所以一旦被鲨鱼跟踪，就很难逃脱了。

这些捕食者在面对自己的猎物时，都表现得异常凶残。那么在对待自己的同类，尤其是自己的家庭成员时，它们又会怎样表现呢？说一说威猛的狮子吧。我们都知道，雄狮子要比雌狮子强壮，可是你知道吗？在外面追捕猎物的狮子都是雌狮子，而这些雄狮子却只会待在家里晒太阳。当雌狮子把猎物带回来的时候，雄狮子也是一点儿风度都没有，根本就不管自己的妻子有多辛苦，也不管自己的孩子有多饿，拿起猎物就吃，什么时候它吃饱了，剩下的才会给雌狮子和小狮子吃。看，这是多么无情而又懒惰的丈夫和父亲呀！

这些可怕的捕食者真是让人类很头疼。一方面，大自然需要这些捕食者来维持生态的平衡；另一方面，它们又总是给人类制造麻烦，还有很多人都成了狮子和老虎等动物的美餐。面对这些凶残的家伙，我们应该怎么办呢？这真是一件让人尴尬的事情。目前唯一的办法就是远离它们，给它们足够的生活空间，做到互不打扰，这样它们就不会再袭击我们了。

🪐 逃生的本领

如果你是一只小动物，面对随时都可能出现的巨大猛兽，你应该怎样摆脱它们呢？在危机重重的动物世界，你又该如何保证自己的安全呢？当然，任何动物都不会任人宰割，否则它们也不可能活到现在。既然它们能够在这样的环境中生存下来，就说明它们适应了环境，这是大自然选择的结果。也就是说，它们都有着自己的生存法宝，在关键时刻，它们都具备逃生的本领。

说起逃生的招数，动物们可是"八仙过海，各显神通"。面对随时都可能发生的危险情况，它们各有各的绝招，即使没有办法对敌人造成伤害，也会给对方制造很多麻烦，至少让它觉得这顿午餐并没有那么容易得到。

1. 坚硬的盔甲

很多动物身上都穿有坚硬的盔甲，以此来防御敌人的袭击。比如说鼩鼱的体内有一块很硬的脊椎骨，所以即使你用力踩在它的背上，也不会对它造成任何伤害。还有一种叫作犰狳的动物，它的盔甲更先进，不仅外表如钢铁一般坚硬，而且它的整个盔甲还被分成了三段，如果你的手指不小心进入了它的盔甲缝，那你就可能被夹到。犰狳们经常以这种方式来教训那些攻击它们的敌人。

2. 锋利的武器

很多动物还具有锋利的武器装备，不仅可以逃避敌害，而且还可以用来攻击敌人。比如说刺猬的全身都长满了刺，只要它们将身体蜷缩起来，就没有什么敢靠近它们了。有些动物不知道这是什么东西，想要上前去用鼻子闻一下，结果当然是被刺猬的刺扎到了。还有豪猪，它的身上也长满了刺，如果它将刺扎在敌人的身上，就会让敌人很快丧命。

3. 有力的奔跑

有些动物没有办法对付敌人，但是它们是赛跑的冠军，那些贪婪的捕食者根本就不是它们的对手。只要让它们奔跑起来，你就别想追上它。所以，那些捕食者经常被累得气喘吁吁，却什么都没有得到。比如说羚羊，它们奔跑起来的速度可以达到每小时 85 千米，只要让它们及时发现捕食者，就可以很快甩开它们。而那些捕食者也经常在追赶的过程中发现距离越来越远，最后就放弃了追赶。

4. 巧妙的伪装

有些动物既没有防敌的盔甲，也没有攻击的武器，而且还不擅长逃跑，那它们是怎样躲避敌害的呢？原来，它们还有更巧妙的办法，那就是把自己伪装成和所处环境相同的样子，使自己与周围的环境浑然一体，让你根本就发现不了它们。比如说比目鱼就是伪装的高手，它可以根据环境的变化来调整自身的颜

⬆ 大部分有蹄类动物都是很出色的跑步运动员，例如斑马等。有蹄类动物在很小的时候就能够凭借速度优势逃脱其他肉食动物的追赶。

色变化，以便能更好地隐藏在环境中。比目鱼之所以能变色，是因为比目鱼的大脑控制着皮肤上色素的扩散和聚集，当外界环境发生变化时，比目鱼为了与环境相融合，就必须要改变身体的颜色搭配，这时大脑就会发出指令，使皮肤的颜色发生变化。正是因为比目鱼的这种特性，才使得它可以成功地避开捕食者的眼球。

动物们还有很多种逃生的本领，比如说在北美洲西部的长角蟾蜍，当遇到敌人袭击的时候，它就会从眼睛往外喷血，以此来吓唬敌人，使其不敢靠近；还有一种虾可以发出刺眼的电光，等敌人的视觉恢复过来时，它早就已经逃走了。总之，每一种动物都有它的逃生本领，即使真的要面对面较量，它们也绝不会束手就擒。有时，动物们也会集体攻击敌人，这时它们往往可以取得胜利，所以说团结的力量是巨大的。

🪐 食物链和食物网

食物链的原理就是"大鱼吃小鱼，小鱼吃虾米"。它所反映的是生物之间吃与被吃的关系，将这些生物按照食物营养关系排列起来，这样就构成了食物链。很多食物链都是以植物为起点的，然后是食草动物，小型食肉动物，最后再到大型的食肉动物。当然，每种动物的食物都不是单一的，所以各个食物链之间就一定会有所交叉，将相互关联的食物链连接起来，就构成了食物网。

如果你觉得上面的表述让你晕头转向，那也不要急，看了下面的例子，你就会完全清楚了。用下面的几种生物组成食物链，看看你能组成几条？植物，兔子，老鼠，昆虫，蜥蜴，鸟，狐狸，鹰，蛇。

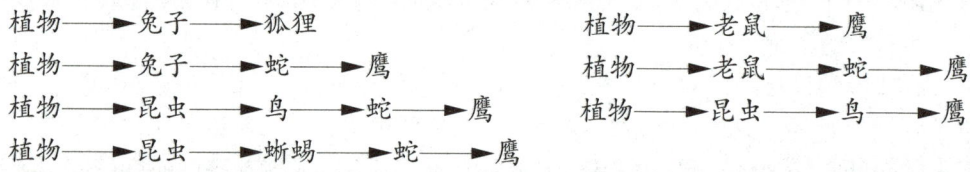

如果我们将这些食物链连接起来，就可以组成食物网。看，下面就是由这几条食物链所组成的食物网。

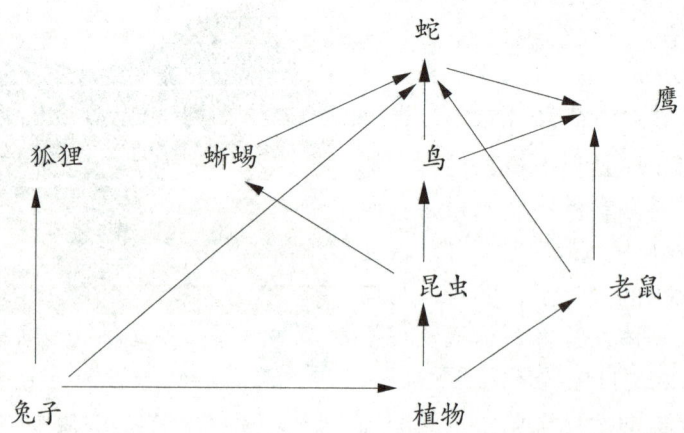

2. 淡水虾和蜗牛以水生植物为食。

3. 鲑鱼捕食虾和蜗牛。

4. 水獭捕食鲑鱼。

1. 水生植物利用阳光、土壤和水分生成能量。

食物链
生物体需要能量。植物把光能转化成自己的食物。昆虫和草食动物以植物为食，同时又成为其他肉食动物的猎物。生物体死后，会腐烂分解，成为植物的养料。能量就通过这种方式在食物链中传递的。同一种可以属于不同的食物链。不同的食物链交叉构成食物网。

6. 细菌、苍蝇和蛆以水獭腐尸为食，并将其转化为土壤的养料物质。

5. 水獭死后，尸体被分解。

　　自然界中的食物关系是非常复杂的，如果你认为我们所列的食物网很复杂的话，那可真是小题大做了。实际上，这个食物网是非常简单的，因为它所涉及的生物非常少，如果将所有的生物都加在一起，那将会组成一个多么庞大的食物网呀！

　　通过食物网，我们就应该明白，这些捕食者虽然很凶残，但它们的存在是具有非常重要的意义的，因为它们维持了生态的平衡。捕食者通常位于食物链的上层，如果它们消失了，就会使整个食物网都遭到破坏。比如说狐狸如果灭绝了，那么最高兴的当然是兔子，可是兔子的高兴也是暂时的。随着狐狸的消失，兔子的数量开始增加，这就会使植物越来越少，到最后，兔子也会因为没有植物可吃而挨饿。而对于鸟类、昆虫等依靠植物生存的动物来说，这也无疑将是一场巨大的灾难。

　　所以说，大自然的选择是很英明的，它在无形之中维持了生态的平衡，让各个物种可以不断地繁衍下去。尽管我们都觉得那些捕食小动物的猛兽很残忍，可这是维持生态平衡的需要，是不可避免的。

🪐 养育后代

　　你们知道动物是如何养育后代的吗？动物的家庭又是如何建立的？它们的家庭关系如何？如果你是一只动物，你会选择什么样的方式去组建自己的家庭呢？当然，我们首先要找到自己的另一半，也就是找到与我们共同组建家庭的伙伴，只凭我们自己是无法建立一个家的。那么，动物们是怎样去寻找配偶的呢？不要以为求爱是我们人类的专利，其实，动物们也是懂得求爱的，而且它们的求爱方式更特别。雄性动物会通过各种各样的手段来博得雌性动物的欢心，比如说雄孔雀会展示它美丽的羽毛来讨

好对方；雄性的珠颈斑鸠会在雌鸟的周围行走，每走五步就鞠躬一次；雄猕猴会将食物送给自己心仪的雌猴；还有很多雄鸟通过嘹亮的歌声来吸引雌鸟，等等。有些动物求爱的方式比较野蛮，它们会选择把其他的雄性动物赶走，或者是通过与对方决斗的方式来赢得配偶。

弗吉尼亚负鼠每胎可以产18个幼仔，母负鼠产下的幼仔在自己的育儿袋中待上6～8周，然后它们就可以爬到母负鼠的后背上生活了。

找到了配偶，动物们就可以繁殖后代了。哺乳动物是将幼子直接生下，也有一些动物是通过产蛋或产卵的方式进行繁殖的。有些动物的幼体与成体之间的差别很大，比如说我们都很熟悉的青蛙。青蛙在小的时候叫作蝌蚪，它长得可一点都不像成年的青蛙。蝌蚪没有腿，而且用鳃呼吸，所以它离不开水。接下来，它会逐渐长出腿来，鳃也被吸收了，而改用肺呼吸，最后尾巴也被吸入身体，这时它才真正长成了一只青蛙。值得一提的是，蝌蚪是很残忍的，它们还会吃掉自己的兄弟姐妹。蝌蚪有植食性和肉食性两种，当植食性的蝌蚪遇上肉食性的蝌蚪，那植食性的蝌蚪就要倒霉了。

幼仔在刚出生的一段时间内，会得到父母的照顾，等到它们长大并具备独立生存的能力时，就可以出去独自寻找食物了。不过也不是所有的幼仔都可以得到父母的照顾，比如说大象，它们的家庭都是雌性组成的，而雄象在成年以后也都会被赶走，与其他的雄象生活在一起。另外，还有些幼仔，出生后得不到任何照顾，很多鱼类都是这样，它们在水中产卵，然后就任由它们自然生长，而很多幼仔都在这个时候不幸地被其他动物或鱼类吃掉了。但这也是可以理解的，因为鱼类产卵的数量都是非常多的，比如说鳕鱼，一次就可以产卵800万个，要是所有鱼产下的卵都成活，那不把大海给填满才怪呢！

知识档案

最慈爱的父母——企鹅

企鹅夫妻不仅是一对非常恩爱的夫妻，而且它们还非常疼爱自己的孩子。通常情况下，都是由雌企鹅到海里面去捕鱼。这时，雄企鹅们就会耐心地站在寒冷的南极大陆上默默地守望着自己的爱人。它们会小心地看管好企鹅蛋，把它放在自己的脚上暖着，并且一动不动地站着，直到配偶回来。因为它们知道，一旦它们将企鹅蛋摔到地上，里面的幼鸟就会死掉。在冰冷的南极，它们可以坚持40天不吃不睡地站在那里，只有等它们的配偶回来以后，它们才会被轮换下来去海洋觅食。

🪐 夜行动物

黑漆漆的夜晚，就在我们睡觉的时候，有些动物却开始出动了。也许你会觉得奇怪，这些动物为什么不在白天出行，而偏偏要选择漆黑的夜晚呢？它们当然有自己的道理，比如说，它们可能觉得白天出去寻找食物的动物太多，它们得到的食物就会比较少。晚上就不一样了，大多数动物都进入了梦乡，这时再出来觅食，真是一个不错的选择。而且白天出行很容易碰上那些凶猛的捕食者，所以趁它们睡觉的时候再出来就可以免受它们的侵袭。那么，夜晚出行会不会给它们带来不便呢？它们为什么可以适应夜晚的生活呢？

这些夜行的动物既然能适应夜晚的环境，就一定会有一些高强的本领，否则它们也无法生存下去。首先，它们的眼睛一定要很亮，至少要保证它们在夜里可以看到周围的东西，就像猫头鹰那样；另外，它们还要有超凡的听力，这样即使看不到，它们也可以凭借听力来判断周围所发生的一切，就像蝙蝠那样。

猫头鹰因为长着猫的头和鹰的身体而得名。也许是因为它奇怪的长相，也许是因为它在夜晚活动的生活习惯，人们总是将它与很多诡异的事情联系在一起。当然，这只是一种迷信的看法。但是，在漆黑的夜晚遇到一只猫头鹰确实是一件很恐怖的事。猫头鹰的视觉在白天很糟糕，因为它们的瞳孔会极度缩小；而到了晚上，它们的视觉又会比人强，所以它们比较适合在夜晚出行。另外，猫头鹰的听觉非常灵敏。在伸手不见五指的深夜，它们主要靠听觉来确定猎物的位置。

蝙蝠长得有点像老鼠，所以经常被猫当成老鼠给捉了回来，但它们却长着两个比它们的身体大得多的翅膀，是不是有点儿比例失调呢？蝙蝠不仅长相奇怪，行为也是很另类的，它们大部分时间都是倒挂在天棚上生活的。如果在夜晚有一只蝙蝠从你的身边飞过，并且发出一阵可怕的叫声，你是不是还能够保持现在的平静呢？蝙蝠总是那样神出鬼没，它们就像幽灵一样在夜晚的天空中飞来飞去，但是你却根本就无法靠近它们。蝙蝠的视力是极差的。事实上，它们并不需要眼睛，因为它们敏锐的听力系统就完全可以解决一切问题。

仓鸮的耳朵隐藏在头部羽毛下，但它们的听觉却十分灵敏。仓鸮的两耳并不对称，其中一只耳朵比另外一只高出一点点，这样稍高的那只耳朵能先接收到来自地面的声响，这种"偏置耳"结构使得仓鸮能够准确定位声源的方向。

植物王国的精灵

🪐 植物王国危机四伏

如果你以前认为植物王国是绝对安全的，那么从今天开始，你就必须要转变这种看法了，否则你就会非常危险。也许你觉得植物不会像动物那样主动攻击你，但是植物给我们造成的麻烦却一点儿都不比动物少。如果你还是不太相信，那就让我们共同来回忆一下：你是不是也曾经被家中的仙人掌扎破手指呢？在茂密的树林中行走，你是不是也曾经被那些长满小刺的树藤绊倒或割伤呢？

如果你觉得上面的事情都不算什么，那么植物还有更狠毒的手段，那就是毒素。很多植物都是有毒的，也许正当你惊叹于它美丽的外表并伸出手去爱抚它的时候，它就已经在向你放毒了。而此时的你却是毫无戒备的，等到自己中了毒还觉得莫名其妙。所以，对于陌生的植物，我们最好离它远点，不要被它美丽的外表所迷惑。如果你去品尝它，那就会更加危险，严重者甚至可能会危及性命。

毒葛中含有一种叫作"漆酚"的化学物质，它可以导致皮肤发炎。这种有毒物质可以通过粘在衣料上或者在植物燃烧后的烟雾中进行传播。

植物的毒分为很多种情况：有些是植物的根有毒，比如说紫茉莉、乌头等；有些是根茎有毒，比如说八角金盘、万年青等；有些是球茎有毒，比如说芋头、仙客来等；有些是块茎有毒，比如说发芽的马铃薯等；有些是鳞茎有毒，比如说水仙花、朱顶红等；有些是茎叶有毒，比如说龟背竹、一品红、箭毒木等；有些是花朵有毒，比如说海芋、杜鹃花等；有些是果实有毒，比如说刺茄、龙葵等；有些是种子有毒，比如说银杏、紫藤等；还有一些是整个植物都有毒，比如说夹竹桃等。我们在与植物接触的过程中，一定要多加注意，应该首先了解它的性状和特征，以免受到伤害。

植物另外一个可怕的地方，那就是它为很多动物提供了藏身的场所。想一想在茂密的树林或灌木丛中，会隐藏多少可怕

知识档案

最毒的植物

见血封喉是世界上最毒的植物，其学名是箭毒木，它是一种高大常绿乔木，树高25～30米。它的毒液只要进入人或动物的血液中，就可以使人或动物的心脏停博而死亡；如果进入眼睛，就会造成失明。这种树虽然毒性很大，但是它并不会主动攻击你。也就是说，它的毒性是用来防身的，只有在它受到损伤的时候，才会流出白色的带有剧毒的毒液。我国西双版纳地区的傣族人习惯用箭毒木的毒汁制造毒箭打猎。这种箭杀伤力极强，箭毒木也因此被称为"见血封喉"。

的昆虫和野兽呢？也许这些植物对你都是没有危害的，但是在这些植物里面，谁都不知道埋伏着什么，因为它们完全挡住了我们的视线，这让我们无法察觉身边的危机。所以，在植物生长茂密，尤其是已经到达一定高度的地方，你千万不要贸然前去，以免发生危险。

绿色植物

绿色，是大自然最好的象征，也是和平的使者。所以很多人都非常偏爱绿色，也许是因为他们很向往大自然，也许是因为他们更崇尚宁静、和平的生活。如果你们也爱绿色，那你们最应该感谢的就是这些绿色的植物，是它们给大地披上了一层绿色的外衣，让我们的世界看起来生机勃勃。

如果你是站在外太空来看我们的地球家园，那么你就会看到一片非常显眼的绿色，而呈现出这片迷人绿色的生物就是那些绿色的植物。你也许会觉得奇怪，为什么我们看不到动物，也看不到人类，但是却能看到植物呢？其实这一点儿都不值得奇怪，因为植物才是地球上的主要生物，它们广泛地分布在地球上，是地球环境忠实的捍卫者和守护者。

虽然植物的样子各不相同，但是它们却几乎都是绿色的，这可与动物有很大的差别。为什么植物都是绿色的呢？这主要是因为在植物的叶子里面含有叶绿体，叶绿体中又含有叶绿素，它是一种绿色的元素。由于在植物的叶子里面含有大量的叶绿素，所以植物的外表才会呈现出绿色。当然，叶绿体中也含有其他的色素，比如说叶黄素等，但是含量都比较少，所以常常会被绿色所覆盖，使叶片呈现出绿色。

为什么地球上有这么多的绿色植物呢？其实，绿色植物是非常重要的，因为它们对于维持生态的平衡起了很关键的作用。我们都知道，绿色植物是食物链的起点，它们是能量的生产者和制造者，也是整个食物链的营养供给者，其他的食物链成员所消耗的都是由植物提供的营养。如果食物链中少了植物，那么整个食物链的营养源就消失了，生态不再平衡，所有的物种都将面临灭绝的危险。所以我们可以想象得到，没有绿色植物的世界将会是多么可怕。

另外，绿色植物还是氧气的制造者，而氧气又是我们人类和其他动物生存所必需的。

超冠层

冠层

下层林木

灌木林

森林底层

世界上的热带雨林主要分布在赤道附近，在调节全球碳氧平衡、缓解温室效应、保存生物多样性方面具有不可替代的作用，被誉为"地球之肺"。

没有了氧气，我们就无法生存。自地球诞生以来，空气的成分之所以能变成适宜生物生存的状态，那都是绿色植物的功劳。也就是说，如果没有绿色植物，空气就还会停留在以前的状态，而那种没有氧气的生存环境是我们一刻也忍受不了的。现在，你该知道绿色植物对我们人类、对整个地球有多重要了吧！我们应该从身边做起，保护绿色植物。

🪐 植物的"老三样"

你们知道植物怎么生存吗？它们靠什么维持生命呢？在我们的印象中，植物似乎永远都是那样默默无闻地奉献着。它们拼命地生长，顽强地生存，到头来却难免变成人或动物的一顿美餐。很多动物包括人类都是以植物为食的，而处于食物链起点的植物，它们又以什么为食呢？

如果你觉得植物的食物是不值一提的，那你就大错特错了。事实上，植物的食物可一点儿都不逊色，地球上的所有生物都离不开它们。不过植物的食物是非常单调的，它永远都只吃那三样东西——阳光、水和空气，除此之外，它们对什么都不感兴趣，所以我们也把这三样东西叫作植物的"老三样"。也许这样单调的食物只有植物可以忍受，如果让你每天都吃同样的东西，你觉得自己可以坚持多少天呢？也许第二天你就受不了了，但植物却可以坚持一生。

这样奇怪的食物，植物要怎么吃呢？原

植物的叶子吸收太阳光。

空气中的二氧化碳通过植物的叶片被吸收。

氧气从叶子中释放出来。

茎

根　鳞茎

⬆ 郁金香的光合作用——利用阳光把简单的化学物质转变为有机物。

来，植物通过叶片上的气孔吸收空气中的二氧化碳，再通过根部吸收土壤中的水分，然后再利用太阳光，将二氧化碳中的碳和水中的氢提取出来，制造出糖储存在体内。这个过程就是植物的光合作用。在光合作用的过程中，植物吸收了二氧化碳，并释放出了氧气，因此对于环境的净化是非常有利的，这也是在绿色植物较多的场所，空气质量比较好的原因。

植物的光合作用是非常重要的，没有光合作用释放出来的氧气，我们就无法生存。据估计，全世界生物的呼吸和燃料的燃烧所消耗的氧气量每秒钟平均为1万吨，以这样的速度来计算，大气中全部的氧气在3000年左右就会用完。那3000年以后呢？如果在3000年以后，没有足够的绿色植物制造出足够的氧气，那么人类就会面临窒息而死的危险。也许你觉得3000年对你来说很遥远，但在生物漫长的进化历程中，3000年不过是个小数字，很快就会过去的，到时候，如果真的没有足够的氧气，那所有的生物都将会面临一场巨大的灾难，后果真是不堪设想。

根的秘密

我们都知道，植物分为根、茎、叶等几个部分，而这其中最神秘的就是根。为什么这么说呢？因为其他的部分我们可以看到，而根却总是深埋在土里，从来都不肯露面让我们见识一下。另外，根又是非常重要的，它可以说是植物的命脉，没有根的植物是没有办法生存的。你可以掐去植物的一片叶子，过两天它又会再长出来；可是如果你掐去植物的根，那就要了它的命了。

俗话说得好："水有源，树有根。"根深才能叶茂，只有发达的根部，才能为植物提供充足的营养，植物才能够更茁壮地成长。根可以分为主根和侧根：垂直于地面向下生长的是主根，从主根内部生出的支根就是侧根。主根和侧根差别很明显的根系，我们就称它为直根系。也有些植物的根，主根和侧根没有明显的区别，这样的根系，我们就称它须根系。

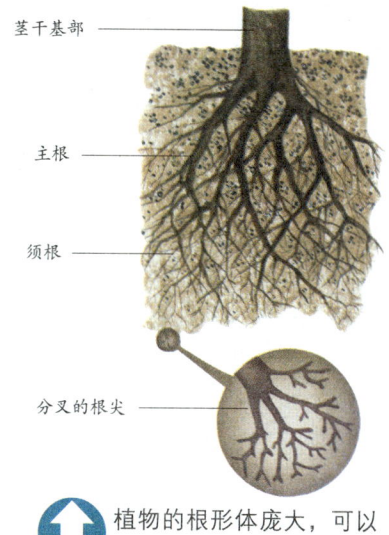

茎干基部

主根

须根

分叉的根尖

植物的根形体庞大，可以吸收大量的水分。

植物的根究竟在地下搞什么秘密活动呢？你可千万不要以为它躲在地下偷懒，下去看看就知道了，它可是一刻也没有闲着，这都是为了上面的植株能够更好地生长。首先，它必须牢牢地抓住土壤，这样才能使植株固定住，不会轻易倒下。当然，如果遇上了猛烈的台风，它也是无能为力的；其次，它要从土壤中吸收水分、无机盐等物质，并向上传输给茎和叶；另外，它还具有储藏和繁殖的功能。所以说，虽然我们看不见根，但通过植物的生长，我们就可以看到根的努力工作。

如果你觉得露在陆地上的植株是植物的主体部分，那你就错了。事实上，植物的根系通常都要比陆地上的植株部分多得多。拿小麦来说，我们所看到的小麦只是一根麦秆，可是你知道吗？在地下，它的根部却拥有7万多条根须，总长度可以达到5000多米！植物的年龄越大，它的根系就越发达。由此我们可以想象，一株生长多年的老树，它的根部将会延展到什么范围。

知识档案

根的特殊嗜好

每个人都有自己的嗜好，也有很多人的嗜好很古怪。但是你绝对想象不到根有什么特殊的嗜好，这说起来还让人觉得有点儿恶心。根非常喜欢腐朽的尸体还有动物的粪便。古语说"鲜花插在牛粪上"带有很强烈的讽刺意味，可是在现实生活中，真正的鲜花确实是很钟情于牛粪的。不管你愿不愿意相信，这都是事实。这是因为腐朽的尸体和动物的粪便中含有它们所需要的营养成分，比如说各种矿物质，这会促进它们的成长，并使它们长得更健壮。

🪐 食虫植物

昆虫会吃掉植物，这一点儿都不奇怪，因为这本来就是合乎常理的事情，在食物链中，它们的关系也是这样的。可是如果反过来，植物将昆虫吃掉，你是不是觉得难以置信呢？事实上，在自然界中，任何事情都是有可能发生的，包括这种可以吃掉昆虫的植物也是确实存在的。现在你应该相信植物并没有那么温顺了吧！

这些食虫的植物究竟有什么特殊的本领，竟可以吃掉比它们还高等的昆虫呢？其实从表面上看，你并不会觉得这些植物跟其他的植物有什么分别，但是如果你仔细观察，就会发现这其中的奥妙了。原来，这些食虫植物都具有捕捉昆虫的捕虫器，而所谓的捕虫器指的就是植物叶子的变态形式，每种食虫植物的捕虫器都是不同的。捕虫器不仅可以捕捉昆虫，而且还可以分泌一种黏度很大的液体，将昆虫粘住，这样它们就逃不掉了。

植物茸毛顶端分泌出黏性小液滴，吸引昆虫。

苍蝇的挣扎使叶上的茸毛弯曲成弓形。

不能消化的苍蝇残骸粘留在叶子上。

酶破坏了苍蝇的机体组织，蛋白质被分解，液体营养被叶子吸收。

⬆ 黏胶捕猎

茅膏草植物的叶子上覆盖着红色的布满腺体的茸毛，这些茸毛能分泌出透明清澈的黏性液体。昆虫被闪光的小黏液滴吸引过来时会被粘住。昆虫的挣扎会刺激旁边的茸毛向其弯曲缠绕。当叶子将猎物完全包围后，植物就释放出消化酶，将昆虫溶解。

食虫植物虽然比一般的植物本领高强，但是它们也没有那么大的本事去捕捉飞行的昆虫。事实上，它们都是通过各自的手段让昆虫在它们的叶茎上停留，然后再掉进它们的陷阱。对于飞行中的昆虫，它们也是毫无办法的。

食虫植物没有消化器官，但是捕虫器内的腺体可以分泌出消化液，它含有分解蛋白质的蛋白酶，可以将昆虫消化解体。虽然它们消化昆虫的速度比较慢，但它们还是具备将昆虫完全消化掉的能力的。

食虫植物的捕虫器可以说是五花八门的，但其功用却都是一样的。比如说毛毡苔长满了黏黏的触须，上面有数千个胶质球，而且毛毡苔的明黄色可以用来吸引昆虫，使它们被黏球粘住；猪笼草的叶子在延长的卷须上部扩大成一个瓶状体，上面还有半开的盖子，在瓶口附近及盖上生有蜜腺，用来引诱昆虫，使它们跌入瓶体；茅膏草的捕虫叶则为匙形或球形，表面长有突出的腺毛，腺毛的顶端能够分泌黏液，当小虫触动叶片上的腺毛时，其他腺毛就会同时卷曲，将猎物团团围住。总之，所有的食虫植物都具备出色的引诱、捕捉，以及消化昆虫的本领。

捕蝇草是反应最为迅速的食虫植物，它的叶子分为左右两半，可以像贝壳一样开合。通常情况下，它的叶子是展开的，当有昆虫爬到叶子上面的时候，叶子的两半就会在半秒钟左右迅速闭合，叶子边缘的刺毛互相交错，紧紧地将猎物包裹起来。如果

捕捉器(具双圆
裂片的叶子)

中肋(捕捉器的铰链)

触发毛

捕蝇草捕食昆虫

有些食肉植物如捕蝇草，具有可活动的陷阱。陷阱由位于叶端处的圆裂片构成。圆裂片的边缘长有很长的褶边，内面呈红色并长有灵敏的长毛。这些长毛可感受到轻微的触动并启动陷阱。

每个叶片在枯萎之前大约要消化 3 只昆虫。

捕捉器的红颜色吸引昆虫。

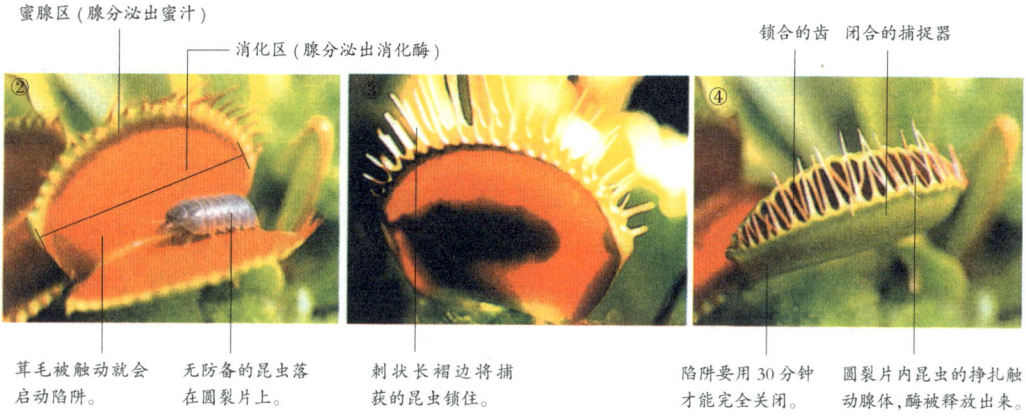

蜜腺区(腺分泌出蜜汁)

消化区(腺分泌出消化酶)

锁合的齿　闭合的捕捉器

草毛被触动就会启动陷阱。

无防备的昆虫落在圆裂片上。

刺状长褶边将捕获的昆虫锁住。

陷阱要用 30 分钟才能完全关闭。

圆裂片内昆虫的挣扎触动腺体，酶被释放出来。

捕到的是一只苍蝇，捕蝇草将会用大约两星期的时间将它消化掉。顺便说一下，达尔文可是非常喜欢捕蝇草的，他称捕蝇草为世界上"最美妙的植物"。

其实，食虫的植物也能够自己制造养料。它们全都拥有根、茎、叶，而且都可以进行光合作用，所以它们完全具备自己制造养料的条件。也就是说，即使不吃昆虫，它们也死不了。

它们之所以要吃昆虫，是因为食虫植物一般都生长在土壤贫瘠的土地里，植物们没有办法从土壤中获得充足的矿物质和营养成分，所以它们才会选择通过捕食昆虫来获取必需的营养。这也是食虫的植物生命力比较顽强、可以生长在条件恶劣的环境中的主要原因。

除了昆虫，食虫的植物还可以吃蛙类、小蜥蜴、小鸟等小动物。所以确切地说，我们应该叫它们食肉植物。

🪐 植物的生存竞争

　　植物王国并不像我们所想的那样安静，对于这一点，你们应该没有什么可怀疑的了。虽然有些植物听起来很可怕，但是相对于动物来说，植物还是要安静得多，毕竟它们是不会走也不会跑的。在更为庞大的植物王国，植物们面临的危险其实要比动物更多。它们随时会沦为动物的美餐，也很有可能被人类践踏，甚至还可能被其他的植物杀死。在如此艰难的生存环境中，植物们是如何生存，并一代代繁衍下去的呢？

　　动物们为了生存，利用各种手段来对付敌人，植物也不例外，它们也都有着自己的防身术。身上长刺是一种非常有效的防身办法，比如说露兜树的剑形叶子上的倒刺就可以给来犯者一个很好的教训，它甚至可以将所有靠近的动物像肉串一样串起来；有些植物还可以发出信号来求救，比如说玫瑰在受到毛虫侵袭的时候，就会排出一种气体来向黄蜂求救，黄蜂看到信号后就会将毛虫抓走，然后好好地美餐一顿。

　　另外，我们前面所提过的毒也是植物防身的一个好办法。很多植物都可以排出毒液，这使得一些动物不敢靠近它们。但是植物们所放出的毒一般都是为了驱赶昆虫的，所以一般不会对人造成伤害。比如说我们都很喜欢的薄荷，放到嘴中会有一种清清凉凉的感觉，很舒服。可是你知道吗？这种让你感觉清凉的物质其实就是植物叶子中的一种有毒物质，但是它并不会对人类造成伤害。你相信动物和植物之间可以和平共处，并且互相帮助吗？这听起来好像有些不可思议，不过这确实是真的。南美的蚁树和蚂蚁就是这样的一对好伙伴。蚁树并不介意蚂蚁在它的树干里安家，因为蚂蚁的粪便可以为它提供养分，而且在受到昆虫袭击的时候，蚂蚁会杀死所有接近树干的虫子。所以，它们双方都非常乐意为对方服务，而绝不会伤害对方。

　　在众生百态的动物世界，动物之间互相残杀是非常正常的，因为很多动物都是靠捕食维持生存的。那么在植物王国，会不会也出现这样的情况呢？应该不会吧，因为没有哪一种植物是需要靠捕食其他植物来维持生存的，更何况它们也不具备捕食的本领。但是，在植物界残害其他植物的"恶棍"却也是屡见不鲜的，它们可以用各种"卑鄙"的手段将其他的植物杀死。比如说无花果树可以用自己的树枝缠绕到其他树的树干上，然后将其勒死。树之所以被勒死，是因为它无法呼吸了。无花果树紧紧地缠绕着它，而且越缠越紧，这会让它逐渐窒息。另外，无花果树的根也会慢慢伸到地下，并开始截取它

⬆ 仙人掌的茎肉柔嫩多汁，可以用来抵御干旱。其茎上像针一样的刺则能够有效地防止食草动物的啃食。

的水源。最后，这棵可怜的树既不能呼吸，也缺少光照，而且还严重缺水，当然就难逃死亡的厄运了。还有菟丝子，它可以用它带刺的卷须缠住其他植物，然后从多处刺入植物体内，再吸干其内部的营养物质，真是一个吸血鬼。

为什么菟丝子卷须上的刺可以吸收植物的营养成分呢？确切说来，我们应该叫这些刺为寄生根，是这些寄生根进入了其他植物的茎、叶组织里，并吸取养分的。

菌类植物

真菌也是植物吗？它们既没有根和茎，也不能进行光合作用，怎么可能是植物呢？那真菌是动物吗？这似乎更说不过去。多少年来，关于真菌的归属问题，科学家们一直都争论不休，却始终没得出一个统一的结论。虽然科学家们将它强行地划入了植物类，但是这种分类方式显然引起了很多人的不满。也许，真菌既不是植物，也不是动物，而是与动植物并列的一个新的分类。

真菌的大小差别是很大的，它们可以非常大，也可以非常小。小的真菌可以在我们的脚趾缝里面生存，你应该知道这里所指的是脚气。稍大的真菌就是我们通常所吃的各种蘑菇，它们都属于大型的真菌。但它们绝对不是最大的，你一定想象不到最大的真菌有多大。事实上，地球上最大的生物就是真菌。1992 年，科学家在美国的华

真菌不仅攻击活的树，还在树死后分解其枝干。图中的蘑菇正从腐烂的树枝上生长出来，这是发生在亚马孙热带雨林中的常见一幕。

盛顿州发现了一枚蜜真菌，它的面积有 600 公顷，足有 556 个足球场那么大，你还能找出比它更大的生物吗？据推测，这枚真菌的年龄已经超过了 700 岁。

真菌不能自己制造营养物质，那么它们又是如何生存的呢？它们又是怎么获得食物的呢？其实，对于食物，真菌一点儿都不挑剔，可以说是来者不拒，有什么吃什么。它们的进食方式也很简单，就是将它们的菌丝插入到食物中，然后再分泌出一种可以溶解食物的酸，接下来就可以尽情地吸取食物的汁液，好好地美餐一顿了。更为可怕的是，有些"凶残"的真菌还可以捕食动物，想象不到吧？有一种在地下生长的真菌能够制造出小环，并分泌化学物质来引诱在土壤中生存的鳗形虫，使它们钻进小环，并将它们俘获。

为什么在自然界有这么多的真菌？它们是靠什么进行扩散的呢？原来，真菌可以制造一种叫作孢子的物质，并通过孢子来扩散。每一枚真菌都能够制造出大量的孢子，这些孢子在一定的条件下就可以成长成真菌。孢子几乎是无处不在的，在每 0.76 立方米的空气中，就至少会有 1 万个孢子。而且它们的生命力极强，无论是严寒还是酷暑，都奈何不了它们。但是，并不是所有的孢子都能够成长为真菌，因为大多数孢子是不

生长的，它们可能被别的微生物吃掉，也可能逃离到地球外面去。

真菌可以引起人类和动植物的多种疾病，这是最让我们深恶痛绝的地方。不过，真菌也有它独特的价值。比如说有些真菌是我们重要的食物组成部分，对于促进我们的健康起着积极的作用；也有些真菌可以用来杀灭细菌，比如说我们现在广泛使用的青霉素；另外，真菌对植物的帮助也很大，大部分植物的根部都附有真菌，它们可以吸收土壤中的水分和矿物质，供植物使用，而且真菌还可以分泌出生长素，促进植物生长。

在自然界中，真菌和微生物以及细菌都是食物链中的分解者，是非常重要的。我们都知道，植物很喜欢腐烂的尸体，因为它们可以从中吸收到更多的矿物质。但是你们知道吗？如果没有这些分解者对尸体的分解，植物是无法获得这些养分的。真菌将死亡的生物分解为各种无机盐，进入土地后再重新被植物所利用。

每次下雨，这些热带的马勃菌就会放出大量孢子。在世界各地的林地和草原中都可以看到这种马勃菌。

所以，我们应该知道，食物链的能量是往复循环的，而总能量是保持不变的。如果缺少了分解者，能量就无法再循环下去，这会使能量逐渐减少，生态也就失去了平衡，后果将是非常严重的。

花朵里的骗局

很多人都喜欢春天，因为春天是万物复苏、百花盛开的季节。也有很多人喜欢鲜花，尤其是那些爱美的女孩子。总之，人们对花的印象都是很美好的，它们不仅用自己的美丽装点了整个大自然，也给人类带来了好心情。不过人类对花的喜爱似乎只是单方面的，因为从另一个角度讲，花并不喜欢我们，各种各样的鲜花争奇斗艳，竞相开放，也绝不是为了取悦我们人类。

自然界生存着各种各样的植物，很多植物都能够开出美丽的花朵。每一种植物的花朵都具有自己的特色，我们说不出来哪一种更美，因为它们各有各的美，全都充满了诱惑。如果你觉得这些努力开放的花朵是为了吸引我们人类

颜色艳丽的花被可以起到吸引昆虫为其传粉的作用，上图中所看到的为蜜蜂采蜜的情景。

的眼球，那你就错了。事实上，植物们争相展示自己美丽的花朵，完全是为了吸引那些可以为它们传授花粉的小动物，以便于繁殖它们的后代。

植物的授粉是怎么回事呢？花朵所产生的花粉，要通过这些小动物传递给其他同类植物的花朵，这个过程就叫作授粉。授粉是非常重要的，没有这个过程，植物的果实就无法形成。当花粉落到植物花朵的柱头上时，花朵就可以分辨出这种花粉是不是属于自己的同类。事实上，花粉只有在授给同种植物以后，才会长成种子。花粉从花朵的柱头，沿着花柱，下滑到花朵的子房里，种子就是在这里形成的。当然，这些小动物有时也会弄错，它们经常把花粉带到其他种类的花朵上，不过不用担心，别忘了花朵可是具有辨别能力的。

很多植物的花朵是很过分的，它们经常捉弄那些前来为它们授粉的小动物。比如说臭名昭著的死马海芋，它看起来就像是一堆腐烂的肉，把你熏倒也是很有可能的。不过这种味道却是苍蝇的最爱，它们以为可以在这里产卵，于是就爬了进去，可是它们却发现自己出不去了，因为它们的出路被上方的尖刺挡住了。直到晚上，雄蕊开始散落花粉，尖刺也开始收缩，苍蝇只有在清晨的时候才能离开。而在它们离开的时候，身上早已沾满了花粉，在它们进入其他植物的花朵时，就会将花粉传递出去了。可怜的苍蝇什么都没得到，却白白做了死马海芋的授粉者，真是够冤枉的！瞧，这种花多么狡猾啊！

那些小动物为什么要给花粉授粉呢？它们首先是受到了这些花朵的诱惑；另外，很多花朵都会为它的授粉者提供可口的食物，并不是每种植物都像死马海芋那样过分的。就在动物们与花朵接触的过程中，花粉就已经沾到它们身上了。当它们再飞向其他的植物时，这些花粉就被传递过去了。

种子的传播与发芽

种子是很多高等植物特有的繁殖器官，在种子里面孕育着新的生命。在一定的条件下，种子就可以生长为植物。在自然界中，能够形成种子的植物有 20 多万种，每一种植物的种子都是不同的。它们不仅在结构上有一定的差异，在形态上也是千差万别，所以当我们面对不同植物的种子时，可以根据它们的外形来加以区分。植物的种子不仅在形态上千差万别，在大小上也是相差悬殊的。兰花种子的重量只有 0.01 克，比一粒普通的花粉还要轻，是世界上最轻的植物种子；

牛筋草果上长有小小的钩子，可以勾在动物的皮毛上。当动物经过擦到时，这些果实很容易就折断而勾在动物身上。

而世界上最重的种子，重量则可以达到 5 千克以上，比如说海椰子的种子。近年来在天津曾展出过一粒海椰子种子，重量达到了 25 千克。由此我们就不难想象种子之间的大小差距了。

种子在长成以后，就要去寻找它们的新家，为新生命的生长做准备。那么，它们又是怎么传播的呢？聪明的种子有很多办法把自己传播出去，并对抗外界的不利条件。最简单的办法就是利用风来帮助它们传播，比如说蒲公英的种子，你们是不是也曾淘气地吹过它们呢？不过你们的这种做法，蒲公英妈妈是不介意的，它甚至会感谢你帮忙，帮它把孩子们都送出去。还

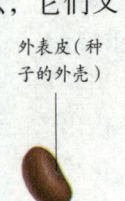

子叶（贮藏养分的场所）

外表皮（种子的外壳）

处于休眠状态的种子。

种子的胚根向下长，胚芽向上长。

胚芽打开长出第一片叶子。

茎和叶进一步长高、长大，并且长出新的叶子。

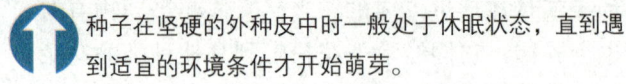

种子在坚硬的外种皮中时一般处于休眠状态，直到遇到适宜的环境条件才开始萌芽。

有的植物通过动物来传播它们的种子。我们知道，动物都是很贪吃的，当它们吃下植物的果实后，种子也就进入了动物的身体，有些种子不能被动物消化，所以就会随着动物的粪便再落到地上，这样会更有利于它们的生长。

当种子找到合适的家时，它们就要开始生根发芽了。发芽指的就是种子开始生长。如果你的家里曾经种过植物，那么你就会明白这其中的道理。在春天，我们在地里播撒下种子，过了几天之后，地里面就会冒出一棵棵植物的幼苗来，这就是种子发芽了。种子在湿润的环境下吸收了水分，内部的幼苗就会开始生长。当种壳被顶裂以后，幼根和嫩枝就露了出来。接下来，它们在阳光雨露的陪伴下苗壮成长，最终也将长成一株成熟的植物，并孕育它自己的种子。大千世界，无奇不有。在植物王国，也存在很多另类的家伙。美洲有一种热带的沼泽木槿草，它的果实成熟时，会自动开裂，并将自己的种子射出去，射程可以达到 14 米远；还有更厉害的，喷瓜成熟的时候，只要你轻轻碰它一下或者是果柄一脱落，它就会爆炸，并在爆炸的过程中，将自己的种子播撒出去；有一些植物的种子非常狡猾，它们长着锋利的钩子，所以它们可以钩入大象的脚中，让大象带它们行走，等到钩子被磨平以后，种子就会脱落下来，这些种子让大象十分头疼。

种子的寿命有多长呢？各类植物种子的寿命都是不一样的，这除了与遗传特性和发育情况有关以外，还与环境因素有着一定的关系。有些种子的寿命只有一周左右，比如说巴西橡胶的种子；有些种子的寿命则可达数百年甚至上千年，比如说莲的种子。

并非所有的种子都可以在它们的生存期找到合适的生长环境。事实上，大部分植物的种子都会被动物吃掉，或者自己腐烂掉，只有一少部分幸运儿能够落入合适的环境，最终长成植物。而种子之所以会被动物吃掉，是因为靠动物传播的种子是具备一定特征的：它们必须具有结实的果皮，只有这样才能够保证它们不被动物的胃酸所破坏。如果不具备这样的条件，它们根本不可能活着出去。

显微镜下的生物

🪐 神奇的显微镜

今天，我要给大家隆重介绍一位新朋友，它就是神奇的显微镜。我们要认识更多微小的生物，全都要靠它的帮助。通过显微镜，我们可以看到很多用肉眼看不到的生物，可以认识另外一个世界——微观世界。总之，显微镜可以带给我们很多乐趣，让我们获得很多意外的惊喜。当然，在显微镜下面，也有着很多可怕的事情：你可能看到细菌正在你的牙刷上休息，也可能看到螨虫正在你的身上游走……如果你的胆子太小，那还是不要看了。

为什么我们用肉眼看不到的东西，用显微镜就可以看到呢？

这是因为显微镜可以把放在它下面的物体放大很多倍，所以我们就可以看到它了。

显微镜可以将物体放大，这都要归功于它里面的透镜，显微镜就是由一个透镜或几个透镜组合而成的光学仪器。透镜分为凸透镜和凹透镜，凹透镜具有发散光线的作用，近视眼的人所戴的眼镜就是凹透镜；凸透镜具有会聚光线的作用，我们经常使用的放大镜就是用凸透镜制成的。显微镜利用的就是放大镜的原理，只不过显微镜的倍数比较高而已。

我们都知道放大镜可以把物体放大，但是你有没有试过将两块放大镜放在一起呢？这样做的放大效果是不是比单个的放大镜还要好呢？答案是肯定的，也许当初人们发明显微镜的时候就是受到了这样的启发。

⬆ 胡克发明的复式显微镜由多套透镜组成，科学家们可以利用它观察那些细小的微生物及其他一些有机体。

显微镜可以将物体放大多少倍呢？最早的显微镜是荷兰的詹森父子在1590年首创的，当时的显微镜放大倍数是很低的；到了1610年，伽利略又发明了两级放大的显微镜，并用它观察到了昆虫的复眼；后来，荷兰人列文虎克又研制出了放大倍数为200多倍的显微镜；现在，光学显微镜已经相当普遍了，它的放大倍数可以达到两三千倍；在20世纪70年代发明的超声显微镜，放大倍数可达5000倍左右；而现在的电子显微镜放大倍数则达到了300万倍以上。

🪐 一个微小的世界

显微镜下的世界是一个十分微小的世界，在没有显微镜以前，那是一个不为人知的世界，没有人知道那里究竟发生了什么，人们甚至不知道这些小生命的存在。直到显微镜出现以后，我们才意识到，原来在我们身边，还存在着这样一个微小的世界。

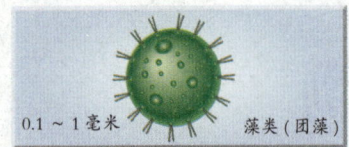

0.1 ~ 1 毫米　　　　　　藻类（团藻）

0.01 毫米　　　　　　原生动物（栉毛虫）

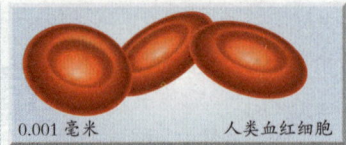

0.001 毫米　　　　　　人类血红细胞

0.0001 毫米　　　　细菌（链球菌）

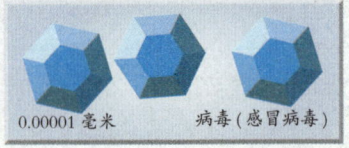

0.00001 毫米　　　　病毒（感冒病毒）

本图表显示的是一些微生物和其他一些活的细胞的平均大小。从上往下，每一种的大小都是其下一种的10倍。团藻是可以用肉眼看见的。

无数的微生物在这个微小的世界中过着属于它们自己的生活。

在微小的世界中，生存着无数的小精灵。当然，我们是看不见它们的，那么，它们究竟有多小呢？你觉得1毫米的东西很小吗？可在微小的世界中，这绝对是个大数字。那些令人讨厌的螨虫，它们只有0.2毫米长，这是我们所能看见的最小物体。虽然我们都觉得螨虫已经很小了，但是和其他的小生物相比，它还是太大了。一根头发的宽度是50微米；一个细菌只有1 ~ 10微米；一般的病毒比0.1微米还要小；而我们最熟悉的原子则比病毒还要小100倍。

通过显微镜，我们可以看到很多发生在微小世界中的有趣现象。让我们先来看看蜘蛛网吧！奇怪，为什么蜘蛛网上面有很多小块的胶水呢？这就对了，蜘蛛就是靠这些胶水结成了它们的网。如果没有胶水，这些丝怎么可能粘在一起呢？顺便说一下，蜘蛛所吐出来的丝是世界上最强有力的材料之一。

🪐 医学显微镜

显微镜的发明可以说是造福了我们人类，无论从哪方面讲，都具有非常重要的意义。如果你觉得显微镜的出现只是为那些科学家提供了方便，那你就大错特错了。事实上，显微镜的出现确实对科学家的研究有很大帮助，但是，归根结底，真正受益的人却是我们所有人类。如果你不同意这样的说法，那就让我们共同来看看显微镜在医学上的出色表现吧！

还记得我们的老朋友列文虎克吗？他的成就不仅仅是发现了细菌等微生物的存在，而且他还利用显微镜对人体的肌肉组织和精子活动进行了观察，并阐明了毛细血管的功能，补充了红细胞形态学研究。也就是说，列文虎克已经将显微镜运用到了医学研究之中。

后来，人们又利用显微镜对病毒、细菌等微生物以及皮屑等人体组织进行了观察，对各种疾

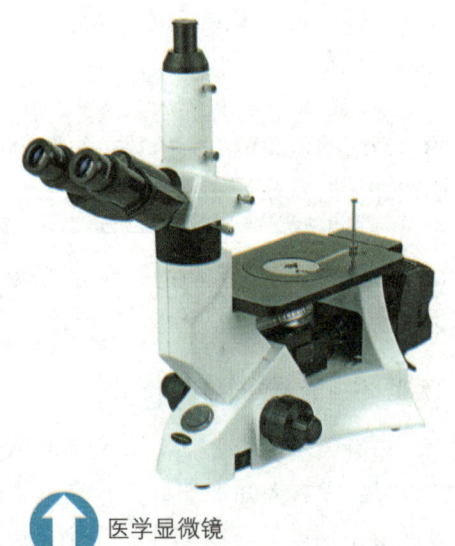

医学显微镜

病的诊断和防治都起了非常重要的辅助作用。可以这样说，显微镜的出现，大大促进了医学的发展。

你们想知道显微镜下的自己是什么样子的吗？先来看看我们的头发吧！它怎么看起来像一棵粗糙的树木？真可怕！这一点儿都不奇怪，不过你的头发确实是应该补充营养了，别再让它那么干燥。

再看看我们的皮肤吧。天哪！怎么会有这么多的细菌，真恶心！其实，在我们的面部和鼻子上，生活着200多万个细菌，在额头上的油脂里，还生活着7200万个细菌。想起这么多的细菌生活在自己的脸上，真让人毛骨悚然。是不是不敢再看下去了？说实话，这样的旅行确实很恐怖，我想你们的晚饭一定都没有胃口了。不过幸运的是，还有很多场面并没有被你们看到，如果你们全部看完，保证你们连明天的饭都不想吃了。如果你在自己的头皮上发现了一只虱子，就是我们前面说过的吸血鬼，更可怕的是，它正在吸你的血，这时你会怎么样呢？这样的场面是不是更让人作呕呢？

如果你去问外科医生对显微镜的看法，他们绝对会说显微镜是一位非常友好的朋友，它们总是在关键时刻帮助我们。不相信吗？那就让我们共同走进手术室，亲身经历一次外科手术吧！

手术室里，外科医生正在紧张地忙碌着，躺在手术台上的是一位断了手指的患者。显微镜和摄影机被连接成了监视器，而且这台显微镜有点儿特殊，它有很多个目镜，这样设计的目的就是为了方便医生们的观察。

准备好了一切，医生们开始手术了，他们用很小的针把所有切断的神经、血管以及一些肉重新缝合起来。这可是一项非常艰巨而又精细的工作，如果没有显微镜的帮助，医生们又怎么可能做得这么完美呢？一旦在手术的过程中出现了差错，那么那根手指就再也恢复不到以前的状态了，所以医生们可是一点儿也不敢马虎的。看他们的样子，手术似乎很成功，断指被重新接了回去。缝合手指的针那么小，要用的线当然也是非常细的，它只有0.2毫米。最神奇的是，缝合后的手指还可以像原来那样灵活自如。

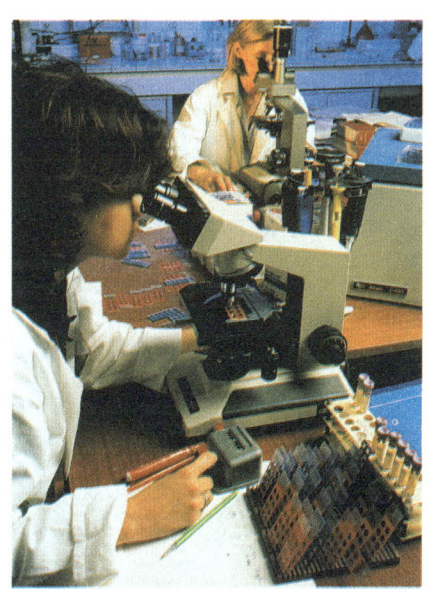

显微镜通过组合透镜使我们看到更大的图像。左图展示的是一个用来分析血液的现代显微镜，右图是一个20世纪用来研究矿物质的显微镜。

🪐 渺小的怪物

在我们前面所接触过的动物和植物之中，有很多行为或长相另类的怪物。那么，在这个微小的世界中，是不是也存在着这样的怪物呢？

事实上，在显微镜下的微观世界里，也存在着很多怪物，只是因为它们太小了，所以我们没有办法直接看到它们。不过有了显微镜的帮助，它们的恶行就全都暴露出来了。因为这些怪物实在是太小了，所以我们就姑且称它们为"渺小的怪物"吧！

在显微镜下，我们可以看到一位老朋友，那就是真菌。我们都知道，真菌可以制造出有毒的物质，而它们这样做的目的就是为了对付那些讨厌的细菌。

⬆ 扫描电子显微镜（SEM）从臭虫身体表面扫过，得到一幅非常清晰、详尽的臭虫体表影像。

通常情况下，真菌的毒并不会伤害我们，但是在 20 世纪 20 年代以前，人类却经常被这些要命的真菌给害死。比方说，很多人买了房子以后都要进行装修，至少也要刷点儿涂料。可是在曾经的一段时间里，很多人却因为装修房子而丧了命。这是怎么回事呢？原来，以前的涂料中常常会添加一种名为砷的有毒物质，它的毒性是很大的，足以要了你的命。这种含有砷的涂料又是怎么害死人的呢？这都是真菌惹的祸。真菌在吞噬了涂料以后，就会释放出砷气，人就是因为吸入了真菌释放出来的砷气才中毒而死的。

除了真菌以外，还存在着很多渺小的怪物。有一种叫作拟蝎的小虫子尤其让人讨厌，因为它的手段甚至比蝎子还要狠毒。它可以用它的小钳子紧紧钩住苍蝇的绒毛，让苍蝇带着它们到处飞，可是一旦它们厌倦在空中飞来飞去的生活，它们就会用那有毒的钳子夹住苍蝇，将其毒死后再吃掉它的尸体。是不是够狠毒呢？

还有一些小虫子，它们就像可怕的吸血鬼，可以吸食人类以及其他动物的血液，比如说我们都十分讨厌的虱子。曾经有一个叫作罗伯特·胡克的科学家做了这样一个实验：他让虱子来吸自己的血，并且在显微镜下观察了整个过程——可以清楚地看到一小股血液从虱子的嘴巴直接流到肚子里。

我们会不会被虱子咬死呢？虱子本身并不会要了我们的命，但是如果它携带了立克次氏体，那就另当别论了。立克次氏体可以在虱子的体内生长，并随虱子的粪便排出来。如果人被虱子咬破的皮肤碰到了它，它就会钻进人的身体，引起斑疹伤寒，这可是一种致命的疾病，十分危险。

🪐 危险的微生物

微生物是什么？比如说真菌、细菌、病毒等，这些都是我们比较熟悉的微生物。除此之外，还有一种微生物很容易被我们忽略，那就是小型的原生动物。

原生动物是一种单细胞动物，身体构造十分简单，一般都栖息在水里或者是其他动物的体液里，我们比较熟悉的变形虫就是原生动物。

微生物是十分危险的，因为它们常常会给我们带来疾病。在人类的疾病中，有50%的疾病是由病毒引起的，像我们比较熟悉的流感，就是由流感病毒引起的，而且具有很强的传染性。原生动物也可以使人患上疟疾，这是由蚊子传播的一种十分可怕的疾病，如果长期多次发作，还可引起贫血和脾肿大。另外，微生物还会破坏我们的正常生活，它可引起食品的气味和组织结构发生不良的变化，还会造成食物、布匹、皮革等物品发霉和腐烂。你现在是不是要说，你恨透了这些微生物呢？

然而，微生物还有更让人讨厌的地方，那就是它们的家族实在是太庞大了。在所有你能想到以及想不到的地方，都可以看到微生物的身影。而且微生物从来都不会单独行动，也就是说，你很少有机会看到单独的微生物在什么地方出现。我们所看到的微生物几乎都是成群结队地出现！

细菌真的是无处不在的，而且它们可以适应各种条件恶劣的生存环境。有些细菌生活在海底，它们好像并不介意冰冷的海水全都压在自己身上；有些细菌生活在马路上，来来往往的车辆都拿它们没办法；有些细菌生活在温度很高的热水管中，而且它们似乎一点儿也不担心被煮熟；有些细菌甚至可以生活在稀硫酸的溶液中，看起来它们还生活得很幸福。

你是不是觉得细菌的生命力很强呢？接下来，还有更不可思议的事情呢！据说，科学家们曾经在一株植物标本上，成功复苏了300年前的细菌。细菌这么顽强，我们该怎样对付它们呢？用消毒剂吗？没错，消毒剂确实可以杀死大多数的细菌。不过告诉你们一个坏消息，那就是有些细菌根本就不怕消毒剂，它们甚至认为这是一种美味。如果此时你用显微镜观察一下它们的举动，一定会让你暴跳如雷，因为它们不仅没有受到任何伤害，而且好像还很开心地在享受美味呢！细菌历来被人们看作是疾病的罪魁祸首。其实并不是所有的细菌都是"大坏蛋"，有的细菌不但没有坏处，反而对人类有益呢。

⬆ 就像是太空火箭上的蚂蚁，几百个细菌黏附在这个擀面杖上。像这样的细菌总是以人类留下的甜食碎片为生。

比如说人类的肠道中就存在大量的细菌，这些细菌彼此作用，相互依存，共同维护着人体内大环境的平衡。如果这些细菌失调，就会导致腹泻。还有一些细菌可以帮助我们制造维生素K，这也是对我们有益的。总之，我们不要太过害

怕细菌，体内的正常细菌并不会对我们造成任何伤害。自从人类出现的那天起，它们就一直在身边陪伴我们，这就说明我们是离不开它们的。

近年来，美国科学家舍勒尔发现了一种制冷细菌，这种细菌能够在3分钟之内，迅速将体表的温度降低到0℃以下。用它调制成冷却剂，涂抹在伤口周围，可以使细胞组织温度降低，防止伤口发炎，促进伤口愈合。

日本科学家经过多年的研究找到了一种除草菌。这种细菌生长在杂草上，通过迅速繁殖，加速了杂草枯萎死亡。而且这种细菌对农作物以及人、畜都无害，也不污染环境，比人造的化学除草剂好多了。

科学家布朗发现了一种在光合调剂下能够产生纤维素的细菌。它所生产出来的纤维比一般的植物纤维要长，质地更加柔软、耐磨。用这种纤维织成布，比棉麻织品更好。

另外，在工业上人们利用细菌来勘探石油；在日常生活中，我们所食用的醋泡菜、红茶菌都是用细菌制成的；细菌还可以把土壤中的养分分解成可供植物吸收的物质，促进植物的生长。所以，我们在消灭有害细菌的同时，要保护有益细菌的生长和繁殖，充分发挥它们对人类的益处。毫无疑问，在不久的将来，会有更多的细菌被人们开发和利用。

神秘的细胞

细胞是什么？如果我们可以变小，钻进自己的身体去看一看，就什么都知道了。可遗憾的是，我们并不具备这样的本事，所以我们一直都觉得细胞是一种非常神秘的东西。其实，要想了解细胞，方法很简单，只要一台显微镜，就可以全部搞定，而且保证你会非常满意。

我们要怎样判断在显微镜下的细胞是植物的还是动物的呢？方法很简单，只要看它们的结构就可以了。动物细胞与植物细胞具有一定的相似性，比如说它们都具有细胞膜、细胞质和细胞核。但是，它们的区别也很明显。比如说植物细胞有细胞壁，而动物细胞没有；植物细胞的细胞质中含有叶绿体，而且可以形成中央液泡，用来储藏食物，而动物细胞的细胞质中既不含叶绿体，也不形成中央液泡。这些都是它们的区别，只要仔细观察它们的细胞结构，我们就可以识别出动物和植物细胞。

我们知道，细胞是构成生物体的基

细胞的构造
这幅插图表现了人体细胞的典型外观和切面。多数人体细胞只有在高倍显微镜下才能看到。

核糖体
溶酶体
微管
细胞膜
细胞质
细胞核
中心粒
高尔基体
内质网
线粒体

本单位。无论是动物，还是植物，都是由许许多多的细胞组成的。以我们人类为例，我们的身体就是由万亿个细胞组成的。细胞是有寿命的，它们不会永远地存在下去。有些细胞的寿命比较长，有些则很短。比如说白细胞的寿命只有 7～14 天，而肝细胞可以活 5 年，神经细胞的寿命则更长。细胞在人体内也是要进行更新换代的，每天都有新的细胞诞生，每天也都会有细胞死亡。据说，人体内每分钟都会有百万个细胞死去，但同时，也会有更多的细胞产生，这样才能延续我们的生命。

别看细胞那么小，它可是非常能干的，我们身体所需的一切，都是由细胞制造出来的。而且细胞是非常敬业的，它们从来都不休息。在伟大的细胞工厂中，纪律也是非常严明的，而且它们的管理也很规范。细胞核是整个细胞的灵魂，指挥工厂里全部的工作，及时地发号施令。线粒体是产生能量的场所；核糖体是生产蛋白质的地方；高尔基复合体是储存蛋白质的仓库；内质网可以高效率地运走蛋白质；所有的废品都会在溶酶体的溶解中被除去。

细胞确实很不简单，它们不仅是构成生物体的基本单位，而且也是基本的功能单位。在我们的身体中，存在着各种各样的细胞，它们功能各异，共同构成了复杂的人体。比如说在肺里的巨噬细胞具有吞噬细菌的功能；脂肪细胞可以在身体需要的时候释放能量；造骨细胞利用钙来制造骨骼，等等。如果这些功能细胞出现了问题，那么我们的相应功能就会受到影响。另外，细胞的结构和功能是一致的，比如说神经细胞就会根据距离的不同建立自己特定的结构。

🪐 藏在家中的危险

你是不是觉得家是最安全的地方呢？任何人在提起家的时候，都洋溢着一脸的幸福，世界上应该没有任何地方比家更温馨、更让人神往了。可如果你因此而认为家里是绝对安全的，那你就错了。事实上，在我们的家中，存在着各种各样的危险。难道你忘了那些只有在显微镜下才会现身的微生物了吗？它们可是无处不在的，这当然也包括你的家了。

你们是不是都认为自己的家里很干净呢？当然，从表面上看的确如此，我们的看法可能都是一样的。但是显微镜可不这么认为，如果你不服气，它马上就可以拿出证据，保证你们看了以后个个心服口服。其实，只要你在显微镜中看看自己的家，就会完全明白了。你的家几乎就是微生物的天堂，灰尘、死皮、细菌……在你的家中随处可见。如果你有洁癖，那最好还是不要看了，以免被这样壮观的场面吓倒。

即使不用显微镜，你也应该感受到

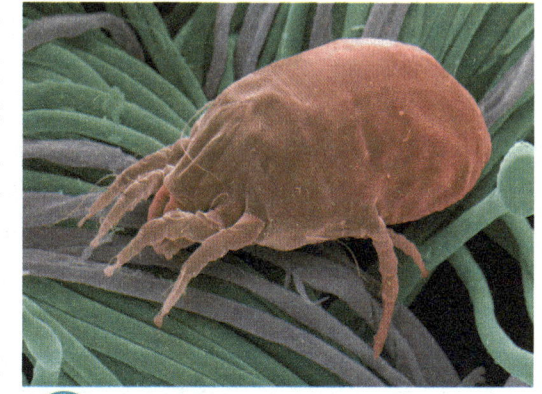

⬆ 放大 2500 倍，螨虫看起来就像是一种外星生物。这种在生物学上是蜘蛛亲戚的动物在人类家庭中十分常见。

这些微生物的存在。在阳光的照射下，你是不是也曾经看到过很多悬浮在空气中的小颗粒呢？据说，在0.03立方米的空气中，就漂浮着30万个小颗粒。你觉得你可以在自己的家中呼吸到清新的空气吗？如果你还养了小猫或小狗等宠物，那么你家里的情况就会更糟。因为这些可爱的小宠物会制造更多的微生物，使家里的空气更混浊。最糟糕的是，它们身上还可能带有虱子等小生物，这会让你的家更危险。

可以这样说，你每天所做的一切事情都是在这些小生物的陪伴下进行的，包括吃饭和睡觉。但是，你大可不必因为它们的存在就害怕吃饭和睡觉。事实上，你如果想彻底地摆脱它们，那是根本就不可能的。这些小生命陪了我们这么久，我们不是也没怎么样吗？所以，不要太过忧心它们的存在，它们对人类还是很友好的。但是，要切记保持家里的卫生，如果你的家太脏、太乱，就会繁衍出大量的微生物，人如果生活在这样的环境中，就会危害身体健康。更可怕的是，这些微生物中还可能有致病的病毒或细菌，引起疾病。所以，我们都应该养成讲卫生的好习惯。

那么，我们能不能用吸尘器把这些微生物吸走呢？事实上，当我们用吸尘器清扫地板的时候，那些微生物也会被吸进去，但是它们实在是太小了，所以它们还会再跑出来，然后弄得你满身都是。所以你别妄想用吸尘器来清除它们。

恐怖的厕所

厕所绝对不是一个讨人喜欢的地方，没有人会留恋那种地方。但是，我们人类却又是离不开厕所的，不管你喜不喜欢它，每天都还是要去那里报到几次。你能做到一天都不去厕所吗？除非你这一天都不吃不喝。厕所最让我们受不了的就是里面那难闻的气味，这种难闻的气味是从哪来的呢？原来，这种刺鼻的气味是一种叫作氨水的化学物质散发出来的。我们都知道，尿液中含有尿素，当细菌吃了尿液以后，就会把尿素代谢掉，产生氨水。

知识档案

用香皂洗手就可以洗掉细菌吗

可以。但是我们也应该清楚，香皂并不会杀死细菌，它只是让细菌离开你的双手，被水冲走而已。细菌一般都是粘在皮肤的油脂表面的，而水和油是不能互溶的，所以只用清水无法将细菌除去。香皂中的香皂分子则可以把油脂、细菌和香皂一块冲走，所以用香皂洗手可以洗掉细菌。

厕所应该是你家里最危险、最恐怖的地方了，因为这里生活着更多的微生物。与我们人类对厕所的态度不同，微生物们似乎更喜欢这里的环境。虽然现在大部分厕所的环境都有了一定的改善，很多厕所也经常喷洒杀毒剂来杀死这些微生物，但是这丝毫都没有影响它们对这里的热爱。在厕所中，你总是能发现更多的细菌、螨虫等微生物。所以，我们在上过厕所以后，一定要及时洗手。你可千万别以为洗手是一件非常容易的事，这里面的学问可大了。虽然很多人都有便后洗手的好习惯，可是你们知道洗手是为了什么吗？你洗手的目的又达到了吗？当然，我们都知道洗手是为了洗去手上的脏东西，最主要的还是细菌等微生物。可是大多数人在洗手的时候都是满足了前者而忽略了后者。那么什么样的洗手方法才是正确的呢？首先，洗手一定要用香皂，只用清水是无法洗去细菌的。另外，洗手的时候一定要清洗完全，千万不要遗漏，细菌往往会残留在手指前端等容易被人忽略的位置，如果你没有清洗这些地方，那么你的手也还是白洗了。

在厕所里，还有更为恐怖的一幕，那就是你冲洗厕所的时候。当你按下冲水按钮的时候，上亿个小水滴从厕所的便池中升了起来，就像是一个壮观的大瀑布。当然，这一切我们用肉眼是看不到的，因为它们实在是太小了。只有在显微镜的帮助下，我们才能看到它们的存在。这些喷出来的小液滴中含有细菌、病毒、尿液和小屎块等成分，更可怕的是，这些小液滴会溅到你的身上。当然，这绝对不能成为你不冲洗厕所的借口，你可以选择将马桶盖盖上后再冲洗，更何况我们的身体是完全可以战胜细菌的，所以不要太害怕！

潮湿的卫生间容易滋生细菌。

虫子家族的故事

🪐 丑陋的虫子

正如很多人认为的那样，虫子都是非常丑陋的。除了那些古怪的昆虫学家，没有人喜欢与这些丑陋的虫子打交道。不过也有一些淘气的小朋友，不仅不讨厌这些虫子，还四处寻找它们。他们可能觉得这些千奇百怪的虫子很有趣，可是你们一定要小心，有些虫子不仅样子丑陋，而且还会伤害我们，对于那些不太熟悉的虫子，我们最好离它们远点儿。

虫子的家族是十分庞大的，我们所见过的虫子只不过是非常微小的一部分。其实，不只是我们，就算是真正的昆虫学家，他们所见过的虫子也是有限的。有些虫子我们虽然叫不出名字，但它们确实是存在的，而且这样的虫子应该还有很多。要知道，昆虫所属的节肢动物是动物界物种最多的一类，约占全部物种的85%。所以很多人都很同情那些整天与昆虫打交道的科学家们，他们不仅要忍受这些昆虫的丑陋外表，而且还要对这么多的昆虫分门别类，再去研究它们。这样多的昆虫，他们要研究到何年何月呢？

这些苍蝇正在享用鬼笔菌顶部分泌的黏液，当它们下次飞到地上之时，这些孢子就可以安家了。

很多人都把虫子和昆虫混为一谈，但实际上，它们是不能等同的。虫子的概念要比昆虫更大，所有的昆虫我们都可以叫它虫子，但是有些虫子却不是昆虫。昆虫的结构分为三部分，头部、胸部和腹部。头部长有一对触角，胸部长有三对脚，具备这样的特点，我们就可以称之为昆虫。目前，自然界已知的昆虫有将近100万种。如果它的脚多

于三对，或者根本就没有脚，那么它就不再属于昆虫了，但是我们还可以叫它虫子，比如说我们所熟悉的蜗牛、蜈蚣等都是这样的虫子。

现在，让我们共同来数一数生活在我们身边的虫子。蜘蛛、蟑螂、螳螂、苍蝇、蚊子、蚂蚁、蜻蜓、蝴蝶、蟋蟀、蚯蚓、七星瓢虫……这些奇形怪状的虫子共同组成了虫子家族。

蠕虫

你可能会说你并不知道蠕虫是什么，你也没见过它，但事实上，蠕虫是一种十分常见的虫子，你也一定见过它们，只是你并不知道它们就是蠕虫而已。蠕虫是靠身体的蠕动向前行走的。不过，蠕虫这个名称在今天来说已经没有什么实在的意义，因为它已经被分成了三大类：扁虫、带虫和环虫。但是，人们还是比较习惯叫它们蠕虫。

1. 环形肌收缩，躯干向前伸长。

2. 须毛将节片固定。

3. 纵向肌收缩，拖拽躯干的其余部分。

蚯蚓

身上的黏液有利于蚯蚓蠕动，并使其不被干死。

大多数蚯蚓的节片有 4 对很小、几乎看不到的刚毛。

扁虫、带虫和环虫是根据它们的身体形态来划分的。身体扁平的是扁虫；身体很长的是带虫；身体上带有若干环节的则是环虫。蠕虫都有着怪异的长相和习惯，比如说扁虫中的绦虫，它在水里有一个近亲，采用将自己的身体一分为二的方式来繁殖后代；带虫中的鞋带虫长得特别长，可以达到数米；环虫中的海耗子，身体可达 18 厘米长，7 厘米宽，就像是一只真老鼠。

海洋蠕虫是目前人类所见到的最大的蠕虫，它的身体有 4 米长，而且有着和人一样的红色血液。更为奇特的是，这种巨大的蠕虫竟然没有嘴，也没有胃，那么它们又是如何生存下来的呢？原来，在它们体内存在着上亿个细菌。不过你千万不要误会，它们并不是以细菌为食的。事实上，这些细菌是为它们制造食物的。细菌首先将海水中的化学物质吃掉，然后再制造出新的营养物质供蠕虫食用。

其实，在众多的蠕虫之中，我们最熟悉的应该算是蚯蚓了。如果你是一位垂钓爱好者，那么你一定非常偏爱蚯蚓，因为它可是你首选的鱼饵呀！如果你是一位农田的播种者，那么你一定会更喜欢蚯蚓，因为所有的人都知道，蚯蚓越多的土地，长出来的庄稼就越好。这是因为蚯蚓会在地下挖洞，有利于提高土壤的通水性和透气性，为根的生长和呼吸提供了有利条件；而且蚯蚓还会把地下的矿物质带上来，为植物提供营养。另外，蚯蚓经常把树叶和一些腐烂的物质拖回洞中，这些物质同样可以被植物所吸收。所以说，在有蚯蚓的土地，植物可以吸收到更多的营养物质，自然长得更好。

蚯蚓属于蠕虫中的环虫，因为它的身上分为很多个环节。看见它身上的那个环带了吗？你们猜它是干什么用的呢？原来，这个环带是用来携带受精卵的，当蚯蚓松开扭曲之后，受精卵就被放入了茧中。蚯蚓的长相也是很奇怪的，你们知道吗？它竟然全身都长着毛，虽然我们看不到，但是如果你用手去摸一下，就可以感觉到了。蚯蚓可以长得很长，最长的蚯蚓甚至可以达到6.7米。它们还有一个很厉害的本事，那就是再生。也就是说，你切去蚯蚓的一段，并不会杀死它们，因为过了一段时间以后，它们就会重新再长出来。在每公顷的农田中，就有大约200万条蚯蚓。不过这些蚯蚓对我们没有任何危害，所以你根本就不用介意它的存在。

🪐 蜗牛和蛞蝓

蜗牛和蛞蝓长得很像，而且还有很多共同的特征。比如说它们都有黏糊糊的身体，都有两个触角，眼睛都长在触角的末端，爬行都十分缓慢，等等。但是它们也有明显的不同，那就是蜗牛的背上有壳，而蛞蝓没有。它们都不太讨人喜欢，如果你家的花园种有莴笋，那你一定会对它们深恶痛绝，因为它们总是趁你不注意的时候，将莴笋偷吃掉。

你们一定不知道，蜗牛是世界上牙齿最多的动物。你相信吗？在蜗牛跟针尖一样小的嘴巴里，竟然有25600颗牙齿。蜗牛的舌头也很特别，科学家们叫它齿舌，它的表面

这只非洲巨型陆地蜗牛是水世界之外最大的有壳动物，它们的壳能达到25厘米长。

特别粗糙，因为上面布满了牙齿。蜗牛就是用齿舌来磨碎食物的。蜗牛是个十足的慢性子，它爬行的速度真是非常非常慢，所以当有敌害侵袭的时候，它是绝对不会选择逃跑的，那它会怎么做呢？它会将头和足都缩进壳里，并分泌出黏液将壳口封住。蜗牛喜欢潮湿的环境，它害怕太阳，所以它从来都是夜晚行动，属于夜行动物。当天气太冷或太热的时候，它们就会开始休眠。

蜗牛的种类繁多，特征自然也各不相同。世界上最大的非洲巨蜗牛长达30厘米，而一些在北方野生的蜗牛体长则不到1厘米。有一种叫作大蒜草的蜗牛，可以散发出强烈的大蒜味，这足以使前来觅食的鸟窒息。有一种叫作狗海螺的海蜗牛十分残忍，它们的幼体在孵化出来以后，就捕食自己的兄弟姐妹。还有一些蜗牛，它们是食肉的，所以它们也会捕食其他的蜗牛来吃。

找到蛞蝓的方法很简单，因为在它们走过的地方，总会留下银色的痕迹。这些痕迹是哪儿来的呢？其实，这就是蛞蝓通过足部分泌出的黏液，蛞蝓就是通过这些黏液向前移动的。也有人把蛞蝓称为鼻涕虫，可能就是因为它全身都黏糊糊的原因吧！蛞蝓的食量是非常大的，而且它们一般都以庄稼为食，所以农民们都非常憎恨它。有人说如果蛞蝓不吃马铃薯，那么积攒下来的粮食就足够让400000人吃上一年。蛞蝓也是很怕太阳的，在强光下照射三个小时，它们就会死亡，所以蛞蝓也是一种夜行动物。

蛞蝓有很多高强的本领，比如说它可以在光滑的玻璃上行走，还可以从很高的地方安全降落，这些你能做到吗？如果不借助外力，我们肯定是做不到的，那么蛞蝓是

怎么做到的呢？这都要归功于它所分泌出的黏液，蛞蝓依靠黏液黏附在玻璃上，并通过波形运动使它的足部向前移动，所以它才不会掉下来。这一点我们是学不来的。另外，蛞蝓还可以准确地判断风向，所以它们总是能逃离风大的地方，这样就保证了它们的身体不会过快地变干。

蛞蝓也会以同类为食。在蛞蝓中，有一种在身体的最顶端带着小壳的盾壳蛞蝓，它们的本性非常凶残，经常捕食其他的蛞蝓。

🪐 水下怪物

我们所见到的虫子，大部分都生活在陆地上，但是也有一些虫子，它们喜欢在水下生活。这些藏在水下的虫子同样非常丑陋，所以你千万不要以为到池塘边去散步就可以远离那些讨厌的虫子。不过，如果你选择在秋季或冬季来到这里，那绝对是一个不错的选择。因为在秋天的时候，池塘里会堆满落叶，这些落叶将用掉所有的氧气，使得这些虫子根本就无法生存。而在冬天，池塘结了冰，虫子们也就被掩藏在了水底的淤泥中。

这些虫子既然已经适应了在水中的生活，那么它们就一定有自己独特的生存方式。比如说水蝎，它是倒立着悬挂在水面下的，这样它的两个爪子就空闲下来，方便它捕捉路过的虫子。那它是怎么呼吸的呢？原来，它体内有一根管子伸出了水面，这样就可以自由呼吸了。再比如说水蚤，它们是以微小的植物为食的，常常被列为其他虫子的捕食对象，但是它们的弹跳力很好，可以跳跃着逃跑，所以其他的虫子要捕捉到它可没那么容易。

⬆ 和许多淡水昆虫一样，龙虱必须浮到水面来呼吸空气。这种甲虫会将空气存储在它们翅膀之下，所以它们必须努力游泳才能下潜。

还有一种在水中生存的虫子，它的本事更大，竟然可以在水上行走。这种虫子叫作水步量虫，之所以有这样的本事，完全是因为它轻盈的身体和宽阔的腿部，这种独特的身体结构不会破坏水的张力，所以它可以很轻松地在水上行走，就如同我们在陆地上行走一般。你可千万别去效仿它，我们人类可没有那样的本事。

在水中，最可怕的虫子恐怕就要属水蛭了。要知道，水蛭是会吸血的，这可是一个非常要命的恶习。它们不仅吸食水中的各种小生物的血液，而且还会吸食人畜的血液，让人胆战心惊。

你知道吗？水蛭也可以用来预报天气。早在维多利亚女王时代，就有人发明了水蛭气压计。它的制作方法很简单，只要将一条水蛭放在装有池塘水的瓶子里，然后再将瓶口用布封好扎紧就可以了。观察水蛭的行为，我们就可以看出天气的变化。如果它躺在瓶底，就说明会是好天气；如果它爬到瓶口，就说明快要下雨了；如果它在瓶里躁动不安，就说明一场暴风雨即将来临。

🪐 爬虫

你们曾经有过这样的恐怖经历吗？当你们睡得正香的时候，忽然有一个可恶的家伙打断你们的美梦，这时你睁开眼，却看见一只丑陋的爬虫正在你的身上爬。这种经历是不是提起来就让人毛骨悚然呢？不过在现实的生活中，这种事情确实是经常发生的。当然，你很有可能说自己从来就没有经历过，但事情的真相是，你的睡眠实在是太好了，以至于当爬虫爬过你的身体时，你根本就察觉不到。如果你遇到一只凶狠的爬虫，它甚至还会咬你一口，在你的身上留下点儿痕迹。

你们想到了什么？是蜘蛛吗？不，蜘蛛一般不会三更半夜地在你的身上行走，做这种事情的很可能是蜈蚣。蜈蚣似乎从来就没有过什么好的名声，包括在电视剧里面，也总是把蜈蚣精形容得很丑陋。

那么现实中的蜈蚣呢？它真的这么令人讨厌吗？没错。蜈蚣不仅长相恐怖，而且它还会分泌出毒素把人咬伤，所以你最好不要去惹它。但是，蜈蚣却有很高的药用价值，将它进行处理以后，就是很好的药材，可以用来治疗多种疾病。所以很多人明知道蜈蚣会咬人，也还是要千方百计地寻找它。

蜈蚣也叫作百足虫，恐怕没有人会喜欢蜈蚣那副可怕的样子，更何况它们还有很多可怕的习性。仔细观察后我们就可以发现，蜈蚣的第一对脚是呈钩状的，在钩端还有毒腺口，可以分泌出毒汁，这是它捕捉猎物的主要武器。当它发起进攻的时候，会首先用毒钩刺中猎物，然后将毒液注射进去，把猎物毒死以后，再开始慢慢地享用。

 大部分的倍足纲节肢动物多夜间进食，主要以腐烂的树叶和植物碎屑为食物。

　　蜈蚣还有一个非常可怕的特性，那就是它们都具有很强的攻击性，而且经常会同类相残。即使是亲密无间的恋人，也很有可能发生这样的惨剧。你知道吗？雌蜈蚣经常会把自己的丈夫给吃掉，真是残忍至极。还有一种爬虫跟蜈蚣长得很像，只是比它的脚更多，所以我们叫它千足虫。凶残的蜈蚣在遇到千足虫时可是不会手下留情的，它们经常会捕食千足虫，但千足虫也有自己的秘密武器，当它们受到蜈蚣攻击的时候，会将身体蜷缩成球形，然后放射出一种难闻的液体，这会将蜈蚣熏走。

昆虫入侵

　　昆虫绝对称得上是丑陋的虫子家族中最重要的家庭成员，它的数量和种类都非常多。据不完全统计，世界上昆虫的种类已经超过了100万，这比其他动物种类的总和还要多出10倍。如果我们都坚信"人多力量大"的真理，那么昆虫的力量是不是足以称雄世界了呢？别害怕，目前看来，它们还没有这样的想法。不过，如果我们真的遭受昆虫的集体攻击，那将会是世界上最恐怖的事情，回想一下历史上曾经发生过的蝗虫灾害就知道它们的厉害了！

　　在世界的任何一个地方，你都可以看到昆虫。这就说明昆虫的分布是非常广泛的，也说明了它们具有极强的适应能力，可以适应各种各样的环境。也许正是因为它们极强的适应能力，所以才会有如此繁多的种类。昆虫的个体差异是非常大的，比如说最重的昆虫可达到100克，相当于2500万只最轻的昆虫重量的总和。

这只暴眼的尖头树螽生活在亚马孙雨林中，是一种珍稀野生昆虫，它们有力的颚部可以咬得敌人非常之疼。

　　我们在前面已经说过，并不是所有的虫子都可以称为昆虫，昆虫是有其明显的外形特征的。通常来说，它们都有三对足，一对触角，身体分为头部、胸部和腹部三个部分。内脏及产卵器官都在身体后部的腹部，昆虫用来呼吸的呼吸孔也在腹部，它们通过这些小管把空气传递到身体的各个部分。另外，大多数昆虫都是长有翅膀的，这也是昆虫家族的一大优势。

　　为什么昆虫要长触角呢？原来，它们的触角是用来感知外界变化的，另外，它还是昆虫的嗅觉器官。

　　昆虫虽然长着大大的眼睛，可实际上，它们的视力却很糟糕，在它们视野中的每一个图像都不够清晰。但是，它们对于运动的或者是可以食用的东西却有很强的辨别能力，这当然也是它们的生存需要。

昆虫在成长发育的过程中，身体的形态都会有所改变。也就是说，幼虫和成虫之间是有区别的。有些昆虫的幼体与成虫很像，长到成虫以后，身体只是发生非常微小的变化，这种发育方式我们就称之为不完全变态，比如说螳螂、蜻蜓等昆虫；还有些昆虫的幼体与成体完全不同，长到成虫以后，会变成另外一个样子，这种发育方式我们就称之为完全变态，比如说蝴蝶、蜜蜂等昆虫。

🪐 甲虫

甲虫占据着昆虫家族极其重要的位置，它不仅是昆虫家族中最大的一个类群，而且也是动物界里最大的一类群体，大约有 30 万种。还记得我们在前面说过的那个小实验吗？仅仅在热带雨林的一棵树上，就有 160 种甲虫是我们没见过的，可见甲虫的种类是非常多的。更为可怕的是，这个类群还在不断地扩大，科学家们总是能发现新的甲虫。看来，要成为一名甲虫学家，还真是不容易！

⬆ 坚硬的外壳使得甲壳虫可以穿过狭窄的空间，并且其翅膀不受任何伤害。而且因为其外壳是防水的，所以还可以防止甲壳虫因失水而死。

所有甲虫的长相都是差不多的，它们除了具有昆虫的基本特征以外，还多了一层甲壳，这是用来保护身体的。甲虫的种类和数量都非常多，分布也非常广泛，在除了海洋以外的其他地方，你都可以看到它们的身影。与很多昆虫不同的是，甲虫的翅膀发生了很大的变化。甲虫的翅膀分为前翅和后翅，前翅已经变成了坚硬的翅鞘，失去了飞行的功能，它们存在的目的只是为了保护后翅和身体。当甲虫们决定飞行的时候，会首先举起翅鞘，然后再张开后翅飞行。也有一些甲虫的翅鞘与身体连在了一起，后翅也退化了，所以这些甲虫就失去了飞行的能力，只能在地上爬行了。

在众多的甲虫之中，最常见的应该就是瓢虫了。尤其当夏季来临的时候，如果你穿的衣服颜色很鲜艳，这些甲虫就会不请自来，到你的身上做客。有时，这些甲虫很讨厌，它们会在你的衣服上留下一些液体，将你的衣服弄脏。如果你用手去碰它们，它们很可能会翻过身去装死。你可千万不要太大意，一旦你把它们惹急了，它们可是会咬人的。每种瓢虫的背上都带有小点儿，如果是七个，那你一定不要伤害它，因为它是我们人类的朋友——七星瓢虫。除了七星瓢虫以外，其他的瓢虫都是害虫，它们会破坏我们的庄稼。

很多甲虫是以它们的食物来命名的，这一点很有趣。比如说饼干甲虫就是以饼干为食的，不过别担心，它不会去偷吃你的巧克力饼干，它只会吃你不再吃的粗粮饼干；烟草甲虫是以香烟为食的，更让人称奇的是，这些烟草似乎并不会影响它们的健康，这一点可是我们人类羡慕不来的；药店甲虫是以药物为食的，它们生活在药店的药橱里面，更不可思议的是，它们竟然可以吃下毒药而安然无恙；咸肉甲虫是以咸肉为食的；博物馆甲虫是以博物馆里面的标本为食的，它们甚至会吃掉那些虫子的标本。

🪐 蚂蚁社会

对于蚂蚁，我们可以说是再熟悉不过了。它们真的是无处不在，是不是也曾在你的家里出现过呢？我知道有的人一定非常讨厌它们，因为它们经常会出现在我们的衣服里，或者是你的蛋糕上，真是让人防不胜防。以前，人们认为蚂蚁是怕水的，所以它们在下雨之前才要搬家。而实际上，有人曾做过实验，证明它们是不怕水的。它们搬家也绝不是怕水淹没它们的家，而是附近的环境不再适宜它们生存，所以它们才决定离开。至于为什么要在阴天的时候搬家，那是为了防止太阳暴晒对蚁卵的伤害。其实，它们也常常在夜晚搬家，只是我们没看到而已。

在每一个蚂蚁的洞穴中，通常都住着很多蚂蚁。如果有谁误闯了它们的阵营，它们绝对会全巢出动，共同来对抗外敌。在每个蚂蚁洞中，都住着一个蚁后，它是所有蚂蚁的领袖和统治者，它的任务就是进行交配并繁殖后代。而大多数的蚂蚁则是工蚁，它们全部都是没有生育能力的雌性蚂蚁，它们负责建造和扩建巢穴，寻找食物，饲养蚁后和幼蚁。而雄蚁只会在交配的时候出现，等到交配完成以后，它们就会马上死去。做一只雄性蚂蚁是不是很悲惨呢？

蚂蚁经常会外出寻找食物，所以它们的方向感一定要很强，否则就很可能在外面迷路，回不了家。那么蚂蚁是靠什么辨别方向的呢？原来，聪明的蚂蚁可以通过太阳的光线以及天空中的景致来辨别方向。另外，蚂蚁们在成队出行的时候，领头的蚂蚁会为后面的蚂蚁留下一些踪迹，以便它们可以跟上来。蚂蚁之间可以通过身体所散发出来的气味进行联络，不同的气味代表不同的信息。当蚂蚁要将某种信息传达给同伴的时候，就会释放出相应的气味。

蚂蚁虽然很小，但它们同样是非常可怕的。在澳大利亚，有一种叫作牛头犬的蚂蚁，它们不仅会咬人，而且还会向人的伤口注射蚁酸。据说，30只蚂蚁就可以在15分钟内杀死一个人，多么可怕呀！蚂蚁最可怕的一点就是它们通常集体行动，面对成千上万只蚂蚁组成的蚂蚁大军，谁能不胆寒呢？正是因为蚂蚁们经常集体作战，所以它们往往会捕捉到很多比它们大得多的猎物，比如说蚯蚓、蜥蜴、蜈蚣，甚至是蛇都会败在蚂蚁大军的手下。蚂蚁是可怕的，但同时它们也是很可敬的。与其他自相残杀的昆虫不同，蚂蚁的家庭是相亲相爱的，它们从来都不会伤害同窝中的蚂蚁。工蚁们通常都是集体行动，一个紧跟着一个，如果谁发现了比较大的猎物，就会发出信号给同伴，然后大家同心协力将猎物擒获，再一起把它抬回洞中，共同享用。工蚁们还要照顾幼蚁并奉养蚁后，它们绝不会自私地将食物独吞。

白蚁的巢阴凉、湿润、通风，并具有防御功能。

蚂蚁的家是

怎么建立起来的呢？蚁后是有翅膀的，它与雄蚁交配以后，雄蚁就死去了，它自己也脱去了翅膀。蚁后必须自己去挖洞，为自己和即将出生的孩子找一个安身之地。等到幼蚁孵化出来以后，蚁后就要精心地照顾它们，将食物喂给它们吃，直到它们具备独立寻找食物的能力。这时，蚁后就可以坐享清福了，因为这些工蚁会承担全部的责任。接着蚁后会再交配、产卵，不断地扩大它的家庭。如果出现新的蚁后，它也会像它的母亲一样，飞出去重新组织它自己的家庭。

蜜蜂家族

你们一定很喜欢蜜蜂，至少会喜欢它的蜂蜜。在前面我们也曾经提到，蜜蜂是一个辛勤的采蜜者，它们总是不辞辛苦地劳动，直到将自己累死。它们虽然也会蜇人，但那都是在你惹恼了它的时候，否则，它是不会轻易蜇人的，因为这种行为同样会让它丧命。

蜜蜂家族和蚂蚁家族有些相似，它们通常也是由一个蜂后来领导的。对于这种由一个蜂后领导，生活在一个蜂巢中的蜜蜂，我们称它们为"社会性的蜜蜂"。你最好不要去惹它们，因为它们常常会倾巢出动，一起攻击你。

工蜂是非常勤快的，它们要做的事情实在是太多了。这其中包括喂养蜂后、幼虫和雄蜂，保卫蜂巢，打扫蜂箱，采蜜，酿蜜，制造蜂蜡，再用蜂蜡建造新的蜂房……所有的事情都要工蜂来做，所以它们真的是很辛苦。工蜂们几乎没有休息的时间，它们每天都要不断地工作，有些蜜蜂一天就要采一万朵花。也许是因为它们实在是太辛苦了，所以它们的寿命都很短，一般只有短短的几周，真可怜！

与蚂蚁家族类似，蜜蜂家族也是一个典型的母系社会，最高的统治权在蜂后手里，而雄蜂则是最没有地位的，因为它们既不会采蜜，也不能防御敌人，整天好逸恶劳。雄蜂的数量很少，寿命也很短，通常只有三个月。它们生存的唯一目的就是与蜂后进行交配，可是它们必须要和众多的兄弟竞争，最终只有一个能与蜂后进行交配，而这个幸运的雄蜂也会在交配之后马上死去。所以说，雄蜂与雄蚁都是很悲惨的。

蜜蜂的世界里没有真正的语言，不过它们也可以通过特定的方式与同伴联络。我们知道，蚂蚁是通过气味与同伴联络的，蜜蜂也可以这样做。蜜蜂可以发出各种信息给它的同伴，所以当有一只蜜蜂受到伤害的时候，很快就会有无数个蜜蜂前来增援。另外，蜜蜂还具有舞蹈语言，即通过它们的身体动作来传达信息，就像我们人类的手语一样。当然，它们的舞蹈语言只有同类才看

一只蜜蜂一天之内可以造访花朵超过 500 次，工蜂将花粉装在后腿上一个凹陷状的花粉筐中。

得懂。

在夜晚，当其他蜜蜂都睡下的时候，有些蜜蜂依然不能休息，因为它们要进行巡逻，以防自己的蜂蜜被盗。事实上，蜜蜂的守卫是非常有必要的，因为很多昆虫和小动物都想去偷吃它们的蜂蜜，包括我们人类不也是在窥视人家的劳动果实吗？工蜂们辛辛苦苦地酿造出来的蜂蜜，都喂了别人，蜜蜂们怎么可能甘心呢？所以，那些试图偷吃蜂蜜的家伙被它们蜇伤，就不足为怪了。

漂亮的虫子

虽然在我们的印象中，大多数的虫子都是非常丑陋的，但是在自然界中，也存在着一些漂亮的虫子，比如说蝴蝶。蝴蝶最引人注目的就是它那鲜艳的翅膀，五颜六色的蝴蝶把大自然装点得更加绚丽多姿。也许成年的蝴蝶让你非常喜欢，但是在它长成蝴蝶以前，却是一条非常丑陋的毛毛虫，你是不是很难把它们联系到一起呢？可事实就是这样，蝴蝶确实是由毛毛虫变化而来的。

刚从卵里孵化出来的毛毛虫是以树叶为食的，当然它们也很喜欢我们的蔬菜，这是毛毛虫最让人讨厌的地方。虽然它们长大以后很漂亮，不过就是因为它们总是霸占我们的菜园，所以人们经常在

蝴蝶的四个发育阶段

雌性蝴蝶通常把卵产在植物的叶面上。

成虫从蛹中破壳而出。

蝶类的幼虫——毛毛虫从卵中孵化出来，以树叶为食。

毛毛虫转变为蛹。

蛹的旧皮脱落。

它没有长成之前就将其除去了。过了一段时间以后，毛毛虫会变成蝶蛹。大约再经过三周的时间，它们就可以破茧成蝶了。毛毛虫经常借助蚂蚁的巢穴转化成蝶蛹，等到它们长成蝴蝶的时候，再从蚂蚁洞中爬出来。

蚂蚁为什么会让毛毛虫到它们的巢穴中居住呢？这是因为毛毛虫可以分泌出一种像蜂蜜一样的物质，它们以此来讨好蚂蚁。这样，蚂蚁就会把它带回洞中，并和它们的幼虫待在一起。然而，这些毛毛虫在蚂蚁洞中会以蚂蚁的幼虫为食。工蚁们绝对想象不到，它们竟带回来一个祸患。它们本以为毛毛虫可以将那甜甜的东西喂给幼虫，

知识档案

蝴蝶和蛾的区别

　　蝴蝶和蛾都是由毛毛虫变化而来的，在形态上也很相似，那么我们要怎么区分它们呢？通常情况下，蝴蝶一般都是在白天出来活动，晚上休息；而蛾则恰好相反，它们往往白天休息，晚上活动。另外，在它们落下来的时候其形态也是不同的，蝴蝶一般会将翅膀竖起来，而蛾则会将翅膀放平。当然，这里所说的只是一般情况，我们并不排除有特殊的情况出现。要区分它们，有一点是在任何情况下都适用的，那就是蝴蝶的触角上有球形的突出物，而蛾是没有的。

却反而要了幼虫的命。

蝴蝶的童年是不太愉快的，因为没有人喜欢那些可恶的毛毛虫。但是成年的蝴蝶却很受欢迎，因为它们不仅样子很漂亮，而且还帮助鲜花授粉。当然，这并不是绝对的。有些毛毛虫以蚜虫为食，所以它们也是益虫；有些蝴蝶也是果木的主要害虫。可惜的是，蝴蝶的寿命很短。它们在长成蝴蝶以后，一般只有十几天的寿命。雌性的蝴蝶在产完卵或者是卵还没有完全产出的时候就会死去，未进行交配的雄性蝴蝶可以活20～30天，蝴蝶在完成交配以后就会大大折寿，有的甚至只能活两到三天。

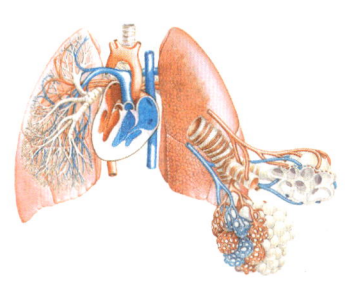

认识我们的身体

🪐 切开大脑看一看

脑的结构主要包括三部分：大脑、小脑和脑干。其中，小脑分为两部分，在大脑的两侧各有一个，它的主要功能是协调身体运动。脑干是连接大脑与脊髓的部分，它控制人体的本能行为，并帮助大脑入睡，在发生危险的时候，还可以给大脑提醒。脊髓并不在脑中，但是大脑的信号就是通过它传入和传出的。大脑是脑最大的组成部分，几乎占了脑的85%。看起来皱皱巴巴的部分是大脑皮层，这是我们用来思考的部分。丘脑是信息的中转站，到达丘脑的信息还可以被传送到大脑的其他部分，每个丘脑都能够传递有关气味的信息。下丘脑会在你睡觉的时候，帮助你控制血液中的水含量、体温、排汗等。松果体会让你在晚上困倦，而第二天早上又会自然醒来。延髓负责监督消化和呼吸，这可给你省了不少事，要是你把它们忘了，那可就麻烦了！正常人是不会把脑袋切开来看的，但是在医院的手术台上，却经常可

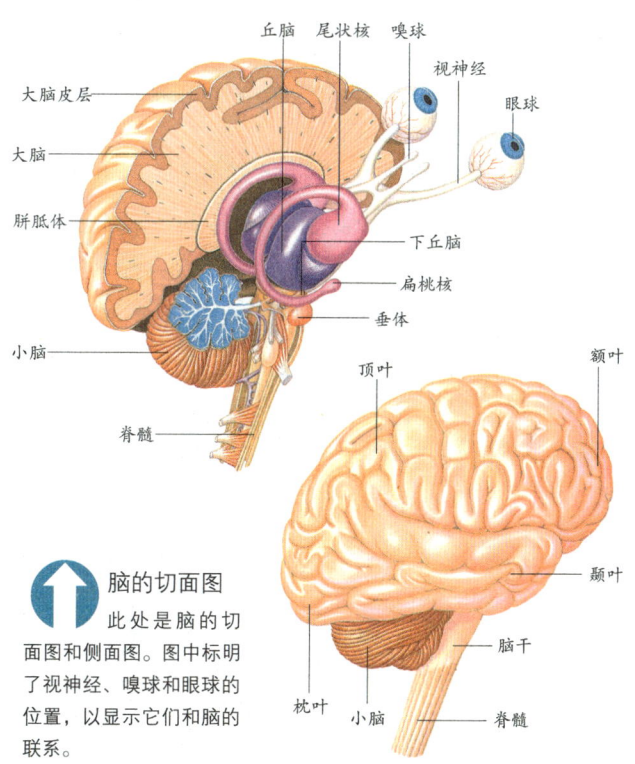

⬆ 脑的切面图
此处是脑的切面图和侧面图。图中标明了视神经、嗅球和眼球的位置，以显示它们和脑的联系。

以见到这样的场景。毋庸置疑，这当然是治疗的需要。外科医生决定为你做脑部手术时，要首先借助 CT（计算机 X 射线断层扫描）、MRI（磁共振成像）等设备确定你脑中的病患所在，这样他们就知道这个手术应该从哪里下手。

要看到大脑，你必须首先拿掉一块头盖骨，这就需要在头颅上钻几个洞，然后再用电据切开头盖骨，再切开脑膜，这样你就可以看到大脑了。你的大脑在干什么呢？如果一切顺利，你就看到你的大脑正在跳动，而且它是随着心脏的跳动节律在跳动。看，大脑的构造很神奇吧！

奇妙的感觉

人体可以产生各种各样的感觉，因为有了这些奇妙的感觉，我们的生活才变得五颜六色，多彩多姿。有了视觉，我们就可以看到大千世界的众生百态；有了听觉，我们就可以听到各种各样美妙的声音；有了味觉，我们才可以品尝美味的食物……为什么我们会有这些奇妙的感觉呢？这些感觉又是怎样发生的呢？

对于神经，我们应该并不陌生，前面我们曾经提到过神经元，而神经就是由神经元组成的，几千个神经元就可以组成一个普通大小的神经。神经不仅遍布你的整个大脑，而且还充满了你的全身，甚至连你身体的每条缝隙也都有神经的存在。如果你还是觉得不够具体，那我们就用数字来说明吧！在你的全身，共有 15 万千米的神经，你们知道这个数字意味着什么吗？它意味着你的神经完全可以绕地球 4 圈。

这些遍布全身的神经究竟有什么用呢？为什么我们的身体一定要有这么多的神经呢？神经是连接大脑与身体感觉器官的桥梁，它可以将感觉器官所发出的信号带给大脑，也可以将大脑的指令传达出去。举个例子吧：当我们看东西的时候，我们的视觉器官——眼睛会把它获得的信息通过神经传达给大脑，大脑在接到信息后进行思考，并做出指示，这样的指示会通过神经再传送出去，命令相应的肌肉动起来。现在你该知道神经的重要性了吧！如果没有神经，这些过程就都不可能进行，大脑得不到信息，身体也得不到任何指示，当然，这些奇妙的感觉

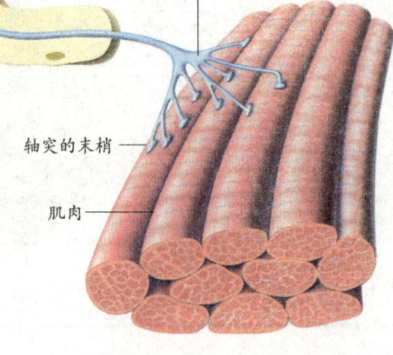

细胞体

树突

细胞核

髓鞘

神经鞘细胞

轴突

终板

周围神经

这是一个周围神经系统中典型的神经元。神经元通过许多分支和肌肉相连。大脑（或者是反射作用中的脊髓）所发出的冲动经过神经传递到肌肉，使肌肉收缩，从而产生运动。

轴突的末梢

肌肉

我们也不可能再感受到了。

我们之所以有这些奇妙的感觉，并不仅仅是因为我们拥有各种各样的感觉器官。更重要的是，我们拥有支配这些感觉器官的大脑。而我们的各种感觉器官则只是身体的感受器，它们负责感受外界的信息，然后通过神经将信息传达给大脑，大脑获得信息后便在大脑中形成了各种各样的信号，然后再将信号传递给感觉器官，使我们产生各种感觉。

生活中有很多这样的实例：一个人在脑部受伤之后忽然间就失明了，这当然不可能是他的感觉器官出了问题，因为他的眼睛还好好的。那么问题出在哪呢？医生很可能这样告诉你，是你脑部

效应器
脊髓所传导的信息
传导到脚部的信息
脊髓
感受器

反射活动

人体在受到某些刺激时，需要迅速做出反应，才能使人体免受伤害。在这种情况下，信息来不及传导到脑部，而是传导到脊髓，这就是反射活动。例如，当人踩到钉子时，感受神经元将这个信息传导到脊髓，脊髓和运动神经元相连，直接将信息传导到腿部肌肉，使肌肉收缩。反射完成之后，脑部才接收到这次信息。

的伤压迫了大脑与眼睛之间的神经，使得大脑与视觉器官连接中断，大脑无法获得图像，也无法将信号传递回去，所以你的眼睛就无法形成视觉，导致了失明。

我们可以产生很多种感觉，如果其他的感觉都可以称之为美妙，那么有一种感觉，却只能用痛苦来形容。你们是不是已经猜到了，没错，它就是痛觉。当我们的身体受到伤害的时候，大脑就会发出信号，让我们感到疼痛，这大概是我们最不想拥有的一种感觉了。可是在生活中，我们却常常被各种各样的疼痛所折磨。不过大脑也并不总是让我们难受，你可以选择其他的方法来缓解疼痛。比如说分散一下精力，参与点娱乐活动，这样就可以促使大脑分泌出一种叫作脑啡肽的化学物质，它具有止痛的功效，可以有效缓解你的疼痛。

🪐 自动照相机——眼睛

眼睛是心灵的窗口，也是人体最迷人的部位。每个人都希望自己的眼睛炯炯有神，放射出闪亮的光芒，因为这样的眼睛往往可以给人留下深刻的印象。我们通过观察一个人的眼睛，就可以看出他的喜怒哀乐；通过观察一个人的眼神，就可以看出他的心理活动。也就是说，眼睛和心灵是相通的，很多内在的东西，都可以通过眼睛表现出来，所以将眼睛比喻成心灵的窗口再合适不过了。

眼睛也是我们认识世界的窗口，是重要的视觉器官。通过眼睛，我们可以看书、看景色、看人物等。眼睛是人体最精密的感觉器官，它可以分辨不同的颜色、不同的光线，然后将它所识别的这些图片形象转变成神经信号，传递给大脑。所以也有人将眼睛比喻成一台自动照相机，而且性能绝对良好。眼睛是我们获取外界信息最多的器官，大脑中约有一半的知识和记忆都是通过眼睛获取的。没有了眼睛，我们就会失去最美好的视觉，当然也会错失很多重要的信息。

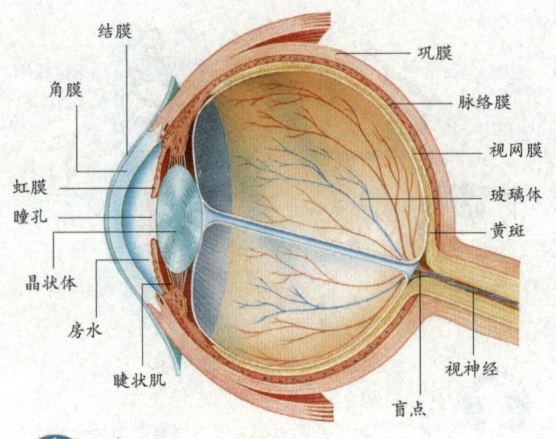

眼的构造

这是人眼的切面图。晶状体将眼球分为两部分，晶状体前面的液体称为房水；晶状体后面充满一种胶冻状液体，称为玻璃体。光线通过角膜、房水、晶状体和玻璃体进入眼球，然后聚焦落在视网膜上。眼球由视神经直接和大脑相连。

眼睛位于眼眶内，是由眼球和眼球周围的肌肉所组成的。眼球又可分为眼球壁和屈光系统。眼球壁有三层，最外层由角膜和巩膜组成；中间层由虹膜、睫状体和脉络膜组成；最里层是视网膜。屈光系统则包括晶状体、瞳孔等部分，这是我们能看见东西的主要法宝。另外，在眼球内部，还包含着一些眼内容物，主要为房水、晶体和玻璃体，它们都是屈光的介质。

那么眼睛是如何工作的呢？我们又是怎么看见外界的一切的呢？这都要靠屈光系统来完成。晶状体是屈光系统的重要成员，在它的周围，有一圈结实的虹膜。当光线通过瞳孔的时候，虹膜可以自动调节瞳孔的大小，使光线聚焦到晶状体，并将眼前的景物投射到眼球背后的视网膜上，不过在视网膜上的图像是一个倒立的左右对调的图像。接下来，视网膜上的视觉细胞会将图像通过视神经传递给大脑，大脑在接到信号后会自动将其转换为正立的图像，所以我们看到的物体都是正立的。

神奇的是，我们的眼睛在黑暗的地方也可以看见物体。这是因为视网膜上的细胞分为两种，一种是感应色彩的锥状细胞，一种是感应黑白颜色的杆状细胞。所以，无论是在光亮处，还是黑暗处，我们都可以看到物体。当然，如果你所处的环境一片漆黑，视网膜上的细胞就无法感应，这时你是看不见任何东西的。

我们一定要爱护自己的眼睛，保持正确的读写姿势，不要长时间近距离地看电视或玩电脑，常做眼保健操，等等。另外，在饮食上，也可以多吃一些明目的食物，比如说动物肝脏、枸杞、菊花等。

神经系统

还记得我们在前面提到的那些无处不在的神经吗？就是可以环绕地球4周的人体神经。这些神经并不是无组织无纪律的，事实上，它们同属于一个系统——神经系统。不用多说，你们也一定能想到神经系统的重要性。我们的身体所做出的一切有意识和无意识的动作及反应，都是通过神经系统来完成的。

我们的身体是一个相互联系的有机整体，各个部分都不是孤立存在的，它们既相互协调合作，也相互制约。另外，我们所生活的环境也是不断变化的，这就要求我们的身体能够及时做出反应，迅速地调节各种功能。而帮助我们调节各种功能的就是我们的神经系统。可以这样说，神经系统在我们体内起主导的调节作用，我们身体的各个器官、系统的功能都是直接或间接受神经系统调控的。

当我们的身体受到刺激的时候，就会做出一定的反应，这个过程就叫作反射。比如说用锤子击打膝盖，腿就会不自主地抬起来，这就是我们熟悉的膝跳反射，也是最简单的一种反射形式。完成这一过程需要五个部分的参与，它们是感受器、传入神经、中枢神经、传出神经和效应器，我们也可以将这个过程称为反射弧。感受器（膝盖）受到打击后产生信息，并通过传入神经传入中枢神经，中枢神经进行处理后，再通过传出神经将指令传给效应器（腿），使其弹起来。

人体的神经系统可以分为中枢神经和周围神经两大部分。中枢神经接受各种信息，并负责对信息进行处理，然后做出指示。它主要包括大脑、小脑、脑干和脊髓。

我们上面所说的膝跳反射，实际上就没有经过大脑，而是由脊髓直接作出的决定。再比如说你的手扎在了钉子上，你会很快将手抽回来，这也是一种没有经过大脑的反射。等到你将手抽回来以后，你的大脑才产生了反应，你才会感到疼痛。

周围神经负责收集信息，然后再将信息传给中枢神经，并负责将中枢神经的指令传给身体的各部分。它主要包括脑神经、脊神经和自主神经。脑神经主要支配面部器官的感觉和运动；脊神经又包括颈神经、胸神经、腰神经、骶神经和尾神经，主要支配身体和四肢的感觉、运动以及反射；自主神经支配心跳、呼吸等内脏活动。

↑ 神经的结构
单独的神经细胞被称为神经元。神经元所传导的细微电冲动组成神经信息，感觉神经元会将冲动传入大脑，运动神经元则将冲动传出。神经元的大小和形态多种多样。

神经细胞是组成神经系统的基本单位，那么它们之间又是如何连接的呢？神经细胞是由细胞体（含细胞核、细胞质）和突起（分为轴突和树突）构成的，它们之间的联通并不靠细胞质来实现，而是通过突触（神经细胞之间相互接触的部位）来实现。通常都是一个神经细胞的轴突与另一个神经细胞的树突或细胞体借助突触来实现机能上的联系，进行信息的传递和整合。现在，你们清楚了吧？神经系统是一个遍布全身的神经网络，它们共同调节着身体的各种活动。

🪐 灵敏的耳

耳是我们的听觉器官，也是人体最灵敏的器官。耳让我们的世界充满了各种美妙的声音，当然也包括一些讨厌的噪声。

我们的耳朵并不只是我们看到的那样，事实上，我们所看到的只是耳朵的一部分，叫作耳郭。在耳郭的内部，还有着更多的耳部结构，让我们共同爬进耳朵去看一看吧！我们爬行的通道叫作外耳道，它和耳郭共同组成了外耳。外耳里面是中耳，它由

鼓室、听小骨和鼓膜组成。位于最里面的是内耳，它包括耳蜗、前庭和半规管三部分。

我们的耳朵是如何帮助我们听到外界的各种声音的呢？我们的耳郭具有柔韧的软骨，可以收拢周围的各种声音，并将声音送入外耳道。通过外耳道，声音就进入了中耳，通过鼓膜振动传到听小骨。听小骨是由三块小骨组成的，它们分别是锤骨、砧骨和镫骨，声音依次经过这三块小骨，然后再传入内耳。内耳的耳蜗是听觉神经的所在地，里面充满了液体。声音在进入内耳以后，耳蜗内的液体就会开始流动，将振动的声音转变成神经信号，并沿着耳蜗神经传给大脑。

耳朵除了是听觉器官以外，还有其他的功能吗？

当然有。内耳中的半规管就有平衡身体的功能。半规管内充满了液体，当我们的头部摇动的时候，它内部的液体就会开始流动，并同时向大脑传递信号，保持身体的平衡。如果你忽然间做了一个动作，半规管还来不及向大脑发送信号，你的身体就会失去平衡。有些人会晕车，也是因为半规管功能失调所造成的。

🪐 具有双重身份的鼻子

鼻让我们的世界洋溢着各种芳香的气味，当然也包括一些令人作呕的异味。尽管有的时候我们真的很希望自己鼻子失灵，但事实上，如果真的有人要夺走你的嗅觉，你能接受吗？一定不能。我们都知道鼻子是嗅觉器官，但你们不要忘了，鼻子还有另外一个身份，那就是重要的呼吸器官。还记得我们在前面讲过的可以过滤空气的人体器官吗？它就是鼻子。在鼻子正中，有一块叫作鼻中隔的软骨，它将鼻子分成了左右两个鼻腔。鼻腔内有一层鼻黏膜，鼻孔内还长有鼻毛，它们共同起着空气过滤器的作用。鼻腔的顶端是嗅觉区，那里分布着500万个嗅神经细胞，当它们受到外界的刺激时，就会通过嗅神经将信号传给大脑，大脑对其加以识别，所以我们就闻到了外界的各种气味。

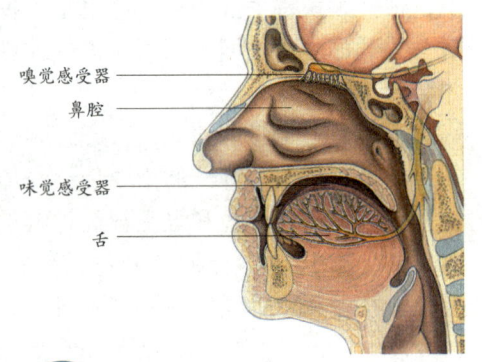

嗅觉感受器
鼻腔
味觉感受器
舌

⬆ 人的嗅觉

嗅觉和味觉是相互独立的，不过二者都是在人体受到化学刺激时产生的。鼻腔中的感受器探测到空气中有气味的分子之后，和感受器相连的神经末梢负责将信息传递到大脑。

为什么感冒的时候鼻子不通气，嗅觉也会下降呢？这是因为感冒病毒使得鼻黏膜肿胀，并不断分泌大量的黏液，从而使我们感到鼻子发堵。另外，嗅觉区的鼻黏膜肿胀，还会影响人的嗅觉，所以我们都会觉得感冒的时候鼻子有些失灵。

🪐 最合身的衣服——皮肤

皮肤可以说是人体最大的感觉器官，整个人体表面都是由皮肤来覆盖的。如果将皮肤展开，那么一个成年人的皮肤就可以覆盖大约2平方米的面积，儿童的皮肤也可以达到1.5平方米。皮肤对于我们的身体非常重要，它可以帮助我们保持恒定的体温，减缓体内水分的流失，并防止细菌入侵我们的身体。另外，皮肤还可以让我们拥有各种各样的感觉，比如说寒冷、炎热、疼痛等。

你们心目中最理想的衣服是什么样的呢？我想它至少应该可以为我们驱寒保暖、清凉避暑、抵抗外界的细菌和有害物质、保护我们的身体，最好可以穿一辈子，而且不需要特殊的保养，也不会损坏。你们是不是以为我在做白日梦呢？不是的，我现在还很清醒。其实，这样的衣服确实存在，而且我们每个人都有一件。在我们刚刚来到这个世界的时候，就已经穿在身上了。随着我们身材的变化，衣服的尺码也在不断变化，所以不管到什么时候，它都非常合身。想到是什么了吗？没错，这件最完美、最合身，让我们穿起来最舒服的衣服就是我们的皮肤。

你们对自己的天然衣服还算满意吗？我想你肯定找不出比它性能再好的衣服了。我们的皮肤不仅可以自动调节体温，而且还可以自我修复，这都是其他的衣服所不具备的。

我们所看到的只是皮肤的表面，那么皮肤的下面还藏着什么秘密呢？皮肤是很薄的，只有 0.5～4 毫米，但就是这薄薄的皮肤，却被分成了三层。它们分别是表皮、真皮和皮下组织。表皮位于最外面，是最坚韧的，可以抵抗轻度的酸碱刺激，并可承受一定程度的压力和摩擦。下面的真皮和皮下组织中则含有汗腺、血管等，各种感受器也都在这里。另外，在皮下组织中，还有一些脂肪，可以帮我们保持体温。

在了解了皮肤的结构以后，你是不是对皮肤的流汗现象更加清楚了呢？在皮肤中，含有 200 万～500 万个汗腺，这些汗腺就像一根根长长的管子，每根管子都卷得很紧，如果你把它拉直，就足有一米长。汗腺可以分泌汗液，然后通过管子排出体外。皮肤会出汗其实是人体的一种自动冷却机制，将体内多余的热量散发出去。

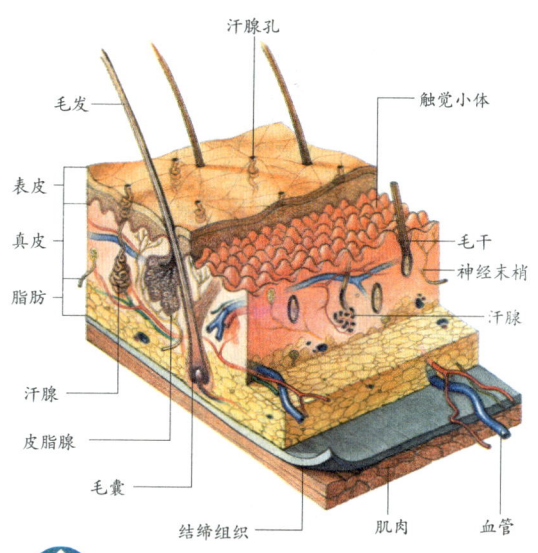

皮肤

此图显示了构成皮肤的众多组织。成人的皮肤表面积约 1.8 平方米，重量将近 3 千克。

骨头和肌肉

骨骼是人体的支架，我们的身体全靠它来支撑。肌肉则帮助我们完成各种运动，包括我们脸部各种各样的表情，并可使我们的身体更强壮。骨骼和肌肉在人体所占的

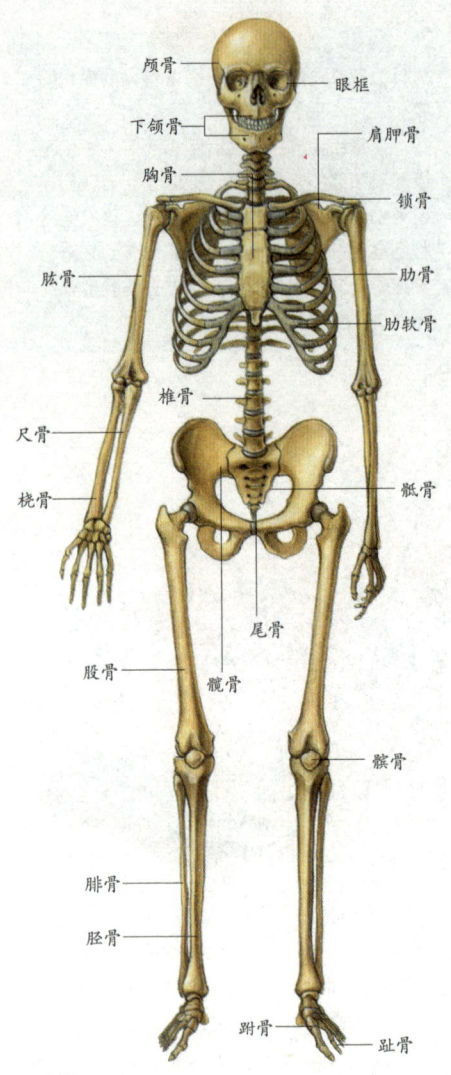

骨骼

上图标明了组成人体支架的主要骨骼。有一些骨头因为太微小，所以没有在图中标出，例如中耳处的3块骨头和支撑舌部肌肉的舌骨。

图中标注（从上到下，左侧）：颅骨、下颌骨、胸骨、肱骨、椎骨、尺骨、桡骨、股骨、髋骨、腓骨、胫骨、跗骨

图中标注（从上到下，右侧）：眼框、肩胛骨、锁骨、肋骨、肋软骨、骶骨、尾骨、髌骨、趾骨

比重都很大。其中，骨骼是由206块骨头构成的，它们的重量占人体总重量的20%；肌肉的比重则更大，在人体中共有600多块肌肉，它们的重量占人体总重量的40%。

骨头的表面是致密的骨密质，十分坚硬，密度也很大。里面是像海绵一样的骨松质，由它来决定骨头可以承受多大的压力。再往里就是胶状的骨髓，有黄骨髓和红骨髓两种，其中红骨髓具有造血的功能。其实，在我们刚出生的时候，我们的骨髓都是红骨髓，根本就没有黄骨髓。但随着年龄的增长，脂肪细胞增多，一些红骨髓逐渐被黄骨髓所代替。黄骨髓是一种脂肪组织，并不具备造血的能力。但是当发生机体严重缺血等危急状况的时候，部分黄骨髓就可以重新被红骨髓所代替，增强骨髓的造血功能。骨膜是覆盖在骨头表面的一层致密的结缔组织，具有营养和感觉的作用，对于我的生长和断后愈合也起着非常重要的作用。

当我们刚来到这个世界的时候，并不是只有206块骨头。新生儿的骨头大约有340多块，等到成年以后，才会变成206块。那么其余的100多块骨头到哪里去了呢？原来，随着人体的生长，一些骨头就会长在一起。也就是说，其中的一些骨头进行了合并，所以骨头的总数量自然也就变少了。

这些骨头又是如何连接的呢？人体的骨骼是一个非常复杂的系统，它将206块骨头巧妙地连接了起来，组成人体的基本框架。骨头的连接方式有两种，一种是直接相连，这是一种固定连接的方式，被连接的骨头不能再分开或彼此活动的范围很小；另一种是通过关节相连，这样的连接可以保证两块骨头在一定的范围内进行活动，所以是活动连接。

在人体的所有肌肉中，大部分都是与骨骼相连的，我们将这样的肌肉叫作骨骼肌，分为长肌和短肌两种。骨骼肌可以在神经的支配下收缩和舒张，进行运动。长肌一般可跨过一个或多个关节，在它舒缩的过程中会牵动骨骼，使我们完成各种复杂的动作。肌肉本身还具有弹性，这样就可以减轻外力对人体的冲击。另外，骨骼肌在收缩的时候还可以带动骨骼和其他组织，以帮助我们支撑起身体的重量。

除了骨骼肌，人体还有两种肌肉，它们是平滑肌和心肌。心肌分布在心脏周围，

它分为内、中、外三层，三层心肌纵横交错，保证了心肌的收缩。平滑肌则分布在其他的内脏器官周围，协助其他器官工作。另外，有些肌肉受我们意志的指挥，我们就称之为随意肌，比如说骨髓肌；有些肌肉则不以我们的意志为转移，称为不随意肌，心肌和平滑肌都是不随意肌。

🪐 血管和血液

在我们体内的血管中，流淌着我们的血液。人体内的血管所组成的网状系统遍布全身各处，其分支可达全身各处细胞。最有力的血管是动脉，因为动脉壁必须承受从心脏流出血液所产生的高压。动脉分支为小动脉，小动脉又分支为毛细血管。毛细血管将血液运往全身各个组织。食物和氧气经过毛细血管的薄壁进入细胞，同时二氧化碳等废物被运出细胞。毛细血管里的血液再次汇合到小静脉，小静脉里的血液又到静脉，最后将血液运回心脏。

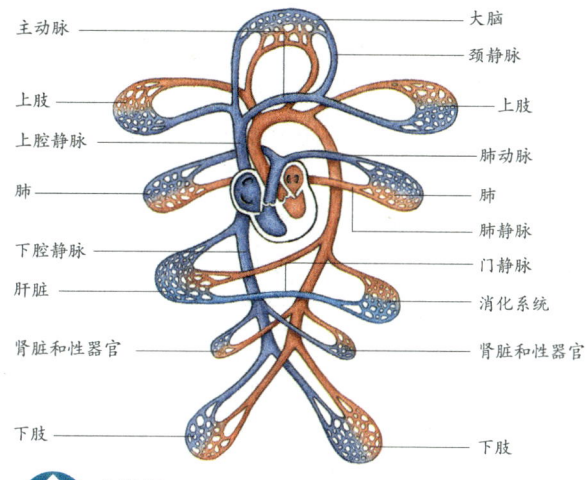

血液循环

肺动脉将血液运送到肺部，血液在肺部得到氧气，并将氧气运送到全身的组织器官，然后通过静脉流回心脏。消化系统的血液要先流经肝脏，肝脏储存营养物质后，血液才到达心脏。

血液承担着运输养分和清洁人体系统的重任，它们将氧气和各种营养成分带给身体的各个部位，同时又将人体代谢所产生的废物带走，并通过体内的不同器官将废物排出体外。另外，血液还可以杀灭病菌，并帮助我们保持体温。由此可见，血液对人体是非常重要的，一旦你的身体缺少血液，就会给身体带来诸多不适，严重者还会导致疾病甚至死亡。

血液在血管中是不停地循环着的，所以它才可以将人体所需的氧气和营养物质及时地运送给身体的各个部位，然后又及时地将身体的废物清理掉。如果血液停止循环，那么它也就无法做到这些了，身体的各个部位都得不到养分，而代谢出来的废物又清理不掉，这样人体就无法再继续运转下去，衰竭而死。为什么血液可以在人体不间断地循环下去呢？其实，这都是心脏的功能。血液经人体的静脉血管流入心脏，然后又被心脏挤压到动脉血管中，周而复始，就形成了血液循环。

血液主要由三部分组成：血浆、血细胞和血小板。其中，血浆的主要功能是运输营养物质和激素，并带走细胞所产生的代谢废物；红细胞的主要功能是运送氧气和二氧化碳；白细胞的主要功能是抵御和消灭侵入人体的病毒、细菌以及其他微生物；血小板是血液中的应急储备物质，当血管破损以后，它就会大量聚集到伤口处，形成血栓堵住伤口。红细胞是通过血红蛋白来运送氧气和二氧化碳的。血红蛋白是红细胞中的一种蛋白质，它能够与氧气结合，将氧带到全身各个部位。在它释放了氧气之后，就会与二氧化

碳结合，然后回到肺部释放出二氧化碳，再吸入新鲜的氧气，如此不断地循环。

白细胞是人体的卫士，如果哪个部位出现了感染，体内就会产生大量的白细胞，用来对付病菌。所以，当我们发烧到医院看病的时候都要检验白细胞的数量，如果发现白细胞的数量猛增，就说明人体内一定有某个部位被病菌感染了。

🪐 心脏怎样为你努力工作

从我们出生的那一刻起，直到生命的终点，我们的心脏都会一刻也不停地跳动着，而且从来都是任劳任怨，不知疲惫。幸好我们的心脏比较敬业，要是它也偷偷懒，或罢几天工，那我们可就惨了。心脏的作用是使血液在人体内流动，维持生命。心脏从不停止跳动，它平均每年跳动 4000 万次，在人的一生中约跳动 30 亿次。

心脏位于两肺之间胸腔的中部，偏左下方，像一个握紧的拳头那么大。构成心脏的心肌是一种特殊的不随意肌，心肌可以有节奏地持续收缩（跳动），从不停歇。因为人体内的组织和器官都需要新鲜血液不间断地供应营养，所以心肌的作用至关重要。举例来说，如果大脑缺氧的状况持续几分钟，脑细胞就会开始死亡，而大脑就会遭到严重损害。

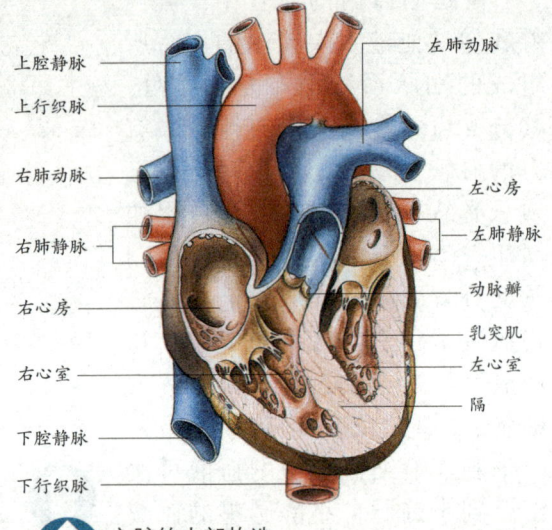

⬆ 心脏的内部构造
这是心脏的切面图。心房将血液运往心室，然后心室将血液运往全身各处，所以心室的肌肉壁要比心房厚。

（图标注：上腔静脉、上行织脉、右肺动脉、右肺静脉、右心房、下腔静脉、下行织脉、左肺动脉、左心房、左肺静脉、动脉瓣、乳突肌、左心室、隔）

心脏内部有四个腔，它们形成左右相邻的两个泵，这两个泵之间有一层叫作隔的肌肉壁，将左右两边分开。

这层隔可以防止心脏左边的血液和右边的血液相混合。位于心脏上方的两个腔叫作心房，位于心脏下方的两个腔叫作心室，心室比心房大，也更有力。

房室之间的血液流动由纤维组织构成的房室瓣控制。在血压的作用下，房室瓣会形成一个封口，防止血液回流，在心室和动脉之间也有这样的瓣膜，叫作动脉瓣。

因为心脏需要大量的氧气供应，所以它有自己的血液供应系统——冠状动脉系统。冠状动脉系统位于心脏外围，这个系统的血液不和流经心脏的血液混合。

心脏的肌肉壁收缩时，心脏的房室变小，血液从心房流向心室，然后从心室流向全身的动脉。右心室将血液运送到肺部，从而吸收新鲜氧气，与此同时，左心室将动脉血运往全身。

心脏跳动的频率是由脑干控制的，脑干所发出的神经信号可以使心率加快或减慢，在我们恐惧或情绪激动时，激素进入血液，使心跳加快。心脏内有一组特殊的心肌细胞，它控制着每次心跳的速度。

肺和呼吸

肺是人体重要的呼吸器官，我们必须不断地从外界呼进新鲜的氧气，并及时呼出细胞代谢所产生的二氧化碳来维持生命。我们每分钟都要呼吸约6升的空气，不过幸好这些事不用我们自己去操心，因为人的呼吸是身体的一种自动行为，我们的身体可以自己完成。只要我们还活着，呼吸就会自动进行。

我们的肺位于胸腔内心脏的两侧，分为左、右两个肺，心脏就贴在左肺的凹陷处。奇怪的是，两个肺之间并不是相通的，它们分别与左右支气管相连。两个肺的肺叶也有所差别，左肺分为上、下两片肺叶，而右肺则分为上、中、下三片肺叶。在肺的内部，有大约3亿多个圆形的肺泡，肺泡是进行气体交换的场所，在这里，血红蛋白吸收氧气，并释放二氧化碳。

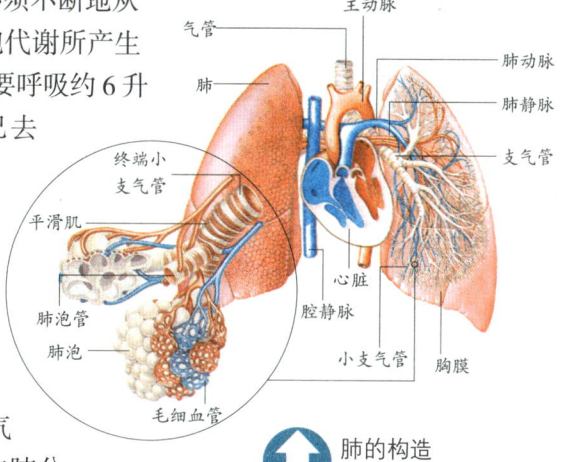

肺的构造

当空气进入肺，空气通过许多支气管最后到达肺泡。肺泡的周围包围着大量的毛细血管。当血液流过毛细血管时，氧气从肺泡进入到血液，同时二氧化碳从血液进入肺泡，气体交换过程就发生了。

你们知道吗？肺除了是重要的呼吸器官，还可以帮助我们发出声音。也许你们都认为是声带在发出声音，这并没有什么不对。但是你们也许不知道，肺在我们发声的过程中也扮演了一个非常重要的角色。正常情况下，声带是开启的，可是当我们说话的时候，声带就会关闭，从肺部呼出的气体在经过声带时，就会使声带不停地振动，从而产生声音。

在我们体检的时候，常常会有肺活量的测试。你们知道肺活量是什么吗？测量它又有什么意义吗？当你用力吸气以后，再用力呼气，你所呼出的气体量就是肺活量。也就是说，肺活量所反映的是你一次呼吸的最大限度，也是一个人身体健康的标志。肺活量越大，身体就越健壮。通常情况下，运动员的肺活量要比一般人大，其原因就在于他们经常进行体育锻炼。所以，我们也可以通过锻炼身体来提高肺活量。

我们的呼吸器官除了鼻和肺，还包括咽喉和气管。空气从鼻腔中进入以后，首先到达咽部，咽的下面连着喉和食道，空气在穿过咽、喉以后就会到达气管，气管的下方分成左、右

知识档案

呼吸作用的原理

如下图所示，人在吸气时，胸廓抬高，横膈膜（将胸腔和腹腔隔离的肌肉层）变平，这使得胸廓扩大，肺内压力低于外界大气压，因为空气总是从压力高的地方流向压力低的地方，所以气体就进入到肺内。通常每次呼吸吸入气体量约为500毫升。

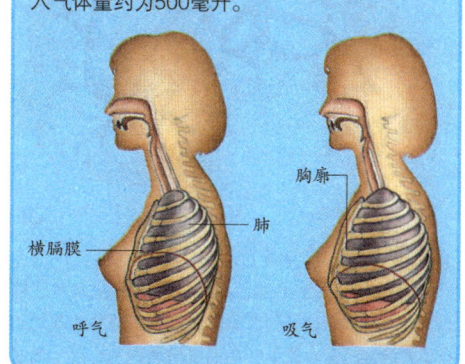

两个支气管，空气通过支气管才最终进入肺，进行气体交换。

🪐 活跃的肝脏

我们的肝脏位于横膈膜的下方，还记得什么是横膈膜吗？就是肺依托它来进行呼吸的那块肌肉。肝脏是棕色的，大约有 1.5 千克重，是人体内脏中最大的一个器官。我们的肝脏在体内非常活跃，它参与很多重要的生理过程。科学家们发现，肝脏可以做 500 项工作，这当然还不包括那些不为我们所知的工作，由此你可以想到它有多忙了！

肝脏可以控制血液中的含糖量，解除人体内的毒素，帮助消化，储存多余的脂肪和淀粉，参与新陈代谢，等等。更为重要的是，它可以控制和协调人体内的各种物质，使所有器官都能够正常地运行。也就是说，心脏的跳动、大脑的思维、食物的消化和吸收等生理活动，都要依靠肝脏来进行。现在你是不是对肝脏另眼相看了呢！还有更神奇的，那就是即使你的肝脏只剩下 10%，你也仍然可以活下去，因为这一小部分肝脏会重新长成一个新的肝脏。

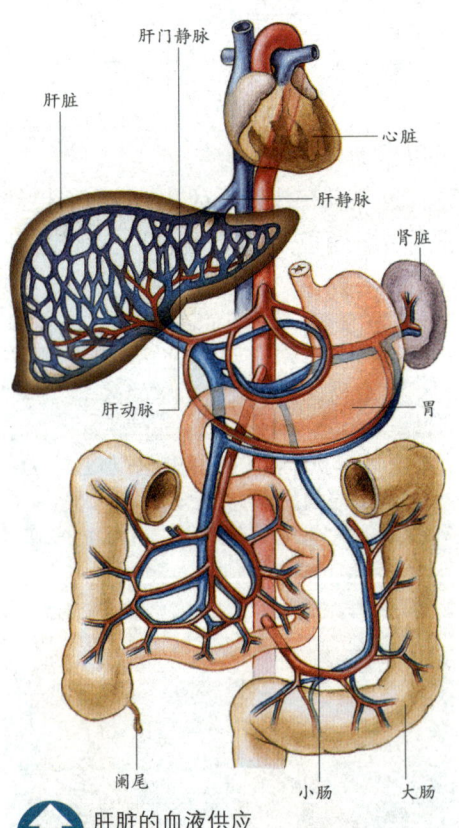

肝脏的血液供应

从心脏流出的血液经主动脉将富含氧气的血液通过肝动脉运送到肝脏。分布在肝静脉周围的小肠和大肠也将富含营养物质的血液运送到肝脏。血液经肝静脉流出肝脏。

肝脏具有强大的解毒功能，可以将人体内的毒素转化为无害的物质，再排出体外。我们所吃的食物中，很多都含有毒素：在肠道内寄生的细菌，分解时也可以释放出有毒的氨气；我们所饮用的酒，在体内就会转变成乙醛，它可与体内物质产生有毒反应；还有我们所服用的一切药物，在治疗疾病的同时，也都含有一定的毒素。这些毒素如果不清除，就会对我们的身体造成伤害，幸好肝脏将它们一一化解了，所以我们才没有受到这样的伤害。

但是，如果我们体内的毒素超出了肝脏的解毒能力，我们就会中毒。比如说最常见的酗酒，少量饮酒并不会对身体造成伤害，但是如果大量酗酒，肝脏就无法将毒素排出，造成酗酒者酒精中毒，严重者甚至可以危及生命。在我们的身边，因为酗酒而丧命的人也并不少见。所以，如果你们的家人也有这样的坏习惯，那么你就可以用我们今天所学到的知识去警告他，让他趁早改掉。

肝脏如此重要，我们是肯定离不开它的。如果肝脏出了问题，那就会给我们带来极大的麻烦。比如说肝脏不能再解毒，那么毒素就会淤积在体内，遍布全身，这将导致我们的身体百病丛生，后果不堪设想。更可怕的是，所有的肝病都没有明显的症状，使我们很难察觉。而一旦发作，病情又会迅速恶化，死亡的速度也很快。所以，我们一定要保护好我们的肝脏，经常到医院进行检查，做到早预防、早治疗。肝病虽然可怕，但只要我们发现得及时，并及时采取治疗措施，也是可以脱离危险的。

我们应该怎样从饮食上调养肝脏呢？鸡肝具有补血养肝的功效，而且可以温胃，是调养肝脏的首选。鸭血和菠菜也是养肝的佳品，可以适量食用。此外，多吃富含蛋白质和维生素的食物，少吃动物脂肪性的食物，多吃新鲜的水果，多喝水，少沾烟酒，少吃含有毒素、染色素或是刺激性的食物等，也是养肝的基础。

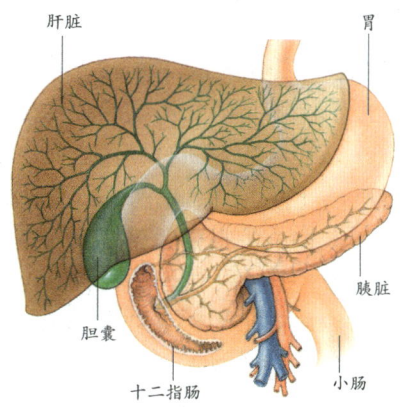

肝脏及其相邻器官

成人的肝脏重约1.5千克，胰脏和肝脏紧密相连，胆囊位于肝脏下方，其上分布着许多肝小叶的分支导管。

穿越肠子的旅行

今天，让我们一起到神奇的肠子中去进行一次特别的旅行，看看我们吃下去的食物在这里都发生了什么。在进入肠子之前，还是让我们先对肠子有一个总体的了解吧！肠子可以说是消化系统中最神奇的部分，我们体内的所有消化过程都是在这里进行的。营养物质在这里分解成小分子化合物，然后被血液吸收。总的来说，肠子可以分为大肠和小肠两大段。其中，小肠又分为十二指肠、空肠和回肠三部分；大肠则分为直肠、结肠和盲肠三部分。

小肠弯弯曲曲地盘旋在腹腔内，上端与胃相通，下端与大肠相连，是食物消化与吸收的主要场所。其中，脂肪和胆汁在十二指肠中进行混合；脂肪、蛋白质和碳水化合物在空肠中被分解和吸收；而肠内的大部分水分则在回肠被吸收利用。进入小肠的内部，我们可以看到在它的管壁上长满了绒毛，这些绒毛可以帮助我们消化食物并把营养成分吸收到血液中。小肠看起来皱皱巴巴的，所占的面积很小，但如果把它熨平，它的面积则可达到20～40平方米。

为什么要取十二指肠这么奇怪的名字呢？难道它看起来像十二根手指吗？不是这样的，它的名字确实与手指有关，但并不是说它长得

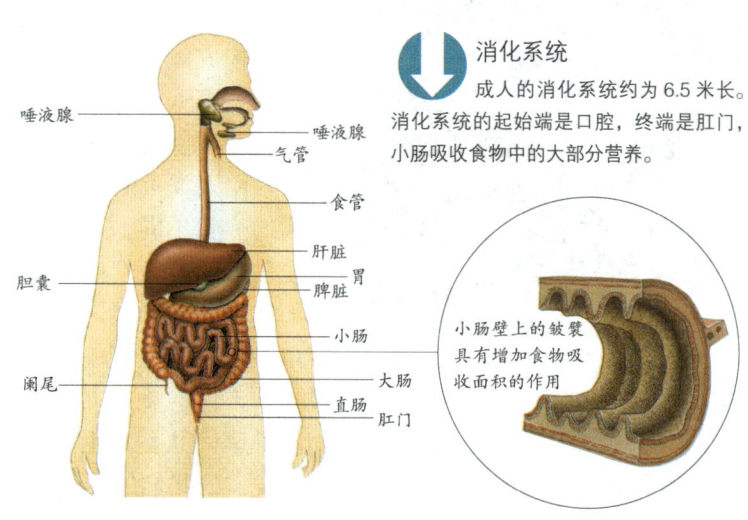

消化系统

成人的消化系统约为6.5米长。消化系统的起始端是口腔，终端是肛门，小肠吸收食物中的大部分营养。

小肠壁上的皱襞具有增加食物吸收面积的作用

像手指，而是说它的长度有十二个手指那么长。这个说法是由一位叫作海罗费利斯的希腊医生提出来的。

那小肠是怎么消化的呢？靠它所分泌的消化液吗？不仅仅是靠小肠腺所分泌的小肠液，还有胆囊所分泌的胆汁、胰腺所分泌的胰液等消化液也都参与了消化的过程。这些消化液可以消化食物，主要就是由于它们含有各种各样的消化酶。

人体内大多数的化学反应，都要有酶的参与。尤其是消化，更是需要各种各样的消化酶来帮忙。如果没有酶，我们体内的消化就无法进行，除非你将自己的身体加热。可是你知道加热的温度吗？只有达到 300℃ 的时候，你体内的食物才能被你所消化。也就是说，你只有先把自己煮熟了，才能将你的食物消化掉。幸好我们有酶，它可以将化合物分解成碎片，将营养物质分解成可以被我们的身体吸收和利用的形式，方便我们的消化和吸收。

当小肠完成它的工作以后，就会将其处理过的废物运给大肠。而大肠则负责将食物残渣浓缩成粪便，再通过直肠经肛门排出体外。大肠也具有一定的消化意义，因为在大肠中存在着大量的细菌。别怀疑自己的耳朵，你们绝对没听错，我说的就是细菌，别忘了细菌也不都是令人讨厌的。大肠中的细菌为有益菌群，它们可以利用食物残渣合成一些人体所必需的维生素，比如说维生素 B 和维生素 K。

染病真相

人为什么会生病呢？如果这个世界没有疾病该多好呀！要真是那样，我们是不是都可以长命百岁呢？那倒也不见得，即使没有疾病，人类也不可避免地要衰老，而且很多意外也同样会夺走人的生命。其实我们根本就没有必要讨论这样的问题，因为这样的状况是不可能出现的，我们人类也是不可能逃脱与疾病抗争的命运的。

我们每个人在一生之中都要经历大大小小的各种疾病，这是不可避免的。如果一个人的生命里从来就没有出现过任何疾病，甚至连感冒都没得过，那可真称得上是奇迹了！所有的疾病都会让我们不舒服，但却并不是所有的疾病都会对我们构成威胁。普通的小病很快就会好起来，而一些大病、重病，尤其是脏腑疾病，则往往不易治愈，甚至还会危及性命。

我们人类可能患上的疾病有成千上万种，每种疾病的症状不同，对人体的危害不同，其产生的原因也是不同的。它们有可能是因为你体内的毒素引起的，也有可能是因为你肠道中的虫子造成的，还有可能是因为空气中的病菌导致的，等等。但总的说来，人体的疾病大多都是我们自己造成的，是我们不健康的饮食和生活习惯为疾病的入侵创造了便利条件，使我们的身体对疾病敞开了大门。所以说，

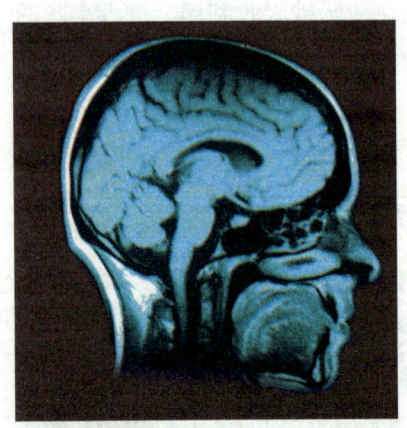

工作人员利用从 MRI 扫描仪得到的人体图像重建出器官或组织的三维影像图，从而协助医生诊断脑部及神经系统的病变。

导致你生病的罪魁祸首其实就是你自己。

你们是不是不太愿意相信这样的事实呢？可事实上，很多人都在不经意间伤害了自己的身体，在自己的体内留下了健康的隐患，这种隐患会在将来的某一天一触即发，而且一发不可收拾。比如说一个吸烟者，他并不觉得吸烟有什么不好，在他吸烟的时候也没有感到任何不适。可是他并不知道，在他吸烟的同时，烟尘中的有害物质就已经入侵了他的肺，而且在那里安家了。经过长期的积累，他的肺已经惨不忍睹，癌症也随之光临了。

此外，不健康的心理也是导致疾病的重要原因。有些人悲观厌世，整天郁郁寡欢；有些人争强好胜，禁不起任何失败；有些人心胸狭窄，一点儿小事就气得一天都不吃饭；还有些人情绪波动起伏，或者大喜或者大悲，根本不懂得控制和收敛……这些都是不健康的心理状态，如果不加以调整，长期下去就会危害身体健康。要知道，人的精神和身体是一体的，它们之间也是相互影响的。所以要拥有健康的身体，就必须拥有积极乐观的生活态度，保持心理健康。

🪐 可怕的病菌

还记得我们在前面所说的那些显微镜下的怪物吗？它们可是最难对付的健康杀手。这些病菌遍布我们生活的各个角落，随时都准备向我们发起攻击。一旦它们的阴谋得逞，我们的身体被它们侵占，那么疾病也就随之而来了。更为可怕的是，我们根本就无处可逃，也无处可躲，因为它们真的是无处不在。

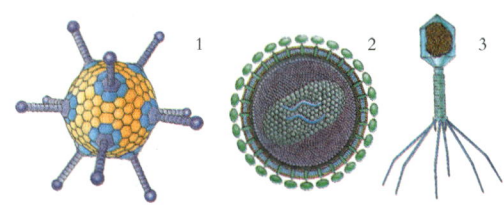

病毒的形态

病毒有多种多样的形态，上图显示了其中3种病毒的形态。腺病毒会感染喉咙和鼻子等部位，其特征是尖头构造，见图1；艾滋病病毒的表面覆盖着坚固的蛋白质，见图2；抗生素是一种侵袭细菌的病毒，它的尾部是纤维，见图3。

细菌喜欢那些又脏又乱的地方，如果你不想身边的细菌太多，那就把你的房间收拾得干净一些。当然，即使你这样做了，细菌也不会消失，在你的房间也仍然存在着大量的细菌，这一点我们在前面就已经说过。细菌的可怕之处在于它可以制造有毒的化合物，从而危害我们的健康。能够引起疾病的细菌有很多，比如说瘟疫、霍乱、肺结核等疾病，都是由细菌引起的。

当然，并不是所有的细菌都会导致疾病，有些细菌甚至还是有益于健康的，比如说我们在前面提到的生活在大肠中的细菌。不过，如果你的体内存在着大量的细菌，那绝对是一件非常可怕的事。要知道，细菌的繁殖速度是很快的，如果你为它们提供一个舒适的生活环境，它们就会以惊人的速度迅速繁殖。如果我们不去打扰它，一个细菌在9个小时内就可以繁殖出一亿个细菌，真是不可思议。

病毒似乎比细菌还要可怕，虽然它比细菌要小很多，但它的危害却一点儿也不小，而且病毒可没有细菌那么好心，还帮助我们的身体合成维生素，它只会给我们制造麻烦。病毒既不吃东西，也不呼吸，它在我们的细胞中生存，并劫持细胞的控制系统，

迫使我们的细胞为它服务，复制出更多的病毒。当细胞死去以后，它们又会去寻找另一个牺牲品。很多疾病是由病毒引起的，比如说流感、狂犬病、病毒性腮腺炎、水痘、乙型肝炎等。

病毒可以通过我们的鼻子、嘴和伤口进入人体，然后占领细胞。病毒的本性十分凶恶，有一种叫作噬菌体的病毒甚至还可以攻击细菌。当某一种病毒出现的时候，我们常常会注射疫苗来防止被病毒感染。可是，有些病毒却让我们防不胜防，因为它们还擅于变化。病毒在复制的过程中，常常会产生变异，这就会使我们的免疫系统忽略它们的存在，从而使我们更容易被感染。

然而，我们的免疫系统在杀死病毒的同时，难免会将细胞也一起杀死。我们的免疫系统还没有设计出一种只杀死病毒而不伤害细胞的方案。这也是让我们很头疼的事情，因为它有时会让病情变得更糟。比如说乙型肝炎的患者，它的病毒就在肝脏细胞里面，免疫系统要杀死病毒，就必然会损害肝脏。

🪐 身体的抵抗

面对病菌的疯狂攻击，我们的身体当然不会任其宰割。相反，身体会奋起抵抗，将病菌通通消灭。病菌要进入我们的身体，是要经过重重阻隔的，如果它们穿越了重重障碍，最终进入了身体内部，它们的日子也不好过。因为我们的人体卫士会迅速赶过来，将它们全部杀死。所以说，病菌在人体的旅行其实并不愉快，面对身体的抵抗和攻击，它们往往都要付出更为惨重的代价。

白细胞可是我们阻击病菌的有力武器，也是人体的免疫系统中最重要的成员。白细胞可以分为 T 细胞和 B 细胞，其中 T 细胞又可分为杀手细胞、T 助手细胞和 T 抑制细胞三种。所谓杀手细胞，看名字就知道它的厉害了，它是负责杀掉病菌的，所有被确信为藏有病菌的细胞都将被它们清除掉；T 助手细胞当然是给 T 细胞帮忙的，它们负责向 B 细胞发出警告，并指示杀手细胞发起攻击；T 抑制细胞是用来限制那些疯狂的杀手细胞的，以免它们伤害太多的无辜细胞。B 细胞可是经过特别训练的，它们可以锁定目标，进行有针对性的攻击。

我们的体内有数百万个 B 细胞，由

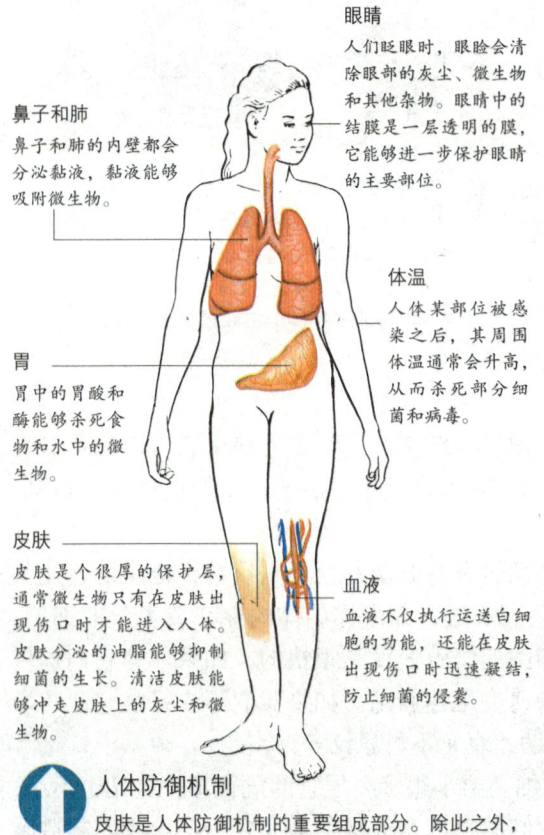

眼睛
人们眨眼时，眼睑会清除眼部的灰尘、微生物和其他杂物。眼睛中的结膜是一层透明的膜，它能够进一步保护眼睛的主要部位。

鼻子和肺
鼻子和肺的内壁都会分泌黏液，黏液能够吸附微生物。

体温
人体某部位被感染之后，其周围体温通常会升高，从而杀死部分细菌和病毒。

胃
胃中的胃酸和酶能够杀死食物和水中的微生物。

皮肤
皮肤是个很厚的保护层，通常微生物只有在皮肤出现伤口时才能进入人体。皮肤分泌的油脂能够抑制细菌的生长。清洁皮肤能够冲走皮肤上的灰尘和微生物。

血液
血液不仅执行运送白细胞的功能，还能在皮肤出现伤口时迅速凝结，防止细菌的侵袭。

⬆ 人体防御机制
皮肤是人体防御机制的重要组成部分。除此之外，防御机制还保护着人体中没有被皮肤覆盖到的部位，使它们免受微生物的侵袭。

于这些细胞具有识别能力，所以一旦我们的身体受到某种病菌的侵袭，那么它们就会记住这种病菌。当我们再受到这种病菌袭击的时候，它们就会主动向这种病菌发起攻击。也就是说，我们的身体已经对这种病菌产生了免疫力。所以，由病菌引起的疾病，我们通常都不会再得第二次。

其实，身体的第一道防线是我们的皮肤，它如同一道天然的屏障，将所有的病菌都挡在了外面。一般情况下，病菌是不可能通过皮肤进入我们的身体内部的，但是如果你划伤了你的皮肤，那么病菌就有可能乘虚而入了。鼻子和嘴是人体的主要关口，这里的防守相对薄弱，所以病菌常常从这两个地方溜进人体。比如说感冒，通常都是因为吸入了带有感冒病毒的空气所引起的。

> **知识档案**
>
> **不治自愈的感冒**
>
> 感冒是一种常见病，它虽然让人感到很难受，但是却不会对我们造成太大的危害。一般情况下，患者可自动痊愈。你不要以为是什么神奇的药物治愈了你的感冒，其实到目前为止，还没有哪个医生能治愈感冒。不过别担心，因为我们的身体可以自己治好它，这当然要依靠我们的免疫系统。虽然你在感冒的时候会出现诸多的不适，可那正是我们的免疫系统在与病毒作战呢！别着急，很快就会好的。通常我们的免疫系统只需要一周就可以将感冒病毒全部消灭，当然，在此过程中，我们会损失很多白细胞。

危险的食物

我们每天都要摄取各种各样的食物，以满足身体的需要。你们知道吗？我们的食量大得惊人，每个人的一生都要吃下大约 30 吨的食物。当然，我们每个人的食量都是不同的，有的人吃得多，有的人则吃得少。你一次能吃下多少东西主要取决于你的胃有多大，你盛放食物的地方越大，你的食量自然也就越大。

另外，大脑中的丘脑也可以控制人的食量，有时它会及时向大脑发出信号，告诉我们什么时候该吃东西，什么时候又该停止进食。当然，当它告诉你该进食的时候，你却不想吃；而当它告诉你停止进食的时候，你却停不下来。这就是因为我们对不同的食物有着不同的情感，碰到自己喜欢的食物，就要多吃一些，而碰到不喜欢的食物，则要少吃一些。

为什么说食物可能是危险的呢？这当然并不是说食物本身是危险的，而是说在某种特定的情况下，食物就可能危害我们的健康。比如说生活中常见的食物中毒现象，就是由于我们吃下了不干净或过期变质的食物造成的。也有些危险的食物是我们不易察觉的，那就是食物的搭配出了问题。也就是说单一的食物是没有危险的，但是如果将两种食物放在一起食用，就有可能会对我们的健康造成危害。另外，食用过多的食物或者是食用的食物过于单一也都会损害我们的健康。

↑ 速食食品
许多人都喜爱速食食品，但是这些经过多重处理的食品往往含有大量脂肪，所以单一的速食食品不能为人体提供均衡的营养。

我们在前面已经提到过，不健康的饮食会导致多种疾病。比如说现在很多孩子都有偏食的毛病，这是一个非常不好的习惯，会严重影响儿童的健康成长和生理发育。我们知道，每种食物所含的营养物质都是不同的。换句话说，每一种食物都有它的营养价值，也都有对人体有益的一面。而我们的身体是需要很多种营养元素的相互配合才能够更好地运转的，所以我们必须从食物中得到这些营养物质，以满足身体的需求。如果我们有偏食的习惯，就会造成体内某些元素过量和某些元素不足，这将直接危害我们的健康，导致疾病的产生。

知识档案

预防中毒

有毒物质能通过若干种不同的途径进入人体，例如眼睛、呼吸和注射。人被毒蛇等动物咬伤时，蛇毒就会进入人体。有时人们也可能误食毒药。此外，皮肤也会吸收某些化学类有毒物质。这些有毒物质会对人体的肺和肝脏等器官造成伤害。许多中毒事件都是由于误食下图中的有毒植物引起的。如果你不能确定某种植物是否无毒，请不要贸然食用。

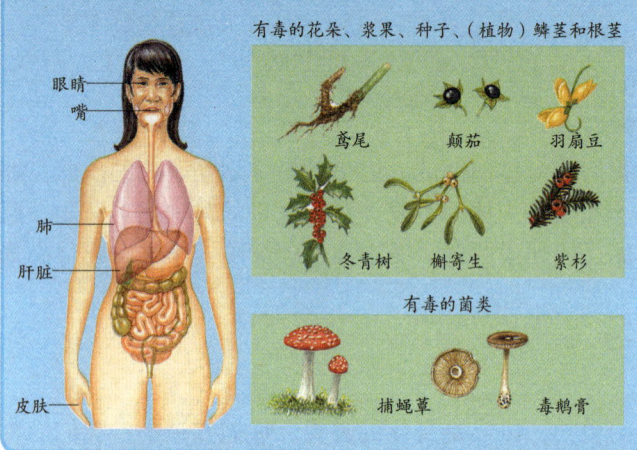

有毒的花朵、浆果、种子、(植物)鳞茎和根茎

鸢尾　　颠茄　　羽扇豆

冬青树　　槲寄生　　紫杉

有毒的菌类

捕蝇草　　毒鹅膏

食物的搭配也是很有学问的。如果食物搭配不好，不仅会破坏它们的营养成分，而且还会危害我们的健康，甚至产生毒副作用，危及生命。比如说菠菜与豆腐这种常见的组合，其实以营养学的观点来看，是非常不合理的。因为菠菜中含有草酸，而豆腐中含有钙，两者相遇可结合成草酸钙，不仅影响人体对钙的吸收，而且长期食用还可导致结石症。再比如说菠菜和韭菜同吃，具有润肠的作用，很容易导致腹泻。

值得一提的是，那些肥胖的人并不是因为体内的营养物质过多造成的。肥胖是因为体内存有过多的脂肪，但这并不是一种健康的表现。事实上，肥胖也是营养不良，他们的体内缺少很多营养物质，比如说纤维、维生素等。所以说肥胖也是一种疾病，它也会危害我们的健康，很容易诱发高血压等疾病。如果你希望自己远离肥胖，那就一定要少食用那些油腻的垃圾食品，多食用新鲜的蔬菜和水果。

🪐 医生和救命药

除了我们的免疫系统，我们还可以借助医生和药物来治愈我们的疾病。在很多人心中，医生都是非常神圣的，也是非常严肃的，所以一般的小孩子都会害怕医生。只是看他们穿着白大褂站在那，就已经让人很紧张了。如果他手里再拿着一个针管或者是一把手术刀，那一定会把孩子们吓得号啕大哭。不过在生病的危急关头，只有医生才能救我们的命。

现在的医学已经取得了很多辉煌的成就，很多以前的不治之症，现在也都找到了解决的办法。以前人们根本就不敢相信，自己的内脏坏了还可以继续活着，这听起来似乎是不可能的。可是这一切在如今来说都不是什么难题了，这多亏了医学工作者们的不懈研究以及医生们高超的医术，解除了患者的痛苦，也挽救了很多人的生命。所以说，这些救死扶伤的医生是很值得我们尊敬的。

医生不仅可以进行各种高难度的手术，而且还可以给我们提供很多好的建议，让我们生活得更健康。所以当我们的健康出现问题的时候，一定要听医生的话，只有这样才能尽快好起来。当然，我们也应该清楚，医生并不是万能的，有些问题是医生也解决不了的。而且医生也存在误诊的现象，导致医疗事故的发生。所以，我们也不能过分相信医生，最好能多听听几位不同医生的意见，别让自己成为医疗事故的受害者。

人活一世，不可能永远都不患病，而患病就一定要吃药。你们也一定有过吃药的经历吧！是不是吃过药之后就觉得好多了呢？也有些时候，我们会选择静脉注射的方式来向体内注入药物，这样往往恢复得更快。各种先进的医疗手段再加上各种神奇的药物，延续了我们的生命，也减轻了我们的痛苦。想一想，如果有一天我们没有药物可用，那会是多么可怕的一种情景！

医药可以救命，但医药也同样可以害人性命。这种说法是不是听起来很可怕呢？可这确实是事实。我想大家应该都知道"是药三分毒"的道理吧！所有的药物在治愈我们疾病的同时，也会在我们体内产生毒素，有些时候还会令我们产生一些不良反应，这就是药物的副作用。每一种药物都不是只有一种功效，当你用它去治疗一种疾病时，我们所用的只是它的一种功效，那么其他的功效也就自然成了副作用。所以，我们必须在医生的指导下服用药物，千万不要过量，可以不吃药就尽量不要吃药。如果你服用了过多的药物，或者是你所服用的不同药物发生了反应，就会对你的身体造成极大的伤害，甚至危及性命。

保罗·埃尔利希用系统化的方法来开发药物。著名的"606"药作为治疗梅毒的特效药于1910年以撒尔佛散商品名上市销售。

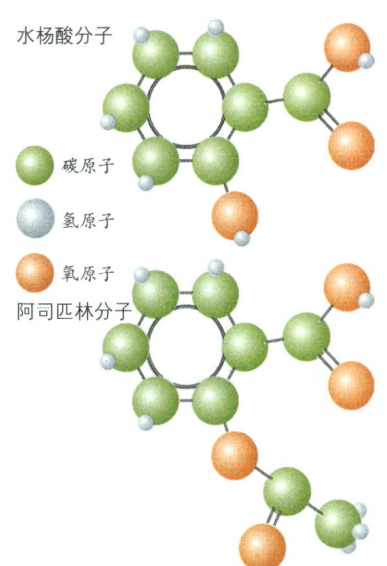

水杨酸分子

碳原子

氢原子

氧原子

阿司匹林分子

在过去，人们利用从柳树皮中提取出的水杨酸来镇痛解热。现代药物阿司匹林由水杨酸乙酰化衍生物组成。乙酰水杨酸钠可起到中度镇痛的作用，并可用来治疗风湿病。

🪐 鼠疫

也许你们并没有亲身经历过可怕的鼠疫，可是你们应该听说过由于鼠疫所带来的巨大灾难，染上鼠疫的人大批大批地死去，每个人都人心惶惶，生怕自己被传染上鼠疫。尽管我们并不愿意回想那些凄惨的往事，可是这些残酷的事实却又让我们无法遗忘，毕竟有太多的人在这种可怕的瘟疫中失去了生命。

鼠疫是由一种叫作耶尔森氏菌的病菌引起的，它们在老鼠的体内快乐地生长。如果这时有一只跳蚤咬了老鼠一口，那么耶尔森氏菌就会进入跳蚤的肚子里。这种病菌并不会让跳蚤太舒服，因为它们会阻塞跳蚤的肠子，让它们无法正常进食。结果跳蚤病了，可它们还在疯狂寻找新鲜的血液，我们人类自然也是它的目标之一。如果你很不幸被这样的跳蚤咬了，那

传播鼠疫的啮齿类动物

么那些该死的鼠疫病菌就会趁机进入你的身体，然后开始在你的体内作乱。

鼠疫病菌常常会攻击人的大脑和血液，有时它也攻击人的肺部。患者被它折磨得苦不堪言，他们不断地咳嗽、呕吐，结果把病菌弄得到处都是，于是疾病开始流行，越来越多的人染上了鼠疫。更为可怕的是，如果患者没有得到有效的医治，那么至少有 1/3 的患者会在 5 天之后死亡。仅在 1896 ~ 1917 年之间，印度就有 1000 多万人因鼠疫而丧生。

面对来势汹汹的鼠疫，人们开始方寸大乱，究竟该怎样才能控制住这场可怕的瘟疫呢？人们开始大肆地宰杀猫和狗，因为它们是跳蚤的传播者。这些可怜的小猫和小狗成为牺牲品，可是人们的这种做法却并没有起到什么作用，因为跳蚤同样会咬人来传播疾病。明智的做法是对疾病患者进行隔离，这样可以有效地控制疾病的蔓延。英国女王伊丽莎白还宣布将病人所有的物品连同房子一块儿烧毁，这样做显然是没错的，因为跳蚤也同样会被烧死。

鼠疫虽然可怕，但是现在我们已经找到了控制它的办法，也就是说，人类再也不会因为鼠疫而有生命危险了。对于鼠疫患者，通过药物和抗生素治疗，就可以让他恢复健康，这无疑是最值得我们高兴的事。

是谁发现了鼠疫病菌，又是谁最先想出了治疗鼠疫的办法呢？他就是伟大的瑞典科学家亚历山大·耶尔森。耶尔森在鼠疫患者的尸体上割下了肿大的淋巴结，然后他培养了淋巴结中的小细菌。后来，他找到了一只倒霉的老鼠进行实验，将病菌注射入老鼠的身体，结果这只可怜的老鼠果然得了鼠疫。人们为了纪念耶尔森，就把导致鼠疫的这种病菌取名为"耶尔森氏菌"。后来，他又研究出了针对病菌的抗毒素，第一次彻底治愈了鼠疫患者。

各种各样的机器人

🪐 我们的机器人朋友

在某些科幻影片中，机器人是十分可怕的，它们拥有无穷的力量，并攻击我们人类，甚至会将我们全部杀死。但是在现实生活中，机器人却表现得十分友好，它们帮助我们做各种工作，当然，大多数都是我们自己不愿意去做的工作，不过机器人一点儿也不介意。而且它们还可以陪我们玩耍，为我们服务，给我们的生活增添了很多乐趣。所以说，机器人是我们的好伙伴、好朋友。

机器人的种类有很多，它们的样子也是五花八门，想一想你见过几种呢？有些机器人非常简单，它们只是一种自动的装置，只能用同一种方式反复地做几件简单的事；有些机器人是在遥控器的指挥下工作的，也就是说，如果我们不用遥控器去控制它，它就什么都做不了；有些机器人是仿照动物制作的，它们可以模仿动物的一些行为，甚至还可以模仿早已灭绝的恐龙；有些机器人则看起来像人一样，也可以模仿人的一些行为，不过它们还没有真人那样灵活。

⬆ **微型机器人** 可以用来处理家务，照顾老人和小孩。

你们是不是觉得机器人是一种高科技产品，只有在具有一定科技水平的现代才能研制出来呢？事实并不是这样的。其实，机器人绝不是近代才出现的新玩意儿，早在几千年前，古希腊的工程人员就已经发明了一些可以移动的雕像以及用蒸汽驱动的模型。当然，那时人们并不叫它机器人，而最早被人们称为机器人的东西是由一位我们非常熟悉的大画家发明的，他就是莱昂纳多·达·芬奇。他设计了一个可以自动行走的狮子，据说这个狮子还曾经走到法国国王的面前，并向他敬献了鲜花，当然，这一举动把国王吓了一大跳。另外，他还设计了一个机器人武士，可以立正和挥动胳膊。

⬆ 这台用于搜取情报的微型间谍装置是利用微缩工程技术制造出来的，长度仅有25毫米，其电动机的直径仅有2.4毫米。

人类为什么要设计机器人呢？难道就不怕机器人对抗我们吗？如果你们有这样的疑问，那就一定是科幻小说看多了。人

类设计机器人的初衷当然是为了造福人类，让机器人为我们服务，有谁会给自己制造麻烦呢？有了机器人，我们就不用再去做那些枯燥乏味而又危险的工作了，这些可爱的机器人就可以全部代劳了，而且它们的精确度还很高呢！当然，我们也不排除有些人设计机器人只是为了满足自己的好奇心和发明欲。不管怎么说，机器人都不会给我们带来什么灾难，至少现在还不会。

仿人机器人

所谓仿人机器人，其实就是指模仿人的形态和行为所设计出来的机器人。仿人机器人是机器人研究的主要发展方向，因为我们人类是世界上最高级的动物，所有以人为背景的研究就是最高的目标。你想不想拥有一个与自己完全一样的机器人呢？这或许是一件很可怕的事，如果连你的妈妈都把它当成自己的孩子而冷落了你，那可就糟了。不过这也确实是一件非常有吸引力的事情，也许世界上最像的双胞胎都不会有你们这么像，因为它可是完全按照你来设计的。

科学家们为什么如此热衷于仿人机器人的研究呢？这其中还有一个重要的原因，那就是人类更喜欢与自己相似的东西，这种独特的感情因素也使得科学家们对仿人机器人更为着迷。可是仿人机器人的研究却并没有那么简单，首先我们人类的思维和感情就是非常复杂的，而且我们人类对于自身也还有很多不了解的地方，这无疑都给仿人机器人的研究增加了难度。也就是说，要完全研制出高智能、高灵活性的仿人机器人，还会有很长的一段路要走。

日本是世界上对仿人机器人研究得最深入的国家，主要倾向于机器人外形的仿真。

仿人机器人由于具有人类的外表，所以能够适应人类的生活和工作环境。我们可以利用仿人机器人代替我们完成各种工作，比如说可以代替我们照顾老人，可以形成动力型假肢，帮助瘫痪病人行走，可以代替我们深入到各种恶劣的环境中去，完成各种任务，等等。当然，你也可以把它当成娱乐对象。总之，仿人机器人的外表跟我们非常相似，其行为和思维也正在向人的方向发展。我们相信，仿人机器人可以帮助我们做越来越多的事情，成为人类忠实的伙伴。

日本是世界上最早研究仿人机器人的国家，并成立了专门的研究组织。1996年11月，本田公司研制出了第一台仿人步行机器人样机P2；2000年11月，日本又推出了新一代的仿人机器人ASIMO，这是目前世界上较为先进的仿人行走机器人。它可以自如地行走，并可完成"8"字形行走、下台阶、弯腰等复杂的动作，它还可以同你亲切地握手，甚至可以随着音乐翩翩起舞。在2005年的爱知世博会上，大阪大学展出了一台女性机器人，这台机器人的外形复制了日本新闻女主播藤井雅子，就连动作也与真人十分相似。所以当你刚看到它的时候，很难看出它竟是一台机器人。

🪐 工业机器人

那些被用在工业生产中的机器人，我们就称之为工业机器人。工业机器人可以说是目前世界上最常见的一种机器人，也是应用最广泛的一种机器人，全世界正在使用中的工业机器人超过了 100 万台，在很多工厂中都可以看到它们的身影。也许你们并不愿意相信，在很多工厂中，机器人比我们人类更能干、更受欢迎，所以自从机器人出现以后，很多人都被迫下岗了。

世界上的第一台工业机器人是在 1961 年投入使用的，它是由乔治·德沃尔和约瑟夫·恩格伯格这两位工程师设计并制作出来的。当然，这台机器人比较简单，它只有一个简单的电子大脑，可以把东西拿起来再放下去，不过在当时已经很了不起了。1961 年，发明它的两位工程师将它卖给了美国通用汽车公司的汽车厂，它在那里负责码放炽热的金属零件。虽然有很多人对工业机器人充满了敌意，不过这台机器人在汽车厂里面却是十分受欢迎的，因为它所做的工作正是工人们不想做的。

⬆️ 工业机器人

工业机器人非常能干，当你向它下达命令的时候，它可以准确、准时地完成任务。而且它们从来就不会叫苦叫累，它永远都那么任劳任怨，你让它做什么它就做什么。它们还拥有非常旺盛的精力，即使整夜都不睡觉也丝毫不影响它们的工作，只要你不让它们停下来，它们可以一直就这样干下去。更重要的是，它们从来都不惧怕危险，也从不挑剔工作环境，而且它绝对不会把你交代给它的事情忘掉，所以你可以放心地把工作交给它去干。

现在再来看看工人的表现吧。他们似乎并不擅长在流水线上做这些重复的工作，因为他们容易受伤，而且受不了阴冷潮湿、空气不流通的工作环境，当然这并不能怪他们，可是他们确实比机器人娇贵多了。还有，工人们特别喜欢抱怨，不是抱怨工作时间太长，就是工资太低，这让他们的老板很头疼。另外，他们在工作的时候常常走神儿或犯困，而且还会感到疲劳，这当然都会影响他们的工作效率。最致命的一点，就是他们常常会忘记你交代下去的任务，这往往会误了你的大事！

如果你是老板，你会选择机器人还是工人来为你工作呢？ 1979 年，美国的一家汽车公司曾雇用了 200 名焊工来制造汽车的车身。不过在一年之后，这些工人就全部下岗了，因为他们所做的工作只要 50 个机器人就可以全部搞定，而且产量还增长了 20％。机器人既可以为你节省成本，又可以帮助你提高产量，我们有什么理由不选择它呢？目前，在世界上有数千家工厂都主要由机器人来操作的。在不久的将来，这些工厂也完全有可能变成只有机器人的无人工厂，那才是真正的机器人工厂。

🪐 家用机器人

你在家中干过家务活吗？如果爸爸妈妈全都不在家，那么家里的家务活谁来干呢？当然是你了，你需要自己整理卧室、清扫房间、洗衣服、擦地板、做饭、刷碗……别害怕，你可以请我们的家用机器人来帮忙。

既然家用机器人可以帮我们做家务活，可是为什么没得到普及应用呢？这主要是因为家用机器人的灵活性很差，就连下楼梯和开门这样简单的事情，它们做起来也很困难。而且我们的家庭环境比较复杂，这让机器人有些不知所措，我们的卧室常常被搞得乱七八糟，而乱的形式又不相同，所以机器人根本就不知道该怎么收拾。另外，机器人的价格相当昂贵，有谁会花重金来买一个不太好用的东西呢？

也许你会觉得工厂里的工作比家务活要复杂得多，可对于机器人来说，工厂里的工作要相对简单一些，而家里的工作才是真正的麻烦。可能它会又

⬆ 越来越灵巧的家用机器人

快又好地造出一辆汽车，但是它却没有办法把你的床铺好。这是为什么呢？因为机器人更适合工厂的环境，而不适合家庭多变的环境。所以，请一个机器人来当保姆远远没有请一个人合适。在干家务活上，机器人暂时还是无法取代我们的。

这样说来，家用机器人是不是真的就没什么用呢？这倒也未必。我们虽然还没有办法造出像人一样灵活的机器人，但是我们却已经造出了一些廉价的机器人来帮助我们做家务。只是我们不能把所有的家务活都交给同一个机器人，这样它们会吃不消的。但是你完全可以把它们当成管家，让它们来操控你家中的其他电器。比如说在2001年时出现的机器人管家 iRobot 和 R100，它们可以上网，当你有需要时，就可以告诉你的机器人管家去开关一些家用电器。即使在外面，你也可以发电子邮件给它们，远程操控。

有的家用机器人很聪明，可以为我们提供很多优质的服务。比如说在20世纪80年代，东京大学曾研制出了一种叫作特珑的智能型家用机器人。特珑可以为你提供很多服务，比如说它可以从书库中帮你找到你所要的书，然后再送到你面前；在阳光明媚的时候，它会主动帮你打开窗户，而当你想听音乐的时候，它又会帮你把窗户关上；如果此时电话铃声响了，它还会很体贴地帮你把音乐声调小；它会利用厨房里面的电视系统帮你烹调美味；在你上厕所的时候，它也会趁机给你做一次健康检查。

这样的机器人不错吧？当然，它离我们的目标还是差得很远，而且它的价格也是十分昂贵的。所以，它暂时还是不会成为我们的家庭成员。不过现在很多智能电器却

值得我们一用，比如说在瑞典上市的家用机器人，其实从外表上看，它只是一台电冰箱。它可以记录下进入室内的人的活动过程；它还可以记录购物清单，并根据自己所储存的菜来制定菜谱；如果你忘记关煤气或者是冰箱门，它也会提醒你；当然，它还可以冷藏食物。这样的冰箱是不是也很让你心动呢？总之，越来越贴近日常生活的家用机器人会逐渐普及到我们每一个家庭中，我们也会享受到越来越贴心和人性化的服务。不管怎么说，这都不是一件坏事，你说呢？

🪐 太空机器人

　　机器人可以帮助我们做很多工作，尤其是那些我们人类还未曾到过的地方，机器人更是可以成为我们忠实的开拓者，为我们探路。太空机器人就是这样，它可以代替我们到太空中进行探测，收集各种数据和样品，帮助我们研究那些神秘的星球。

　　我们知道，机器人向来都是任劳任怨的，而且它们可以适应各种艰苦的环境，这些都是我们人类所不具备的。所以在目前来说，到外太空去执行探测任务，还真是非太空机器人莫属，我们人类目前还没有办法胜任这样的任务。虽然我们也曾登上了月球，但是月球是离我们最近的星球，而且也是唯一有人类足迹的星球，而太空机器人却走遍了太阳系中的很多星球。更何况机器人可比我们有耐心多了，它们可以在一个星球待上十几年以详细了解那里的情况，而且不需要水和氧气，这是我们人类永远都望尘莫及的。

　　目前，已经有一些机器人被派往太空中的各个地方，执行人类交给它们的探测任务。总的来说，在太空中探险的机器人可以分为3种：探测器、着陆器和漫游者。光是听它们的名字，你就应该猜出它们的能力大小了。探测器靠火箭来发射，并借助行星的引力来完成太空旅行，它们并不着陆，只是在空中飞行，可以将它们捕获的信息传回地球。着陆器可以在行星上着陆，而且它有手臂和鼻子，可以分辨出一些化学物质的味道，并可以将行星上的东西捡起来。漫游者则不仅可以在行星上着陆，而且还能够四处移动，甚至能够自动避开障碍物，进行简单的决策以避免事故的发生。

　　还有一种机器人，它介于探测器和着陆器之间，属于半着陆半探测型。说起来，它们还真像是一个个悲壮的英雄，因为它们总是以牺牲自己的方式去执行任务。这种机器人叫作撞击型机器人，现在你该知道为什么说它们很悲壮了吧！不过它们的牺牲也是很值得的，因为在它们坠落的过程中，常常会拍到一些非常精彩的照片。

　　太空机器人在太空中会不会遇到麻烦呢？当然会，而且还不少呢！比如说它们自身的能量就是一个大问题，机器人虽然不需要像我们一样吃很多食物、呼吸氧气等，但它们也

⬆ 机器人探测器可以行进几百万千米，然后通过电波将拍摄到的火星的照片发射回地球。

需要补充能量，否则它们就无法工作。而更要命的是它们常常需要很多能量才能完成一项简单的工作，所以它们需要不断地给自己充电。我们如何给它们输送足够的电能，又如何让它们合理地使用电能，也是一个很复杂的问题。我们可以让它自身携带电池，并通过太阳能来充电。可是这种方式也有它的弊端，那就是机器人只有在白天的时候才能够充电，而且它们充电的时间又很长，这样就无法保证能量的供给。选用一个小小的原子能电池是一个好办法，目前，科学家们也正在研究一种新的燃料电池，希望它可以通过化学反应来提供电能。

机器人在执行任务的时候还常常会出现各种故障，而它们自己又不懂得如何修复自己，所以在遇到这种情况的时候，它们就会停止工作。对于这样的问题，目前我们所想到的办法也只能是为它设计两套系统，当一套系统发生故障时，就会自动转到备用系统继续工作。此外，机器人在太空中还可能会碰到很多意想不到的问题，尤其是到我们不熟悉的星球上去探测的时候，就更容易发生意外，而这些意外当然也是机器人所无法解决的难题。

机器人在太空遇到问题的时候，是不会向我们求救的。因为从机器人所在的行星到地球之间是有相当长的一段距离的，机器人要将信号传递给我们也需要一段时间，而我们将信号传回去还需要时间。也就是说，如果机器人要向我们求救，就必须在原地待命一段时间，而在这段时间之内，是什么事都有可能发生的。所以说，机器人根本就来不及向我们求救，它们就很可能已经发生危险了。

太空机器人一旦发生危险，我们是不会想方设法去营救它的。事实上，机器人在太空发生危险是很平常的事，而当它不能继续工作的时候，人类通常都会放弃它。

🪐 海洋机器人

海底是另一个让我们人类望而却步的地方。要知道，在海洋的更深处，还有着更多的危险，包括各种可怕的鱼及其他海洋生物。而且，我们人类是无法适应海底的水压的，海水会压得你喘不过气来，况且那里也没有足够的空气来让你呼吸。可是有很多工作必须要在水下才能完成，而且海底存在着各种丰富的能源，还有待我们去开采，这该怎么办呢？别担心，我们的海洋机器人会帮助我们完成这些工作。

⬆ 机器金枪鱼

现在，世界上有几千个海洋机器人在水下从事各种工作。这些海洋机器人所从事的工作不同，样子也是不同的。其中最简单的机器人连胳膊都没有，当然，它也只能从事一些简单的检查工作。而稍先进一些的机器人则拥有自己的能源系统和导航系统，可以进行海底测绘。还有一些机器人配备了手，我们可以用它进行海底探测、焊接、铺设电缆等工作。世界上最大的一台海洋机器人竟然有一辆双层公共汽车那么大，真是不可思议。

我想我们人类不适宜在深海作业的主要原因还是我们无法适应水压。机器人可以轻松潜入 10000 米深的海底，而我们人类呢？别说我们潜入到那么深的海底有多吃力，即使真的顺利到达目的地，恐怕也早就被压成肉饼了。另外，我们在潜入海底之后，要花很长的时间减压。也就是说，我们不能直接回到海面。否则我们的血液中就会形成很多气泡，这会要了我们

知识档案

有趣的自动鱼

自动鱼其实就是机器鱼，是仿照鱼的外形和机理制成的，当然这也是机器人的一种，只不过它们模仿的并不是人，而是鱼。人们希望可以通过机器鱼找出鱼的生存之道，并探索出一种在水中游动时更节能的办法，使我们的海洋机器人在水下工作更自如。当然，机器鱼还可做观赏之用，你也可以买来当成宠物。在美国，曾经有一些渔场开发了一种太阳能机器鳄鱼，用来赶走偷鱼吃的鸟类。它们可以识别与鸟的颜色相似的东西，然后用水枪将鸟类赶走。

的命。而机器人就不会出现这样的问题，所以说它们比我们更适合在海底作业。

那么机器人在水下会不会遇到什么麻烦呢？当然也会，它们所面临的最大问题就是通话问题。与陆地不同，机器人习惯使用的无线电波在水中是起不了任何作用的，因为无线电波在水中根本就不能传播。如果要在水中联络，就必须借助声波，可是声波的传播速度又非常慢，而且距离也很有限，又不能携带过多的信息，所以这对在水下工作的机器人来说，真是一个非常棘手的问题。那它们又是怎样解决这个问题的呢？通常的解决方式有两种，一种就是机器人间歇性地浮出水面，通过无线电与控制者联系；另一种就是利用一根电缆与计算机和人相连。

机器人战争

其实，要把机器人和战争联系在一起，真的是非常容易。在很多电影之中，机器人都是具有作战能力的。还记得电影《终结者》中的恐怖镜头吗？那些机器人性情凶残，眼睛还闪着凶光，疯狂地杀害人类，那种场面真是让人不寒而栗。不过我们已经说过，在现实生活中，机器人并不是这个样子的，相反，它们还为我们做了很多事情，帮了我们很多忙。那为什么还会出现作战的机器人呢？它们到底有什么用途呢？

其实，在现实的生活中，的确存在两种作战机器人，它们是机器人间谍和机器人战士。之所以把它们称为作战机器人，是因为它们都和军事有着密切的联系。机器人间谍负责侦察信息，并将信息传达给它的控制者；而机器人战士则可以用来作战，不过目前人们还不是十分信任机器人，所以赋予它们的能力也是有限的。

机器人战士异常勇敢，一旦得到命令就会毫不犹豫地去执行。更可怕的是，它们不怕死，就算要与你同归于尽也在所不惜。有一种投掷机器人，它可以被人投掷或发射出去，然后它就会去寻找目标。当它发现目标时，就会引爆自己，与对方同归于尽。有些机器人战士可以向人发射麻醉剂、黏性的泡沫剂甚至是炸弹，而巡航导弹应该是目前最致命的机器人战士了。它们可以进行远距离的低空飞行，并能够自动寻找目标，然后很精确地命中目标。更可怕的是，巡航导弹拥有最先进的导航系统，所以你很难确定它的行踪，当然也就很难拦截它了。

 《我，机器人》的电影海报

　　如果说机器人战士更看重它的杀伤力，那么机器人间谍则更看重它的隐蔽性和侦察能力。其实机器人间谍的日子也不好过，它们总是遭到很多人的痛恨，而且随时都有被人发现的危险，一旦被发现，那它们可就惨了。所以现在人们所研究的机器人间谍越来越小，让我们很难察觉。相信在将来的某一天，在空中会飞行着很多各种各样的机器虫子，它们非常小也非常轻，以至于它们根本就不需要自己飞行，只要借助风力就可以四处游走。不过空中都是间谍，这也是一件很可怕的事情。

　　我们在前面曾经说过，动植物都可以利用巧妙的伪装来保护自己，可是你们知道吗？机器人也是可以伪装的。当然，这种好办法它们自己是想不出来的，不过在伪装方面，机器人确实比我们更具有优势，因为机器人的身上没有气味，不工作时也不会产生热量，所以用一般的设备很难发现它们。而它们伪装的方式与动物很像，就是使自己的颜色与周围的颜色相一致，使自己融入周围的环境中去，这样就很难被人发现了。

　　未来到底会不会爆发机器人战争呢？这个现在还不好说，因为对于机器人战争的利弊还存在着很多争议。当然，如果我们用机器人代替真人去作战，就可以减少人类的伤亡，而且也不会出现临阵退缩的现象。毕竟机器人是不怕死的，而人类都有求生的本能，所以常常会自然而然地去躲避危险。可是机器人战争的结果也是不可预料的，谁又会知道这些攻击力很强的机器人会不会反过来攻击我们人类呢？

　　不管怎么样，军队的机器化是必然的，而战争的完全机器人化也是一定会到来的。也许在这期间会经历一个真人战士与机器人共同作战的时代，不过总有一天，世界上就会只剩下机器人在打仗了。当然，它们在打了胜仗以后，也很有可能来攻击人类，不过那都是很多年以后的事了。

前景莫测的生物技术

🪐 了解细胞

　　大家对于细胞应该都不陌生了，在前面我们也曾多次提到过。细胞是组成生命体的基本单位，尽管自然界中的生物形形色色，千差万别，但实际上它们却都是由细胞构成的，所有生物体的一切生命活动也都是由细胞来完成的。通常情况下，细胞都是很小的，只有通过显微镜我们才能看到。但是也有一些细胞比较特殊，它们长得很大，比如说我们所熟悉的神经细胞就有1米长。另外，细胞的形态也是有所差异的，有长的、圆的、星状的等，细胞的不同形状都是与它们的功能相适应的。

　　细胞可以分为细胞膜、细胞质和细胞核等结构，如果是植物细胞，还会有细胞壁、液泡和叶绿体，当然这些结构动物细胞是没有的。细胞核位于细胞质中，我们所熟悉的线粒体、核糖体、高尔基体、内质网等都是细胞质中的一个个小细胞器。这些小细胞器都有着特殊的使命，而且它们从不偷懒，一刻不停地辛勤工作着。

　　细胞中的细胞膜是由双层的磷脂分子所组成的薄膜，在它的上面，有各种蛋白质。细胞膜被称为细胞的门户，可以接收来自外界的信息或信号，并能够调节细胞的生命活动，所以说细胞膜是非常重要的。另外，细胞膜上的蛋白质可以识别出在它身边经过的各种物质，如果这种物质是细胞所需要的，那么它就会打开门户，把它留下来。

　　细胞核是细胞的核心物质，通常都位于细胞的中央，但是植物细胞中有液泡，所以成熟植物的细胞核往往会被中央液泡挤到旁边的位置。大多数细胞都只有一个细胞核，但是也有些细胞含有两个细胞核，甚至多个细胞核。细胞核分为核膜、核仁、核液和染色质（或染色体）四部分，染色质又含有DNA（脱氧核糖核酸）和蛋白质两种成分，其中DNA是生物体重要的遗传物质，是生物繁殖后代的基础。

　　所有的细胞核中都含有染色体，而且染色体一定都是成双成对出现的，绝不可能出现单数的染色体。比如说人体内就有23对染色体，小麦有21对染色体。染色体是由DNA经过一级一级的盘绕，与蛋白质共同组装起来的。在染色体上，承载着生物体全部的遗传信息。也就是说，你是人而不是其他的生物，你是一个什么样的人等信息都是由染色体决定的。当细胞分裂的时

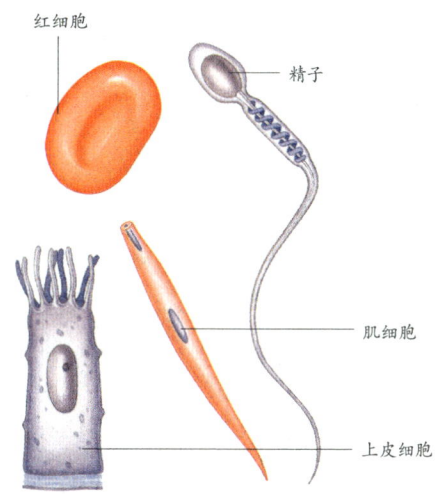

红细胞

精子

肌细胞

上皮细胞

⬆ 细胞的种类
　　人体内的细胞形态各异，承担各种各样相应的功能。例如，精子有一条便于游动的尾巴；红细胞中包裹着血红蛋白；胃部的上皮细胞有柱状外缘，可以增大吸收面积；肌细胞会形成伸长的组织束。

候，染色体会复制出与自己完全相同的一套染色体，并将其分配给新生的细胞，从而保证了物种的稳定，这也是亲代与子代相似的根本原因。

🪐 奇妙的基因

基因是生物体内重要的遗传物质，生物体的一切形状、变异和生理功能，都是由基因决定的。DNA 是承载基因的载体，所以我们说 DNA 也具有遗传特性。各种各样的基因是成串地排列在 DNA 分子上的，不同的基因具有不同的功能，在 DNA 分子上的位置也不同。

每个基因在染色体上都有一定的位置，我们称其为座位。在同源染色体中处于相同座位的两个基因称为等位基因。如果两个等位基因是相同的，那么就这个基因座位来说，这样的个体就被称为纯和体；如果是不同的，则被称为杂和体。在杂和体中，我们只能表现出一种基因的性状，这个基因就被称为显性基因，而另一个没有表现出来的基因则被称为隐性基因。

染色体都是成对出现的，形态和大小完全相同的一对染色体就被称为同源染色体，它们一个来自父体，一个来自母体。

⬆ 动物从它们的父母双方中分别继承下一套基因。这只猫继承了条纹毛色和绿色眼睛两大特征。当它生育后代时，会将这两个特征传递下去。

染色体上的基因决定着你的长相、性格以及生理机能等性状，但是至于哪种基因决定哪种性状，目前还没有完全弄清。而事实上，生物体的很多性状都是在多个基因的共同作用下形成的。基因的奇妙之处就在于它使你保持了亲代的大多数性状，让你和你的父母看上去很像，这也是保证物种稳定的根本要素。当然，人类对基因的了解还非常有限，如果能彻底揭开基因的神秘面纱，那么很多问题就可以迎刃而解了，这其中包括对很多疑难杂症的预防和治疗。

⬆ 这只猫继承了高黑素的毛色特征。黑素是一种黑色的色素，在动物皮毛、羽毛和皮肤中很常见。

基因除了遗传的特性之外，还可能发生变异，也就是我们所说的基因突变。基因突变与 DNA 分子中的碱基有着密切的关联，DNA 分子中含有 4 种碱基，我们可以称它们为 A、T、C、G。DNA 分子是双螺旋状的结构，就像一个长长的两边有扶手的楼梯，而碱基就是扶手之间的阶梯。每一个阶梯都是由两个碱基组成的，我们称之为碱基对。基因所携带的遗传信息就是由碱基对的不同排列顺序所决定的。当碱基对的组成或排列顺序发生改变时，就会造成基因突变，出现我们意想不到的生物性状。

我们知道，有些疾病是可以遗传的。遗传病的可怕之处就在于它是与生俱来的，并且可以世世代代遗传下去，而且一般都不易痊愈。当然，并不是一个家族中的所有成员都会出现遗传病，但我们并不排除他们可能携带着致病基因，只是这种致病基因是隐性的，所以没有在他们身上表现出来罢了。

如果一个人的父母都没有遗传病，那他还会出现遗传病吗？有这个可能。但前提是这种遗传病必须是隐性遗传，如果是显性遗传，就不会出现这种情况，因为如果你的父母都健康，那么他们身上就一定都不会携带显性基因，所以自然也就不会遗传给你了。但是隐性遗传就不同了，如果你父母都携带一个显性基因和一个隐性基因，由于疾病是隐性的，所以他们都不会表现出疾病。但他们可能会将两个隐性基因全都遗传给你，使你患病。虽然这只有1/4的概率，但毕竟是可能发生的，这跟两个双眼皮的父母生出一个单眼皮的孩子是同样的道理。

🪐 从 DNA 到蛋白质

蛋白质也是细胞的重要组成成分，机体中的每一个细胞以及所有的重要组成部分都要有蛋白质的参与，而且蛋白质与生物体的生命活动有着密切的关系，是生命的物质基础。可以这样说，没有蛋白质，也就没有生命。

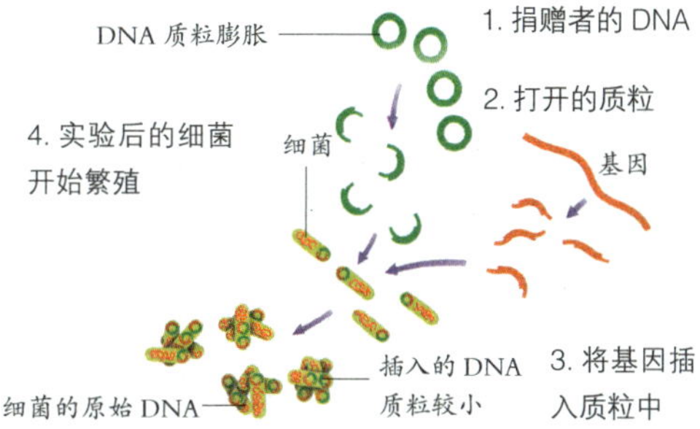

蛋白质是由 20 多种氨基酸按照一定的比例和顺序组合而成的。不同的蛋白质、氨基酸的数量、种类及排列顺序也都是不同的。所以，蛋白质的性质和功能也是有所差异的。我们主要是从食物中获得蛋白质的，蛋白质在体内要进行多种工作，并不断更新换代。当然，食物中的蛋白质并不能被身体直接利用，它们必须转化成氨基酸，然后再重新合成我们所需要的蛋白质。所以说，人体对蛋白质的需求其实也就是对氨基酸的需求。

DNA 质粒膨胀
1. 捐赠者的 DNA
2. 打开的质粒
4. 实验后的细菌开始繁殖
细菌
基因
插入的 DNA 质粒较小
细菌的原始 DNA
3. 将基因插入质粒中

⬆ 图中显示了基因拼接的步骤：1. 通过限制性酶的作用，将捐赠者 DNA 上的特定片段分离出来；2. 将一种称为质粒的特殊的 DNA 环打开；3. 将从捐赠者 DNA 上分离出来的基因片段插入质粒中，并用 DNA 连接酶将两个接头处补好，再把这个整体植入细菌体内；4. 细菌不断地繁殖。

当细胞决定制造蛋白质的时候，细胞核里的 DNA 双螺旋结构就会分成两个单链。接下来，一种叫作 mRNA 的物质会来转录 DNA 上的信息，记录下上面的遗传密码，并将它储存起来，然后与核糖体结合。紧接着，携带着氨基酸的 tRNA 会赶过来翻译上面的密码，并指示核糖体合成蛋白质。当遗传密码的转录工作完成以后，蛋白质也就被制造出来了。这个过程说起来简单，可真正做起来就没那么容易了。

什么是 mRNA 和 tRNA，它们和 DNA 有什么区别呢？

DNA 的全名是脱氧核糖核酸，而 RNA 的全名是核糖核酸，它们是核酸的两个主要类别。mRNA 被称为信使 RNA，负责从 DNA 上转录遗传信息，并为蛋白质的合成提供模板；tRNA 被称为转运 RNA，它们会按照遗传密码，将特定的氨基酸送到核糖体进行

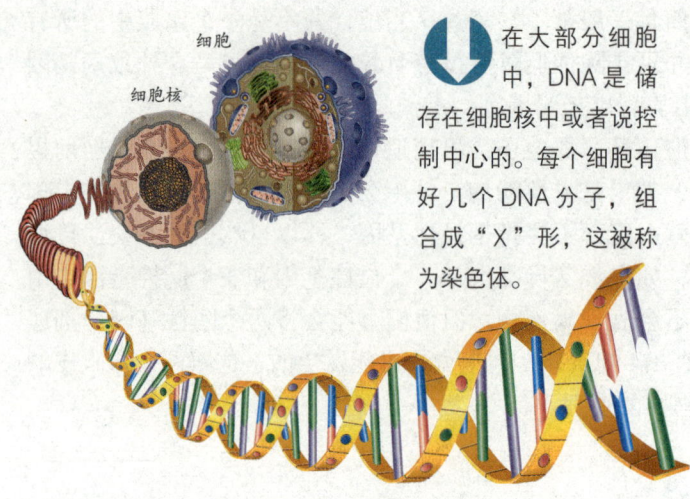

细胞
细胞核

在大部分细胞中，DNA 是储存在细胞核中或者说控制中心的。每个细胞有好几个 DNA 分子，组合成 "X" 形，这被称为染色体。

蛋白质的合成。

遗传密码指的是 mRNA 所记录的碱基顺序。mRNA 所记录的就是 DNA 上的碱基顺序，但是由于 RNA 与 DNA 中的碱基并不是完全相同的，所以它们的碱基顺序也不会是相同的。DNA 中含有 A、G、C、T 四种碱基，而 mRNA 中并没有碱基 T，但它有碱基 U，也就是说，mRNA 的碱基是 A、G、C、U。

这样它就会以 U 代替 T，形成新的遗传密码。

在 mRNA 上，每相邻的 3 个碱基就被称为一个密码子，4 种碱基经过随机的组合，共可形成 64 组密码子。密码子决定着合成蛋白质所需的 20 种氨基酸，tRNA 就可以根据密码子，将特定的氨基酸运送到核糖体中。随着氨基酸的不断增加，核糖体也会随之向右移动，各种氨基酸则会按照遗传密码的要求，一个个有序地排列起来。每增加一个氨基酸，核糖体就会向右移动一个密码子的距离，当核糖体移到一个特殊的密码子时，遗传密码的转录工作就完成了，蛋白质也就被合成出来了。

克隆技术

克隆应该是大家比较熟悉的一个词了，也许你们会首先想到克隆羊多利，不过我们应该清楚，克隆可不是羊的专利。其实，克隆是英语单词 "clone" 的音译，是利用生物技术产生后代的一种技术手段。克隆技术的独特之处就在于它是一种无性繁殖的技术，也就是说，它并不需要性的结合，就可以直接繁殖后代，而且所繁殖出的后代与原个体具有完全相同的基因组。当然，这必须经过一个复杂的操作过程。

多利可以说是到目前为止最出名的一只羊了，几乎所有的人都知道它。多利有三个妈妈，可是它却没有爸爸，这是它最骄傲和自豪的地方，因为在它之前，还从没有出现过这样的特例。多利出生在 1996 年的 7 月，那真是一个万众瞩目的日子，在它降生的那一刻，全世界都为之震惊了。

多利究竟是怎样出生的呢？我们说过，它有三个妈妈。首先，我们要找到它的第一位妈妈，从它的体内取出卵细胞，并将卵细胞中的细胞核去掉；然后，我们再找来第二位妈妈，从它的体内取出体细胞，并从体细胞中分离出细胞核，再植入到那个去掉细胞核的卵细胞中；接下来，我们就要对这个新的细胞进行培养，将它在体外培养成胚胎；这时，最后的一位妈妈就要登场了，它负责把多利生出来，我们将胚胎植入到它的体内进行发育，等到多利发育成熟以后，就会离开它的第三位妈妈，降生了。

猜猜看，多利会更像它的哪个妈妈呢？或者说它会跟它的哪个妈妈完全一样呢？

答案是：它应该跟它的第二位妈妈一样。因为所有的遗传信息都在细胞核里，所以多利应该跟给它提供细胞核的妈妈一样，因为它们具有完全相同的基因。

如今，克隆已经变得不再神秘，而是相当普及了。不仅同一物种可以克隆，就算是不同的物种，也可以共同完成克隆的任务。也就是说，克隆出来的个体可能有个与自己并不属于同一物种的妈妈。比如说我们可以用兔子的卵细胞与大熊猫的体细胞进行克隆，这样克隆出来的个体仍然是大熊猫。为什么

这是维尔莫特与他创造的世界上第一只克隆羊多利的合影照片。多利出生在 1996 年，在被认为是一项科学突破的同时也引发了一场关于克隆在伦理方面的热烈争论。

要这样做呢？因为大熊猫是我国的国宝，而成熟的卵细胞更是非常珍贵，所以我们可以选择用其他的物种来代替大熊猫生育，这样就很好地解决了这个问题。

与动物的克隆相比，植物的克隆则显得容易得多。比如说将植物的一部分插入土中，过了一段时间以后，它就又可以长成原来的样子了。比如说柳树，将柳条折下，种在泥土里，它就会长成一棵柳树。也就是说，很多植物本身就有克隆的本领，根本就不需要我们帮忙。

那么，人可以克隆吗？无论是从理论上还是从技术水平上，克隆人应该都是可以实现的。现在的问题是人类本身还不太能接受自己被克隆的事实，这当然存在着多方面的原因，比如说宗教、伦理、道德、法律等诸多方面。但是历史的发展告诉我们，任何事物从出现到被我们所接受都要经历一个过程，而我们是不可能阻碍科技的发展进程的。也许有一天，克隆人会被我们所接受，并造福人类。

🪐 转基因植物

什么是转基因植物呢？其实就是转入其他物种基因的植物。通过前面的学习，我们应该知道这并不是什么难事，用基因操作的一些基本方法就可以办到。目前，通过转基因技术培育出来的植物品种有很多，最常见的就是大豆，其他的像玉米、棉花、马铃薯、油菜等也比较常见。转基因植物与其他的植物有什么不同？为什么各个国家都在研究它呢？

通过转基因技术可以培育出植物的新品种，使植物具有新的性能，这一点是毋庸置疑的。而我们培育转基因植物，也是为了让它更具价值，使它的品种更优良，花开得更艳，果结得更多。自然界中的植物有千千万，每一种都有它的优越性能，比如说抗寒、防虫、抗病、耐热等。我们利用转基因技术，就可以取长补短，使植物的性能得到改良，对于提高农作物产量、节省成本具有非常重要的意义。如果从大的方面讲，

现代农业中基因技术的应用

用转基因技术培育出的抗虫棉,不怕虫咬,咬后伤口也会很快愈合,同时品质也不错。

带有抗虫基因的棉花小苗,在试管中长出来了。

土壤农杆菌从基因库中取出DNA片断。

土壤农杆菌

土壤农杆菌浸染植物

转基因植物还有着巨大的经济效益和社会效益,所以每个国家都很重视它的开发和研究工作。

在培育转基因植物的时候,我们不一定要采用前面所说的方法来转移基因,因为你可能没有基因枪,也可能找不到钨粒子。我们可以采取下面的办法来进行基因的转移:基因刀是一定要用到的,所以我们一定要用到限制性内切酶。在获得所需要的基因以后,我们就要为它选择一个载体,将其带入大肠杆菌,促使其繁殖,这些都是相同的。然后我们要分离出所需的基因,并把它放入土壤农杆菌中,然后再将植物浸在土壤农杆菌中,这样基因就进入植物细胞了。是不是比用基因枪要简单呢?

利用转基因技术,我们将会看到越来越多的新奇事物,我们的生活也一定会越来越好。也许你会觉得奇怪,为什么只有转基因植物,而没有转基因动物呢?这是因为植物作为转基因技术的实验材料,具有它特定的优越性。我们知道,植物的细胞大多都具有全能性,单个的细胞即可以发育出整个植株。也就是说,我们通过转基因技术所改变的单个细胞,就有可能发育成一棵完整的转基因植株。更重要的是,植物通过有性生殖,还可以将这些优良的特性遗传下去。

另外,我们还可以把动物的基因转入植物细胞中。但这样做必须要有它的价值和意义,比如说我们可以将萤火虫的发光基因转移到植物体内,这样植物就可以发出黄灿灿的荧光了,这无疑将是一道非常亮丽的风景。我们还可以将生长在寒带的鱼中的抗冻基因转移到那些不耐寒的植物体内,这样植物就可以在寒冷的条件下生长了。总之,转基因的目的就是要改良植物的品种,使植物具有更优越的性状和特征。

目前,世界种植的主要转基因农作物有4种:玉米、棉花、大豆和油菜。

🪐 细胞工程

细胞工程是又一项伟大的生物技术工程,它是指那些在细胞水平上所进行的"施工"和改造。由于细胞中含有生物体的全部遗传信息,所以我们通过对细胞的改造,就可以改变它的遗传特性。根据细胞类型的不同,我们可以将细胞工程分为植物细胞工程和动物细胞工程两种。

我们知道,植物细胞具有全能性,每一个独立的细胞都可以发育成一棵完整的植株，这是进行植物细胞工程的理论基础。植物细胞工程主要通过植物细胞培养、植物体细胞杂交等手段来实现。而动物细胞工程则主要通过动物细胞培养、动物细胞融合、单抗体克隆、胚胎移植、核移植等技术手段来实现。

植物组织培养是植物细胞工程的基本技术，方法就是利用植物的根尖、茎尖和叶子，培育成完整的植株。植物组织培养可以加速植物的繁殖，还可以治愈植株的疾病。对于感染上病毒的植株，我们可以对它新长出的茎尖中还没有被病毒感染的细胞进行处理，从而使患病的植株获得重生。植物体细胞杂交则是将两个不同物种的细胞融合在一起，形成一个新的杂种细胞，它发育成熟之后，就会具有两种生物的遗传特性。比如说将

图中一位基因学家手托一盘叫作 Flavr Savr 的西红柿幼苗，这是第一种在 1994 年完全经基因工程改造的作物。西红柿在蔓上成熟时不会变软，因此在运往超市的过程中也不会变坏，原因是在番茄植株内存在一种基因，它能够阻止使西红柿变软的聚糖醛酸酶的催化活动。

土豆和番茄的细胞融合在一起，那么就有可能培育出地上结番茄而地下结土豆的新农作物。

在我们的印象中，种子应该是植物所结的果实。可是自从有了细胞工程以后，种子的生成就不用再这么麻烦了。我们可以先对植物的茎叶进行组织培养，在获得很多个像天然种子那样的胚状体以后，再给它们包上人工的种皮，同时在里面加入供胚体发育生长的营养物质。这样，人造种子就做成了。你们知道吗？一株植物就可以培养出几百万个种子，而且人造种子可以保证种子的出芽率，有利于我们培养优良的品种。所以与天然的种子相比，人造种子更具有优势。

与植物组织培养相似，动物组织培养也是动物细胞工程的基本技术。它主要用来获取动物细胞所分泌的各种蛋白质，比如说抗体等。我们可以利用它来制造有价值的蛋白质生物制品、病毒疫苗、单克隆抗体等。而动物细胞融合最重要的作用，也是制造单克隆抗体。单克隆抗体究竟是什么？

单克隆抗体指的是化学性质单一、特异性强的抗体，它可以由 B 淋巴细胞通过克隆所生成的细胞群产生。单克隆抗体在医疗中真可谓是大显身手，自从有了它，很多让人们感到头疼的病毒性疾病得到了治疗，某些还没有临床表现的病症也可以被检测出来了。可以说，单克隆抗体真是医学界的一颗新星，带给人们很大的惊喜。此外，人们正在开发单克隆抗体的另一种用途——"生物导弹"，就是让它将药物带到癌细胞所在的位置，杀死癌细胞，但是却并不伤害健康的细胞。如果这一研究获得成功，势必会对人类最终攻克癌症起到非常积极的作用。

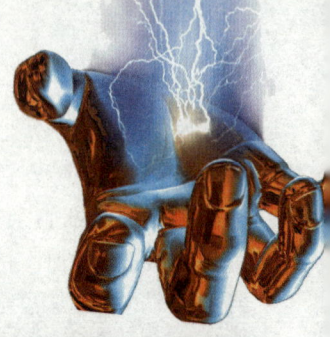

让人惊叹的另类科技

代码还是密码

代码是什么？它与密码又有什么关系？也许你们也存在着同样的困惑。其实从广义上来说，代码和密码指的都是"密码"，只是它们对信息的加密方式不同罢了。代码是用其他的词或者是字母来代替原来的词；而密码则是用符号来代替单个的字母或声音，也可以改变字母的顺序。听起来好像很难理解，不过看了下面的例子，你可能就没那么糊涂了。

比如说你将很重要的文件藏在了箱子里面，而你并不希望其他不相关的人知道这个信息，但是你还必须把消息传送出去，这时你就可以借助密码来

↑ 设置了密码的箱子

掩人耳目。如果使用代码，你就可以将箱子用其他的词来代替，比如说用英文"box"，或者是用苹果、计算机等，总之要让消息的接收者看懂，而大多数人看不懂。如果使用密码，你就可以将每一个字母都用字母表中的上一个字母或下一个字母来代替，这样写出来的词就会面目全非，如果不知道密码的意义，就根本看不懂消息的内容。

如果你是一名特工，你知道该如何向你的组织发送一份秘密的报告吗？如果你还不知该如何做起，下面的信息可能会对你有所帮助。首先，你应该起草一份普通的书面报告，在确定没有问题之后，用你的代码或密码替换掉报告的相应内容，我们把这个过程叫作加密或加码。接下来，你就可以将这个经过加密或加码的版本发送给你的组织了，你的任务也就完成了。你的组织在收到报告之后，会首先将它变回到普通的文本，也就是对报告进行解密或解码，然后就可以阅读了。

书面密码是密码的主要形式，但却并不是密码的唯一形式。除了书面密码，我们还可以通过一些暗号来传递信息，比如说用火光来通知敌情，发起进攻；用手势来交换信息；用声音来发送信号等。当然，这些密码都只能传达一些简单的信息，大多数信息还是要靠书写的密码来传递。对于书写的密码，有时并不一定会把整篇报告都写成密码，而是把其中的关键部分转换成密码，而其他的词则原封不动，这样就更加一目了然了。

是不是密码比代码更难破译？不能这么说。对于不了解情况的人来说，无论是代码还是密码，都和天书没什么两样。代码常常会使用毫不相关的词来做掩饰，比如说他所指的东西是冰箱，可是他写出来的却是毛毛虫，有谁会把这两样东西联系在一起呢？所以说要破译代码也是有一定难度的，而对于密码来说，只要你掌握了它的规律，也是可以轻松破译出来的。

指纹档案

指纹是一个人身份的象征，是人类在进化的过程中自然形成的，到目前为止，还没有发现两个指纹完全相同的人。有了指纹，我们在接触物体的时候就会产生摩擦，从而更容易抓紧物体。另外，指纹作为人体独一无二的特征，也是帮助我们破案的重要线索。通过罪犯留在犯罪现场的指纹，我们就可以锁定目标，找到案件的真凶。

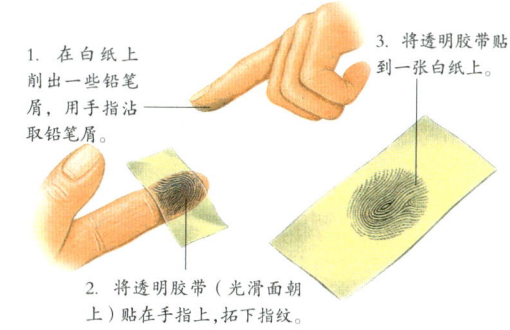

1. 在白纸上削出一些铅笔屑，用手指沾取铅笔屑。

2. 将透明胶带（光滑面朝上）贴在手指上，拓下指纹。

3. 将透明胶带贴到一张白纸上。

指纹

每个人不仅有自己独特的思维，而且有自己独一无二的体格特征，例如指纹。你可以通过图中的方式拓下自己的指纹和其他人的指纹进行比较。

1892年，有两个阿根廷的儿童死在了自己的家中。他们的单身妈妈很快就指控一个牧场的工人为杀人凶手，可是这个工人无论如何都不承认。为了找到证据，警局立即派人侦察凶案现场，看看能不能有什么新的发现。结果在死者家的房门上，发现了一个手指的血印。警察马上把它带回去化验，却发现这个血印竟是孩子的妈妈留下的。后来这个单身妈妈承认了自己的犯罪事实，因为孩子们妨碍了她和新的男朋友交往，所以就将他们全都杀害了。多么丧心病狂的妈妈呀！

你的手指如果沾上了血迹或者是其他脏东西，指纹就会特别容易被发现。上面提到的单身妈妈给我们留下了很明显的罪证，所以我们可以很快地锁定目标。但是在大多数情况下，凶案现场的指纹都是很难察觉的，如果不仔细观察或借助某些手段，这些潜在的指纹就很难被发现。所以作为一名侦探，你必须有足够的耐心和细心，否则你就可能一无所获。

在进入犯罪现场以后，你没有必要将所有的地方都检查一遍，因为这样会浪费很多时间。而对于破案来说，分分秒秒都是弥足珍贵的。我们应该首先查看那些容易留下指纹的地方，比如说门把手、电灯开关、桌子、椅子、窗框、窗台、杯子等。找到指纹以后，还有更重要的工作要做，那就是让这些隐藏的指纹显现出来，以便将它们收集或拍摄下来。

至于采取的方法则要视情况而定，如果是光滑的物体表面，比如说玻璃杯、电灯开关等，应该先用细软的毛刷子轻轻拂去上面的尘土，然后再把胶带按在上面，使指纹印在胶带上，最后将胶带取下进行记录就可以了；如果是粗糙的物体表面，我们可以用蒸气来让它现形并固定在原地，然后再将指纹取下来就可以了；有时候我们还需要借助化学试剂来协助发现指纹；还有一种好办法，那就是在黑暗的环境中，用激光来扫射房间里的每一个角落，发现指纹后，就在激光的照射下，把指纹拍下来。

当然，在犯罪现场留下指纹的人不一定是罪犯，但至少说明他一定到过犯罪现场。通常情况下，警方在取得指纹以后，都会将嫌疑人的指纹与其对比，如果相匹配，就说明这个嫌疑人曾到过现场，有作案的嫌疑。当然，即使是这样，我们也不能断定他

就是罪犯，因为一个案件的情况通常都是很复杂的，要综合多个方面才能作出最后的判决。不过不管怎么说，指纹都是一个重要的犯罪佐证，是很有价值的犯罪证据。

之后，警方就会将取得的指纹与计算机中所储存的指纹进行对比。要知道，所有犯过罪的人，其指纹都会被储存在警局的计算机里面。这些有犯罪记录的人都有再次作案的可能，所以将现场的指纹与电脑中的指纹进行对比，往往会有意想不到的收获。

如果罪犯将指纹改变了，那我们是不是就抓不到罪犯了呢？通常情况下，人的指纹是一生都不会改变的，你别指望用什么去磨掉它。因为当皮肤再生的时候，指纹也会随之再生，而且与原来的指纹是完全相同的。那么给手指做个手术，换掉上面的皮肤呢？听起来是个好办法，但实际上也是靠不住的。因为除了指纹以外，手掌上以及耳朵上的纹路也具有和指纹相同的特征，根据你手上没有被换掉的皮肤，还是可以判断出你的本来身份。

用 DNA 破案

对于 DNA，我们应该很熟悉了，因为在前面我们就曾经做过很多介绍。如果你的大脑中有关 DNA 的那部分信息还没有消失，那么对于 DNA 可以破案的事实，你就不会产生任何怀疑。我们知道，DNA 是细胞中重要的遗传物质，正是它决定了你独特的长相和性格。所以说，DNA 也是一个人身份的象征，但是与指纹不同的是：如果你有一个跟你一模一样的双胞胎兄弟（姐妹），那么你们的 DNA 就是相同的。而指纹则不存在这样的情况，即使是双胞胎，指纹也是不同的。

指纹和 DNA 都是能证明身份的重要人体特征，有时我们可能无法在犯罪现场发现罪犯的指纹，因为狡猾的罪犯很可能在离开犯罪现场之前就把所有的指纹全部擦掉了。但是他们却往往会在不经意间给我们留下一些线索，比如说一根头发或者是一块血迹。找到了这些线索，我们就可以拿回去化验头发或血液的 DNA，然后再与犯罪嫌疑人或者是计算机记录中的 DNA 进行对比，帮助我们锁定目标，破获案件。所以说，DNA 与指纹都是重要的犯罪证据，对于案件都具有非常重要的作用和价值。

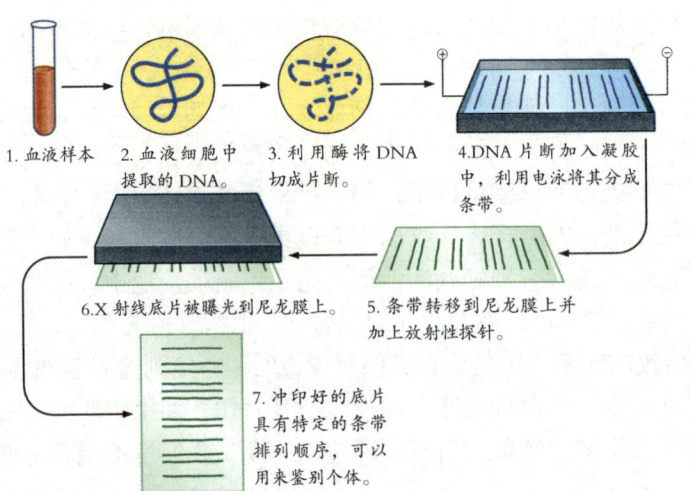

1. 血液样本

2. 血液细胞中提取的 DNA。

3. 利用酶将 DNA 切成片断。

4. DNA 片断加入凝胶中，利用电泳将其分成条带。

5. 条带转移到尼龙膜上并加上放射性探针。

6. X 射线底片被曝光到尼龙膜上。

7. 冲印好的底片具有特定的条带排列顺序，可以用来鉴别个体。

基因指纹技术常用来鉴定 DNA(脱氧核糖核酸)分子链上的核苷酸序列。每个个体的这种序列图谱都是不同的，所以基因指纹鉴定技术可用于比如法医鉴定等工作，为法律裁决提供重要的证据。科学家从一小块人体组织样品如血液、唾液、毛发或口腔内壁细胞中都可以提取出 DNA。下图说明了基因指纹是如何从一个血液样品中得到的。

1920年，曾经有一名叫作安娜·安德森的女子自称是俄国沙皇尼古拉二世的女儿，安娜斯塔西亚公主。可人们并不相信她的话，因为尼古拉和他的全家在两年以前就已经被处死了，所以他的女儿应该也已经离开了人世。不过也有人相信她的话，因为沙皇全家的墓地开放以后，人们并没有发现安娜斯塔西亚公主的遗骸。可是在当时的情况下，人们还没有办法证明这个女子的身份，直到1964年，这个女子离开了人世，人们也还是没能解开她的身世之谜。又过了30年，人们通过DNA对比，发现这个自称公主的女子与沙皇直系亲属后裔的DNA完全不相配。也就是说，她根本就不是安娜斯塔西亚公主，这一切不过是她编造出来的谎言罢了！

一个人的DNA与他的亲戚们一定是相匹配的，人们就是因为没有办法进行DNA鉴定，所以才被这个莫名其妙的女子蒙骗了这么久。不过在今天，这样的事是绝对不会再发生了，因为去医院做DNA鉴定已经非常普遍，而且很快就可以知道结果。医学上最常见的是DNA亲子鉴定，用来确定双方是否存在亲子关系。具体的方法就是测等位基因。在一对等位基因中，一个来自父体，一个来自母体。那么在孩子的等位基因中，就一定是一个与母亲相同，而另一个与父亲相同。如果不是这样，那就存在问题了。

如果犯罪分子在犯罪现场什么都没留下，那也不要紧。即使他什么都没留下，也很可能带走了一些东西，比如说犯罪现场的玻璃碎片、花粉、沙子、地毯纤维等。如果我们能在犯罪嫌疑人身上找到这些东西，也同样可以证明他曾经到过现场。

尸检线索

下面的工作绝对会让你望而却步，因为这次我们要面对的是死者的尸体。不管是出于对死者的敬畏，还是个人原因，我们都希望离死者越远越好。可是偏偏有那么一种人，他们就喜欢跟死人打交道，而且还将死者的内脏全都掏出来去化验。这种人是不是很恐怖呢？不过也不能怪他们，谁让这是他们的工作呢！而且要破案，还真是不能没有他们。也许你们已经猜到了他们的真实身份，没错，他们就是勇敢的法医。

在凶杀案中，第一个接触死者尸体的一般都是法医，他们要对尸体进行仔细的检查，再做出报告。这份报告对案件的侦破非常重要，因为里面包含了很多重要的信息，比如说死者的死亡时间、如何死亡、被何种凶器所伤等。如果你问他们是怎么知道这些的，他们一定会说是死者的尸体告诉他们的。别害怕，他们的意思并不是死者真的活过来告诉他们事情的经过，而是他们在死者身上发现了一些重要的线索，从而得出一些推断。

推断出死者的死亡时间是破案过程中至关重要的一步，这可以将嫌疑人的范围缩小。显然，如果死者死亡的时候你并不在现场，那么你的嫌疑自然也就洗清了。至于推断的方法，我们可以从两方面入手，一是死者的体温情况，二是尸体的软硬程度。被害人在死后，尸体的体温就会下降，通常是每过一小时，体温就下降1℃。当然我们还要考虑外界的气温、死者的胖瘦等外部因素，这些对体温的下降速度也是有影响的。

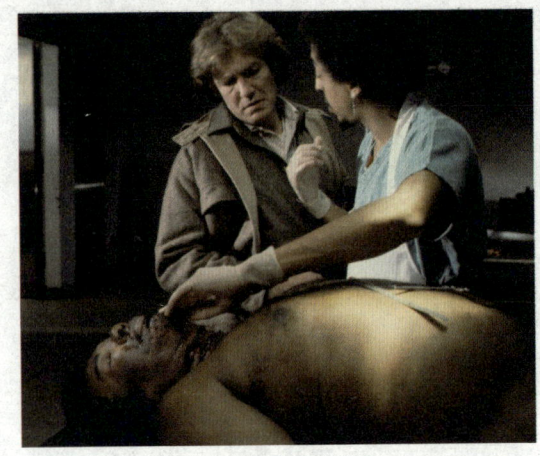

 尸检可以为侦查破案提供线索。

另外，在人死后，尸体会变硬，从脸开始，大约12个小时即可扩展到全身，但是在死后的36～48个小时，尸体又会变软。当然尸体的软硬程度也要考虑外界的气温条件等因素。

法医给死者测量体温用的是一种特制的体温计，我们可以把它放在死者的肛门里，也可以在尸体的肋骨处划一个小口，然后将体温计放入伤口里。

仅仅确定死亡时间还不够，我们还需要知道死者的死亡原因，死者是在什么样的情况下被人用何种方式杀害的，这可就需要一些专业的知识了。我们必须要观察死者身上所有的伤口，就算是细小的针口也不能放过。然后我们必须要将死者的内脏全部取出来，送去化验，虽然这有些残忍，不过为了查明事情的真相，我们必须这样做。等到报告出来以后，我们就可以对报告进行分析，从而确定死者的死亡原因了。

如果死者的肺里有大量的烟，那就说明他是被火烧死的；如果在死者的肺和肾里找到了大量的水中生物，那就说明他是被水淹死的；如果尸体的底部形成了除紫色以外的其他颜色斑点，那就说明他是被毒药毒死的；如果死者的脖子上有一圈凹痕，且喉咙周围有淤血，则说明他是被勒死的……

有时凶手会故布疑阵，掩盖死者真实的死亡原因。不过对于聪明的法医来说，这些都是小把戏。其实在了解了相关的知识以后，我们也可以识破凶手的诡计。比如说尸体是从大火中发现的，可是死者的肺中却没有烟。由于人是用肺呼吸的，所以只有在人活着的时候才能将烟吸入，死者的肺里没有烟就说明他在进入火中的时候就已经死了，凶手这样做完全是为了毁尸灭迹。

即便死者的尸体已经腐烂，只剩下了一副骨架，那我们也有办法知道死者的真实身份。首先我们可以通过观察骨架上的骨盆确定死者的性别，通常来说，女性的骨盆要比男性的骨盆宽得多。然后我们再根据头骨确定死者的种族，一般来说，欧洲人的鼻子顶部要窄一些，而非洲人和亚洲人则要宽一些。接下来我们要测量死者的手臂骨和腿骨的长度，以确定死者的身高。我们还可以根据死者的牙齿来确定他的年龄。最重要的是，一定要仔细观察他身上有没有什么明显的特征，比如说有没有伤疤、有没有骨折等。了解了这些情况以后，我们就要对照失踪记录，寻找相同特征的失踪者。

🪐 致命的药剂

在古代，下毒的案例很多，人们通过在食物、药品中加入毒药，就可以置人于死地。由于当时的科学技术水平还非常有限，人们没有办法测试出死者是如何死亡的，更不清楚是何种毒药害死了他。但是在现代，我们只要检测一下死者的血液，就可以得知他是否中了毒，中了何种毒。所以说现在这种犯罪手段已经很少用了，因为它实在太容易被人察觉了。

要判断一个人是不是中毒而死，其实方法很简单，只要看尸体底部的斑点就可以了。因为人在死了以后，全身的血液都会向身体的底部下沉，最后将渗出血管，淤积在身体底部的组织里面，形成紫色的斑点。可是对于中毒的人来说，由于血液中含有其他的成分，斑点就不会是紫色。如果尸体是仰卧着，那么斑点就应该在背部；如果是俯卧，就应该在前胸。当然，发现异常的斑点也不能说明死者就是中毒而死的，因为毒药并不一定会要了一个人的性命，真正

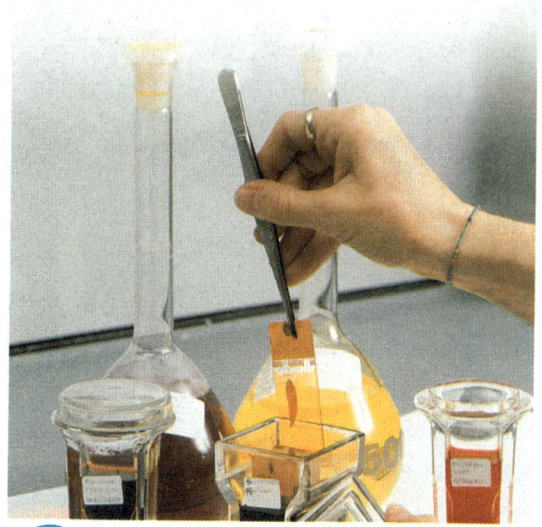

通过分析死者的血样，就可以判断出他是否死于药物中毒。

导致其死亡的可能是另外的原因，但这至少能说明死者曾经中过毒。

发现死者中毒以后，我们要如何确定死者中的是哪种毒呢？首先，我们需要取出死者的血样，并将其放入添加了萃取溶剂的试管中，用塞子封住试管口。然后，我们将试管放在一种叫作离心机的机器上，它可以分离出不同密度的物质。在离心机的高速旋转下，血液会沉到试管的底部，而毒物则被萃取溶剂所吸收，升至试管的顶部。接下来，我们就可以对溶剂进行成分分析了，从而确定毒物的种类和性质。

🪐 特技效果的魔力

特技效果其实也是一门关于错觉的艺术，如果从这方面说，那么魔术应该可以称得上是它的鼻祖了。在现代影视剧的拍摄中，特技效果的应用已经非常普遍，它使影片变得更加好看。我们熟悉的很多影片，都在其中加入了大量的特技效果。比如说在《星球大战》中，就利用现代灯光和特技效果在银幕上创造出了一个壮美的宇宙景象。在《泰坦尼克号》中，制作者更是将绝大部分资金都用在了制造特技效果上。

你知道你所看的影片都加入了哪些特技效果吗？一般来说，灾难片、科幻片、武侠片、神话片等影片加入的特技效果比较多。因为在这些影片中，有很多场面都是在现实生活中找不到的。即使能找到，也要付出很大的代价，所以人们更倾向于用特技来完成它。比如说人在空中飞，这对一般的人来说是根本就不可能实现的，不过在电影中，那些轻功了得的大侠以及天上的神仙都可以轻易做到。其实，他们不过是借助了特技的手段，将自己吊在一根看不见的绳子下面，被机器吊在空中飞来飞去的。还有发大水、火山爆发、神仙所使用的仙法、大侠所使用的盖世武功等，都是借助神奇的特技效果来实现的。

在同一部影片中，我们经常可以看到一个演员分饰两个角色的情况。而更要命的

⬆ 《黑客帝国》（美国，2000）等电影中使用的特效可刺激观众的眼球，并制作出高难度、看似危险甚至不可能的场面。

是，这两个角色还要同时出现在一个画面里，这可真是一个大难题。如果这个演员没有分身术，那么他就根本做不到。可事实上他做到了，当然他也不会什么分身术，那么他是如何做到的呢？原来，在拍摄的时候，这两组镜头是分别拍摄的，而在后期的制作过程中，工作人员对这两组镜头进行了特技处理，就使它们同时出现在我们眼前了。很简单吧！

在计算机的帮助下，这似乎很容易办到，但是在以前，那可就麻烦了。我们必须在拍摄第一个场景的时候，先用遮片（就是能遮挡光线的阻碍物）将镜头的一部分挡上；而在拍摄第二个场景的时候，再挡住上次没有遮挡的部分。这样，你得到的就是两个场景同时在画面上的图像了。如果你也有一部可以进行二次曝光的照相机，不妨亲自试一下。

🪐 电影魔术

在电影的制作过程中，也经常要用到一些魔术的戏法。与舞台上的魔术表演比起来，电影魔术更不容易被人识破，因为它是呈现在荧幕上的，而且它有多次拍摄的机会，即使一次演砸了，也还可以再来一次。虽然说电影本身就是假的，也没有人会追究它的造假行为。但是如果演得太假，那就没有人看了。所以电影制作者们费尽心机，就是为了把戏演得逼真，让电影看起来更真实。

虽说要力求真实，但是我们也应该清楚，完全真实地再现剧本中的所有场景是不太可能的。现代剧还好说，要是古代剧，那就根本不可能了。你能回到古代去拍摄吗？你能让现代人变成古代人吗？所以在面对不可能的时候，我们就要想点儿办法，让不可能变成可能。比如说现在很多地方都有的影视城，就是专门为了影视剧的拍摄而搭建的。虽然不能真实再现当时的场景，但是也至少能带领我们回到那个年代。还有很多在国外的场景，我们也完全可以选择在国内的某个地方拍，这样一来，就可以节省很多费用。

可以这样说，每一部电影中都有作假的地方，你知道如何分辨出真假吗？电影中的狂风暴雨是真的吗？可能是。如果拍摄的过程中恰巧遇到了这样的天气，那就是真的。可如果没遇到呢？总不能把这场戏一直都放在那儿，等到下雨的时候再拍吧！那要等到什么时候呀！所以，在这种时候，我们就得想想办法，自己降雨。当呈现在荧屏上的时候，人工降雨与自然降雨并没有什么区别，所以我们很难看出真假。像这样的情况还有很多，比如说在冬天要拍夏天的戏、夏天要拍冬天的戏、演员要装病呕吐、受伤流血等，这些场面都必须要造假。不过我们在看的时候也没看出有什么不对的地方，不是吗？

在电影中，还会用到很多替身，这些替身用来代替演员去做一些危险的动作或者是演员不愿意亲自去做的事情。那么如何让这些替身看起来和演员一样呢？这当然要拜托我们的化妆师，将他尽量化得跟演员一样。除此之外，摄像师对灯光与角度的把握也是非常重要的。通常在有替身的场面，我们都不会看到演员的正面特写，而一般都是远距离且比较模糊的拍摄，这样就可以以假乱真了。

美国灾难大片《2012》中的灾难场景主要靠计算机特技完成。

除了拍摄的场景和演员以外，电影中的声音也未必都是真实的声音。我们知道，演员的声音可以在后期制作的时候用配音演员来配音。但是你们也许不知道，电影里面的很多自然声音也可以用配音，当然，给它们配音的不一定是人。比如说马蹄声可以用重击椰子壳的声音来代替；要模拟瀑布的声音，可以拿着喷水壶向一个铁板上喷水；刹车时汽车轮胎的尖叫声可以用热水瓶摩擦木头的声音来代替，等等。

🪐 天气变化随心所欲

在电影的拍摄过程中，总是要利用各种各样的天气来烘托故事情节，渲染气氛。可是外界的自然天气状况却往往不能满足导演的需要，而要使电影更好看，就必须借助特技来实现。也许你觉得天气是不可改变的，谁又有能力改变大自然呢？不过在电影之中，我们却可以让天气变化随心所欲，想要什么样的天气，就有什么样的天气。

雨、雪、雾和风是在电影中经常用到的天气现象，为了满足电影拍摄的需要，让天气根据情节的发展而变化，我们必须要自己想办法来制造它们。当然，最简单的办法就是在后期制作的时候，利用计算机特技把各种天气条件加上去。可是这种做法的弊端就是没有真实感，很容易被观众看出来。比如说一个人站在雨中，可是他的衣服却没有湿，这显然是不符合逻辑的。所以，为了增加真实感，我们就必须得想点儿别的办法。

雾可以将人带入梦幻之中，尤其是在神话剧或战争片的拍摄中，要表现天上的与众不同以及战场的硝烟弥漫，就必须用雾来实现。制造雾的方法有两种，我们根据剧情的需要选择不同的雾。第一种方法是利用干冰，也就是固态的二氧化碳。当我们所需要的雾是在地表的时候，就可以用这种方法来实现。第二种方法是利用化学品，可以是油，也可以是药用甘油等，将它装入特制的造烟机里面，就可以放出雾来。当我们需要飘散在空中的雾时，就可以用这种方法来实现。

风雨交加的氛围用来渲染悲凉凄惨的故事情节是再合适不过了。当电影中的人物发生某些不幸的遭遇时，就会忽然下起大雨，更好地表现人物当时的心情。制造风其

⬆ 人造雪是一种神奇的吸水树脂，能把水变成一种白色蓬松的物质，看起来像真雪一样。

实很简单，只要用鼓风机就可以了。制造雨也并不麻烦，只要用水管就可以实现。拍摄时，我们需要将水管中的水喷向天空，让水从空中落在演员的身上。如果所要拍摄的场面是大雨或暴雨，那就要借助多个水管来实现了。不过，在拍摄这些镜头的时候，你必须要注意保护好你的摄像机和其他的道具设备，以防它们被水淋湿后坏掉。

雪可以说是一些电影的灵魂，因为这些电影的主要场景都是在雪中拍摄的，也只有雪才能衬托出故事的主题，让影片看起来更唯美、更浪漫。制造雪的方法有很多，比如说用粗粒盐、碎冰块、纸、塑料、淀粉、泡沫等，都可以用来代替真雪。对于大的雪景，我们也可以利用计算机来制作。你可以根据影片的实际需要以及预算资金和时间等条件来选择用什么来造雪。其实，在实际的拍摄过程中，很多电影都是同时采用了多种造雪方法，使雪景看起来更逼真。

🪐 制作怪物

在一些科幻影片中，我们经常看到各种各样的怪物，这些怪物形象是我们从没见过的，当然它们在现实的生活中也并不存在，那么电影中那些活灵活现的怪物们是从哪来的呢？其实，这些怪物都是由演员来扮演的，只不过是进行了一些修饰，让我们看不出来罢了。当然，如果你仔细观察，就会发现这些怪物的外形与我们人类的外形差不多，都是在人类的基础上发展而来的。

将一个人化装成一个怪物虽然并不是什么难事，但是却往往需要花费大量的时间。有些影片所塑造的怪物形象是非常成功的，比如说电影《星舰迷航记》中的外星人、《决战猩球》里的类人猿、《人猿泰山》中的人猿泰山等，都取得了很好的效果，获得了惊人的成功。不过，也有些电影塑造的怪物形象非常失败，观众一看就知道是人扮演的。这样的怪物不但不会被人们所接受，而且还会成为笑柄，受到人们的嘲笑与唾弃。

制作怪物的方法有很多，如果你决定让人来扮演怪物，那就一定要想办法让你的怪物看起来更像个怪物，而不是人。我们可以选择一些体形特殊或者是长相奇特的人来扮演怪物，这样做往往能取得很好的效果。我们也可以用两名甚至更多的演员来同时扮演一个怪物，这样它就可能有四条胳膊、四条腿，也可以在地上爬行了。还有一种办法，那就是设计一种特殊的戏服，让观众根本就看不出还有演员在里面，不过怪物里面的演员可要吃点儿苦了，因为要驾驭这样一个怪物其实并不容易。

其实，我们并不是一定要用人来扮演怪物，用一个怪物的模型就完全可以塑造出一个灵活自如的怪物形象。还记得我们在前面讲过的动画片的制作方法吗？这种方法对于表现一个怪物也完全适用。我们需要制作一个怪物模型，让你可以被变换成任意的形状，然后我们再一张一张地进行拍摄，将它所有细微的动作都表现出来，然后在放映的时候快速放映，就可以使怪物动起来了。不过这种方法虽然可以用来制作怪物，但是放在电影中，却很不自然。由于动画片中没有与真人的对比，所以动画片并不存在这样的问题。可是当怪物与真人在一起的时候，怪物的动作就会显得特别生硬，与人形成鲜明的对比。

电影《金刚》中的巨型猩猩。

你们想到更好的解决办法了吗？对，利用计算机。用计算机可以合成各种怪物的形象，就连人也同样可以用计算机来合成。其实，早在 1985 年的时候，就出现了用计算机绘制成的角色。那是在电影《年轻的福尔摩斯》中，一个绘制在彩色玻璃上的武士复活了，这在当时来说确实是很新奇的事情。可是你也许想象不到，人们并不愿意接受这样的计算机特技，甚至认为这个角色很无聊，也不够真实。所以在那之后的一段时间里，计算机工具的发展都受到了限制。到了 1993 年，电影《侏罗纪公园》全部使用了计算机所绘制的恐龙形象，而且这部电影取得了巨大的成功，终于让人们认识到了计算机对于制作怪物的重要性。

用计算机合成的怪物怎么与真人一起演戏呢？原来，计算机合成的怪物都是在影片完成以后再加上去的，我们所看到的那些怪物与演员同时出现的场面也是后期合成的。但是为什么这些场面看起来那么真实，好像怪物就在演员的身边呢？因为在拍摄时，导演会让其他的演员站在怪物所在的位置，模仿怪物的举动，与演员对戏。而在后期的合成中，特技人员又会把怪物放上去，替换掉临时替代它的演员。这样，我们所看到的影片就会显得很真实了。

神奇的电子动画学

在电影中，我们有时并不需要表现怪物的完整形象，而只需要表现它某一部分的特写，这时我们就要用到电子动画学。确切说来，电子动画学其实是关于木偶的科学。如果你对木偶的印象还仅仅是停留在用一只套在手上的袜子，那就未免有些落后了，因为你印象中的木偶还是最简单、最原始的形态。而现在，我们完全可以让木偶灵活地动起来，如果不仔细分辨，就很难看出破绽。

要制作一个逼真灵活的木偶可不是用袜子和木棍就能解决的，它还需要一些机械方面的技术知识呢！首先，我们应该画出它的草图，或者是用泥捏一个模型；然后再制作一个与实物大小相等的模型，并在模型的表面染上颜色作为木偶的皮肤。制作木偶的关键之处就在于向它的皮肤里面添加机械构造，使木偶可以完成不同的表情和动

英国黏土动画片《小羊肖恩》的制作过程是：每捏一次照一张照片，照完诸多照片再用计算机组合起来。

作。如果模型太小，那么添加机械构造就会很困难。也就是说，模型越小，它所能容纳的机关就越少，所能完成的动作也就越简单。

如果是这样的话，那是不是说电子动画就无法制造出小的怪物呢？并不是这样的。既然小的模型只能容纳少量的机关，那么我们就可以多制作几个模型，让每个模型都能够完成一些动作，在不同的场景使用不同的模型。虽然说它只能完成一些简单的动作，但是在拍摄中远景镜头时，却是完全可以应付的。那么特写镜头呢？这些模型显然是不能满足需求的，因为它们太小了。既然是因为个头儿太小，那我们不妨制作一个足够大的脑袋，其标准是将所有复杂的机械装置都装进去，这样它就可以做各种复杂的动作了。当然，在拍摄的时候，你必须保证这个脑袋跟镜头里的其他东西相匹配，否则就会被人看出破绽了。

其实，在很多影片中，影片的制作者都是既使用了真实的动物，也使用了电子动画制作出来的动物。因为导演们非常清楚，要聘请一位动物演员，通常要面对很多让人头疼的问题，比如说它不太听话，总是试图袭击演员，而且你也不能让它做太危险的事情。所以还是用电子动画来代替它吧！这样拍摄起来就容易多了，至少你不用担心自己会受到突然袭击。既然是这样，那为什么不全部使用电子动画呢？还要那些真实的动物干什么呢？当然是为了增加影片的真实性。一般的场面用真实的动物来拍，而那些特写镜头或危险的场面则用电子动画来拍，这样既可以增加影片的真实性，又可以使影片更具吸引力，更好看。

第2篇

精彩纷呈的科学异想

灿烂星空的遐想——宇宙

🪐 天的外边是什么

在现代交通工具的帮助下，人类已经没有翻不过去的高山，没有跨越不了的大洋，我们知道山的外边是什么，我们知道海的彼岸在哪里。但当我们仰望着幽深的夜空，都会想到一个古老的问题：天边的外边是什么呢？没有人能够确切地回答这个问题，即使是借助最先进的天文望远镜，人类所能观察到的天空也不过是茫茫宇宙的一角。

太空无线电波

倾斜

抛物面反射器

接收器

旋转基座

射电望远镜
恒星能够释放无线电波和光波。天文学家制造射电望远镜来接收无线电波。射电望远镜与光学望远镜不同，它带有巨大的金属抛物面反射器。反射器能够被倾斜旋转转向对向天空任何一部分。抛物面接收无线电波或信号，并把它们集中到天线上。之后信号被传送给接收器，再通过计算机系统将它们转换成图像。

科学家已经观测到的距离我们最远的星系在130亿光年以外，也就是说，如果从那个星系上发出一束光，最快也要经过130亿年才能到达我们地球，这130亿光年的距离就是我们现在所能知道的宇宙的范围。换句话说，一个以地球为中心，半径为130亿光年的球形空间就是我们现在所知道的宇宙。当然，宇宙的中心并不真的是地球，宇宙也未必就是球形，但是我们所认识到的目前只有这么多。至于130亿光年以外的宇宙是什么样子的，也许长大以后，你能回答这个问题。

科学家们认为，宇宙的诞生，源于137亿年以前的一次大爆炸，这个爆炸产生的影响至今还在继续，宇宙还在膨胀。

宇宙大爆炸所产生的尘埃，形成了无数的星体，人们已经发现和观测到的星系大约有1250亿个，而这些星系中又拥有几百到几万亿颗像太阳一样的恒星。通过这些天文数字，我们可以想象一下宇宙的大小，也许就算是乘坐你丰富的想象力，也无法到达宇宙的边上！在这个浩瀚的宇宙之中，地球真的像是沧海一粟，渺小得微不足道！

🪐 星星为什么掉不下来

抬头仰望，天空就像屋顶；低头俯视，脚下是大地。我们都不假思索地用"上""下"这样的词汇来表示方位。

我们通常会认为向上运动的东西总会落下来，这简直是显而易见的：把球抛向空中，它很快就会掉下来。但是我们看见星星也高挂在夜空，但为什么它们不会掉下来呢？

等一下，我们先来看看我们说的"上""下"是不是看起来的那样。如果你身处北半球，头朝上脚朝下，但如果你来到南极，你依然头朝上脚朝下。也就是说，无论我们走到地球上的哪处，天空仍在头顶之上，大地在脚下。

物体落到地面上，我们认为是向下，因为它们受到的地球重力的方向是向下的，所以总会被拉回到地面上。但是如果我们远离地球进入浩瀚的宇宙空间，"上""下"就失去了意义。飘在太空里，根本没法说清哪是上哪是下，只有行星和恒星间巨大空荡的空间为参照。

在宇宙飞船的宇航员失去了重力作用，可以在飞船里随意行走，比如飞船舱内的顶上。向上或向下只适用于对某一个重力场的描述，而对于太空中的飞行员来说，这里不受重力影响，向上或向下没有任何意义。

但是当宇宙飞船准备着陆时情况就完全不一样了，飞船被拉回重力场，当飞船将着陆时，宇航员将深刻体会"下"的感觉。

每个行星都有引力场，恒星也是。太阳系就是靠着这种引力维持了八大行星的正常运转，包括地球围绕太阳运转。

所有在宇宙中的物体都相互吸引。从最小的小行星到最大的恒星，一切都通过万有引力相互联系。

夜空中的恒星距离地球太远了，以至于它们与地球之间的万有引力非常微弱。但如果它们靠近地球，地球就会飞向恒星，因为恒星的质量一般都比地球大得多。

恒星不会坠落在地球上，但是有时陨石会——这些石质或冰质物体被地球引力拉入地球，与大气摩擦产生火焰，划过天际的一瞬间形成一条亮线，被人们形象地称为"流星"。

如果我掉进黑洞中会发生什么事

首先，你必须明白你再也出不来了。当你刚一接近黑洞时，你根本不会有什么感觉。就像绕地球轨道运行的太空人，你将处于"自由落体"状态，并且你身体的每一个部分都将处在同一个重力的影响下，你会感觉到失重。但是，一旦你开始接近黑洞那巨大的引力场——大概距黑洞中心80万千米，你会感受到什么是所谓的黑洞潮汐

力。如果你进入黑洞时碰巧是脚先下去，你的脚将会比你的头感受到更大的拉力，而你会有被撕扯的感觉。当到你的身体快要发出"砰"的一声这个临界点时，一切将变得更糟，那就是你生命的终点了。

这将很可能发生在你穿过一个被称为黑洞边界的东西的时候。此时你必须要让你的运动速度和光速相等。所有的引力场都有一个脱离速度，在地球上，这个速度就相当于火箭进入太空的速度。一旦你来到了黑洞边界，为了逃离，你需要跑得比光速还要快，而那是不可能的事。因此一旦你到了黑洞边界，就必然再也出不来了。

图中是一位艺术家对想象中黑洞的描绘。黑洞可以吸入任何种类的物质。有些科学家认为在每个星系的中心都存在一个黑洞。

为什么天体都是球形的

天体并不都是标准的球形，它们只是看上去像是球形，或者说几乎呈球形罢了。

地球就是一个两极稍扁的扁球形；木星和土星由于其极高密度的大气，因而它们的两极看上去更扁。

恒星、行星和其他天体之所以都是球形，而不是正方形或是其他奇形怪状的样子，完全是万有引力作用的结果。

任何物体都会对其他物体产生吸引力。依据牛顿定律，万有引力的大小与两个物体间距离的平方成反比，而与物体相互间的位置无关。因而，有限多个不均匀分布的、大小一样的粒子总是倾向于聚在一起形成球状的团。在行星和恒星形成的过程中，同时还有许多其他力的作用。

火星上的"水手"号峡谷就像是长在火星表面上的一道巨大的疤痕。

假设在宇宙大爆炸后一段时间里，有大量不同的粒子不均匀地分布于宇宙空间中，由此形成了一大片分布不均的物质云，在这片物质云中，粒子彼此吸引，但整体的万有引力却没有达到平衡，就仍有某种扰动力使其旋转。特别地，可能因此而得到一颗伴星，那么两个天体间就有引力相互作用。当然，这其中还涉及电磁学、摩擦和热学等各方面的复杂问题。

这时，分散的物质云在引力的作用下逐渐聚合在了一起，同时由于其本身的非均一性和某些外力的作用而开始自转，于是便形成了一个大致的（不是完美球形的）旋转天体。它的形状将取决于其自转速度的大小，自转速度越快，其形状就越趋近于扁圆形。此外，这个天体的形状也与其组成物质的密度相关。

如果假设有一个呈标准球形的台球，在旋转中它会保持自己的外形近乎为球形；但若是一个旋转着的充水气球，则会呈两头扁、中间凸出的扁球形。事实上，天体大都有很大的质量和很高的自转速度，赤道附近的物质很可能会因此被甩离该天体，给它来一次"瘦身运动"。被甩脱的"赘肉"可能会四处分散开来，在某些情况下也可能会通过类似的过程形成一颗球状的卫星。

太空中是否有很多垃圾

简单来说，太空垃圾就是在人类探索宇宙的过程中，被有意无意地遗弃在宇宙空间的各种残骸和废物。

别小看了这些零零碎碎的太空垃圾，据统计，直径大于1厘米的空间碎片数量竟然超过11万个，而大于1毫米的空间碎片超过30万个。太空中为什么会有这么多的垃圾？其实，归根结底都是我们人类自己制造的——50多年的太空开发给我们头顶的天空留下大量垃圾：火箭推进器残骸、人造卫星碎片、脱落的油漆，甚至一只宇航员的手套。

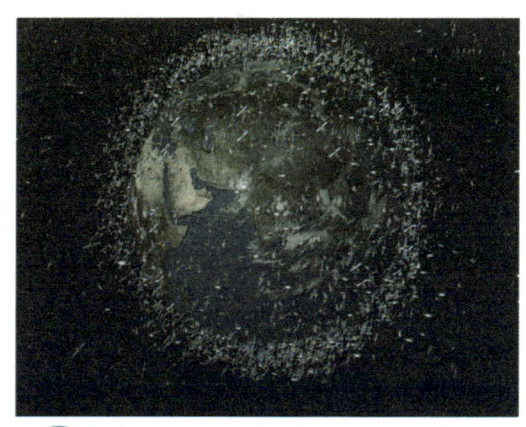

 太空垃圾计算机模拟图

太空垃圾小到由人造卫星碎片、漆片、粉尘，大到整个火箭发动机构成。不要小看这些太空垃圾，由于飞行速度极快（6～7千米/秒），它们都蕴藏着巨大的杀伤力，一块10克重的太空垃圾撞上卫星，相当于两辆小汽车以100千米的时速迎面相撞——卫星会在瞬间被打穿或击毁！而且人类对太空垃圾的飞行轨道无法控制，只能粗略地预测。这些垃圾就像高速公路上那些无人驾驶、随意乱开的汽车一样，你不知道它什么时候刹车，什么时候变线。它们是宇宙交通事故最大的潜在"肇事者"，对于宇航员和飞行器来说都是巨大的威胁。好在目前地球周围的宇宙空间还算开阔，太空垃圾在太空中发生碰撞的概率很小。

20世纪60年代以前，没人听说过太空坠落物，但是自1973年以来，每年有数百块太空垃圾坠落地球。但由于其在经过大气层时与空气产生了急剧摩擦，使得这些垃圾在未通过大气层时就自我燃烧殆尽，在大气层的保护下就自我毁灭了。万幸的是，迄今没有大型的太空垃圾坠向地球，因此也尚未伤人。

天上没有太阳会怎样

"如果有一天太阳不见了该怎么办呀？"这个问题看起来很好笑，但是如果真的发生了，确实是个可怕的事情呢！事实上太阳总有一天会熄灭的，就像一根蜡烛总有燃尽的一天，但是这一天可能要到50亿年以后才会到来，也许在那以前，人类早已搬到

太阳会永远发光吗？

1. 在 50 亿年前，太阳和太阳系其他星体一起诞生。从那时到现在，它一直稳定地发光。

2. 再过 50 亿年，太阳将会膨胀变热，地球上的海洋将会因蒸发而干涸，生物将会灭绝。

3. 随着太阳不断变热变大变红，地球将被烧成灰烬，被太阳外层吞噬。

4. 逐渐地，红色的超大型太阳又开始收缩，最后变成与地球差不多大小的白矮星。

知识档案

超新星

宇宙中的星球并不是都像太阳一样燃烧得很缓慢，有些体积大、温度高的星球常常以极快的速度燃烧殆尽，这种星球就是所谓的超新星。超新星燃烧完大部分燃料以后，表面会化成碎片分散开来，形成多姿多彩的星云围绕着星球的核心，这叫作超新星爆发。超新星在爆发时非常明亮，以至于人们在大白天也能轻易地发现。超新星非常罕见，银河系里面最近一次出现超新星还要追溯到1000年以前。透过天文望远镜，你可以发现那次超新星爆炸所形成的星云至今仍在四处飘荡，被人们称之为"蟹状星云"。一颗体积巨大的超新星爆炸后，其核心有时候会无限地收缩，最后形成一个体积趋近于零的神秘天体——黑洞。

另一个"太阳"的旁边去居住了，所以我们大可不必对此太过担心。

太阳是一个巨大的炙热的星球，重量约为地球的 33 万倍。据科学家们分析，太阳的存在已经有 50 多亿年历史了，在这段漫长的时间内，它像一个无私的奉献者一样，不断地向四周散发着光和热。它看起来永远明亮而热烈，似乎与以前没有任何分别，但是事实上与我们所见过的所有事物一样，太阳无时无刻不在发生变化，它在不断地衰老。再过几十亿年，在太阳的寿命快要结束的时候，它会变成红色，体积要比现在膨胀许多倍，成为"红巨星"，那个时候如果地球上还有人类存在的话，他将会看到红红的太阳占满整个天空的惊人景象！但这个人要有不可思议的耐高温的本领，否则他将会被轻而易举地烤化，因为那个时候虽然太阳的绝对温度降低了，但是因为体积巨大，其所释放出来的热量还是要比现在多很多倍，足以使海水沸腾起来！再往后，太阳会逐渐冷却缩小，变成一个亮度和体积都非常小的白矮星，最终在天空中消失。

居住在火星上会怎样

火星是太阳系的行星之一，而且它还是地球的近邻，因此它和地球有许多相同的特征。比如火星也有卫星，火星上也有明显的四季变化，有移动着的沙丘和大风所扬起的沙尘暴。火星的两极甚至还有白色的冰冠，只不过这些冰冠是由干冰组成的。火星自转一周的时间约为 24 小时 37 分，轴心的倾斜角是 25°，这些都和地球相差无几。既然和地球如此相似，那么人类要是居住在火星上会怎么样呢？

如果你已经迫不及待地要移居火星，那么在整理行装之前，你最好了解一下火星和地球有什么不同，这或许会让你改变主意。火星绕太阳公转一周所用的时间比较长，火星上的一年大约是地球上的两年，也就是说火星上一个季节的长度大约相当于地球上半年的时间。当然，这对你来说可能并不是什么不可适应的问题，况且火星上的夏季气温非常宜人，只有20℃左右，比老家地球上凉爽多了。但是，一旦到了冬季你可能就会怀念地球的生活了，因为火星上冬天的温度能够达到 –140℃，没有什么词汇能够形容这种温度带给人的寒冷感受，因为没有人有过这样的经历。火星上的冬天之所以这么寒冷，是因为火星的大气层既稀薄又干燥，留不住多少太阳的热量。

火星大气层的主要组成成分是二氧化碳和红色的细微尘埃。因为有大量的细微尘埃存在，火星的天空呈现出美丽的粉红色，和红色大地连成一片，这种景象十分壮丽。居住在火星上，不管你情不情愿，在欣赏美景的同时，必须带上一个笨重的氧气罐。因为，火星的大气中氧气含量太低，根本不适合生物呼吸。

在未来300年内，人类有望在火星上建立第一个"基地"。

居住在火星上，你将不会有雨中漫步的浪漫，火星上从来不下雨，因为火星上没有水。虽然火星上有干涸的河床的痕迹和许多水滴型的岛屿，但是这些只能说明在遥远的远古时代，火星上存在过液态水，而且水量特别大，这些水在火星的表面上汇集成一个个大型湖泊，甚至是海洋。现在，科学家们经过多方探测，已经得出了火星上极度干旱的结论。

因此，对于地球生物来说，火星上的自然条件太过恶劣。在现在的科学技术水平下，人类根本无法在火星上生存。但是，随着科学的发展，人类在火星居住的梦想，也许最终能够实现。

为什么冥王星会从行星降格为矮行星

冥王星是太阳系中距离太阳最远的天体，曾一度被认为是太阳系的第九大行星。它的体积很小，距离我们又很远，所以我们对冥王星的了解并不是很多。冥王星的表面可能主要由氮冰构成，绕日公转周期约为248个地球年。在冥王星上永恒的暮色中，太阳看起来就像是一颗比较明亮的普通恒星。站在冥王星上，你绝对不会感觉到太阳与其他普通的恒星有什么差别。

不过，有时冥王星与太阳之间的距离比它的近邻海王星要近，也就是说，有些时候海王星才是距离太阳最远的行星。1979年，冥王星穿越了海王星的轨道，这就好像一辆车从另一辆车眼前斜插过去。

太阳

最远的行星
冥王星离太阳太远，在冥王星上看太阳，太阳就像一个小亮点。

其实，早在几十年前，科学家就发现，冥王星的轨道与太阳系中其他行星的轨道不同，其余 8 个行星的轨道几乎在同一平面内，类似于以太阳为中心的一系列同心圆（事实上没有任何一条轨道是正圆）。而冥王星的轨道平面则明显与其他八个行星的不重合，于是在绕日旋转的同时就免不了跨越海王星的轨道，所以它时而在八大行星的头上，时而又沉到它们的脚下。

后来，越来越多的天文学家开始重新思考冥王星的身份问题，他们觉得将冥王星划分为行星似乎有些不妥。原因是冥王星的体积太小。我们知道太阳系的前四大行星——水星、金星、火星和地球——都是体积较小的石质星球，接下来的四颗行星——木星、土星、天王星和海王星——是体积庞大的气体星球。冥王星的体积与月球差不多大，与外太阳系的大个头的邻居们相比，这个尺寸小得离谱。冥王星的卫星卡戎的体积大约是冥王星的一半，从这个尺寸来看，卡戎更像是冥王星的姊妹星，而不是卫星。

所以质疑的观点认为，冥王星和卡戎不属于九大行星体系。冥王星是类似于行星的星体，但却不是行星。冥王星和卡戎都是外太阳系边缘许许多多的准行星中的成员。还有些天文学家认为在冥王星和卡戎之外还有成千上万的"冥王星"。

2006 年 8 月 24 日，国际天文学联合会第 26 届大会通过决议，冥王星被降格为"矮行星"，而其他许多同类的星体也被命名为"矮行星"。这些星体距离我们非常遥远，而且是黑暗的，所以很难被发现，它们都在外太阳系很远的地方绕日旋转。

地上地下的神奇——地球

地球是不是标准的正圆球体

17 世纪中叶以前，人们都坚定不移地相信地球是完美的正球形。直到 1672 年，天文学家里奇运用物理学的知识推测出地球并不是一个标准的正圆球体，而是一个两极偏扁、赤道凸出的旋转球体。后来，经过进一步的观察发现，地球的南北半球不对称，南极和北极相比，南极距离地心更近一些。地球更像是一个巨大的梨，所以又有"梨形地球"之称。近年来，人们利用人造地球卫星观测地球，获得了更加精确的数据：地球赤道半径为 6378.137 千米，而地球极半径则为 6356.752 千米，相差不少呢。

现在，我们在电视上和照片上早已见识了地球的整体形状。这个巨大的球体上，蓝色的部分是辽阔的海洋，褐色的部分是凸起的陆地，青翠的是地球上的植被，朵朵白云飘浮在表面，背衬着幽深的宇宙，显得那么美丽迷人！

🪐 天空为什么是蓝色的

有时候最简单的问题都是最难回答的。科学家们提出了很多种方案来解释天空为什么是蓝色的，而英国科学家罗德·约翰·瑞利在 100 年前提出的解释是最为合理的一个。

虽然地球看似呈圆形，但在赤道南部不远处略有凸出，因此环地轴的距离略小于环赤道的距离。

我们必须先弄懂一个问题：照亮天空的阳光是白色的，那么天空为什么不是白色的呢？既然天空是蓝色的，那就说明阳光在通过地球上空的大气层时发生了变化。

白光是由七色光谱组成的。借助三棱镜我们可以看到白光被分成赤、橙、黄、绿、蓝、靛、紫七种色带，这七种颜色的光混合起来就变成了白光。

所以，当阳光从太阳射向地球时，一定有什么东西将白光分离成彩色光了，或者，至少蓝色光被分离了出来。

是什么导致这种现象呢？原因可能不止一种。

地球表面覆盖着气体，包括氮气、氧气、氩气等，混合着水蒸气和小冰晶，还有尘埃和化学污染物质，在这些气体上面还有臭氧层。这些都是导致天空变蓝的因素。

比如，水分和臭氧都易于吸收红色系的光，让蓝色系的光通过。科学家们认为这可能就是天空为什么是蓝色的原因。

然而事实上，空气中没有足够多的水蒸气和臭氧吸收红色光，不足以使天空呈现蓝色。

 由于大气中的众多微粒能使太阳光发生散射，所以天空呈现出蔚蓝色。

1869 年，英国物理学家约翰·廷德尔认为，空气中的尘埃和其他小颗粒可以使光发生散射，而蓝色被最强烈地散射，使得天空呈现蓝色。为了证明他的想法，他自己制造出烟雾，然后用白光照射在烟雾上，从侧面可以看到烟雾呈现出深蓝色。

于是廷德尔推断，如果空气中没有尘埃，白光通过大气层时就不会发生散射，那么洁净的天空就应该是白色的。

起初瑞利也认为这种解释是正确的，但不久之后他就提出了自己新观点，认为即使没有尘埃或烟雾，空气本身也能够使天空呈现蓝色。整个过程是这样的：太阳光在经过大气层时，有一部分通过了气体分子之间的间隙，这部分光到达地面时仍是白光；然而另一部分光刚好撞在像氧气这样的气体分子上，被它们吸收，然后被散射掉。

气体分子里的原子受到吸收光线的激发，并再次释放各种波长的光的光子——从分子"前""后"及侧面射出。因此有的射向地面，有的朝向天空，还有的被送回太阳。

瑞利发现，释放出的光的亮度取决于颜色，释放 1 个红光光子的同时有 8 个蓝光的光子被释放，因此气体分子散射出的蓝光的亮度就是红光的 8 倍。

数不清的气体分子散射出强烈的蓝光从四面八方进入我们的眼睛，使我们看到的天空是蓝色的。事实上，天空并不是纯蓝色的，因为其他颜色的光也同样进入了我们的眼睛，只不过它们非常微弱，以至于我们的眼睛只能看见蓝色而分辨不出其他颜色的光。

为什么太阳和月亮会变颜色

从天文学家拍摄的照片里我们可以发现，在宇宙中，月亮是一个被太阳照亮的灰白色的球体，它在漆黑的宇宙空间里发出光芒，而太阳则近似白色。

但当我们从地球上观察月亮时，它的颜色则取决于它的位置。比如，当它刚刚出现在地平线上时是亮橙色的，逐渐地，随着地球转动，它在天空中渐渐升起，橙色逐渐变淡，成为黄色，再变成黄白，最终，当它升到天空的正上方时，就呈现出它真实的颜色——灰白色了。

太阳也有类似的变化。正午时，太阳往往是黄白色的，但日出和日落时，它却会变红，或者橘红，或者粉红，这是怎么回事呢？

事实上在宇宙空间中观察到的太阳和月亮的颜色并没有变来变去的，大气层是挡在我们眼前的一层面纱，光在进入我们眼睛之前必须先穿过大气层，光就是在这个过程中发生了变化。

氮气、氧气和组成空气的其他气体，加上尘埃、烟雾和污染物等飘在空中的微粒，可以使进入人眼的光变红。

这是为什么呢？太阳发出的光是白光，而月亮不发光，只是反射太阳光。白光是由多种颜色的光（光谱）组成的。光在宇宙空间中以 3×10^5 千米/秒的速度传播，进入大气层之后，一部分光线能顺利地通过大气层而不与空气分子碰撞，这部分光线到达地面时仍能保持原有的白色。

但是大气层是由数不清的空气分子组成的，因此光与空气分子之间的碰撞不可避免，一旦光子在传播过程中与空气分子发生了碰撞，就会产生散射。

从白光中散射出去的光大部分是蓝色光，当光线到达我们的眼睛时，剩余成分大多是暖色系的光，所以我们看到的太阳要比它真实的颜色黄一些。

只有当太阳处于我们头顶正上方时，颜色才最接近它的真实颜色。此时，光线垂直于大气层，而越往高空处空气越稀薄，垂直通过的路线使光线受到的空气分子的阻拦最小，所以到达我们的眼睛的时候变化也就最少。

相比之下，当太阳在地平线附近时，颜色变化就明显得多。因为在这个角度

太阳和天空的颜色

当太阳高高悬挂在天空中的时候，它看起来是黄色的。天气晴朗时，天空看起来就是蓝色的，因为空气过滤了所有其他的颜色。傍晚的时候，太阳落山，它看起来是红色的，而天空是粉红色的、红色的和黄色的——太阳此时从该角度照射进来的明亮光线发生折射，其色谱的色彩被融合进了大气层。

上，光线基本上是斜贴着地面向前传播的。地面附近的空气密度大，光线在其中传播的时候会跟很多的气体分子发生碰撞，再加上近地面气体中尘埃和气体污染物含量也比较高，就会有更多的蓝色光在传播过程中被散射吸收，这样，当光线最终到达我们的眼睛时，只剩下红色和橙色的成分了。这就是日出日落时太阳呈现红色的原因。

月亮变色也是这个原因，傍晚时分，地平线附近的月亮是浅黄色的；当夜幕降临月亮升起来之后，它的颜色一点点变淡，最后就成了白色了。这是因为，月亮在高处时反射来的光线里含有更多种颜色成分，这些颜色的光都进入我们的眼睛，我们才看到了白色的月亮。

通常空气里的污染物越多，日出日落、月出月落的景观就越壮观。

🪐 一年之中四季不分会怎样

如果一年之中四季不分，那么你将不会有那么多厚薄不一的衣服，也不要奢望还有漫长的寒暑假，无论你居住在什么地方，温度都是常年不变。那时的温度不会有冬天时的严寒，不会有夏天时的酷热，或许不如春天那样温和宜人，但也相差不多。植物不会再经历"一岁一枯荣"的轮回，整整一年都不会退去美丽的绿色；鸟儿也不必在冬天的时候向南方迁徙，温暖的气候可以使它们免除奔波之苦。

"四季如春"这是很多人的愿望，但是为什么上天不遂人愿，非要安排四季交替呢？有人认为，地球绕着太阳运行的轨道不是完美的圆形，而是一个椭圆形，所以地球在公转过程中，有时候距离太阳近，有时候距离太阳远。距离太阳近的时候，气温高，就是夏天；距离太阳远的时候，气温低，就是冬天。没错，在一年中地球和太阳之间的距离确实会不断改变，但这并不是四季轮回的真正原因。

北半球春天

北半球夏天

北半球冬天

太阳

南半球冬天

南半球夏天

北半球秋天

南半球春天

为什么会产生四季变化

四季的产生是由于地轴的倾斜。当地球绕太阳公转时，总有一个半球比另一个半球离太阳更近一些。当太阳直射点在北半球时（从3月21日到9月21日），北半球就是春季和夏季，而南半球就是秋季和冬季。当太阳直射点在南半球时（从9月21日到3月21日），南半球就是春季和夏季，而北半球就变成了秋季和冬季。

实际上，之所以有四季的存在是因为地轴是倾斜的。一年之中，阳光的直射点以赤道为中心，在南北半球的低纬度地区徘徊。当太阳直射点位于北半球的时候，北半球的气候就比较炎热，而南半球则比较寒冷；相反，当太阳的直射点位于南半球的时候，南半球就进入了夏季，而北半球则开始了寒冷的冬季；当太阳直射赤道地区的时候，南北半球就处于春秋季节。所以，倾斜的地轴才是四季更替的真正原因。如果地轴不是倾斜的，那么太阳的直射点会始终停留在一个地方，四季变化也会彻底从地球上消失，而部分地区将会实现永恒春天的梦想。

然而，久而久之，这种一成不变的季节会不会让你感到厌烦呢？也许那时候，你会趴在窗边，仰望深邃的夜空，追忆夏天的热烈和热闹，追忆冬天的银装素裹，追忆秋天时黄叶飘落的另一种美丽。你会觉得四季更替的世界才更显得多姿多彩，才会给你更多的美丽和感动，才会让你感觉到短暂的春天的美好。

地心温度为什么如此之高

如果我们可以像切水果一样把地球一分为二，我们就可以看见地球的内部是分圈层的。地壳是地球的最外层，类似水果的外皮。地壳的厚度约为 24 ~ 48 千米，庭院里、公园里的地面是地壳的最外层。如果从地面的土壤开始向下挖，最终会碰到岩石圈。陆地上，地壳的主要成分是花岗岩。在像美国科罗拉多大峡谷这样的地方，流水的冲刷已经把一部分地壳侵蚀掉，这里的花岗岩已经暴露在外了。而在海洋下面，地壳就薄了很多，从海底开始，地壳层向下延伸约4.8千米，主要成分是另一种岩石——玄武岩。

在地壳下面是深厚的地幔圈，它的厚度约为 2880 千米。目前科学家也并不十分了解藏在地下深处的地幔层，只知道地幔的最外层可能主要是由一种叫作橄榄岩的岩石组成的。科学家认为，地幔中至少有一部分是柔软的，因为在靠近地心一侧与地幔层相接的是液体熔岩。

最后，地幔下面是地球的中心，也就是地核。从地核最外层到地球最中心大约有3200千米的厚度。看起来，这里由于远离太阳这个热源，似乎应该比南、北极地区更加寒冷。可是事实刚好相反，地心附近温度极高，约为 2200℃ ~ 3300℃，如此高的温度使地核的外层呈现液态，主要是熔融状态的金属。想象一个仓库，里面装满了熔化了的平底煎锅，这就与地心处的景象差不多了：混合了氧和硫的液态金属四处流淌。随着地球的自转，这个地下海洋也形成了自己的洋流。

地球形成后，其表面渐渐冷却，这使固体岩层得以形成。地球的核心部位由于压力和自然的放射性而一直保持着高温。需要大约几亿年的时间才能完全消耗掉这些热量。

地核的密度非常大。因为星球的大部分重量都压在地核上，所以这里的物质被紧紧地挤压在一起。科学家们认为，巨大的压力使地球的内核成为一个固态铁核（也含有少量氧和硫）。即使温度很高，但是巨大的压强使所有的铁分子都紧紧地压在一起，宏观上维持着固体的状态。地球中央的固态金属球大约是月球体积的 3/4，被包裹在液态金属的海洋中，成为星球中的星球。

地球深处的热量是哪来的呢？大部分热量是 46 亿年前地球形成时产生的——体积较小的物体撞在一起形成地球就会放出热量。但有些地质学家却认为大部分热量来自地球深处的天然的放射能。

地球内部的放射性元素会释放粒子，比如电子，这些粒子与岩石层中的原子碰撞，将部分能量传递给岩石中的原子，岩石的温度就升高了。地球形成初期，这些放射性元素使地球内部的岩石变得非常热，而岩石很容易保存热量（可以想想夏天太阳下的石头有多烫），所以这些热量就被保留在地球内部了。几百年之后，地球内部的高温已经足以熔化岩石中的金属物质。后来，重金属又从较轻的金属中分离出来，沉入地心，形成了地核。

🪐 地球要是一下子没有了吸引力会怎样

也许每个人都梦想过，有一天自己能够不借助任何辅助工具飞离地面。但是这个梦想看起来实在是难以实现，因为它要求你必须挣脱强大的地心引力，除非你是电影中的超人，否则你只能寄托于地球的引力突然消失了。

如果地球的引力一下子没有了，你就会像孙悟空一样，一跳冲天！你可以自由自在地在空中飘荡，享受凌驾于万物之上的快感。但是等等，你也不能太过得意忘形，如果你还想回到美丽的地球上来，那么你事先就要在自己的身上绑上绳子，绳子的另一端固定在地球上，这样当你想家了的时候，你还可以回来，否则，你就会像断了线的氢气球一样，永远在天上飘荡。

如果地球上没有引力，除了可以享受飞翔的愉悦之外，或许你将不会得到什么其他令人兴奋的东西了。首先，你要准备好足够的氧气，来维持你每一分钟的生命，

即使在地球上，引力也不是处处相等的；由于地球的两极扁一些，离地心更近一些，所以引力稍强一些；赤道地带稍弱一些。

地球与其他天体之间的引力随它们球心的远离逐渐减弱；由于天体相距太远，在太空中就没有引力，就像宇航员那样，物体会因失重而飘浮。

地球上没有了引力，连空气都获得了自由，氧气便会飘散到浩渺的太空中去，你每一分钟的呼吸只能依靠氧气袋了。不错，事实上你应该变成航天员的样子，因为地球上的环境已经和太空没有什么分别，你身边的一切都变得轻飘飘的，抬头望望天空，漂浮在上面的东西可谓是琳琅满目，各种飞禽走兽、家用电器、交通工具……应有尽有！我们已经不可能生火做饭，食物只能是事前储备的压缩食品。睡觉的时候，要钻进固定好的睡袋里面，毫无疑问，那将一点都不舒服！

如果地球没有了引力，月亮也将脱离地球的束缚，独自到太空中游荡，从此夜空中再也不会出现又大又圆的月亮。如果地球没有引力，太阳系其他行星的运行轨道也会受到影响，因为太阳系的八大行星是相互吸引的。如果地球没有了引力，地球的自转将会把地表的一切东西都甩到宇宙中去，因为在圆形的地球上，之所以下面和侧面的东西没有"掉"出地球，就是因为地球引力的作用，久而久之地球会越

知识档案

用速度战胜地球引力

人类离开地球，去探索外面的世界，首先就要挣脱地球引力的束缚。而战胜地球引力的诀窍就是提高运动速度。科学家经过精密的测算，得出结论：只要人们使航天器的速度达到7.9千米/秒，航天器就能飞离地球表面，绕着地球做圆周运动；如果人们把航天器的运行速度提高到11.2千米/秒，航天器就能完全突破地球引力的束缚，在茫茫太阳系中游荡；当航天器的运行速度达到或者超过16.7千米/秒的时候，它就能挣脱太阳的吸引，飞到太阳系以外的地方去。这三种速度依次被人们称为：第一宇宙速度、第二宇宙速度和第三宇宙速度。所以，人们要发射地球同步卫星，运载火箭的初始速度就要达到7.9千米/秒；而发射探月飞行器则要有11.2千米/秒的速度；如果要向银河系中心进发，那么航天器的速度要超过16.7千米/秒。

变越小。如果地球没有了引力，还会发生许多不可思议的现象，而脆弱的人类将很难适应这些现象。

可见，如果地球没有了引力，地球上的情形并不会让你感到满意。值得庆幸的是，地球的引力不可能消失。因为引力是质量的固有本质之一，每一个物体必然与另一个物体互相吸引。根据万有引力定律，引力的大小与两者的质量乘积成正比，与两者距离（或者物体到地心的距离）的平方成反比。地球的质量远远大于地球上的任何物体，所以能以其巨大的引力把所有物体牢牢地固定在地球表面。

🪐 冰川都融化了会怎样

地球没有了吸引力，地表物体就会像热气球一样脱离地球。

近几十年来，随着人类社会的快速发展，对燃料的使用和消耗日益增多，并排放出大量的二氧化碳等多种温室气体。由于这些温室气体对太阳辐射的短波具有高度的透过性，而对地面上反射出来的长波却有吸收性，造成所谓的"温室效应"，导致全球气候变暖。而全球气候变暖，无疑会使冰川和冻土融化，危害到自然生态系统的平衡和人类的生存。那么，如果情况越来越糟糕，最终全世界的冰川都融化了，地球上将会出现什么后果呢？

如果全世界所有的冰川都融化了，直接后果就是海平面的上升，幅度可能会达到9米。

这必然会给沿海的国家和城市带来灾难性的后果，单在孟加拉国，海平面上升1米，就会使数百万人失去家园。而荷兰可能整个国家都要遭受灭顶之灾，因为即使是现在，荷兰的很多地方都位于海平面以下，所以荷兰人通过建造围海大坝，来维持正常的生活。可以想象如果海平面大幅上升，整个荷兰都会浸泡到海水里面。而我国的上海、香港等沿海或者岛屿城市自然也难逃厄运。

如果冰川都融化了，海平面上升，淹没部分陆地还不是最严重的后果。海平面上升必然导致海洋面积的扩大，与大陆相比，海水吸收太阳热能的能力更强。陆地吸收太阳的能量大多会通过反射和辐射的方式释放出去，而海洋所吸收到的太阳热量有相当一部分自己储存起来了。这就意味着地球上将会储存更多的热量，温室效应也会因此而加剧，形成一个恶性循环。这很可能会影响到全球的气候变化，并导致海上的风暴频繁出现。

冰川是全世界最大的淡水水库，全世界约有70%的淡水储藏在冰川之中。冰川的融化短期内会造成洪涝灾害，长期来看，大部分依靠冰川径流来作为供给水源的地区将会出现缺水的现象。不仅农作物得不到灌溉，人的饮用水也难得到保障。另外，有科学家相信，冰川中覆盖着几百至几万年前的微生物和病毒，一旦冰川融化，这些微生物和病毒暴露出来，势必会影响到人类的身体健康。

可见，冰川的融化将会对世界造成灾难性的影响。虽然冰川都融化了的现象不太

 近年来，格陵兰冰盖的融化速度比以往任何时候都快。

可能出现，但是现今冰川正在加速融化却是不争的事实，而且已经危害到了人类的生存环境。为避免情况进一步恶化，需要我们加强环境保护意识，为环保做些力所能及的事。

假如火山爆发的时候我在山顶

　　火山爆发的时候我正站在山顶，正在我陶醉于周围的美景时，忽然感觉到脚下的山体开始晃动，并有阵阵刺鼻的浓烟升起。"火山爆发"——一个可怕的概念在我脑海中一闪而过，逃跑似乎已经来不及了，我知道接着会有赤红的液体喷涌而出，而我会被这炽热的液体所淹没。那炽热的液体就是地球内部的岩浆，这些岩浆在巨大的压力下，会不定时地从火山口冲破地壳，喷涌而出，形成令人闻之丧胆的"火山爆发"。伴随着滚滚浓烟，一柱岩浆喷射到了高空，炽热的液体发出绚烂的红光，像烟花一样绚烂多彩，映红了黑暗的天空。接着，浓浓的岩浆像洪水泛滥一样向我冲来，我感受到了那逼人的热气，一种世界末日的巨大恐惧让我大叫起来……

　　我猛地坐起，揉揉干涩的眼睛，惊魂未定地擦擦满头的汗——哦，原来不过是一场梦！

　　火山爆发到底能造成什么后果呢？猛烈的火山爆发会对附近的居民区造成毁灭性的打击，它会摧毁大片大片的土地，所

知识档案

火山的形状

　　依据堆积于火山四周物质的性质及喷发的形式，火山形状可分为锥状火山、钟状火山和盾状火山3种。火山喷发出来的物质中，如果固体较多，就会堆积成锥状火山，如日本的富士山；如果火山喷出的溶液很黏，流不远，就会在火山口附近形成钟状火山；如果火山喷发出的溶液黏度不大，通道又比较通畅，溶液就会流很远，堆不成陡峭的高山，就会形成盾状火山。

到之处，一切生命、建筑物无不化为灰烬！公元 79 年，举世闻名的庞贝城就葬身于火山岩浆之下！没有人能够控制火山的爆发，唯一应该做的是对火山敬而远之。但是令人惊讶的是，火山所在地往往是人烟稠密的都市，如日本的那须火山和富士火山周围就是这样。这些人为什么守在一个不知何时爆炸的"炸弹"旁边呢？难道是因为他们知道火山爆发的周

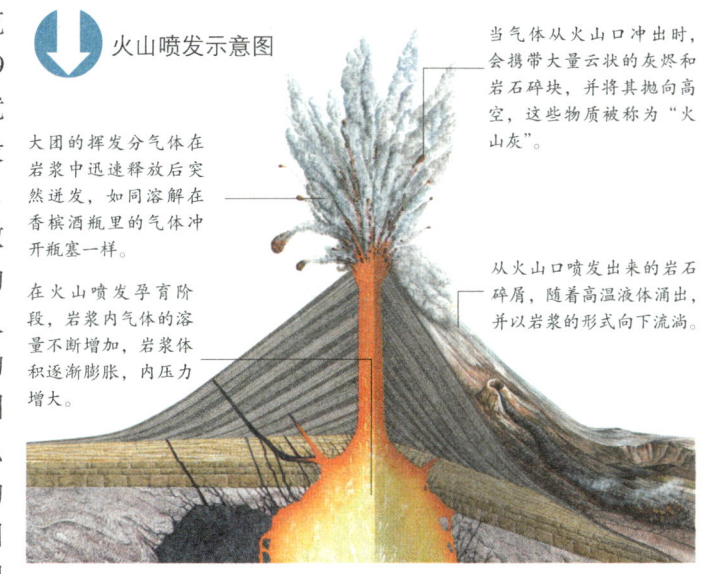

火山喷发示意图

大团的挥发分气体在岩浆中迅速释放后突然迸发，如同溶解在香槟酒瓶里的气体冲开瓶塞一样。

在火山喷发孕育阶段，岩浆内气体的溶量不断增加，岩浆体积逐渐膨胀，内压力增大。

当气体从火山口冲出时，会携带大量云状的灰烬和岩石碎块，并将其抛向高空，这些物质被称为"火山灰"。

从火山口喷发出来的岩石碎屑，随着高温液体涌出，并以岩浆的形式向下流淌。

期非常漫长，有生之年基本不会遇到火山爆发的情况？原来，火山喷发出来的火山灰是非常好的天然肥料，当地的植物受这些养料的滋养，生长得非常好。如日本富士山地区的桑树长得非常茂盛，有利于发展养蚕业。

科学家们认为，对于地球而言，火山喷发是至关重要的。如果没有火山爆发和其他力量所形成的大山，地表就会不断地受到雨水的冲刷，整个陆地就会渐渐低于海洋。那时的人类将无立足之地了。此外，我们知道二氧化碳气体在大气中的作用非常重要，它能对地表产生保温作用，如果没有了二氧化碳，地球就会冷却，地面上终年积雪，比现在的极地还要可怕。而大气中的二氧化碳有 1/10 是来自于火山爆发。另外，火山爆发中所喷出的岩浆中蕴藏着丰富的矿产资源，岩浆冷却下来就会形成矿床。如我国的鞍山铁矿原来就是海底火山。从某种程度上来说，我们可以把火山岩浆看作地球母亲所喷发出来的乳液。

南极和北极哪个更冷

南极要相对更冷一些。

南极的平均气温只有约 -48.9℃，比北极的平均气温要低 1.7℃。南极洲有记载的最低气温是于 1983 年 7 月 21 日在沃斯托克冰湖测得的，当时的气温只有 -89.4℃。南极气温较低的原因至少有两个，其一是因为观测站建在海拔 3600 多米的高原上，在如此高的海拔高度上空气稀薄，很难留住太阳辐射的热量。太阳一落山，大部分的热量很快就辐射

北极圈附近的苔原

掉了。同时，与四周被大片的浮冰所环绕着的北极不同，南极被广袤的南极雪原所包围着，因此南极大地根本无法留住太阳的辐射能。大部分（大约80%）的太阳辐射都被南极所覆盖的积雪反射回去了。

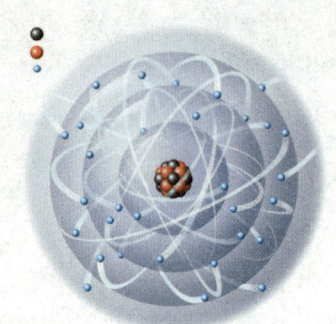

天气与气候

🪐 世界各地气候都一样该多好

大气在运动过程中受到很多因素的影响，变得非常复杂。因此，全球各地的气候有着比较明显的差异，类型多种多样。大体上来说，全球从南向北在不同的纬度有着不同的气候带。但是在小的方面，同一纬度的地方也有可能出现不同的气候类型。比如，地中海地区和我国长江流域几乎处于同一纬度带上，一个在大陆的东岸，一个在大陆的西岸。但是地中海地区是冬季湿润、夏季干燥，而我国的长江流域却恰恰相反，冬季干燥、夏季湿润。另外，受到山地、高原、森林、沙漠等地形影响，彼此相邻的两个地区也常常出现截然不同的气候特征，因此有"一山有四季，十里不同天""南枝向暖北枝寒，一种春风有两般"的农谚，生动地说明了气候类型的丰富。

多种多样的气候类型，在造就了各具特色的自然、人文环境，使世界更加丰富多彩的同时也给人们带来了很多麻烦。许多气候条件恶劣的地区非常不适于人类的生存，如干燥的沙漠地区、寒冷的极地等。人们难免会想：如果全世界的气候都一样，都很宜人就好了，这样无论什么地方，什么季节，你都不必担心恶劣气候的侵害了。

这个愿望确实让人无限向往，但是科学告诉我们，那是根本不可能实现的。因为，各种气候的形成原因非常复杂，凭借人力来改变整个世界的气候，现在看来还是天方夜谭。

气候的形成主要与五大要素有关，这些要素在短期内变化很小，因此气候也相对比较稳定。太阳的辐射是五大要素中最重要的一点，对于不同地区而言，由于所处的纬度不同，所能接受到的太阳辐射能量自然也大不相同，以赤道地区最多，依次向南北两极高纬度地区递减。大气环流通过热量和水汽的输送来影响气候的形成，当大气环流趋于稳定的时候，气候也表现得正常，当环流

知识档案

气候变暖

太阳是地球热量的主要来源。太阳的热量通过辐射的方式传到地球上，热量在穿过厚厚的大气层时，会损失大量的热。来自太阳辐射的短波可以轻易地穿过大气层，而地球反射出来的长波辐射则大部分被大气中的二氧化碳等气体吸收，这就是人们常说的"温室效应"。过去，这种"温室效应"在一定程度上使地球上的温度升高，可以起到一些正面作用。然而，由于工厂和汽车在利用煤和石油燃烧时释放出的温室气体越来越多，气体吸收了越来越多的热量，使得"温室效应"大大增强，科学家们认为温室气体就是引起全球气候变暖的最主要原因，与正面作用相比，全球变暖对人类活动的负面影响将更大、更深。

出现异常时，那么灾难性的天气也常常伴随而来。海陆对气候的影响显著，在地球上形成了差别巨大的大陆性气候和海洋性气候两种基本气候类型。一般来说，大陆性气候全年温差变化较大，湿润程度较低，而海洋性气候则恰恰相反。地形对气候的影响同样不可小觑，

温带草原
寒带针叶林
温带阔叶林
干旱的温带地区
高山
极地和苔原地区
沙漠
热带雨林
热带草原

北极
赤道
南极

地球气候带

高大的山脉或者高原常常能阻挡住大气的环流，从而造成山脉或者高原两侧的气候截然不同。洋流也会对气候产生间接性的影响，一般情况下，有暖流经过的地区，气温要比同纬度各地要高。相反，有寒流经过的地区，温度往往较低。

除了上述五个基本要素之外，还有冰雪覆盖等因素也能对气候的形成产生重要影响。由此可见一种气候的形成是由多种条件共同影响的结果，是非常复杂和不可抗拒的。所以，我们的美好愿望一时难以实现。不过幸好各地的人们也早已习惯了当地的气候，如果气候发生变化，还有可能适应不了呢！

风是怎么吹起来的

地球的周围环绕着一层气体分子，叫作大气。地球上的大气主要由氮气和氧气组成，这些气体被地球的万有引力紧紧抓住，包裹在地球表面。但在大气层中，单个气体分子却在不停地跑来跑去。

当大量气体分子同时向同一个方向运动时，风就形成了。围绕高层建筑的小股空气可能会突然上升、打转，掀掉路人的帽子。或者，数千千米宽的空气流会围绕着整个地球流动。

室内的空气不会剧烈地运动，所以人们往往忽视它的存在。但如果坐在行驶的汽车里，把手伸出车窗外，就会感到空气的存在了。虽然看不见，但车窗外的空气力量强劲。

实际上，空气总是压在我们身上。虽然我们觉得空气没有重量，也看不见，但实际上我们头上伸展至外太空的大气层重达 5×10^{15} 吨。每时每刻，你身体上每 1 平方厘米的面积上都要承受 1 千克空气的重量。

风是由不同地方的空气压力差引起的。这是怎么回事呢？可以想象一个大坝，大坝一侧的水库里水位高度是 10 米，而另一侧的水位高度 20 米，当大坝的闸门被打开时，水自然会从水位高的一侧流向水位低的一侧，直到两侧的水面一样高。空气也一

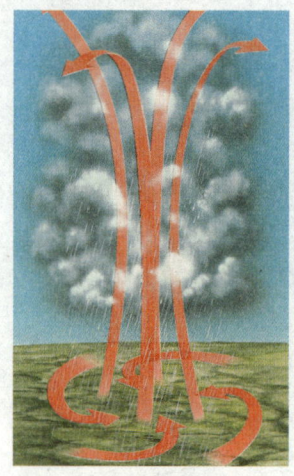

北半球：顺时针旋转的风从高压区吹出，然后逆时针进入低压区。

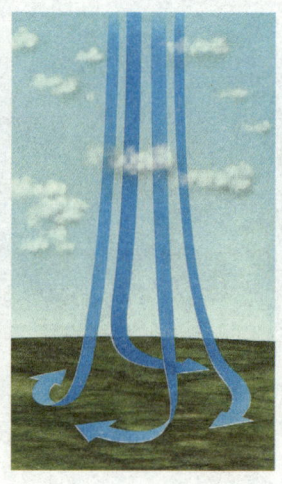

南半球：逆时针旋转的风从高压区吹出，然后顺时针进入低压区。

样。由于温度的变化，各处的气压也会发生变化。暖空气膨胀，空气分子之间的距离加大，空气密度降低，所以暖空气内部的气压相对较低。相反，冷气团内部的空气分子之间距离缩小，空气密度增大，所以气压就相对较高。

和大坝里的水一样，空气也会从气压高的地方流向气压低的地方。这主要是因为空气分子通常会从空气密度大的地方跑到密度小的地方去填补那里的空缺。这种空气分子的运动就是风。我们可以通过一个例子来看看海边是如何形成风的：烈日当头，陆地和海洋上空的空气都在阳光照射下逐渐升温，但是由于海洋表面温度高的海水持续地把热量传给海洋深处温度低的海水，所以海洋上空的升温总

 **冷空气与暖空气**

地球任何地方都在吸收太阳的热量，但是由于地面每个部位受热的不均匀性，空气的冷暖程度就不一样。于是，暖空气膨胀变轻后上升；冷空气冷却变重后下降，这样冷暖空气便产生对流，形成了风。风从中心高压区吹向四周的称为反气旋，相反，风从四周进入中心低压区的称为气旋。气压差越大，风速越大。

是比陆地上的慢。于是总体上，陆地上的空气就比海洋上的空气温度高。

陆地上的空气受热膨胀，形成了低气压区。但与此同时，膨胀的力量推着空气向上升，于是大量的气体分子在高空聚集，形成了高气压。

这种高气压使空气向着海洋上空移动——因为海洋高空的气压比陆地高空低。由于大量空气由陆地上空转移到海洋上空，海洋低空的气压升高，因此在低空就会有大量空气从海洋流向低气压的陆地，形成了海风。

要是能呼风唤雨多神气

如果你觉得天气太闷热，就可以让老天刮点风来透透气；如果明天有重要的活动，需要晴朗的天气，你就可以轻易地修改天气预报中有雷雨的结论；如果你在烈日当头的酷暑，想体验一下滑雪的刺激，那么你马上可以变出"七月飞雪"的人间奇迹！不错，如果你能呼风唤雨，要多神气就有多神气！但是，等等，如果你的想法得不到别人的认同呢？如果你想滑雪的时候，好朋友却想去海边游泳呢？如果你希望下雨，别人却渴望万里无云呢？怎样协调这种矛盾冲突呢，如果处理不好，也许过不了多久你就会成为最不受欢迎的人。

现实中想呼风唤雨基本上是痴人说梦，大多数情况下，科学家也爱莫能助。你也许会说，不对，科学家能够实施人工降雨，这也算是"唤雨"呀。其实，人工降雨也不是随随便便就可以实施的，它需要一定的条件，如果你见识过人工降雨的过程，就会看到人工降雨的小分队开着卡车追着天空中的云彩跑的景象。不错，人工降雨需要

知识档案

"生物圈"2号实验

在美国亚利桑那沙漠的正中央，有一座建于1991年、占地约1.3万平方米的巨大水晶宫——"生物圈"2号。科学家们用它来论证人类能否复制地球的生物圈。"生物圈"2号内包含了地球上常见的5种生态系统：沙漠、草地、湿地、海洋和雨林。里面还有青蛙、蚂蚁、山羊等动物。"生物圈"2号完全与外界隔绝，不接受外界空气、食物和水的补充。1991年9月26日，来自不同国家的8名男、女科学家进入"生物圈"2号，开始了为期2年的生活和试验。但是，结果并不理想，科学家们居住了1年以后，生物圈内的氧气含量就从21%降到了14%，3年以后，一氧化碳的含量超过了79%，这严重危害到人类的身体健康。生物圈上层的温度远远高于预计的数字，而下层的温度则大大低于预计的数字。实验结束后，专家们进行了总结，一致认为现在科技水平下，人类无法用人工的方式维持地球的活力，地球仍然是我们唯一的家园，我们应该去珍惜它。现在"生物圈"2号被用来研究环境现象以及人类的活动将对自然界产生什么样的影响。

天上有云彩。云是大量聚集的小水滴悬浮在空中形成的，这些小水滴只有聚成大水滴的时候才能形成降雨。科学家通过发射炮弹的形式，把某种化学药品抛洒在云里，促使小水滴结合形成较大的水滴，最后降落到地面上来。而且在比较空旷的地区实施人工降雨，成功的可能性并不大，还要花很多钱。除了实施人工降雨以外，科学家们还能够利用类似的手段实施人工防雹、人工消雾等作业，从而减轻自然灾害所造成的损失。

现在，有科学家在研究怎样阻止热带气旋的发生。我们知道热带气旋特别是台风，会对沿海地区人们的生产和生活产生巨大的影响，能够及时阻止台风的发生无疑是一件造福于民的大好事。但是，到目前为止，科学家们还没有足够的办法来预测飓风发生的时间和地点，至于阻止则更是无从谈起。所以，真的要达到呼风唤雨，结束"天有不测风云"的历史，人类还有一段很长的路要走，如果你在这方面有兴趣，也可以努力学习相关知识，也许将来你能够攻克这些难题呢！

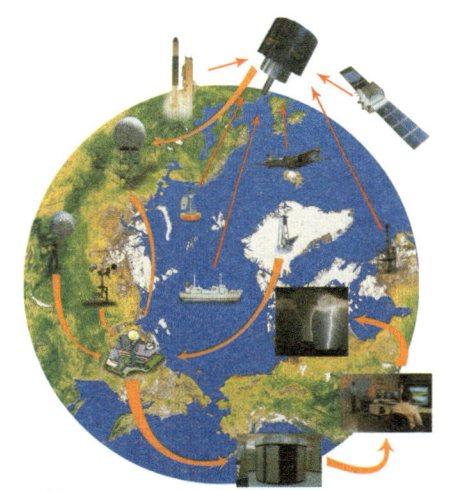

天气系统的形成发展和变化能够通过气象卫星探测到，卫星再将各项同步数据传送给计算机，计算机把卫星测量结果转换成温度、压力、湿度和风力等数据，并综合来自雷达、测量船、飞机、浮标等的信息数据，及时准确地做出预报。

🪐 怎么不给地球装一个大空调

寒来暑往，一年四季气温各不一样，人们不得不承受夏天的酷暑，忍受冬天的严寒。春秋季节早晚温差大，早出晚归的人们穿衣都成了一个麻烦。如果给地球安装一个大空调就好了，一年四季一天24小时，每时每刻的温度都在人们的控制之下，再也不用为冷暖发愁了。

给地球安装一个大空调，这确实是一个不错的想法。但是将这个想法付诸实践，至

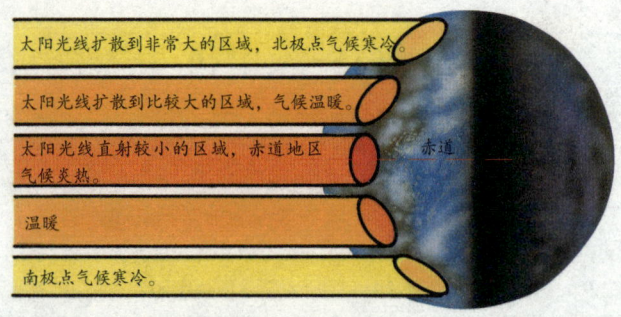

太阳光线扩散到非常大的区域，北极点气候寒冷。

太阳光线扩散到比较大的区域，气候温暖。

太阳光线直射较小的区域，赤道地区气候炎热。

温暖

南极点气候寒冷。

赤道

⬆ 地球上不同地区有不同的温度。由于地球是圆球形的，太阳不能均匀地照在地球表面。赤道附近的地区温度总是很高，因为太阳总是可以直射这些地区。在远离赤道的地区，太阳的光线逐渐分散，温度就没有那么高了。虽然赤道地区温度变化较小，但它也有雨季和旱季之分。

少在现在看来还是不可能的。地球是一个赤道半径6378千米的球体，地表面积达 5.1×108 平方千米。给偌大的天体安装一个空调，这个空调的大小自然可想而知了。不用说制造这样一个空调需要花费多少的人力物力，单是把这样的空调悬挂在地球上面也是一个难以想象的浩大工程。空调安装完毕，让空调正常运转所需要的能量，恐怕也不是任何一个国家所能承受的。即使是人类克服了这些难题，由谁来操纵遥控器，全世界恐怕也难以达成一致。你渴望四季如春，爱好滑雪的人却希望冬天能长一些，爱好冲浪的人可能想让炎热的夏天永远没有尽头……所以，给地球安装一个大空调，看起来是一个美好的愿望，实际上根本不可行。我们所能做的是将忍受变成享受。那么首先就让我们来了解一下，气温为什么会在1年之内、1天之内变化多端。

我们知道因为地轴是倾斜的，地球上才有了四季的变化。所以，接下来我们重点介绍一下1日之内气温的变化规律。气温在1天之内有一个最高值，一般出现在下午14时左右；一个最低值，出现在黎明前最黑暗的时候。这是因为，日出以后，随着太阳辐射渐渐增强，地面不断吸收太阳的热量，温度随之升高，同时地面还将部分热量输送到大气之中，于是气温也慢慢升高了；正午时分，太阳的辐射达到了最高值，随后就慢慢减弱，但这时地面的温度仍然在慢慢地升高，输送到大气中的热量也在不断增多，温度也不断升高，直到下午14时，温度达到一天之中的最高值，之后就开始慢慢下降；太阳落山以后，地面没有了热量来源，但在白天攒下的"积蓄"还够维持一段时间，直到黎明前，地面的热量几乎消耗殆尽，于是气温也降到了最低点。这就是一天之中气温变化的规律。

虽然我们不可能给地球安上一个大

气温日较差

1天之内，某地最高气温和最低气温之间的差距就叫作日较差。一般来说，气温日较差的大小和该地的纬度、地表性质、季节和天气情况等因素有关。气温的日较差一般随纬度增高而减小，研究发现，低纬度地区的平均气温日较差是10℃～12℃，中纬度地区平均为8℃～9℃，高纬度地区平均为3℃～4℃；海洋和陆地上的气温日较差也不一样：海洋上的气温日较差较小，一般仅有1℃～2℃。陆地上的气温日较差较大，常能达到14℃～15℃。另外，在陆地上，气温日较差又因地面状况而异，裸地比林地大，砂土地比黏土地大，谷底、盆地日较差大，丘陵、山顶的日差较差小。气温随季节的变化，以中纬度地区最为显著。中纬度地区，夏季正午太阳的高度角大，而且白昼的时间长，1天之内太阳辐射强度变化大，所以气温的日较差也大，而冬天则恰恰相反；天气情况也会影响气温的日较差，云层厚的天气，地面上获得的太阳辐射少，夜间云层又能阻挡地面热量散失，所以日较差要比晴朗的天气小。

空调，但是明白了 1 年乃至 1 天之内的气温变化规律，我们就能很好地适应气温的变化，提前做好准备，那么再糟糕的气温也没什么好害怕的了！

🪐 酸雨真的很酸吗

对于酸雨，你应该是早有耳闻了。但是，你是否真的了解它呢？你或许会说，顾名思义，酸雨就是味道是酸的雨。我们知道酸有很多种，比如：梅子的酸、柠檬的酸、醋的酸味道都大不一样，那么你觉得酸雨是什么样味道呢？说到这里，你可能会感觉到舌底生津，暗暗地咽一口口水，也可能会不屑一顾地说，我才不喜欢酸味道呢。我喜欢的是甜，如果哪天下了甜雨，我倒要品尝品尝。甜雨，是的，既然有酸雨，当然也应该有甜雨了。老天也应该满足人的不同口味呀。如果你真的盼望甜雨的出现，那么你大概要失望了。因为酸雨根本不是你所想象的那样。

酸雨是指含有硫和氮的酸性化合物、pH 值小于 5.6 的雨。它是从哪里来的呢？现代社会中，工业、农业和交通运输把大量的污染气体排放到空气中，其中就包括许多酸性化合物，这些污染气体和尘埃一起升到高空，附着在水滴之中，当下雨的时候，也就随之从天而降了，这就是人们常说的酸雨。

什么是酸雨

人类燃烧矿物燃料排放出的二氧化硫和二氧化氮可以与空气中的水汽结合形成弱酸，并最终以酸雨的形式落到地面（如上图）。酸雨可以落在远离污染区的其他地区，它会使绿色植物死亡，酸化河流和湖泊，危害野生生物。减少矿物燃料的使用可以减少酸雨的发生。

酸雨的危害非常大，它对农业、建筑、人体健康等都会产生不同程度的危害。如：酸雨降落到河流、湖泊中，就会引起水质的酸化。水质的酸化首先会引起湖泊内水草和水生微生物的减少，而水草和水生微生物又是湖泊所有生物赖以生存的基础，一旦鱼虾离开了它们，就如同鸟兽离开了森林，最终难免灭亡的命运。

在农业方面，酸雨会导致土壤的酸化，土壤中大量的营养物质会因此而流失掉。酸雨还会改变土壤的结构，导致土壤的贫瘠化，影响到植物的正常发育。另外，酸雨还能诱发植物的病虫害，使作物减产。我国南方的土壤本来就多呈酸性，如果再经历酸雨的冲刷，无异于雪上加霜。

酸雨还会腐蚀建筑，尤其是它对暴露在外的文物的破坏更令人痛心。著名的杭州灵隐寺的"摩崖石刻"近年来就屡屡遭受酸雨的侵袭，佛像的眼睛、鼻子、耳朵等处已经出现严重的剥蚀现象，珍贵的古迹已经面目全非了。

另外，酸雨对人的身体健康也有不良的影响。尤其是眼角膜和呼吸道黏膜等处对

酸类物质十分敏感，很容易受到酸雨的刺激，使人出现红眼病、支气管炎等病状，还可能诱发肺病。这是酸雨对人体健康的直接影响。另一方面，农田土壤的酸化，能够使汞、镉、铅等有害重金属溶化，继而被农作物所吸收，人类摄取后就有可能出现中毒的情况。

综上所述，酸雨不是一种味道酸酸的雨水，而是人类为了谋得一时的发展所酿成的灾害性天气。因而，我们要从现在开始，注意保护自然环境，尽力与破坏环境的行为作斗争，使酸雨尽快从我们的生活中消失。

天天能看到彩虹该多好

如果你想天天都能看到彩虹，那么你不得不天天忍受雨水的滋扰，因为正如一首耳熟能详的歌曲所唱的那样，"不经历风雨怎能见彩虹"，彩虹正是在雨后才出现的。

雨过天晴，天空中会出现一个由红、橙、黄、绿、蓝、靛、紫7种色彩组成的光带，这条绚丽的光带就是彩虹。至于彩虹是怎样形成的，古人很早就给出了比较科学的答案，如我国北宋时期著名的科学家沈括就曾在他的著作《梦溪笔谈》中提到："虹，日中雨影也；日照雨，则有之。"唐代的张志和在《玄真子》中说："背日喷乎水，成霓虹之状。"可见，古人早已意识到彩虹是由阳光照到水滴里，发生反射和折射所形成的。

为了更好地说明这个问题，我们不妨来做两个实验。第一个实验，拿一个三棱镜，让阳光从三棱镜的一端射入，从另一端射出，投射到白墙壁上。这时候我们会发现，墙壁上出现了七彩光带，这个实验告诉我们，阳光并不是白色的，它实际上包含了红、橙、黄、绿、蓝、靛、紫7种色彩。第二个试验，我们可以找一个小朋友背负装满水的喷雾器，面对池塘，背对太阳，不断地向池塘里喷水。这个时候，我们站在那个小朋友身后，马上就会看到一条美丽优雅的7色彩虹，宽度足有0.5米，十分清晰，只要不断均匀地喷雾，彩虹就会一直保持住。通过这个实验我们可以发现，喷雾器喷出的小水滴，实际上起到了三棱镜的作用，它把阳光里的7种色彩区分了出来，形成了小小的彩虹。

通过以上两个实验，我想你已经知道彩虹形成的原因了——对了，正如你所想象的那样，在雨水之后，空气中布满了微小的水珠，这些小水珠就是一个个小小的三棱镜，反射和折射出阳光的7种颜色，形成令人叹服的彩虹。也许你

太阳光中的每一种颜色折射的幅度都不相同，因此阳光会被分离为光谱的颜色：红、橙、黄、绿、蓝、靛和紫，从而形成彩虹。

要问：为什么夏天的午后常常能见到彩虹，而在冬天怎么很少见到呢？这是因为，夏天的时候雨水比较多，而且常有雷阵雨，这些雨的范围不是很大，常常是这一边在下着雨，另一边还是阳光普照，而且雨后空气中的水汽也很充足，这样"三棱镜"和光线都有了，彩虹自然就很容易出现了；而冬天的时候，天气寒冷，空气干燥，下雨的机会本来就少，阵雨更是难得一见，飘飘洒洒的雪花倒是常能看到，但是降雪并不能形成彩虹。

可见，大自然中的彩虹是可遇不可求的。但是如果你想天天都看到彩虹，也可以人工来创造呀，就像我们所做的第二个实验一样。

🪐 腾云驾雾的感觉一定很奇妙

我想你对《西游记》中孙悟空驾着筋斗云，一飞"十万八千里"的描写印象深刻，对那种拧一拧身，倏忽千里之外，一日之内游遍天下的潇洒劲儿一定十分向往，也会无数次梦想着自己有朝一日体验到腾云驾雾的奇妙感觉。这样每天的上学、放学再也不用挤公交车或是骑自行车了，出游也方便多了。

那么云彩是怎样形成的呢？原来，云彩是来自地面。地面上的水受到了太阳的辐射以后，变成水蒸气飘到了天空中，到了空中遭遇冷空气，就凝结成了小水滴，这些小水滴再同气中的尘埃、盐粒等杂物混合在一起，便形成了千姿百态的云。据估计，每年从海洋和陆地上蒸发到空中的水分达 4.5 亿吨之多。

卷云

积雨云

卷层云

雨层云

层云

积云

英国科学家卢克·霍华德于 1803 年按云的形状、组成、形成原因等，把云分为几大类，并分别命名。

小水滴就是制造云彩的最主要原料，它的体积很小，平均直径仅在 0.01 ~ 0.02 毫米之间，最大的直径也不过 0.2 毫米。由于水滴小而轻，它们下降的速度很慢，一般都会在降落过程中又被上升气流托起，偶尔有一些漏网之鱼，也会在降落到地面之前而被重新蒸发掉，所以，小水滴便抱成团，成片成片的飘浮在空中。

云彩在空中不断地变幻着形状和颜色，我们常常看到天空有时碧空万里，有时点缀着朵朵白云，有时黑云压境，有时又放射出万丈彩光。有时洁白、有时乌黑、有时呈铅灰色，有时呈红色或者黄色。多姿多彩的云彩引发我们无数的遐想。其实天空中的云都是白色的，只是因为云层的厚度不同，以及云层受阳光的照射而显出不同的颜色而已。

可见，轻飘飘的云彩基本上是一片水雾，它没有灵性，只会随风飘荡，并不能听从我们的指挥。而且云彩还不能够承受我们的重量，立足其上，如站立在空气中一样，势必会重重地摔在地上。看来腾云驾雾的想法，只有在梦中实现了。

电闪雷鸣是"老天"在发怒吗

我们在电视上常常能够看到好人咒骂坏人："你做了那么多坏事，也不怕天打雷劈！"确实，我国古代很多人都相信一个人如果做了太多伤天害理的事情，就连老天都会震怒。老天会借助电闪雷鸣来为人间主持公道。但是，这种说法有科学依据吗？

其实，说电闪雷鸣是老天在发怒，这只不过是人们主观色彩很浓的猜测而已。闪电和打雷是发生在大气中的一种放电现象。在夏季闷热的午后及傍晚，地面上的热空气带着大量的水汽，不断上升到高空中，形成一块一块的积雨云。这些积雨云携带着不同性质的电荷，另外由于受到近地面积雨云所带电荷的感应，地面上带上了与云底不同的电荷。我们知道不同性质的电荷是会相互吸引的，就像磁铁的两极互相吸引一样。空气的导电性很差，阻挡了正负电荷之间的汇合，但这种阻挡并不是不可逾越的。

当云层里面的电荷越积越多，具备足够的能量的时候，正负电荷之间的吸引力就会洞穿空气，开辟出一条狭长的通道，强行汇合在一起。由于云层之间的电流很强，通道上的空气被点着而激烈燃烧，使得通道上的温度甚至比太阳表面的温度还要高出好几倍，所以就会发出耀眼的白光，这就是我们见到的闪电了。而雷声是空气和水滴由于骤然受热，突然膨胀所发出来的巨大声响。雷声和闪电本来是同时发出的，但是因为闪电是光，它的传播速度是约 30 万千米 / 秒，而雷声的传播的速度是 340 米 / 秒。二者的传播速度相差很多，所以我们总是先看到闪电，后听到雷声。

 雷雨云伴随着电闪雷鸣。

可见，电闪雷鸣并不是老天在发怒，雷雨天被闪电击倒的人也不一定是坏人。另外，雷电还会击毁房屋，引起森林火灾，破坏高压输电线路。雷电还是安全飞行的巨大障碍，高空飞行的飞机误入雷雨云中，如果本身没有配置消雷装备，就会遭遇剧烈的颠簸，若是不幸遭到直接电击，那么飞行事故就不可避免了。但雷电并不是一个无恶不作的大魔头，它也会做出许多有益的事情，如夏季的雷电常常伴随着降雨，滋润万物；雷雨能将空气中的烟尘等污染物冲刷干净，起到净化空气的作用；雷电产生的高温能使空气中的氮气和氧气直接化合，产生二氧化氮，随着雨水渗入农田变成硝酸盐，成为天然的肥料。

奇妙的物理和化学现象

🪐 没有空气会怎样

有人觉得这个世界太平淡了，每天是一成不变的日出日落，每年是一成不变的春夏秋冬，一成不变的花开花落。是的，虽然没有在这个世界上度过多少年头，但是从不会安分守己的你总是期待着世界能来一次令人激动的改变。那么如果地球上没有空气会怎样呢？这个想法在你的脑海里一闪而过，想象中的神奇世界瞬间在你的眼前展开。

如果地球上没有了空气，你首先想到的应该是给自己戴上一个氧气罩，不然你很快会因缺氧窒息而死。然而，地球上的其他生物可能不会像你这样幸运，因为大概没有人会不辞劳苦地为它们戴上氧气罩，所以大约用不了多久，地球就会变得冷清起来。实际上，如果没有了空气，地球上的情况绝不是冷清所能形容的，它应该是绝对安静的，因为没有了空气，声音便没有了传播的介质。在这种环境下，你会变得和哑巴无异。所以为了能够和同伴交流，你最好先学会哑语。

在没有空气的地球上，你一刻也离不开航天服的保护。如果你尝试摆脱这种臃肿的服装，后果将是不堪设想的。因为没有了空气，也就没有了大气压，你身体内部的血压会承受不了这种"轻"，最终血管会爆裂，甚至连眼睛都会喷射出来。另外，在没有空气的地球上，你会在一昼夜就感受到冰火两重天的刺激，说到这里，你可能会想到月球上的情景：白天的温度常常能够达到127℃，而到了夜里气温却会下降到 -187℃以下。不错，这时候地球上的环境会和月球上差不多，超过300℃的温差不仅是人的血肉之躯所难以忍受的，就连貌似坚硬的石头也会在强烈的热胀冷缩作用下出现爆裂的

大气是一个保护带，可以使陨星在靠近地球时被烧毁，并为地球上的生命阻挡有害的宇宙辐射。

现象！

如果没有了空气，调皮的星星也会变得老实起来，它再不会不停地眨眼睛了，而是木讷地挂在天空上；如果没有了空气，天幕的颜色也会由美丽的蔚蓝色变成令人压抑的紫黑色，就像我们在月球上看到的一样。当太阳公公准时从东方升起的时候，你会发现它完全没有了以前的慈祥，它变得小了很多，明亮了不少，悬挂在黑漆漆的天幕上，显得格外耀眼和狰狞。

如果地球上没有了空气，你会发现许多有趣的现象，比如苹果会和树叶一起落下来。对于这个现象你可能会觉得不可思议，因为苹果的质量要比树叶大得多啊。实际上，物体下落的速度和物体的质量基本上没有关系。正常情况下，树叶之所以总是落在苹果后面，是因为空气浮力对它的影响更大，而今，没有了空气，树叶自然能与苹果同时落地。除了这个有趣的现象之外，在没有空气的地球上，还会出现哪些令人目瞪口呆的现象呢？聪明的你不妨开动大脑，大胆地去想象一下吧。

现在，对于没有空气的地球，你应该有了一些直观的认识，我想你大概会改变自己原来的想法了，甚至还会祈祷让地球永远不出现这种情况。对于这一点，你大可放心，因为地球有足够大的引力，不会让空气从地球表面飞走的。如果你还是想体验一下没有空气的生活，那么你应该到太空中去，那里会有你想要的环境。

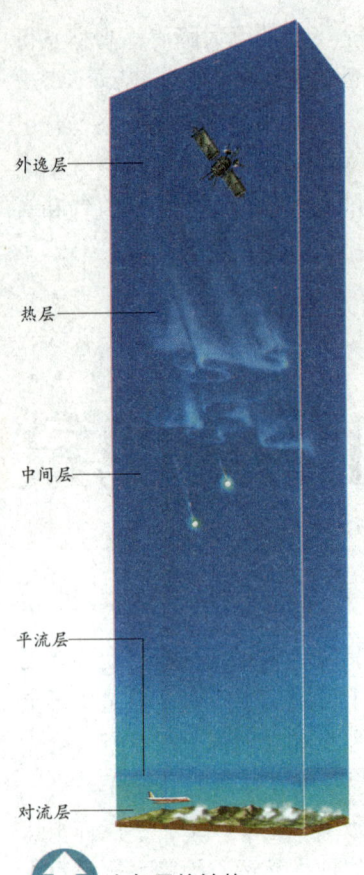

外逸层

热层

中间层

平流层

对流层

⬆ 大气层的结构

🪐 原子是什么样子的

这是一个很难说清楚的问题，因为原子小到即使用上最先进的显微镜也没办法看到的地步。但是科学家们现在使用的一种新型的显微镜可以做出原子的图像：这种仪器仍然不能看到原子，但是它可以感应到原子，它的原理就像你将手靠近但没有真正接触到电视机的显示屏时所感受到的感觉那样。这就是复杂的纳米技术。不过，即使精巧到如此地步，仍然不能让你看到哪怕是一个原子。如果有这个可能的话，你会发现有一个很小的核处于原子的中心，它叫作原子核，是由

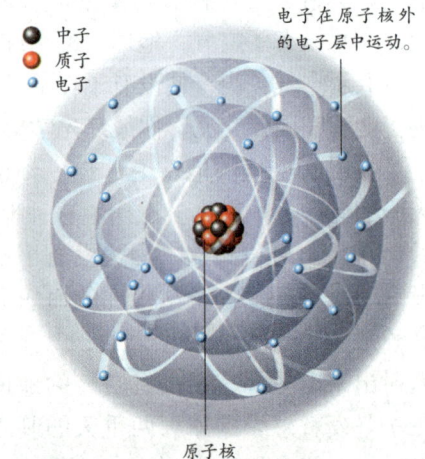

● 中子
● 质子
● 电子

电子在原子核外的电子层中运动。

原子核

⬆ 铀是一种非常坚硬的重金属，如上图所示，它的原子是所有原子中最大的，原子核内有 92 个质子和大约 146 个中子，原子核外有 92 个电子，以平衡质子的电量。

一些叫质子和中子的微粒组成的。质子和中子有着大致相等的质量。质子带一个正电荷，中子不带电。

氢是在宇宙大爆炸时被创造出来的第一个原子，由夸克（一种比原子更小的基本粒子）和电子组成。

🪐 为什么有些原子具有放射性

具有放射性的原子容易发生分裂——实际上是原子的中心分裂，向周围释放原子内部的粒子。

原子中心是由质子和中子构成的原子核。氢原子是最简单的原子，氢核也是最简单的原子核，只由一个质子组成。原子核外是绕核运动的电子。电子运动的确切轨迹无法测量，但电子在不同空间位置出现的概率可以测量。

质子带正电荷，中子不带电，因此，原子核因为含有质子而带有正电荷。电子带负电荷，与原子核里质子之间的吸引力使得它们做绕核运动。由于同性电荷相互排斥，原子核内部的质子之间存在着相互排斥的力。

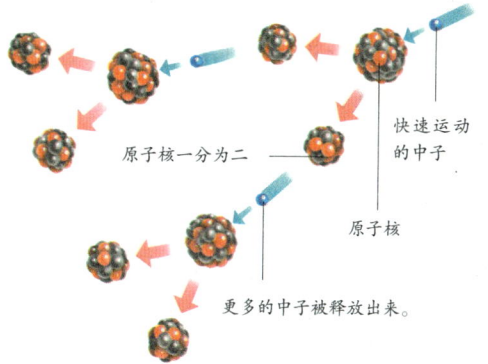

原子核一分为二　　快速运动的中子

原子核

更多的中子被释放出来。

⬆ 核能来自核能源（例如铀或钚）中的原子核的裂变。快速转动的中子从原子核裂变出来，并释放出能量，而更多的中子会使裂变过程继续进行。

在一些小原子内部只有几个质子，这种排斥力不会产生明显效应。但是一些大原子的原子核就不太稳定了，比如铀-238的原子核内部有92个质子，有时这会导致核裂开，放射出内部的粒子，这些原子就是放射性的。

具有放射性的原子会向四周放射中心的粒子，反应过后会生成新的原子核，新生成的原子核被称为"子体"。如果子体是稳定的，那么反应到此为止，但如果子体内部质子数仍然较多，也就是说子体仍然不稳定，核裂变反应就会继续，生成新的子体，如此往复，直到生成稳定的子体。

放射性原子发出的辐射主要有三种：α 射线、β 射线和 γ 射线。

α 射线由 α 粒子组成，每个 α 粒子由两个质子和两个中子构成。铀-238可以释放出这种射线。与其他射线粒子相比，α 粒子可算是巨人了，它们太大，连纸张都穿不过去，也穿不过人体皮肤表面的死细胞。

但这并不是说 α 射线对人体无害，长时间暴露在 α 射线下，人体的皮肤会被灼伤；如果不慎吞入 α 射线源，比如说铀-238，人体内脏会受到严重伤害。

β 粒子是在原子核一个中子变为一个质子和一个电子时产生的。电子从核内射出，而质子留在原子内部。β 粒子的大小是 α 粒子的1/7000，所以 β 射线具有更强的破坏性。β 射线可以轻而易举地穿过纸张，但对木头却无计可施。β 粒子能穿过表皮细胞进入皮肤，但会留在皮肤表层里。如果 β 粒子存留在体内，要么发生重度灼伤，要

么造成内部组织大面积损伤。

第三种辐射是不稳定原子发出的 γ 射线。组成 γ 射线的 γ 粒子是高能光子，这与 X 射线类似。γ 射线可以穿过木头，只有足够厚的混凝土墙或铅板才能挡住它。γ 射线不但能够穿过皮肤，还可以穿过整个身体，而且被 γ 射线光顾的细胞统统都会被杀死。

🪐 所有的金属都有磁性会怎样

我们都玩过磁铁的游戏，磁铁的两端通常分别标有 S 和 N，这代表着磁铁的南、北两极。具有磁性的物质称为磁体。当两个磁体的南极或者北极相靠近的时候，就会发生排斥现象。当一个磁铁的南极和另一个磁铁的北极相靠近的时候，就会互相吸引。磁铁的成分是铁、镍或者铬。让磁铁的一端靠近金属的剪刀，剪刀就会被吸引。拿来五角钱的硬币贴近磁铁，磁铁没有任何反应。这是因为剪刀是用铁制成的，磁铁能够吸引铁；五角钱的硬币是用铜制成的，铜不会被磁铁所吸引。

现实生活中大多数的金属在外在磁场的作用下，都能够被磁化，只是磁化的程度不同。一般来说，仅有铁、镍和铬等少数金属具有较强的磁性，其他金属所能具有的磁性都较弱，不易被人们发现。那么如果世界上所有的金属都像磁铁一样具有了强磁性会怎么样呢？如果是这种情况，一定会出现许多有趣的现象吧。

如果世界上所有的金属都带上了强磁性，人们可能将不再使用金属材料了。原因很简单呀：大街上用金属制成的汽车都具有了强磁性，交通事故就会接二连三地发生，因为这些汽车要么相互排斥，两辆汽车同时被弹开；要么相互吸引，直接造成两辆汽车的"亲密接触"。整个交通状况只能用"乱成一锅粥"来形容了。当然，不只是交通状况会受到严重的影响，还有很多环节会受其影响，聪明的小朋友不妨开动脑筋，想一想我们还会在哪些方面受到影响呢？

既然所有金属都不能使用了，那么人们就不得不用其他的材料来代替金属。也许人们能用塑料制成各种工具，比如塑料制成的汽车，塑料制成的电器、塑料制成的剪刀等。但是有些东西看起来非用金属不可呀，比如炒锅，如果用塑料来制成炒锅，那麻烦可大了，也许一道菜没有炒完，整个锅都被烤化了。所以，人们也不得不去发展"消磁"技术，千方百计地用各种方法去消除金属的磁性，使金属能够重新为我们所用。所有的金属都具有了强磁性，消磁的工作量自然

磁铁只吸引某些具有磁性的物质，如铁、镍等。

是非常惊人的，而且这些金属的磁性可能很难一劳永逸地消除掉。因为，所有的金属都带有了强磁性，说明外部的磁场非常强大，所以消了磁的金属难免重新被磁化。那么这样的工作就永无止境了。

可见，如果世界上所有的金属都具有了强磁性，我们的生活会多么的麻烦。幸好这一切都不会发生，世界上大多数的金属即使被磁化，磁性也弱得微不足道，不会对我们的生活产生重大的影响。

如果把指南针拿到南极会怎样

地球绕着地轴自转，南极和北极分别是地轴的两端。吸引磁铁及指南针的叫作地磁轴线，其两端叫作南磁极与北磁极。地磁轴线与地轴之间的角度相差了11°，也就是说，南磁极并不位于南极，而是位于南极东北方约1600千米的地方。

所以，指南针指的并不是真正的南方，而是南磁极的位置，而且它每年会移动约10～15千米。当你拿着指南针站在南极时，指南针会指向东北方。如果你带着指南针到达南磁极，由于指南针失去了水平的拉力，所以没有固定的指向，会自由旋转。

指南针

东西往上升而不往下掉会怎样

如果所有的东西都像是长了翅膀一样，总是往上升而不是向下掉，那么我们身边将会出现许多有趣的现象。比如成熟的苹果将不会砸落到牛顿的头上，万有引力定律也许不过是一句笑谈；秋天纷落的黄叶不会飘向地面，而是向天空中飞去。这些现象看起来有趣，但是也会给你带来许多麻烦。例如，收获苹果的时候，你就应该站在高空中，而不是站在树下；口袋里掉落的东西，你将不会很容易捡起来，也许你只有借助捕蝶网才能将那些飞在空中的失物够下来。

如果真的出现的这种情况，那么世界上就应该存在所谓的反重力物质。在人类登陆月球之前，一位名叫裘乐·维勒的科幻作家就曾在他的小说《月球旅行》中，描绘了一幅利用反重力物质去月球旅行的奇妙画面。反重力物质，顾名思义，重力不仅不会把这种物质拉向地面，反而会把它推向天空。这一设想确实非常奇妙，但是没有人会相信世界上真的存在反重力物质，如果它真的存在，那么它也不可能存在于地球

受地心引力影响，我们无论跳起多高，最终都会落回地面。

上，它应该早就飞到太空中去了，除非地球上有什么力量可以阻挡它的飞升。

也许你要说，世界上确实有物质会飞上天呀，比如氦气球。其实氦气球并不是依靠反重力飞起来的，其奥秘在于气球内部的氦气。我们不妨把自己生活其中的大气层看作是一种"气海"，在真正的大海里，比海水更轻的物质（比如木头等）就会漂浮在海面上，同样的道理，只要比空气轻的物质就会在"气海"里漂浮起来。而氦气就是一种比空气轻的气体，所以它能带着气球飞起来。既然氦气有这种特性，那么人们为什么不乘坐巨大的氦气球到太空中旅行呢？目前科学家制造宇宙飞船并利用火箭把飞船送到太空中去，需要花费大量的人力、物力和财力，如果用一个巨大的氦气球就可以代替这些设备，那么科学家们何乐而不为呢？原来，就像是海水里的木头不可能漂浮在没有海水的空中一样，脱离了密度大的空气，氦气球也就不能再向上飞升了。实践证明，氦气球最多只能飞升到几千米高的空中，连大气层都出不了，更不要说到空气稀薄的太空中去旅行了。

🪐 水为什么不往上流

水往低处流早已是人尽皆知的常识了。但是为什么水往低处流，而不是往上流呢？你也许会说："消防员叔叔就可以让水往上流，他们常常站在地下用水枪浇灭高处的火，那些从水枪里喷出的水不就往高处流了吗？"其实，水枪是利用某种水泵将水往上喷，自然界的水只会往低处流，因为有地球引力在拉扯。

如果水往高处流，不仅会造成许多闻所未闻的人间奇迹，还能给人类带来许多益处呢。以瀑布倒流为例，我们都知道瀑布是河川和溪水在往下流的途中，经过落差比较大的地段而出现的景观。瀑布在往下流的时候，急速下落的水具有很大的能量，如果在瀑布中装上发电设置，就可以把流水的能量转化成电能。如果瀑布可以倒流，我们就可以周而复始地利用水的能量，要多少就有多少了。

实际上自然界不可能出现瀑布倒流的情况，如果想反复利用水的能量，我们就必须用水泵把瀑布底端的水抽回顶端。在这个过程中，如果你拥有不浪费能量的完美水泵，那么用来抽水的电力将和流水所制造出来的能量相等，也就是说一个循环下来，

 水的流动和地球引力有关，在地球引力的作用下，水会从比较高的地方流向比较低的地方。

你不能得到一点额外的电能，白费工夫。实际上完美的水泵并不存在，在抽水的过程中，总有相当一部分能量转化为热能流失掉，也就是说抽水所用去的能量将会比流水所制造出来的能量多很多，使瀑布倒流根本就是一个赔本买卖。

除了水泵以外，还有一种工具可以让水往上流，就是吸虹管。吸虹管是充满水的管子，两端连接着装水的容器，如果其中一个容器中水的位置比较低的容器水位高，水就会顺着吸虹管流到位置高但是水位低的容器中。吸虹管是怎样把水吸上去的呢？你可以把吸虹管中的水看作是一条水绳子，低水位容器中的吸虹管露出水面的部分较长，管子里面的水就比高水位容器里吸虹管里的水多，水绳子一头重一头轻，重的一端就会下垂，水就会不断流出来。这样直到两个容器里面的水位一样高，吸虹管里的水才会停止流动。

尖尖的针为什么容易刺进物体

中医针灸时，拿细细的针，只轻轻一刺，针便进到人的皮肉中了；而用很大力气打人，拳头怎么也不会刺入别人的皮肉中，原因是什么呢？

原来尖尖的东西更容易刺进物体中。

举个例子来说吧。用一把菜刀切一块冻肉，用刀锋会很容易把肉切成片。要是将菜刀反过来，用平平的刀背去切，费尽力气也是切不开的。这是由于压力的作用效果不但和压力大小有关，同时也和受力面积有关。我们定义了压强来表示单位面积上所受压力的大小，压强的大小决定了作用效果。

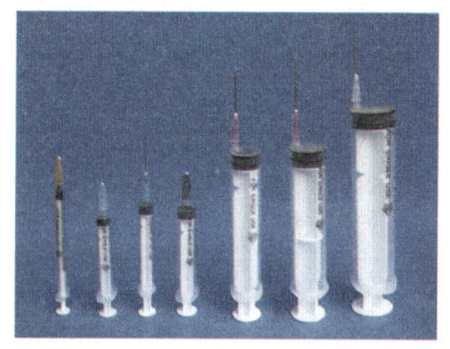

注射器尖尖的针头容易垂直刺进肌肉。

当我们分别用菜刀的刀锋和刀背去切冻肉的时候，虽然用的力相同，但是冻肉的受力面积不同，从而所受的压强大小也不一样。用刀锋切肉的时候，所用的力都集中在薄薄的刀刃上；而用刀背切的时候，所用的力却分散在面积宽得多的刀背上。这样，冻肉受到刀刃所加的压强，当然要比受到刀背的压强大。因此，越是尖的东西便越容易刺进别的物体。

其实，日常生活中有许多与之相似的增大压强的例子。比如，用针缝衣，用注射器打针，用钻头打孔等，都是将力集中在较小的面积上，来达到增大压强的目的。

气泡为什么是圆的

我们都喜欢泡泡，特别是圆滚滚、闪着虹彩的肥皂泡。英国科学家查·波易斯出于对这种现象的好奇撰写了一本 200 页的书，书名叫作《肥皂泡的色彩和塑形力》。

波易斯称气泡为"华丽的东西"，认为使气泡黏在一起的力存在于所有液体中，倒茶或者蹚河时都会看到气泡泛起。

可以想象向气球里注水的情景，水注得越多，橡胶皮的气球就越大，直到胀爆。

 肥皂泡

再想象一下水滴：水挂在水龙头口上聚集成滴，越聚越大，大到一定程度后会最终掉下来。波易斯提出一个问题：水滴到底为什么会挂在水龙头上，就好像水被装在像气球一样的塑料袋里，直到装得太多袋子就破掉或掉下来？

事实上水滴外面并没有袋子。但是波易斯认为，一定存在着某种无形的表皮使水能够聚集成滴。这种"表皮"其实是水以及其他液体的一种性质，即表面张力。以水为例，在液面下，水分子之间有很强的吸引力，但表面的水分子与其上的空气分子之间并没有吸引作用，他们只受到下面的水分子向下、向内的吸引，这种表面张力便起到了水滴的"表皮"的作用。这层"表皮"使水滴能够挂在水龙头上，直到超重之后才掉下来。

不同液体有不同强度的表面张力。比如，酒精的表面张力就比水小很多，根本不会成滴。但是水银的表面张力却是水的6倍，从破碎的温度计里流出的水银珠可以在地板上滚来滚去。

用肥皂水能吹出泡泡来也是因为有表面张力。用吸管在肥皂水里蘸一下，在吸管的横截面上就形成一层膜，如果对着吸管另一端吹气，这层膜就像气球一样鼓起来，然后形成一个闭合的空气泡，风一吹就飘走了。

由于肥皂泡表面是有弹性的，肥皂泡里的空气承受着压力——跟气球里的情形一样。压力的大小取决于肥皂泡曲面绷紧的程度，曲面越紧绷，肥皂泡越小，里面空气的力就越大。波易斯通过实验发现，肥皂泡破碎的情形跟充气气球松开扎口的情形一样，气体从气泡里喷出来，有时竟然可以吹灭蜡烛。

那么肥皂泡到底为什么是圆的呢？这是因为表面张力使液体膜总是把自己拉紧，使自己尽量处于一种最紧凑的状态——自然界里最紧凑的形状就是球形。因此，肥皂泡里面的空气紧凑地挤在一起，产生的力与围绕肥皂泡的外力相同。

但是波易斯发现，对正圆形的肥皂泡施加外力也可以改变它的形状。比如，用两个环粘住肥皂泡，然后把两个环向两端拉，肥皂泡就可以变成圆柱形。但是，这种非圆形的肥皂泡体积越大就越容易破碎。一个很长很长的圆柱形肥皂泡中间会慢慢变细，继而分开，最终形成两个单独的半圆泡。

🪐 火箭如何在没有空气的太空里前进

火箭能够把宇宙飞船送入绕地轨道，也可以把卫星和各种探测器送进宇宙空间。一说起火箭，我们就会联想到太空飞行。

其实，在房间里飞的气球也可以成为火箭。不妨做一个这样的游戏：先向气球里

吹气，再扎紧开口，然后松手，气球就一边撒气一边向着相反的方向冲出去。

再举一个简单的火箭的例子。假如光滑的轨道上有一辆小车，小车的尾部装有一架机枪。机枪每射出一枚子弹，小车就向前移动一点。随着子弹一枚枚地射出，小车的速度越来越快。可以想象得出，机枪每向后发射一枚子弹，小车就受到一次向前的推力，这个力就是子弹对小车的反作用力，这就相当于火箭前进的动力。

为了把宇宙飞船送入太空，火箭的发动机必须有强劲的动力：工程师设计发动机必须基于特定的原理，第一个详细描述这种特定原理的人是英国 17 世纪末伟大的科学家艾萨克·牛

↑ 航天飞机怎样发射

航天飞机是由一对火箭推进到天空中。两架火箭中间带有一个巨大的燃料罐，可以为火箭提供燃料。当航天飞机成功脱离地球大气层时，火箭使用降落伞返回地面，然后再被回收使用。用完的燃料罐将被丢弃。

顿。牛顿定律是描述万有引力和物体运动的定律，他的第二定律和第三定律的内容比较具体地描述了物体受力与运动的关系，从中我们可以得知火箭是如何在太空里前进的。

牛顿第二定律指出，运动中的物体的力取决于其质量和加速度。所以，想要获得马力十足的火箭，就必须保证它每秒钟都喷射出很多高速运动的物质。

牛顿第三定律是说，两个物体之间只要存在力的作用，那么作用力和反作用力则必然成对出现，而且大小相等，方向相反。以火箭为例，火箭对喷射物的作用力使喷射物被高速喷出，喷射物同时会给火箭一个相反的力，推动火箭向前运动。

运载宇宙飞船的火箭将燃料燃烧生成的气体向后推出获得向前的动力。其实，无论向后推出的是什么东西，固体颗粒、液体，甚至是原子或是质子、中子、电子，都能够获得向前的动力。

有人可能会以为，火箭是靠喷出的气体推动了周围环境中的气体才获得反冲力的，却没有料到其实是喷出的气体本身使火箭具有如此强大的力量。事实上，由于太空中几乎没有空气，火箭在向前运动时不必克服空气阻力，所以它比在有空气的环境里更容易前进。而且，火箭表面与周围环境之间的摩擦为零，这就是说火箭在启动后不会有任何阻力使它减速。另外，太空中的宇宙飞船不受重力作用，几乎没有重量，所以即使是一个很小的推力也能够让飞船获得很大的速度。

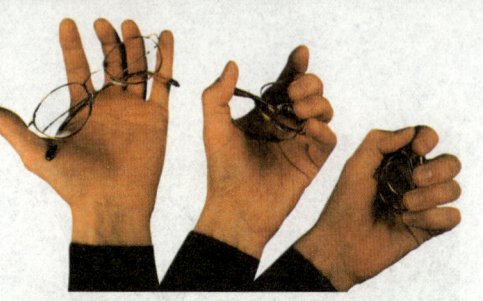

伟大的科学技术

🪐 没有电的生活会怎样

如果没有电，室内室外的所用灯都不会亮起来，整个世界将变得黑咕隆咚；如果没有电，计算机、电视机、音响也不可能打开，周围会比现在寂寥得多；如果没有了电，网上冲浪将成为泡影，欣赏电影将会成为不可能实现的梦想，生活将失去许多乐趣；如果没有电，淋浴器不会自动喷出水来，空调不能制冷，抽油烟机也不能工作，你会发现生活变得艰难起来；如果没有电，整个世界将会陷入瘫痪！

可以说，电是现代社会最不可或缺的能源之一。电有这么大的作用，它是从哪里来的呢？

我们经常使用的电，是用发电机制造出来的。发电机就是将其他形式的能源转化成电能的机械设备。它通常用水轮机、柴油机、汽轮机或者其他的动力机械来驱动，将水流、气流、燃料燃烧或者原子裂变所产生的能量转化为机械能传输到发电机内，发电机再将这些能量转化成电能。发电机产生的电通过具有导电性能的电线传输到千家万户，于是我们在家里面就能方便地用上电了。

电流、电压和电阻是我们经常听到的关于电的名词，它们到底是什么意思呢？我们都知道水能够在水管中流动，我们管它叫作水流。同样的道理，电荷在电路中移动，我们就称它为电流。电流分为直流和交流两种，电流的方向和大小不随时间的转移而发生变化的叫作直流；反之，电流的方向和大小随着时间而发生变化的叫作交流。电流一般用符号"I"来表示，表示电流强度的单位是安培，简称安，用符号"A"来表示。我们知道水之所以能够流动是因为有水位差，同样，电荷之所以能够流动是因为有电位差，电位差也就是电压，电压是产生电流的原因。电压用符号"U"来表示，表示电压高低的单位是伏特，简称伏，用符号"V"来表示。高压电可以用千伏（kV）表示，低压电可以用毫伏（mV）来表示。水在水管里流动并不是畅通无阻的，电在电路中流动也是这样，电荷所遇到的阻力就是电阻，用符号"R"来表示，表示电阻大小的单位是欧姆，简称欧，用符号"Ω"表示。

电是我们日常生活中必不可

 城市的夜晚万家灯火，显示人们对电的依赖性有多大。

导体

    1720年，英国人格雷在研究电现象的时候，发现电荷可以在金属丝之间传递转移，但是在玻璃、木塞、丝线上却看不到转移的现象，由此他首先提出了绝缘体和导体的概念。随着人们对电的研究逐渐深入，导体在电学中的作用也越来越重要。在研究中，人们发现不同物质的导电性能是不同的。同样是导体，人体的导电性能不如金属；同样是金属，金、银、汞的导电性能明显要强于其他金属。根据这一发现，人们把世界上的物质分为导体、半导体、绝缘体三大类。物质导电性能的好坏取决于其内部的原子结构。内部原子核对外层电子的束缚能力越弱，电子就越容易挣脱原子，物质的导电性能也就越强。挣脱原子核束缚的电子叫作自由电子，自由电子的存在就是导体能够传递电流的根本原因。在电场的作用下，电子做定向移动，在移动的过程中，失去电子的原子即正离子阻碍电子的移动，这种阻力就是电阻。电阻越小，说明物体的导电性能越强。电阻被发现以后，人们开始根据电阻率的大小来划分导体、半导体和绝缘体，人们对导体的认识更加全面和科学了。

少的能源，但是与火一样，电也有它可怕的一面，由电所引发的灾难常常发生。因此，我们在用电的同时，也要注意摸清它的规律，积极防范，这样用电才会更加安全。

有没有一种海陆空都能用的交通工具

    很久以前，人们就梦想能有一种海陆空都能用的交通工具。它犹如具有了鸟的双翼、兽的双足和鱼的鳍，既可以飞翔，又可以行走，还可以游水。在狭窄的胡同里，它的双足可以像自行车的两个轮子一样行走；在高速公路上和宽阔的海洋上，它可以开足马力像火箭一样向前飞驰；当交通堵塞的时候，它能立即展翅高飞，你不用担心它和天空上的飞机"不期而遇"，它的飞行高度完全可以控制在几米至几十米之间，和飞机根本不在一个层面上，因此它飞升的时候，地面上的一切都清晰可见，无须导航系统的引导，起飞和降落完全随心所欲。更令人感到兴奋的是，具备这样齐全的功能，它并不显得笨重，相反比现在所有的机动交通工具更加轻便、快捷、安全和可靠。

    有了这种交通工具，人类的交通图景将变得更加壮观。立体的空间将会被利用得更加充分；因为它的出现，人与人之间也将变得更加紧密。即使在最偏僻的山区，人们也不会感觉到与世隔绝。如果你住在几十层以上的高楼顶部，就再也不用忍受上下楼的麻烦了，新型的交通工具就停泊在你的窗外，你随时可以从百余米的高空出发，去任何你想去的地方。这就是我们梦想的交通工具，虽然现在我们还只能在电影银幕上看到它潇洒的身影。但是，随着科学技术的突飞猛进，我们有理由相信，只要耐心地等待，它不久就会来到我们的身边。

这种"单飞客"飞行器是一种小巧、精致的航行器，能够垂直起飞和降落。如今，该飞行器航程为240千米，飞行时速可达129千米。

掌握了奇妙的科学技术，什么也不能阻止人类实现梦想的脚步。20 世纪末，俄罗斯鄂木斯克的科学家们已经研制出了一款三栖交通工具。这种交通工具外形与汽车有几分相似，它有 4 个轮子和 150 ~ 185 千瓦（约 200 ~ 250 马力）的标准汽车发动机。它身长 5 米，有折叠式的翅膀、尾翼和螺旋桨，可乘坐 2 ~ 4 个人。使用起来非常方便，能在土路上以 150 千米的速度起飞，起跑长度只需 180 ~ 200 米，而且能够在水面上起飞和降落；它的最大载重量为 1300 千克，飞行和行驶的最高时速都是 270 千米，飞行高度为 3000 米，飞行距离可达 1500 千米；它的内部设施相当完备，乘坐舒适而安全。据悉，这一新型的交通工具将在地形复杂、交通不便的地方派上大用场。

也许俄罗斯科学家的研究成果还不能让你感到满意，但是梦想已经开始慢慢变成现实了，不是吗？相信科学的力量，但是你也不能坐享其成呀，在最先进的三栖交通工具的诞生过程中，你是否已经做好贡献自己聪明才智的准备了呢？

火车要和火箭一样快该多好

自从 1825 年英国建成世界上第 1 条铁路以来，火车便在人们的生活中扮演了重要的角色。近两个世纪以来，为了适应人们日益加快的生活节奏，火车也开始进入"高速铁路时代"。近年来，日本的磁悬浮列车更是创造了 581 千米 / 小时的火车速度纪录，这一速度大约是一般客车速度的几倍。换句话说，如果我们所乘坐的火车能够有这样的速度，那么我们整个旅程所用的时间将大大缩短。对于这一数字，你可能不屑一顾，认为火车的速度根本不值一提，如果火车的速度能够达到火箭的速度那才叫快呢！那

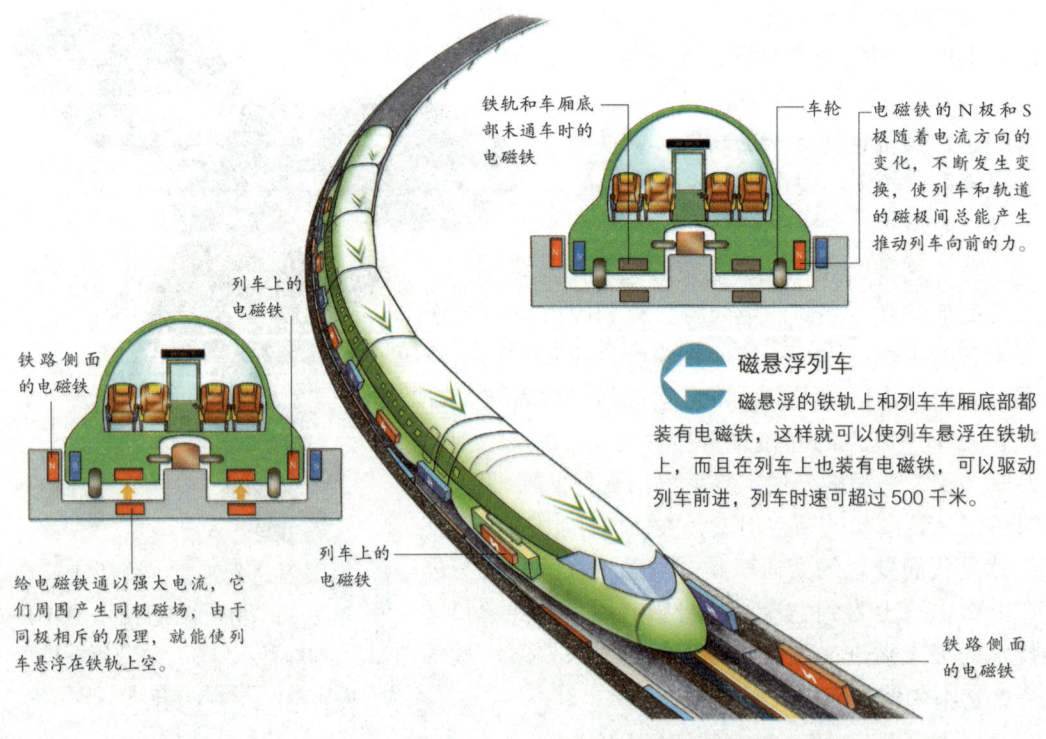

铁轨和车厢底部未通车时的电磁铁

车轮

电磁铁的 N 极和 S 极随着电流方向的变化，不断发生变换，使列车和轨道的磁极间总能产生推动列车向前的力。

列车上的电磁铁

铁路侧面的电磁铁

磁悬浮列车

磁悬浮的铁轨上和列车车厢底部都装有电磁铁，这样就可以使列车悬浮在铁轨上，而且在列车上也装有电磁铁，可以驱动列车前进，列车时速可超过 500 千米。

给电磁铁通以强大电流，它们周围产生同极磁场，由于同极相斥的原理，就能使列车悬浮在铁轨上空。

列车上的电磁铁

铁路侧面的电磁铁

么，火车能和火箭一样快吗？

火箭是一种自身既带有燃料，又带有助燃用的氧化剂，用火箭发动机做动力装置，可以在大气层内飞行，也可以穿越大气层在太空中飞行的飞行器。火箭除了军事用途之外，大多用于航天事业。人造地球卫星一般都是乘坐火箭进入太空的，所以航天火箭的速度应高于第一宇宙速度，即超过7.9千米/秒，相当于28440千米/时，这是火车速度纪录的70余倍！当然，随着科学技术的不断发展，火车的速度一定会进一步提高，火车和火箭之间的速度差异也会逐渐缩小。但是毫无疑问，火车的速度永远也赶不上航天火箭的速度。

↑ 子弹头高速火车是现代科技发展的产物。

这是因为，航天火箭之所以具有这样快的速度，是为了突破地球的引力。如果火车也达到了火箭的速度，我想这列火车的乘客大概是太空观光客，因为这列火车的速度已足以使它突破地球的引力，行驶到太空中去了。但是，这列火车同样是一列死亡列车！列车员有责任提醒乘客做好"牺牲"的准备，因为所有火车都是贴着地面行驶的。当这列火车因速度过快贴着地面飞行起来的时候，不可避免地要撞到高山或者高大的建筑物上，车毁人亡是必然的结果。因此，就算是科学家研制成功了像火箭一样快的火车，也一定没有人愿意去乘坐。

♄ 为什么金属也会有记忆力

不仅人有记忆能力，有些金属也有记忆能力，不过它们的记忆和人的记忆截然不同。人的记忆对象是发生过的事情，金属的记忆侧重于对形状的记忆，即在某种适宜的条件下，被改变了形状的金属总能像弹簧一样恢复成原来的样子。人们把能记忆形状的合金叫作形状记忆合金。

也许你会问：记忆合金在平常人的生活中能施展手脚吗？答案是肯定的。你可能看到过有的同学在做牙齿矫正手术时，牙上装着矫齿丝，这些矫齿丝的材料就是记忆合金。记忆合金不仅具有形状记忆特性和超弹性，而且还具有耐腐蚀性，因此做矫齿的材料是最适合不过的了。医生遂利用镍钛合金制成矫齿丝，借助人的口腔温度，来为病人矫正畸形齿。医生在使用口腔矫齿丝之前，先得为准备矫正的牙齿做一个石膏模型，然后按照模型，将口腔矫齿丝弯成牙齿的形状，固定在牙齿上，每隔一段时间更换一次。每次更换的时候，由记忆合金制成的矫齿丝由于其"记忆力"，都会更加趋向于它原来的形状，在这个逐渐趋向原形的过程中，牙齿就会慢慢得到矫正。形

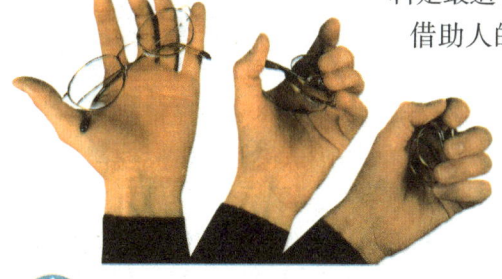

↑ 用镍钛合金制成的眼镜可以伸缩自如。

状记忆合金为什么能够恢复原来的形状呢？原来，加热时，因受外力作用而使其内部结构变为菱形晶格的形状记忆合金就重新转变到受力前的正方晶格的状态，从而恢复了原来的形状。

举个例子来说吧，形状记忆合金之一的镍钛合金在温度40℃之上和之下的晶体结构是不同的。40℃时，镍钛合金会发生转变，因此40℃是它的转变温度，也叫"记忆温度"。在转变温度以上，其晶体结构处于稳定状态，而在转变温度之下，其晶体结构失去稳定。如果人们在转变温度以下改变了它的形状，那么再将其加热到转变温度以上时，由于处于不稳定状态的晶体结构会立刻恢复到稳定状态，因此它的形状也会相应地恢复到原态。这就是镍钛合金能记忆形状的原因所在。记忆合金不仅

压缩成小球团的月面天线

展开后的月面天线

形状记忆合金制成的月面天线示意图
用形状记忆合金制成的月面天线，先压缩使之变成便于装运的小球团，装在航天飞机上；当把它发送到月球表面后，天线小球受阳光照射被加热而恢复记忆，这时它就又恢复到正常工作时的扁平状。

能恢复原态，而且能重复恢复原态多达数百万次，而不会产生丝毫的疲劳和断裂。镍钛合金的拉伸强度可达1000兆帕。也就是说，需要加1000多牛顿的力在1平方毫米那么小的断面上，才能将镍钛合金拉断。

记忆合金的奇特本领吸引了人类的注意力。从镍钛合金开始，人类已开发了镍钛合金、铁系合金和铜系合金等多种系列的记忆合金。它们广泛应用于工业生产、航天、电子器具、医疗等方面，帮助人们解决了许多难题。形状记忆合金的最初应用是在20世纪60年代初。镍钛形状记忆合金首先被用于美国海军飞机液压系统的管道接头上，结果获得了很大的成功。当时，在美国海军飞行事故中，有1/3是因为飞机液压系统管道接头泄漏引起的。飞机起初使用普通接头，由于热胀冷缩，有一些管道接头总免不了产生泄漏。采用记忆合金套筒接头技术后，一架F-14战斗机的液压系统使用800多只记忆合金套筒接头，竟没有发生一起管道接头泄漏事件，这在当时无疑是一个奇迹。此后，美国就在各种飞机的液压系统上推广使用记忆合金套筒接头，至20世纪90年代初已使用100多万件而无一事故。日本的一些汽车公司非常有想象力，他们打算用形状记忆塑料制成汽车的保险杠和易碰撞部位。如此一来，一旦汽车被撞瘪，只要用吹风机加热一吹，这些部件很快就会恢复原状，这不是魔术却胜似魔术。

形状记忆合金的神奇之处还多着呢，正因为有了它，许多似乎无法解决的难题才得以顺利解决，把不可能变成了可能。

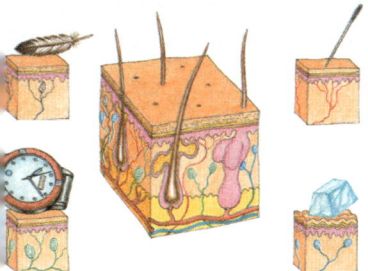

人类的生理与心理

🪐 真的有人能做到两只手一样灵巧吗

左右开弓或者又称双手灵巧的说法在现实中是存在的。在各种劳动技巧的运用方面，有些人的双手确实能表现得同样灵巧和熟练。不过，对惯用手的选择其实是一个连续的统一体，把人群分为左撇子、右撇子和双手灵巧这三类仅仅是人为的分法而已。

有一位学者将双手灵巧的人称为双侧灵巧，并进一步将这类人群分为双手右利手者和双手左利手者。前者是指两只手都和右撇子的右手一样灵巧的人，后者则是指两只手都和右撇子的左手一样熟练的人。

对于某些技能，有的人用右手就能很快地掌握其中技巧，有的人却发现自己用左手学习得更快。这都是很平常的事情。决定一个人用哪一只手学习和掌握技能更容易的因素有两个：孩子本身的接受能力和他的用手偏好。甚至是一个婴儿就已经确立了自己的惯用手，然后模仿其他人的动作学习各种技能，就算别人的惯用手和自己的相反也一样照学不误。

比如说，有一个左撇子的孩子要学习投球，但是大部分成人投手是右撇子，所以他们示范投球动作的时候必然要受到自己惯用手的影响，很有可能会用右手来做示范。为了掌握示范者的投球技巧，孩子在学习过程中不得不进行自我调整。所以从整体上看，左撇子的左手投手投球威力不如右撇子的右手投手。

研究者发现，在学习诸如编织等技能的时候，如果学生和老师的惯用手一致，学习的效率会更高。如果在学弹吉他时，示范老师习惯用右手，那么对左撇子的学习者来说这是一个不利的条件。甲壳虫乐队的保罗·麦卡特尼就是一个典型的例子，麦卡特尼是名左撇子，因而开始在学弹吉他时面临诸多困难，直到他重新调整了吉他的琴弦之后才渐入佳境。

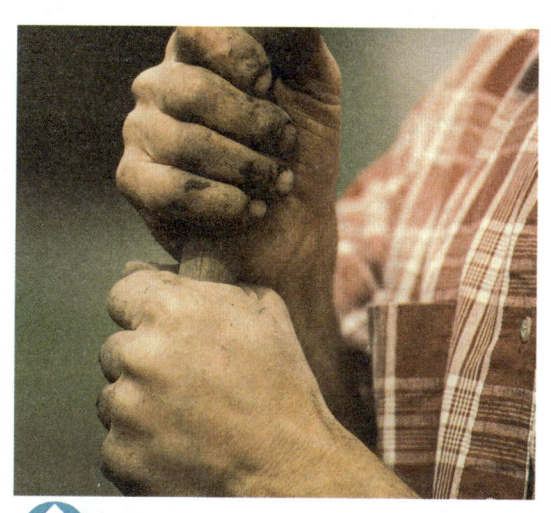

⬆ 有些人的双手一样灵巧。

🪐 心肌为何能不知疲倦地一直跳动

心肌是心脏特有的肌肉，它可以不辞劳苦地一直不停工作。当然，心脏病发作时引起的心肌缺氧会使心肌产生疲劳，而运动和锻炼则能使心肌更加强壮。

能驱动身体自由运动的肌肉叫作骨骼肌，也叫横纹肌。分布在内脏和血管壁上的

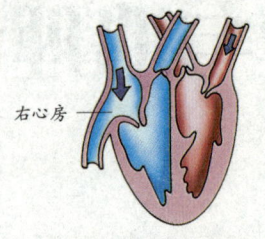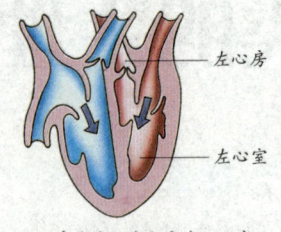

右心房

左心房

左心室

1. 静脉血流入右心房，动脉血流入左心房。

2. 心房收缩，使血液流入心室。

肺动脉

房室瓣

主动脉

右心室

3. 心室收缩，使血液流入大动脉，其中一部分血液经肺动脉到达肺部，另一部分血液通过主动脉到达全身大大小小的动脉。

一次完整的心跳过程
一次心脏跳动的时间称为一个心动周期。成人的正常心率约为每分钟70次，剧烈运动时心率可能会加倍。

肌肉叫作平滑肌，呈薄片状分布，并且不受人的意识控制。

心肌纤维束彼此连接在一起，以心肌细胞为单位组成连续的网状结构，因而心肌细胞能够同步工作，所以心肌也被称为细胞融合肌或者合胞体。这样的结构能使内部的电信号保持协调，所以心肌是以一个整体运作的，无论收缩还是松弛都是一起进行。

和骨骼肌不同，心肌细胞的细胞核不是处在近细胞表面，而是深处细胞内部。大概是因为能量需求量相当大的缘故，心肌细胞中"能量工厂"——线粒体的含量也相当丰富。

与骨骼肌类似，心肌细胞也呈平行的柱状排列，但是其排列方式仍然和其他肌细胞存在差别：心肌细胞呈长长的纤维状，有分枝，纤维头尾相接。两条纤维间的接合部分有明显的盘状结构，称为闰盘。心肌纤维之间的空隙中充满了毛细血管，丰富的毛细血管不仅能为心肌细胞提供富含氧气的新鲜血液，而且还充分保证了糖原和酯类（一种潜在能源）的供给。

心肌细胞内包含有肌原纤维，肌原纤维是一种带有横纹的可收缩性物质，它上面有名为肌原纤维节的分段结构。肌原纤维节是由细丝和粗丝构成的，而细丝和粗丝又分别由肌动蛋白和肌浆球蛋白所组成。细丝彼此间相互滑动，使得肌原纤维收缩和松弛，引发肌肉运动。

♄ 人总也不长大该多好

有人期待自己能够快快长大，这样就不需要别人的帮助，做许多自己想做的事情。但是长大就意味着会慢慢变老，想象一下自己满脸皱纹的样子，总是不寒而栗。所以更有人不想长大，总愿意停留在儿童时代，在爸爸妈妈和老师的呵护下，永远过着简单而快乐的生活。

如果你真的不再长大，你可能会发现生活远远不如你想象的那样美好。身边的小伙伴一个个都长大成人，可以轻松地做到你难以企及的事情。当然，你可能不会去羡慕那些曾经的伙伴，因为总有新的朋友来到你的身边，但是永远不变的年龄，可能会使你不断地重复大同小异的游戏，也许刚开始的时候你还会玩得津津有味，但是时间长了难免会感到厌烦。更可怕的是，你会发现爸爸妈妈在不断地变老，他们的身体渐渐衰弱，对于许多事情渐渐力不从心了，而永远长不大的你却不能助他们一臂之力。那个时候，你可能会对自己曾经的选择感到后悔，你会期望自己能够像正常人一样长所有人都是按照同一个模式生长发育的，但男性和女性的发育略有不同，这主要体现在生殖系统上。人在幼年时成长非常迅速，这之后到十几岁身体发育呈现比较稳定的态势。但进入青春期后身体又开始迅速生长，并逐渐具有了成人的外貌。22岁左右身体完全发育成熟，30～34岁进入壮年期，到40多岁时开始逐渐老化。

2岁　　　　　6岁　　　　　10～12岁　　　　　20～22岁　　　　　30～34岁

大。但是值得庆幸的是，这种现象永远不会发生，从古至今现实生活中还没有一个人能够永葆青春。随着时间的流逝，我们不断地长大，这是大自然的规律。

人的一生可以分为婴儿期、幼儿期、童年期、青春期、成年期和老年期6个阶段，在这几个阶段中，人的生长和发育有时快有时慢。一般来说人的生长发育有两个高峰期，第一个高峰期出现在5岁以前，这一时期人每年的增长幅度最大，以后每年的增长幅度开始下降；第二个高峰期，女孩一般出现在11～15岁，而男孩则出现在12～17岁，以后增长会趋于停止。在第一个高峰期和第二个高峰期之间，6～11岁是人的增长缓慢期，在这期间人体除神经系统、淋巴系统等少数几个系统之外，其他系统都还没有发育成熟。在人体的成长发育过程中，身体不断将从外界吸取的营养供给身体的各个组织、器官，以支持其成长。在这一期间，人的身高、体重、胸围和肺活量都会逐渐变大，而且有一定的基本限度，如果谁超过这个限度，就要到医院去诊断是否患了某种疾病。

明白了生长发育的道理，我们在憧憬未来的同时，也要意识到生命的珍贵和不可复返。认真过好现在的每一天，不给未来留有遗憾，那么我们的生活就永远是精彩纷呈的。

知识档案

早上长高晚上变矮的秘密

知道吗？我们的身高在一天之中是不断变化的！不信你可以量一量，如果你中午时的身高是150厘米，那么你早上起来的时候一定高于150厘米，而晚上睡觉前又一定低于150厘米。如果你实际测量过，结果可能会让你大吃一惊，早晚身高之间的差距有时竟然能够达到4～6厘米！原来，我们人体的骨架由一段一段的骨骼组成，我们之所以能够自由转动，是因为有一种软东西把一节一节的骨骼连接起来，这就是"软骨"。当我们夜间平躺着睡觉的时候，关节就松弛下来，软骨就会因为大量吸收体液而变厚，虽然一层软骨变厚不多，但是从足关节到颈关节许多层软骨都变厚，加起来就是不小的数字，所以早上起来的时候测量身高，你一定会收获一个惊喜。但是经历了一天的学习、走路，在地球引力的作用下，骨骼之间互相积压，又会把体液从软骨中挤出去，这样身高自然就会矮下来。如果在一天中，你走远路，挑重物，那么到了晚上，你身高下降的幅度就会更加明显。

吃多少东西就长多少体重吗

根据热力学原理及物质和能量守恒定律，你所增加的重量不会高于你所吃的食物的重量。另外，你还要用食物中包含的一些能量来消化和处理身体里的其他食物。

很难计算你吃完1千克的食物后体重会增加多少。首先这取决于你的新陈代谢、在新陈代谢过程中的个体差异和机体对食物的利用率。新陈代谢的目的是保证被分解的和用于能量与蛋白质合成的食物，以及被机体所储存起来的食物之间的平衡。两者之间的平衡受到体重、为运动或保暖所消耗的能量和年龄等因素的影响——年纪大的人新陈代谢比较慢。

如果食用过量高热量高油脂的食物，如巧克力、奶油蛋糕等，容易让人迅速增加体重。

所以，有些人吃1千克巧克力可能完全不增加体重，而有些人则会增加一些。我们不能判定一个人能从吃巧克力中得到多少体重，因为每个人每天消耗的能量不一样，但是我们知道1千克巧克力含有多少能量。下面讲的就是它是如何被算出来的。

大多数食物都有4种主要成分，它们是碳水化合物、蛋白质、脂肪和水。食物中同样包含有维生素和矿物质，但含量很少。不同食物所含的能量将取决于食物中碳水化合物、蛋白质、脂肪和水的相对含量。

在食品包装袋的背后你会看见这个食物所含的能量，它以焦或千焦来表示。两者都是热量单位，可以互相换算，1千焦等于1000焦。4千焦的能量能使1毫升15℃的水上升1℃。

平均一根100克的牛奶巧克力棒大约含有7克蛋白质、54克碳水化合物、34克脂肪和5克水，这将给你提供2300千焦的能量。平均100克苹果含有0.2克蛋白质、15.4克碳水化合物、0.35克脂肪和84克水，将给你提供250千焦的能量。

一般来说，一个成年男子每天需要10500千焦的能量，如果吃了1千克巧克力，那么机体将会额外消耗13千焦的能量，这些能量本来是被机体作为脂肪或碳水化合物储存的。

吃饱了总也不饿该多好

我们早上经常会起晚，慌慌张张地洗漱完毕，拿起书包就以百米冲刺的速度向学校跑去。身后，妈妈端着刚刚煎好的香喷喷的鸡蛋和热乎乎的牛奶招呼着："慢点，吃点早饭再走！"这个时候谁还能顾得上吃早饭呀，不迟到就不错了。但是一到了中午，特别是最后一节课的时候，肚子就开始咕咕地叫起来，饿得厉害的时候，满头都是虚汗，浑身一点力气都没有，连走路都成问题。这时候，我们难免会想：如果吃饱了总也不饿就好了，那样前一天晚上我就大快朵颐，然后第二天一天都不用忍受饥饿的滋味了。

我们知道食物是补充身体营养的东西，就像汽车加满了油才能全力行驶一样，我们也需要通过补充食物来维持体力。但是遗憾的是，我们没有像驼峰一样的仓库，能够储存足够的食物，供几天所需，我们只能通过一日三餐来补充。我们之所以感觉到饿，就是神经中枢在提醒我们"汽油"要耗尽了，要赶紧补充，否则要影响运行了。

我们每顿吃进的饭菜，经过一段时间就会被胃中的消化液搅拌均匀，其中的少部分水被吸收后，就会被逐渐从胃里排出。具体经历多长时间才能排空，这和食物的成分有密切关系，如果你吃的主要是蜂蜜、果冻、巧克力、糖果等糖类食物，一般2个小时左右排空；如果你吃的是豆腐、蛋类、鱼虾类等富含蛋白质的食物，大约需要3～4小时才能排空；如果你吃的是油炸类、奶油类、肥肉等高脂肪食物，胃需要5～6个小时才能将它们排空；如果你吃的是杂食，那么胃排空的时间大约为4～5个小时。此外胃的排空速度还与进食的量有关系，如果你的胃中仅有100毫升的食物，那么胃每分钟大约排出5毫升；如果你胃中的食物量达到了500毫升，那么每分钟会排出15毫升左右。

胃一旦将你所摄入的食物全部排空后，它就开始收缩，这种收缩比较剧烈，它自贲门起，向幽门方向蠕动，这种收缩就会让你感觉到饥饿，明白自己需要进食了。可见，吃饱了总也不饿并不是一件好事，说明你的胃出现了问题，它已经无法将"燃料将尽"的警报传达给你了，如果你因接收不到报警，而总也不补充食物，身体就会出现"熄火"现象。所以，要想避免每天中午饥肠辘辘，我们不能求助于"吃饱了总也不饿"，而是要早起一会儿，吃好早餐。

"到了吃饭时间"的饥饿感，可以让我们既不会过度挨饿，也不会导致暴饮暴食，同时还能听从并遵守身体发出的饥饿信号。

🪐 人不知道渴该多好

赤日炎炎的夏日，大汗淋漓地运动一番后，总会觉得口渴，只有痛痛快快地喝一气凉水才过瘾。人为什么会感到口渴呢？你可能会说，答案很明显，就是因为我们在运动中出汗太多了，需要补充水分。

确实是这样，水对人体具有重要的作用：首先，水是人体的忠诚卫士，比如我们可以通过眼泪冲刷出飞进眼睛里的尘沙，我们可以通过腹泻将不干净的食物从身体中排出；其次，水是人体不可或缺的化学物质，它能够对各种营养物质进行水解作用，以方便人体的消化和吸收；第三，水是人体重要的运输兵，是它将各种营养物质运送到各内脏器官和各种组织，又将新陈代谢的废物运送到排泄器官处，以排出体外；另外，水还是人体体温的调节者，它将人体每昼夜产生的 10000 ~ 11000 卡的热量运送到体表，通过呼吸、出汗、排泄等方式，携带热量离开人体，

当人体由于剧烈运动流失大量水分时，必须通过饮水来进行补充。

使人体的温度一直保持在 37℃ 左右。所以，人类一刻也离不开水，一旦失水就需要马上补足，只有这样才能更好地维持人体各器官的正常运转。

看到这里，我们都已经充分认识到了水对人体的重要性。但是，人体是通过什么方式觉察到缺水这一情况的呢？科学家们通过研究发现：我们在大量失水的时候，血量就会减少，而血量的减少会促使肾脏分泌出一种叫作"血管紧张素"的化学物质，这一化学物质随着血液流入脑内，被脑内某一感受器所捕获，于是就发出了"渴"的信号，提醒人们该补充水分了。但是，也有科学家提出，能够接收到"血管紧张素"的感受器并不都存在于大脑之中，人体的其他器官也参与了渴感的产生。总之，现在科学家们唯一达成共识的一点就是渴感是由血量不足所引发的，但是它具体是怎样引发渴感的，直到今天还没有一个令各方都感到满意的解释。

一个看起来毫不起眼的口渴现象，在身体内到底经历了怎样复杂的过程，我们还不能具体地了解。但是毫无疑问，如果没有口渴现象的出现，我们可能会错过及时补充水分的时机，从而影响到身体的正常运转。所以人不知道口渴，并不是一个好现象，我们应该感谢自己具有这样的能力。

知识档案

眼睛的清洗剂

眼泪除了有表达强烈感情的作用之外，还有许多其他的作用。比如，眨眼睛的时候，眼泪就能均匀地涂在眼球上，能够对眼球起到湿润的作用；眼泪能够冲刷掉眼球上的杂物，起到清洁的作用；另外眼泪中除了含有盐以外，还含有少量的酶，这种物质能够溶解细菌，起到杀菌和消毒的作用。那么眼泪是从哪里来的呢？原来，我们每个人一双眼球的中间偏上方都有一个小手指头一般大小的制造眼泪的小工厂，人们把这个小工厂称作泪腺。这座小工厂每天都在马不停蹄地制造眼泪，也许你想象不到，它制造眼泪的原料就是血液。因为血液中含有少量的盐，因而眼泪中也理所当然地带有盐分，所以我们的眼泪总是苦涩的。

人没有痛感会怎样

很多人对打针都有抵触情绪，因为打针会让人感到很疼痛；运动时不小心磕碰到了关节，也会让人感觉到疼痛难忍；患严重感冒的时候，更是头痛欲裂。人都是怕痛的，没有人会把遭受疼痛看作是一件快乐的事情，但是疼痛却如影随形，总是伴随在人的左右，许多人对它都是深恶痛绝，期望有朝一日科学家能够让人类摆脱疼痛感的折磨。

其实疼痛并不是一件坏事，它是人体自我保护的防卫措施。如果没有了痛觉，我们怎样来判断外界各种刺激对身体的伤害程度呢？打个比方来说，当你的手接近火焰的时候，你就会感觉到被灼烧的强烈痛感，这时候你就会马上缩回手，以避免手受到更严重的损伤。如果你没有了痛感，你可能不会马上察觉到自己的手正在炙热的火焰上烤着，也许当你发现的时候，整个手掌都已经烤熟了！另外，疼痛还是身体内部出现病状的报警系统。比如，牙疼预示着牙出现了毛病；肚子疼也许是因为你的肠胃出现了异常；嗓子痛则告知人们患了感冒或者喉部发炎。收到这些警告，人们就应该立即到医院去检查，以免错过了最佳的治疗时机。如果没有了痛感，那可麻烦了。我们怎样才能尽早知道自己身体内部出现了问题呢？恐怕很难凑巧在病魔刚出现的时候，就被你发现了吧。

所以，痛感对人体具有重要的意义，是人体不可或缺的、具有保护作用的一种生理反应。那么痛感在我们身体内部是怎样产生和传递的呢？一般认为，痛感的感受器就是遍布于浑身每一寸皮肤的神经末梢，任何外部的刺激一旦接触到你的身体，就会促使痛感感受器释放出一种疼痛因子，这一疼痛因子首先传递到脊髓中，经过简单的整合之后，立即进行分头活动，一方面会让你马上进行简单的防御措施，如快速把手从火焰上缩回来；另一方面则继续沿着脊髓传递到大脑，大脑接收到这一疼痛信息后，会让你做出一系列复杂的判断和反应，如马上会判断出自己是被烧伤了还是被扎伤了，然后做出一些情绪化的反应，比如发火等。

看到这里你可能会说，痛觉有时候确实是不错的，它能够防止自己受到进一步的伤害。但是，有时候我已经针对伤害进行细致的处理了，

自由的神经末梢传递痛觉等不舒服的信息，比如牙疼、刺痛等。

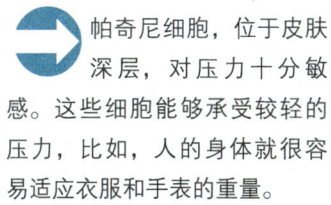

迈斯纳细胞，接近最表层的细胞，有触觉终端，可以对外界物体最轻微的接触作出反应。

帕奇尼细胞，位于皮肤深层，对压力十分敏感。这些细胞能够承受较轻的压力，比如，人的身体就很容易适应衣服和手表的重量。

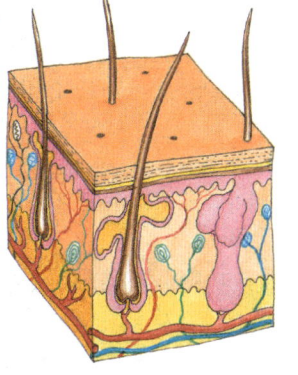

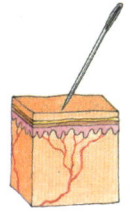

但是它还是没完没了地折磨我，比如感冒以后，我已经进行治疗了，但是头疼还在持续，这时候的疼痛是不是就不应该存在了呢？确实是这样，这时候我们需要适当减轻痛苦，比如医生也可能会给你开止痛药，来帮助你对抗疼痛。总之，对于持续不断的疼痛，我们有必要借助科学的手段予以避免或者减轻，然而对于痛感还是不要放弃为好。

和爱因斯坦一样聪明该多好

要问谁是 20 世纪最伟大的科学家，大多数人的脑海里马上会浮现出爱因斯坦的头像。不错，这个可爱的小老头提出的"相对论"，揭示了整个宇宙的质量与能量以及质量与速度之间的关系，因而他堪称天才之中的天才，大师中的大师。如果你能和他一样聪明，那么生活中的许多事情将变得轻而易举，至少你再不会为学校的考试而发愁了。

怎样变得和爱因斯坦一样聪明呢？直接移植大师的头脑也许是一条捷径。当然，你不是第一个想到这个方法的，早在 20 世纪初，随着医学解剖技术的日益成熟，就有科学家设想过从天才人物的头脑中提取智慧素。1955 年，76 岁的爱因斯坦与世长辞后，一个由美国第一流的脑外科专家组成的医疗小组打开了爱因斯坦的大脑，他们渴望能够从爱因斯坦聪明的脑袋中找到天才的智慧所在。但是令人遗憾的是，解剖的结果没有带给人们任何惊喜，爱因斯坦的大脑无论从表面皮质结构、化学成分还是容积大小来看，都与普通人没有任何不同，那么大师超人的智慧来自哪里呢？它又到哪里去了呢？

随着科学家研究的日益深入，人们发现：与电子计算机一样，人脑传递信息的媒介也是脉冲电波，即大脑在活动时，先把来自外界的一切刺激、形象或者抽象的概念翻译成脉冲群信号，然后才能被人们所感知。可是，脉冲电波在人脑神经元之间传递的时候，要先变成化学物质的形式，这一物质就是核糖核酸，它决定了神经元之间传递信息能力的强弱，也是人脑智慧的物质基础。在相同的条件下，每个人合成核糖核酸的能力并不一样，有的人强一些，有的人弱一些，这也就是我们所说的天资上的差别了。爱因斯坦之所

爱因斯坦

阿尔伯特·爱因斯坦（Albert Einstein）是一位非常聪明的德国科学家，他的研究范围很广，包括了诸如能量和时间等很多领域的问题。1915 年，他提出了相对论，指出如果人们的速度可以达到光速，那么时间就会慢慢停止，物体的长度会变短，物体的质量也会增加。

知识档案

是不是头大就聪明

长期以来，人们一直认为脑袋越大人就越聪明，也就是说大脑的体积和人的聪明程度成正比。但是事实是不是这样呢？苏联人脑研究所的研究结果大大出乎了人们的意料。研究结果显示，人脑的智能高低同大脑的体积并没有直接关系。一般来说，人脑的质量在 1300～1400 克之间。尽管俄国著名作家屠格涅夫的脑质量为 2000 克，但是法国著名作家弗朗斯的脑质量仅有 1000 克。类似的例子举不胜举，这似乎也从反面证明了人类天赋之间的差异其实并不明显。

以这么聪明，大概是因为他合成核糖核酸的能力更强吧。

但是，正如"脑袋越用越灵光""天才出自勤奋"等道理所说的那样，即便天赋高人一等的人也不能轻轻松松成功。因为科学家们研究发现，后天勤奋的学习和训练能够提高人脑合成核糖核酸的能力，相反如果天才懒得动脑，他们的天赋也会慢慢退化。显然爱因斯坦成功的秘诀中，不懈的努力才是更为重要的。

所以，要想获得像爱因斯坦一样聪明的大脑，我们不能寄希望于移植天才的智慧素，不断地用脑才是唯一的途径。

人类以外的生物世界

灭绝的动物都复活了会怎样

亿万年来，在生命进化的过程中，大自然创造出了数以万计的物种，但是其中多达99.9%的物种都在时间的洪流中消失了。人类无法准确计算出现今世界上有多少种动物，对于已经灭绝的动物，自然是更加无能为力了。但是，有一点是可以肯定的，如果灭绝的动物都复活了，那么这个世界将变得非常热闹。

兽孔目爬行动物身上覆盖着毛皮或毛发，看起来与现代哺乳动物非常相似。它们是现代哺乳动物的祖先。

地球上曾涌现出数不清的生命，有些生命来了又走，转瞬即逝；有些生命则历经时间的洗礼，至今仍活跃在这个美丽的星球上。大自然犹如一个极富创意的魔术师，它让世界上所有的生命都生活在同一片蓝天之下：鸟儿从空中飞过，猛兽从陆地上跑过，小虫子在草丛中爬过，鱼儿从水中游过，人类缓缓地走过……那么，历史上，地球上的物种是如何生生灭灭的呢？

来自海洋的生命在5.3 ~ 2.4亿年前进入了一个繁荣的时期，恐龙时代以前的怪兽在这个星球上横行肆虐，巨型蜘蛛、丽齿兽、二齿兽、西伯利亚杯龙、大得吓人的千足虫和蜻蜓等，它们的凶残和怪异远远超出了我们的想象。由于气候的剧变，生活环境的日益恶化，这些可怕的怪物逐渐灭绝了，但是科学家通过研究化石证明：这些稀奇古怪的飞禽走兽确实在我们的星球上出现过，而且曾经不可一世地称霸地球。

相对于年代更为久远的怪兽，我们对恐龙要熟悉得多。虽然我们无缘接触活生生的恐龙，但是对于它的尊容却再熟悉不过了。要深入探究恐龙的起源，我们必须回到遥远的三叠纪，那是一个剧烈变动的时代，陆地上第一批飞行家——翼龙飞向了天空；巨大的爬行动物第一次能够畅游大海；而更为热闹的陆地上，千奇百怪的爬行动物纷

↑ 猛犸象

纷粉墨登场，与恐龙共同书写这个时代的传奇。毫无疑问，恐龙是这个时代的明星，凶残的霸王龙、钢牙利爪的异特龙、温顺的素食主义者梁龙等各种各样的恐龙，联袂主演这场大戏！然而，有始便有终，最精彩的节目也有落幕的时候，大约 6500 万年以前，或者是由于剧烈的地壳运动，或者是由于陨石撞击地球，或是其他因素，总之，一代霸主彻底退出了历史的舞台。

接着在这个世界上来去匆匆的重要动物还有始祖鸟、猛犸象、剑齿虎、巨角鹿、塔斯马尼亚虎、雷兽、渡渡鸟等，而今它们也都离我们远去了。如果所有灭绝的动物都复活了，可以想象怪兽和恐龙横行的场面，聪明的人类或许可以找到一个居高临下的位置，欣赏这场闹剧。然而，这是不可能出现的情景，自然的进化规律不允许出现反复，无论是可爱的还是可怕的动物，一经灭绝便不可能再出现。我们能做的是善待身边的动物，不要因为人类的原因，让这些伙伴离我们而去。

♄ 如果恐龙就在我们身边该怎么办

恐龙生活在距今 6500 万年以前的侏罗纪时期，现在所有恐龙都已经灭绝了。很显然恐龙一定是遭遇到了巨大的灾难，才会突然从这个世界上消失的，有人认为这个灾难就是气候的巨变。很多科学家认为，6500 万年前的气候巨变是由于一颗巨大的陨石撞击地球，腾起漫天的烟尘，遮住了阳光，使地球气温骤然降低所造成的，

腕龙

梁龙

雷龙

← 庞大的梁龙、雷龙等恐龙比今天陆地上最大的动物大象大许多倍。

208.

寒冷的气温使当时地球上以恐龙为首的巨兽们相继灭亡。

也许恐龙灭绝未尝不是一件好事，因为如果恐龙一直存活在世界上，那么古人类将时刻面临着生存危机。当然，即使如此，人类凭借聪明才智也能够渡过难关，因为早期的人类就曾有过猎杀大型动物的经验，虽然这些动物不如恐龙那么庞大，但是智商或许会更高一筹，所以"傻大个"恐龙并不足以阻挡人类发展的脚步，相反在人类发展的过程中，恐龙倒可能会因为人类无休止的捕杀而灭亡。

总而言之，我们现在所能找到的只有恐龙的化石，也只能在电影银幕上一睹曾经陆地霸主的风采。在美国电影《侏罗纪公园》中，科学家们从封存在琥珀中的蚊子身上提取到了恐龙的 DNA，然后把恐龙的 DNA 注入鸵鸟蛋中，借以孵化出小恐龙，最终成功地使 6500 万年前的巨无霸来到了现代社会。虽然这只是一部惊悚的科学幻想影片，你或许对里面的情节不屑一顾，但是影片中使恐龙复活的手段，并不是没有科学依据的。也许在不远的将来，科学家们真的可以从远古化石中提取到恐龙的遗传密码，然后利用类似的方法使恐龙复活。

如果这些幻想最终实现了，没有父母的孤儿恐龙将怎样生存下去呢？我想大多数人不会去主动收养小恐龙，因为抚养这个小宝宝不仅需要很大的院落，而且六亲不认的恐龙长大后还可能会伤害到主人的生命。好吧，就算我们给这些庞然大物准备好了容身之所，那么我们拿什么来喂养它们呢？没有人知道它们的口味是什么，因为没有人亲眼见过它们进餐。也许科学家们能够从恐龙的粪便化石中分析出恐龙的食谱，但是你会发现这些食物地球上根本不存在了！但愿恐龙能够入乡随俗，喝得惯营养丰富的牛奶，吃得惯面包、米饭，健康苗壮地成长起来。对于成年的恐龙，我们一定要加强戒备，如果它们突破了围墙，凶神恶煞般去逛街，那么《侏罗纪公园》中的惨剧恐怕会在现实中上演了。

可见，如果恐龙真成为我们的邻居，怎样来招待它们才能友好相处，还真是一件让人头疼的事呢！

🪐 如果地球上没有动物和植物会怎样

夏天的时候，讨厌的蚊子总是不断地袭击你，厨房里突然冒出的老鼠总会让你大惊失色，还有花园里总也除不尽的杂草，路边长满刺的野草，想到这些东西你就气不打一处来，恨不得立即将它们从这个世界上彻底清除出去。这个时候，你忘了自己也和这些生物一样，也是地球上的一个居民，而并不是地球的主人，你不能随意开除任何一种生物。

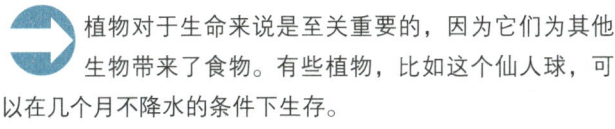
植物对于生命来说是至关重要的，因为它们为其他生物带来了食物。有些植物，比如这个仙人球，可以在几个月不降水的条件下生存。

考拉在 20 世纪初期的人类捕猎中幸存下来，现在是一种受保护的物种。

因为这个世界是互相联系的，每一种生物都有它们存在的理由，如果失去了它们，人类孤零零地生活在这个星球上，后果将是不堪设想的。

人类对动植物的依赖程度可能你还没有充分地意识到，如果没有动植物，我们根本没有食物来源，根本无法呼吸。我们知道植物在不辞辛劳地进行着光合作用，它吸收空气中的二氧化碳，释放出氧气，氧气对于我们人来说是一刻都不能少的。没有了动物，除了品尝不到肉的美味外，整个世界也会失去平衡，最终人类也会走向灭亡。

那么动植物会不会突然在很短的时间内消失呢？在整个地球的历史上，有许多物种灭绝了。有时候有许多生物在同一时间灭绝，这种情况被称为"大灭绝"。6500 万年以前地球上曾出现过一次大灭绝，那次大灭绝使许多动植物都彻底从这个世界上消失了。人类出现之前，物种灭绝的原因往往是气候的巨变；而人类出现以后，特别是人类进入现代社会后，大量物种灭绝的罪魁祸首其实就是我们人类。人们在开辟土地，建造城市、农场、牧场或者是公路的时候，严重破坏了生态环境，结果引起了许多生物的死亡。有些生物灭亡得很快，有些生物会挣扎一段时间才慢慢地消亡，当生物无法忍受人造的新环境的时候，它们就会迅速灭绝，典型的例子就是热带雨林的迅速减少所导致的大量物种的灭绝。

不过值得庆幸的是，人类已经认识到了自己的错误，对于因不堪忍受人类的活动而灭绝的生物，人类开始表现出了真挚的歉意，对于濒临灭绝的生物，人类正在全力营救，希望能够保持生物的多样性。自 19 世纪后期以来，各国的野生生物保护组织纷纷建立起来，对于与我们休戚相关的地球邻居，人类显得日益友善和可亲。当然，如果想要赢得各种生物充分的信任，人类还要不断地努力。

🪐 猴子都变成了人该怎么办

我们都知道人类是由猿猴进化而来的，那么现在的猿猴会不会进化成人呢？如果猴子进化成了人，像我们人类一样聪明、能干，那么很显然它们不会再甘于忍受人类的摆布，它们可能会致力于成为人类的朋友，当然也有可能成为人类的敌人。到时候我们应该怎样去面对它们呢？

其实你根本不必为此伤脑筋，因为虽然我们人类和现代的猿猴有密切的关联，但它们却不会变成人。人类与猿之间的关系就像是远房亲戚之间的关系，我们人类和猿猴也拥有共同的祖先。

进化每时每刻都在发生，我们身边时时处处有进化的例子：曾经能被青霉素轻易杀死的细菌进化出了能抵抗这种抗生素的新形式；有些蛾子进化出会随着背景树木颜色改变而发生变化的颜色。动物的物种与时俱进，越来越适应自己的生存环境。进化的过程中，新的动物物种会出现，生活数千年或数百万年，再从地球上消失。

人类属于灵长类，属于灵长类的动物有100多种，除了人类还有猴子、猿、大猩猩等。灵长类动物之间的共同点远远多于不同点：都有手和脚；每只手和脚

黑猩猩和人类看上去有很大的差别，却与人类有着同一个祖先。大约在500万年前，这个共同的祖先开始分化出黑猩猩和人类两条不同的进化线。

都有五趾；牙齿既可以撕开大块肉，也可以把坚果仁嚼碎；每胎生育一个或几个幼仔；幼仔要较长时间才能长大。

在亲缘关系上与人类最近的灵长类动物是猿类，包括大猩猩、猩猩和黑猩猩。人类之所以与这些动物有亲缘关系，并不是因为人类是由这些动物进化来的，而是因为我们拥有共同的祖先。

2.16亿年前，第一只哺乳动物诞生了。作为狗、鲸、人和猿，以及其他所有哺乳动物的共同祖先，它用乳汁哺育下一代。这种动物身材娇小，圆眼睛，有突出的口鼻部，身高不足1米，它们生活在巢穴或洞穴中，吃昆虫。起初这些动物并不显眼，但是6500万年前恐龙灭绝之后，哺乳动物成为世界的主导动物。

大约7000万年前，第一只灵长类动物（原猴）诞生了。那时地球上大部分地区都被茂密的森林覆盖，这些长得像老鼠的小动物就生活在森林里的树冠上。3000万年前，原猴的队伍里又出现了猴子和猩猩，而后两者在接下来的繁衍过程中数量超过了前者。后来，猿和猴朝着不同的方向进化，其中，脑容量较大的猿变成了今天的猩猩、大猩猩和黑猩猩。

人类与黑猩猩是近亲，拥有共同的最近的祖先，它们生活在距今几百万年前，样子可能与黑猩猩更相近一些。不过人类与黑猩猩的进化方向不同，这就导致了人类和黑猩猩的产生。如果这个过程可以被浓缩成一部电影的话，你就可以看见两只貌似黑猩猩的动物肩并肩站在一起，然后其中一只随着时间的流逝，变得越来越像今天的猩猩，而另外一只则慢慢地变成了人。

对人类来说，黑猩猩是与人类最接近的动物；同时，对黑猩猩来说，人类也是与黑猩猩最接近的动物。人类基因中有98.4%与黑猩猩的相同。两者之间的共同点比比皆是：黑猩猩也是群居动物，它们的种群中也存在明显的社会关系；它们会使用工具（比如用树棍挖开蚂蚁洞），并与同伴分享食物。

对于人类的进化来说，最关键的因素是大草原。有些我们的灵长类祖先离开了森

林，试图在草原上开辟新生活。在雨季，草原上植物茂盛，食物充足。但是一旦旱季来临，树叶就会脱落，草也会变得干枯。

想要在草原上生活，就必须学会适应这种变化：有些时候食物充足，有些时候几乎找不到吃的。因此，是否能够在灌木丛中找到浆果，或者在土壤里挖出坚果来，就意味着能否生存下去。

生存对于这些动物来说无疑是艰难的。直到有一天，出现了这样一只猩猩，它可以用两条腿走路，空出的前肢可以完全用来采集分散在草原上的食物。这种动物与之前的猿类相比，脑容量更大，不过它既不属于人类，也不属于猿类。

这种动物的外形已经与人类很相似了，所以被称为"原始人类"。原始人类生活在距今 900 万年前。埃塞俄比亚曾经出土了一具几乎完整的女性原始人类的骨骼化石，科学家们为她取名"露西"。露西的身高不足 1.2 米，她生活在距今几百万年前。她可以直立行走，但是身上长满了软毛，所以看起来还是很像猿类。

但是露西和她的同类后来灭绝了。科学家们猜测，这可能是因为后出现的一种原始人类具有更强的生存能力，而与之相比，露西的种族没有竞争优势。取代者的大脑更发达，而且善于制造和使用石器工具，这样他们就可以捕杀更大的动物，也能采集到更多的蔬菜和水果。

现代人类出现在距今 4 万年前。我们可以直立行走，用双手制造复杂的劳动工具，还创造了语言彼此沟通。我们生活在复杂的社会群体中，有共同的生活习惯和思维方式，并可以将这种生活习惯和思维方式教给下一代。

今天，我们的生活圈远远超出了草原的范围。我们生活在地球的每个角落，甚至包括一些在"原始"状态下不可能生存的地区，比如寒冷的北极。从前那种似猿的生物今天早已不复存在，我们与今天的猩猩之间也出现了天壤之别。但我们仍然是近亲，仍然共同生活在这个地球上。

🪐 鸡生蛋还是蛋生鸡

鸡生蛋还是蛋生鸡，历史上无数科学家和哲学家为此争论不已，但一直没有令人信服的答案。从逻辑上来说，这个问题也许永远也没有答案。而今英国一位科学家对此给出了自己的结论，并得到了许多科学家认同，也许这个结论能给这个无休无止的争论画上一个句号。

这位来自英国诺丁汉大学的基因专家认为是蛋生鸡，也就是说世界上先有蛋，后有鸡。我们知道世界上能生蛋的动物很多，所属的门类也不一样，比如蛇、龟等属于爬行动物；鸡、鸭、鹅和各种鸟类属于飞禽。我们可以说蛋的来源很广泛，但是世界上没有任何一个国家的科学家会认为"蛋"是一种动物，它只不过是动物的一种附属，也可以说是动物发育过程的一个阶段。那么这个根本连动物都算不上的东西，又怎么能产生鸡呢？

基因专家的理由是：现今世界上的所有动物都是由一种原始动物进化而来的，鸡也不例外，它的祖先也许是很久很久以前的一种原始鸟类。而在自然界中，动物的不断进化，是由 DNA 的变异来实现的。至于 DNA 是怎样影响一个生命的产生的，我们可以通过一个例子来说明。公鸡精子的 DNA 和母鸡卵子的 DNA 相结合，形成了一个具有公鸡和母鸡双方基因的受精卵，受精卵经过无数分裂最终形成了一个小鸡。这个小鸡身上数不清的细胞中所含有的 DNA，完全和受精卵的 DNA 相同。所以，如果受精卵的 DNA 和公鸡与母鸡的 DNA 相比，没有发生什么实质上的变化，那么

鸡和蛋这样的问题无疑是个逻辑陷阱，从古到今，都没有一个强有力的证据去证明，已经无从考证。

小鸡相对于它的父母来说，也没有任何进化。换句话说，小鸡一旦破壳而出，那么它身上的 DNA 永远都不会发生变异了。因此，由 DNA 变异而产生的第一批小鸡必然在蛋中已经具有了鸡的基因，这种基因和它双亲的基因相比有某种本质上的不同，这种本质上的不同也就宣布了鸡这一新的物种诞生了！

简单来说，鸡作为一种新的物种，它不可能直接由一个活蹦乱跳的鸟类变异而来，最早必然是在鸡蛋中孕育而成，所以那位科学家胸有成竹地说："是蛋生了鸡！"当然这一结论并没有得到一致的认同，还有待人们的进一步研究。

🪐 植物怎么不会跑

与动物相比，植物的生活可能显得更加单调，因为动物至少还能到不同的地方去游览一番，而植物只能固守自己的方寸之地。植物为什么不会跑呢？我想你至少已经从直观上知道了答案，植物的根深深地扎在地下，这就像是一个铁索把植物束缚在地面上，植物不能斩断这个锁链，如果那样做的话，无异于选择了死亡。

还是种子的时候，植物可能有机会进行一次短暂的旅行，比如阳春三月，漫天飞舞的柳絮就是柳树的种子；襁褓里面的小蒲公英也会撑着太阳伞进行一生一次的旅行。当种子结束了旅行，重新回到自己的地盘——肥沃湿润的大地上时，它们首先要做的就是使劲地喝上一口水，因为同含水充足的植物体相比，种子的含水量就少多了。当种子喝足了水分的时候，包裹在种子里面的胚胎就开始膨胀，继而开始发芽了。这时种皮就像是一件过紧的外衣一样，被慢慢地撕裂开，幼苗便从这条裂缝的一头伸出根，从另一头伸出芽来。刚刚伸出头来的幼芽并不是像一根火柴杆一样笔直，而是弯曲着，这样可以避免顶端还并拢着的叶片受到损伤。

幼芽一旦长出了茎的结构并最终摆脱了种皮，它就会努力向着阳光的方向生长，因为在此之前它可怜的口粮全部来自种子，如果在黑暗中待得太久，它就会面临揭不开锅的命运。虽然幼芽是完全没有意识的植物体，但是母亲给予它的基因，使它知道该往哪个方向生长才能获得阳光。每一株植物都充满了对光明的渴望，因此幼芽长得

 人可以自由行动，可植物却离不开生养它的土地。

很快，而且身体细长。当它争取到阳光以后，就会马上打开枝叶，渐渐得到植物绿色的"身份证明"，不再显现出营养不良的苍白色。

阳光沐浴下的植物非常忙碌，它不停地进行着各种工作，但是一旦失去了水分，一切工作都必须停工。提供水分是根的职责，根在从土壤里吸取水分的同时，也把植物牢牢地固定在地面上。除此之外，根还有一个重要的作用就是使树干和树冠保持平衡，试想一下如果没有深深扎在土中的根，头重脚轻的树一定会一头栽倒在地上。但是这些还不是根的全部工作，它在地下世界为植物营造了一个四通八达的营养配给站，源源不断地把各种"营养品"输送到植物体的每一个细胞中，这些"营养品"包括钙、镁、钠、钾等，同样是植物生长和生存必不可少的。

从植物生命之初的这段经历来看，扎根土地是它必然的选择，土地会给它充足的养分和水，给它追求光明的动力。成年之后，植物体同样离不开根的给养。所以，无论何时，无论何地，植物体都离不开根，因此也离不开土地。这就是植物为什么不能跑的原因。

虫子能变成草吗

虫子是一种动物，而草是一种植物，虫子能够变成草吗？这看起来是不可能的事情，但是冬虫夏草又是怎么回事呢？古人说它冬天的时候是虫子，夏天的时候变成草，然后到了冬天又变回虫子，果真是这样吗？

冬虫夏草，简称虫草，它产于我国西南部海拔超过 3000 米的山区，最早见于药书《本草从新》和《本草纲目拾遗》。它具有较高的医用价值，清朝时期曾与人参、鹿茸并列为中药三大补品。18 世纪 20 年代，法国的一个科学考察队在我国的西藏地区发现了冬虫夏草，但并没有弄清楚它的奥秘。直到 100 年以后，英国的植物学家才揭开了它的庐山真面目。

原来，冬虫夏草并不是一种植物，也不是一种动物，而是属于昆虫纲鳞翅目蝙蝠蛾科的蝙蝠蛾幼虫感染虫草菌属的真菌后形成的一种物质。蝙蝠蛾的幼虫生活在地表以下的土壤中，以适合它们口味的植物根系为食，幼虫在生长发育过程中，受到土壤中虫草真菌的侵袭而感染生病。在感染生病初期，幼虫表现得比较痛苦，它惊恐不安，到处乱爬，最后钻到距离地表 3～5 厘米深的植物根部，头朝地表而死。真菌的菌丝以幼虫体内的组织为食，在幼虫体内不断生长，渐渐地，幼虫的体内就成为一个充满菌丝的躯壳，幼虫虽死，但躯壳保存完整，冬季发现时仍然像一条虫子。如果这个时候被挖出来，就称之为"冬虫"。

冬虫夏草是我国的一种名贵中药材，与人参、鹿茸一起列为中国三大补药。

寒冬过后，到了第 2 年春暖花开的时候，幼虫体内的真菌迅速发育，到了春夏之交的 5～6月，从幼虫的头部长出一根长约 2～5 厘米的真菌子座，子座的顶端不断膨大，子囊孢子充满了囊壳。子囊孢子完全成熟后，就会从子囊壳中散发出来，再去感染地下的其他幼虫。露出地面的真菌子座，形如刚出土的嫩草，故被称为"夏草"。

因此，冬虫夏草并不是古人所解释的那样，虫子能变成草，草还能变成虫子，而是被病菌感染的幼虫尸体留在地下，地表上却长出像草一样的真菌。也就是说，冬虫夏草是由幼虫的尸体和地表上的真菌共同组成的。

🪐 为什么植物也喜欢"听音乐"

大家都知道，植物的生长离不开阳光、水、空气、土壤等。植物只有生活在适宜的环境里，并被施以充足的养料，才能长得快，长得好。可如今，科学家又有了新的发现：植物居然也喜欢"听音乐"。这是怎么一回事呢？

有人通过实验发现，每天早晨给黑藻播放 25 分钟音乐，用不了 10 天，黑藻就会繁殖得极为茂盛。假如每天早晨为含羞草播放 25 分钟古典歌曲，它的生长速度会明显加快。灌木受音乐刺激后，也会变得枝繁叶茂。据观察，烟草、凤仙花、金盏菊等都比较喜欢"听音乐"。

原来是声波的刺激促进了植物的生长。大家都知道，植物的叶片表面分布着许许多多的气孔，它们是植物与外界环境进行气体交换和蒸发水分的"窗口"。当音乐响起时，植物叶片表面的气孔受到声波的振动刺激，其开放度会变大。气孔增大后，植物增加吸收了光合作用的原料——二氧化碳，光合作用因此更加活跃，越来越多的有机物质形成；同时，这也增强了植物的呼吸作用，植物的生长因此获得了更多的能量，

 声波的刺激可以促进植物的生长，所以植物也爱"听音乐"。

植物因此更加生机勃勃。

为什么有的花香，有的花不香

在自然界中，一般情况下，花都是有香味的，可并不是说所有的花都是香的，有些花就没有香味，为什么会有这种情况呢？

花之所以有香气，是因为花朵中有产生香味的油细胞。油细胞能够分泌具有香气的芳香油，通过油管不断地分泌出来，并且在常温下能够随水分挥发，散发出诱人的香气，所以芳香油又被称为挥发油。因为各种花的挥发油不同，所以散发出来的香气也就各有特点。芳香油在阳光下散发得很快，因此，阳光好的时候，花的香味更浓，散发得也更远。有些花朵虽然没有油细胞，但是它的细胞在新陈代谢的过程中，也会不断地分泌一些芳香油。

还有一些花朵的细胞不能分泌芳香油，而是含有一种苷，苷本身虽然没有香气，但是，当它在酵母作用下分解时，同样能散发出香气来。因此，花儿是香还是不香，主要在于花里有没有油细胞，有没有苷。由于不同的植物品种的挥发油中又含有不同的物质，因此有些花闻起来香，而有些花则闻起来不香。

西番莲花的花瓣向后折起，吸引了很多昆虫前来。它的花形确保了昆虫在进食的时候能够沾上花粉。

鲜花只开不谢该多好

一夜秋风秋雨，千姿百态的花朵从枝头飘落。爱花的人们只能期待来年的芬芳，而多愁善感的文人墨客更是留下了许多凄凉的诗句，让人读来都倍感伤神。虽然我们知道花开花落是自然界的客观规律，但是仍然希望鲜花永远不要凋谢。

在自然环境下花的凋谢是不可避免的。因为花是植物的生殖器官，一旦完成孕育果实的任务后，花儿的使命也就完成了，随之从枝头飘落。被子植物的花由花萼、花冠、花蕊组成，花蕊又有雌雄两种。位于鲜花中间的雌蕊和雄蕊是花的雌雄性器官，雄蕊由花丝和花药组成，花药里面又产生出花粉粒，成熟后的花粉粒在内部结构上有两种形式：一种是由一个营养细胞和一个生殖细胞所组成，如棉花和百合的花粉；另一种花粉粒里面含有一个营养细胞和两个精子，小麦和白菜的花粉就是这样。花的雌蕊由柱头、花柱和子房3部分组成，形状像一个花瓶，子房的内部有一个或者多个胚珠，这个胚珠就是植物"胎儿"生长的地方。

植物开花后，成熟的花粉在风和昆虫的帮助下来到同一种类花朵雌蕊的柱头上，柱头上分泌出的黏液刺激花粉开始萌发，形成花粉管。花粉管渐渐穿过花柱和子房壁直达胚珠，进入胚囊。然后，把两个精子放进胚囊之内，其中一个精子和卵细胞相结合形成受精卵，并最终发育成为胚胎；另一个精子则和两个极核结合形成受精极核，最终发展成为供植物胎儿发育用的胚乳。这样雌蕊中受精后的胚珠就发展成为种子。

当植物的卵细胞成功受精后，花朵的使命就完成了，为了不再和"胎儿"争夺营养和水分，花柱、雄蕊、柱头和花冠等都陆续凋谢下来，大多数植物的花萼也会脱落，这样，一朵原本美丽的鲜花就只剩下一个子房了。植物根把大量的营养物质运送到子房中来，子房吸收了充足的营养就开始发育、膨大，最后变成果实。果实里面一般都有植物的种子。

当向日葵开花时，它们的外圈小花首先绽放。因为它有很多小花，所以可以持续开放很多天。

我要像鸟儿一样飞

从几千年前开始，人们就一直梦想着能像鸟儿一样飞行，甚至有人还自制了翅膀，绑在两臂上，模仿鸟的动作，希望能够冲向蓝天。但是，看起来强壮的翅膀根本不能支撑人的重量，一次次的尝试换来的总是失败。直到一百多年以前，赖特兄弟发明了飞机，人类与天空的距离才得以大大缩短。

为什么我们不能像鸟儿一样飞行呢？为什么我们制造出来的翅膀不能派上用场呢？这是因为我们所制造出来的翅膀与鸟儿的翅膀有很大的不同，它不可能像鸟儿的翅膀一样运动。也许你要问："为什么人造的飞机翅膀能够带领我们起飞呢？"实际上，飞机的两翼并不会像鸟儿的翅膀一样上下拍动，它之所以能够冲上蓝天，完全得益于喷射引擎和螺旋桨所带来的动力，而机翼主要起到保持平衡的作用。除此之外，还有一个很重要的原因，就是我们还没有强壮到能够支撑自己的体重，要知道大部分能够自由飞翔的鸟儿都很轻，骨头是中空的，只需要拍动几下翅膀就可以让身体保持在空中，越是体重大的鸟儿，它的翅膀就越长，每挥动一次翅膀所要花费的力气就越多。像我们人类这样的体重，想飞起来，无疑需要巨大的翅膀，而不断挥动这种巨型的翅膀就算是大力士也难以做到。

可见，人类想要像鸟儿一样飞翔，是很难做到的了。但是聪明的人类能够制造出别致的小飞机，驾驶这种小型飞机和乘坐普通客机不同，人类能够更好地体验像鸟儿一样飞翔的快感。这种飞机很轻，没有引擎，一个人仅靠自身的力气就可以驾驶这种飞机在空中飞翔。操纵这种飞机的人要不断蹬踏着类似脚踏车的踏板，好让飞机的螺旋桨转动起来，为飞行提供动力。但是，这种飞机并不是谁都能驾驶起来的，它要求驾驶者必须身强力壮，有足够的力气维持螺旋桨的高速旋转，让飞机飞得更高、更远。

总之，虽然我们因为天赋所限，不能像鸟儿那样自在地飞翔，但是随着科技的发展，未来一定会出现更加轻便的飞行器，到时候我们可以操纵着这种飞行器到任何地方，或许会比鸟儿更加自由。

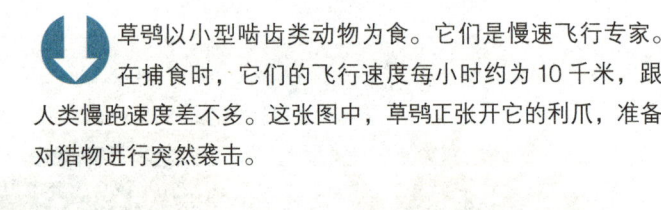

草鸮以小型啮齿类动物为食。它们是慢速飞行专家。在捕食时，它们的飞行速度每小时约为10千米，跟人类慢跑速度差不多。这张图中，草鸮正张开它的利爪，准备对猎物进行突然袭击。

第 3 篇

离奇的科学未解之谜

星外传奇

宇宙中真的存在反物质吗

从中学时代我们就知道，世界是由物质组成的。但是，如今科学家提出了"反物质"的概念，对传统观点提出了挑战。那么，反物质是什么？宇宙中是否真的存在反物质呢？

反物质和物质是相对立的。它们是两个不同的概念。众所周知，物质构成了世界，而原子构成了物质，原子核位于原子的中心。原子核由质子和中子组成，带负电荷的电子围绕原子核旋转。原子核里的质子带正电荷，电子与质子所携带的电量相等，但一正一负。质子的质量是电子质量的 1840 倍，它们在质量上形成了强烈的不对称性。这引起了科学家的关注。因此，有一些科学家在 20 世纪初就认为二者相差悬殊，因而应该存在另外一种电量相等而符号相反的粒子。如：存在一个同质子质量相等但携带负电荷的粒子和另一个同电子质量相等但携带正电荷的粒子。这就是"反物质"概念的最初观点。

狄拉克是英国青年物理学家，他根据狭义相对论和量子力学原理，于 1928 年提出了这样一个设想：在自然界中，存在着带负电的电子，同时还存在着一种与电子一样但能量与电荷都为正的正电子。这种电子可以称为电子的"反粒子"。狄拉克认为，物质和反物质一旦相遇，就会互相吸引，并发生碰撞而"湮灭"，各自的质量也消失了，并释放出大量能量，这些能量以伽马射线的形式出现。在我们周围的物质世界中不可能有天然的反物质存在的原因就在于此。

狄拉克的这一设想，对科学界震动很大，科学家们认为这种设想极有道理，因而，他们极力寻找和制造反物质。

1932 年，美国物理学家安德森研究了一种来自遥远太空的宇宙射线。在研究过程

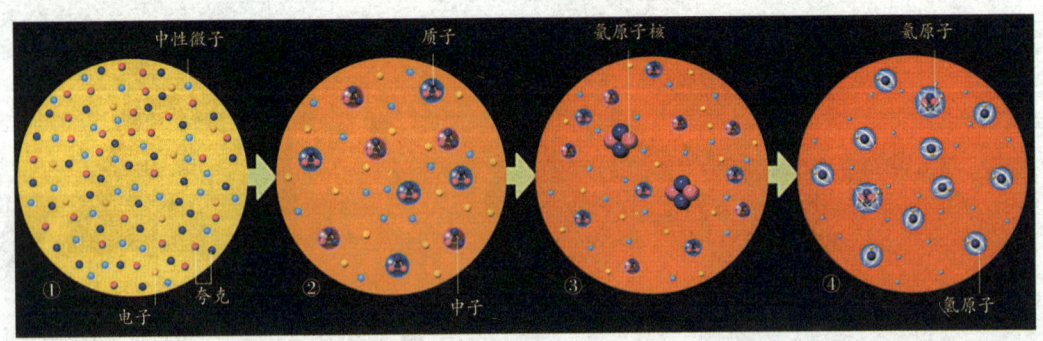

①形成了夸克、电子、中性微子等。　②夸克相互附着，形成质子和中子。　③由质子和中子形成氦原子核。　④质子、氦原子核抓住电子，形成氢原子和氦原子等（宇宙的膨胀）。

 物质的诞生示意图

中，他意外地发现了一种粒子，这种粒子的质量和电量都与电子完全相同，唯一不同的是在磁场中弯曲时，其方向与电子相反，也就是说它是正电子。这一发现论证了狄拉克的设想，并大大激励了人们的研究热情，他们纷纷投入到寻找反物质粒子的工作中。1955年，在美国的伯克利，钱伯林和西格雷两位科学家利用高能质子同步加速器发现了反质子。西格雷等人于1957年又观察到了反中子。

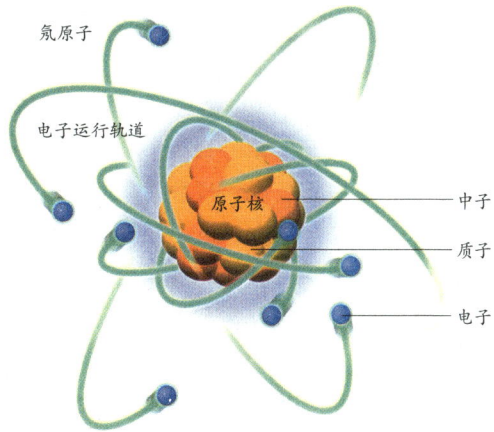

原子和分子模型构造示意图

所有的物质是由原子构成的，而原子则是由质子、中子和电子构成的。质子和中子形成原子核，而电子则围绕原子核不断地旋转。原子与原子经过化学结合则构成了分子。

欧洲一些物理学家于1978年8月，成功地分离了300个反质子达85小时，并成功地储存了这些反质子。1979年，美国新墨西哥州立大学的科学家进行了一个实验，在实验中，把一个有60层楼高的巨大氦气球，放到高空，气球在离地面35千米的高度上飞行了8个小时，捕获了28个反质子。关于反质子的发现层出不穷，这些发现激发了人们的兴趣。反中子和中子一样都不带电，但它们在磁性上存在差别。中子具有磁性且不断旋转，反中子也不断旋转，但其旋转方向与中子恰恰相反。顺着这个线索，物理学家们继续寻找下去，结果，发现了一大群新奇的粒子。到目前为止，已经发现了300多种基本粒子，这些基本粒子都是正反成对存在的，也就是说，任何粒子都可能存在着反粒子。

这样，用人工的方法把反质子、反中子和正电子组成反物质原子这一设想在理论上是成立的。在实践中人们利用粒子加速器人工制造出由一个反质子和一个反中子组成的反氘核，这个反氘核是人工制造出的第一类反原子核，它是美国布鲁克海文实验室研制成功的。由两个反质子和一个反中子组成的反氦–3核是第二类反原子核。苏联在塞普霍夫加速器上曾获得5个反氦–3核。而反原子是由正电子与这些反原子核相结合而得到的。1996年1月，欧洲核研究中心宣告德国物理学家奥勒特等利用该中心的设备合成得到第一类人工制造的反原子，即11个反氢原子。由于这一科研成果意义重大，欧洲核研究中心专门开会庆祝反原子的人工合成。物理学家们预言，技术上进一步的改进将会使大量生产反物质原子的设想成为可能。

对于在自然界中究竟有没有反物质的问题，人们观点各异。以往的一些理论认为，在宇宙中，正物质和反物质是对称的、同样多的。虽然，反物质在地球上只能出现在实验室里，且时间短暂，但是在茫茫宇宙中的某些部分却有可能存在一些星系，这些星系由反物质构成。在那些星体上，反物质的存在是极其"正常"的，而正物质却很少。物质与反物质在电磁性质上相反而其他方面均相同，那么，在宇宙总磁场影响下，它们各自向宇宙的相反方向集中，分别形成星系与反星系。

根据这种观点，宇宙应该一分为二，由正物质和反物质两部分构成。可以想象，由反物质构成的星系应该距离我们极其遥远。但是，至今我们也无法获得关于反星系分布的直接证据，因为由反物质组成的星系与正物质组成的星系发出的光谱完全相同，而我们今天的天文观测手段还较落后，没法将它们区分开来。

宇宙中应该存在一个反物质世界，这从理论上讲是行得通的，可事实上并不这么简单。自然的反粒子和反物质在地球上是不存在的。科学家们研究发现，核反应中产生的反粒子被大量正常粒子包围着，所以产生出来没多久就会和相应的正常粒子结合，两者结合后，反粒子便不存在了，它转化成了高能量的光子辐射。可人们至今还没有发现这种光子辐射。在我们地球上很难找到反物质，因为普通物质无处不在，而反物质一旦遇到它就会湮灭。事实上，反物质仍能以自然形态存在于地球以外的宇宙中。由于反物质发出的光与物质发出的光一样，所以人们无法从恒星发出的光来判断它是物质还是反物质。因此人们推断，完全可能有反物质构成的恒星存在于宇宙中，或者在距别的星球足够远的孤立空间中，甚至在银河系中。自然界是有对称性的，所以，其中必同时存在着由物质组成的星体和由反物质组成的星体。当然，物质和反物质不可能同处在一个星体中，因为二者碰到一起就要湮灭。

到底在宇宙中有没有自然存在的反物质，还有待于科学技术的进一步发展去证实。物理学家们努力搜寻反物质，希望能在宇宙中寻找到它们。

能不能直接观测太阳系以外宇宙中的反物质呢？可以，但目前只有一个办法，那就是研究宇宙射线。

在地面实验室中很难探测到宇宙射线中的反物质，因为有一个稠密的大气层在地球上空。穿越大气层时，宇宙射线会与大气碰撞而产生次级粒子，这些次级粒子又会与大气粒子碰撞产生更次级的粒子，这样几经反复，地面上测不到原始的宇宙射线，因此也无法确定宇宙射线中反物质存在的情况。为此，人们想方设法把探测器送上大气的最高层，并一直希望能将探测器送到太空。过去，人们多次用高空气球把高能反物质望远镜等探测器送到高空，探测宇宙射线中的正电子与反质子，但收获不大，从未发现过比反质子更重的反原子核。现在，随着航天技术的发展，到太空中去寻找反物质的愿望终于可以实现了。

1998 年 6 月 3 日 6 时 10 分（北京时间），美国"发现"号航天飞机载着阿尔法磁谱仪，从肯尼迪航天中心发射升空。"发现"号航天飞机的成功发射，标志着探索宇宙反物质的重大科学实验的开始。值得一提的是阿尔法磁谱仪主要由中国科学家参与研制。

自然界喜欢对称性，在宇宙中完全有可能有反物质构成的恒星存在于宇宙中，甚至在银河系中，也存在由反物质构成的星体。

阿尔法磁谱仪的英文名字是 Alpha Magnetic Spectrometer，简称 AMS，它主要由上下各 2 层的闪烁体、永磁体、紧贴永磁体内壁的反符合计数器、内层的 6 层硅微条探测器以及契伦科夫探测器等各种探测器组成。

在阿尔法磁谱仪中，由钕铁硼材料制成的永磁体是其主体结构，其重量约 2 千克，高 1 米，直径 1.2 米，长 0.8 米，是一个空心圆柱体，其中的磁场强度为 1400 高斯，能长期在太空中稳定工作。根据磁场反应的粒子电荷以及粒子的速度、轨迹、质量等信息，AMS 可以推断粒子的正与反。可以说，当今最先进的粒子物理传感器就是 AMS。

航天实验证明，阿尔法磁谱仪经受住了发射升空时的剧烈震动和严酷的太空工作环境的考验，运行状况良好，捕捉到许多带电粒子的踪迹，这些粒子是由次宇宙射线发出的。按照预定的计划，2001 年 2 月，阿尔法磁谱仪被装载到阿尔法国际空间站上，进行长达 3 年的反物质空间探测。

人们如此热切地探求反物质，其目的不仅在于要证实理论的正确与否，而更实际的则是在于获取巨大的能量。

任意半吨物质与半吨反物质相遇，则发生"湮灭"，并且会放出能量，这种能量将是燃烧 1 吨煤所放出的能量的 30 亿倍。只要用正、反物质各 1 吨发生"湮灭"，"湮灭"所产生的能量就可以解决全世界 1 年所需的能量。而且"湮灭"后不留残渣和任何有害气体。因此，反物质是极干净的超级能源，同时更是最理想的宇宙航行能源。据计算，10 毫克的反质子只有一粒盐那么大，却可以产生相当于 200 吨化学液体燃料的推进能量。通过这些能量，可以轻而易举地将巨型航天器送入太空。科学家们设想造一艘头部装一面巨大的凹面反射镜的光子巨船，要使飞船开动时，就将燃料库中的物质和反物质分别有控制地输送到凹面镜前，让它们在凹面镜前适当位置接触、"湮灭"，再转化为极其强烈的伽马射线，即光子流。这种光子流被凹面镜反射出去，产生巨大的反作用力，就像气体从火箭喷口喷出一样，推动飞船前进，实现星际航行。

尽管至今我们仍不能确定宇宙中有反物质，但我们也不能过早予以否定。因为距离我们 100 多亿光年的天体是人类已观测到的最遥远的天体，但这并不是宇宙的边缘，也许在更遥远的太空中会有反物质存在。也可能确实有反物质存在于我们已经观测到的宇宙中，只是由于某种原因使我们无法看到这些反物质。

暗物质之谜

宇宙大爆炸理论认为，宇宙诞生之前，没有时间，没有空间，没有物质，也没有能量。约 150 亿年前，一个很小的点爆炸了，逐渐膨胀，形成了空间和时间，宇宙随之诞生，并经过膨胀、冷却演化至今，星系、地球、空气、水和生命便在这个不断膨胀的时空里逐渐形成。

最近的天文观测和膨胀宇宙论研究表明，宇宙的密度可能由约 70% 的暗能、5% 的发光和不发光物体、5% 的热暗物质和 20% 的冷暗物质组成。也就是说，宇宙中竟有九成物质是看不见的暗物质，其中可能包含有宇宙早期遗留至今的一种看不见的弱相互作用的重粒子——冷暗物质正是支持膨胀宇宙论的关键。

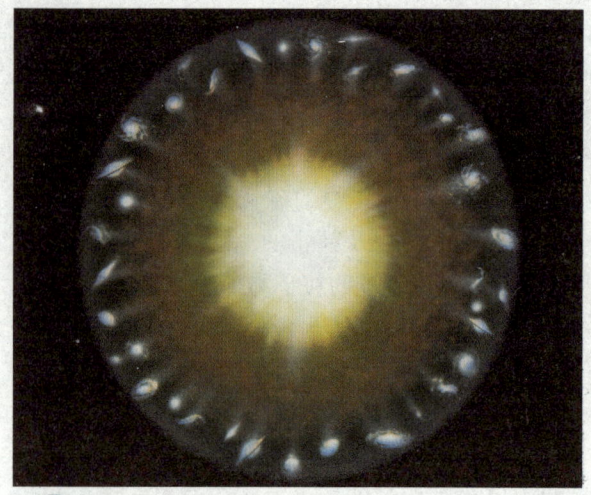

科学家能够探测到太空中的背景辐射，它们可能是宇宙大爆炸时遗留下来的。20世纪20年代，天文学家埃德温·哈勃（1889～1953）发现，除了银河系之外还有别的星系。地球和每一个星系之间的距离都以不可思议的速度在增大。

宇宙中的暗能、暗物质至今尚未被发现，这就给我们留下了一系列关于宇宙中的暗物质问题的谜团。人类共同关心的问题是：宇宙中的暗物质究竟有多少，它们在宇宙中占有多大的比例。目前天文学家还无法确知。只是给出了一些估计的数字：在宇宙的总质量中，重子物质约占2%，也就是说，宇宙中可观测到的各种星际物质、星体、恒星、星团、星云、类星体、星系等的总和只占宇宙总质量的2%，98%的物质还没有直接观测到。在宇宙中非重子物质的暗物质当中，冷暗物质约占70%，热暗物质约占30%。

紧接着，下一个问题又来了：宇宙中存在的大量非重子物质的暗物质组成成分究竟是些什么粒子？它们的形成及运动规律又是怎样的呢？于是寻找暗物质，探求暗物质的性质就成了世界高能物理研究的热点之一，寻找的途径包括在超大型加速器上的实验，还包括在地下、地面和宇宙空间对宇宙线粒子的测量。中国科学院高能物理研究所在寻找暗物质的研究方面在国际上一直处于领先地位。1972年，高能所云南高山宇宙线观测站曾观测到：一个从宇宙射线中来的能量大于3000亿电子伏特的粒子碰撞石墨中的粒子后，产生了3个带电粒子。分析表明，其中一个是负介子，一个是质子，还有一个是能量大于430亿电子伏特、寿命长于0.046纳秒的带电粒子。许多科学家认为若此事能被证实，它将肯定是超出标准模型的新粒子，而这个新粒子就可能是暗物质的粒子。

1979年，科学家发现，在仙女座背景方向的温度比天空其他方向的要高，那里存在着巨大的未知质量。"失踪"的物质哪里去了？按照牛顿物理万有引力定律，星系中越往外的行星绕该星系中心的转动速度越慢。太阳系中的行星运转正是这样的。但已观测到有许多星系，其外边缘行星比中心附近行星绕转得更快。这说明除看得见的星系或星系团外，还有大量暗物隐藏在其中，它们像晕一样包围着星系和星系团。那么这些像晕一样的东西是由什么物质构成的呢？有人认为是X射线和星系际云，但它们远没有估算的暗物质那么多；也不是年老的恒星，如体积很小的中子星和白矮星，它们行将死亡时会抛出大量物质，但人类并未观测到。英国剑桥大学的物理学家霍金认为有可能是黑洞。还有不少科学家认为是"中微子"。并提出了暗物质的"中微子"模型。但研究这个模型还存在一定的困难，例如，按此模型只有在超星系团周围才有晕，但实际上在星系周围也观测到晕；而且中微子是否有质量，科学实验也未最终确证。

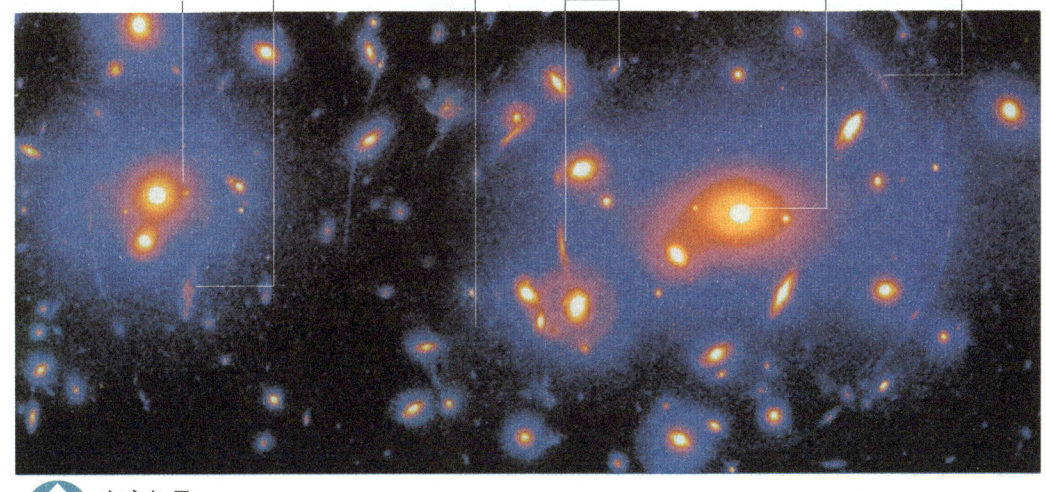

彩色编码
显示亮度　　80亿光年以外的星系的变形图像　　阿贝尔2218星系团质量相当于50万亿个太阳。　　70亿光年以外的一个星系的两张放大图　　阿贝尔2218星系团（产生透镜化的星系团）中最亮的星系在30亿光年之外。　　100亿光年以外的星系，由于受到透镜作用而变亮。

⬆ 宇宙幻景

这张哈勃图像上发光的弧弦就像宇宙蜘蛛网的一缕缕网线。这为暗物质的存在提供了强有力的证据。阿贝尔2218是距离地球30亿光年的一个星系团，它相当于一个引力透镜。通过它的来自更遥远星系的光的射线受到其引力的影响，聚集而成为明亮的曲线。聚集光所需的引力要比可见星系提供的引力强10倍，所以这个星团90%的质量必定存在于暗物质上。

20世纪80年代，美国和苏联的一些科学家提出了暗物质的"轴子"模型。按照这个模型，混沌伊始（宇宙爆炸后不久有一个混沌不分的时期），宇宙就如一坛重子和轴子混合交融的浓汤。后来重子由于辐射能量，慢慢地转移到团块中心去了，结果普通发光物质的核被冷子晕包围，形成了星系似的天体。这个模型简洁美妙，有人用计算机对这种模型进行了模拟演算，最终得到的宇宙演化图像与我们今天观测到的宇宙十分吻合。但这个模型毕竟是假想的产物，它能否成立，还需要更多的实验来验证。

从理论上说，冷暗物质粒子应该具有一种质量很重的中性稳定粒子，它不直接参与电磁相互作用，但可以参与弱相互作用和引力相互作用。这种粒子肯定是超出标准模型的粒子，如果能在实验中直接观测到这种粒子，将是探讨物质微观世界结构和基本规律方面的重大突破。目前中国科学院高能所参加了由意大利罗马大学牵头的意中

知识档案

宇宙尘埃

宇宙中，在各个星体之间并不是一片真空，而是有大量的岩石颗粒和金属颗粒漂浮在其中，这些不起眼的颗粒就是宇宙尘埃。从成分上来说，宇宙尘埃与地球的组成成分没有什么不同，但是由于种种原因，这些尘埃没有组成一个星体，而是悬浮在宇宙空间。在一定的引力作用下，这些尘埃往往会聚集在一起，形成一片烟雾，从天文望远镜上观看，这些烟雾散发出五颜六色的光彩，人们形象地把它称为"星云"。但是这些看起来绚丽多彩的星云，对我们的生活却有着诸多有害的影响。据统计，宇宙中每小时都会有约1吨重的尘埃光临地球，这些尘埃聚集在地球上，很可能是一些自然灾害的源头。有些古生物学家认为，地球上一些生物的灭亡就和宇宙尘埃有关。此外，还有一个更令人吃惊的说法，美国科学家认为，感冒病毒并不是地球本身产生的，这一病毒就是宇宙尘埃带进来的。

合作组的冷暗物质粒子研究。为了避免各种信号干扰，意大利国家格朗萨索实验室建在一个高速公路穿过的山洞下，岩石厚度有 1000 米。中意科学家研制的 100 千克低本底碘化钠晶体阵列安装在意大利格朗萨索国家地下实验室，经过 8 年的实验，科学家们已经探测到这种物质粒子偶尔碰撞碘化钠晶体中的原子核时发出的微弱光线，并获得了这种信息的 3 个年调制变化周期，还据此推算出这种粒子的质量至少是质子的 50 倍。实验的初步结果提供了宇宙中可能存在一种重粒子，即冷暗物质粒子的初步证据。

科学家们认为，这种粒子的存在将非常有力地支持膨胀宇宙论和超对称粒子模型，困扰天文学家 70 多年的谜团就能澄清，粒子物理、天体物理、宇宙学将会有突破性发展。但实验中要确认冷暗物质的存在及特性，尚需进一步的观测数据和可靠证据，我们期待着关于暗物质的一系列谜团早日揭开。

宇宙中还存在其他"太阳系"吗

行星、卫星、小行星和彗星围着太阳旋转，就像围着篝火狂欢的人群。太阳和绕它旋转的各种天体一起组成了太阳系。

太阳是个中等大小的恒星，这对于我们人类的生存是很有利的。夜空里有成千上万的恒星和太阳一样大，一样明亮，但是它们离我们太远了，看起来就是一个亮点。遥远的恒星还远不止这些，在银河系里，数以亿计的恒星需要借助于天文望远镜才能看得见。

但是我们的星系也并不是唯一的星系。在漆黑空旷的宇宙里，可能有上千亿个星系，每个星系都包含数十亿颗恒星。宇宙之大让人难以想象。

宇宙中有数不清的恒星，那么为什么我们的太阳是唯一一颗有行星绕行的恒星呢？天文学家一直在研究这个问题。看起来，即使不是所有的恒星都有行星环绕，至少有一些其他恒星有，这简直是显而易见的。

据天文学家估计，宇宙中大约有 1 兆兆亿颗行星。关键是，如何找到它们，而这项工作虽然是一件困难的事。因为同恒星相比，行星又小又暗。虽然有时可以反射其邻近恒星的光，但它们自己并不发光。所以，即使使用最强大的天文望远镜，在地球上可能也无法看到遥远恒星的行星。一个普通大小的行星将消失在它的恒星的光芒中。可以想象一下这样的情景：在你前方 3.2 千米处有一只 1000 瓦的灯泡，你所要做的是寻找这只灯泡附近的一粒灰尘。在地球上寻找其他恒星的行星就是这么艰难，所以天文学家试图尝试其他方法。他们认为最好的方法就是找出它们对自己恒星的万有引力作用。

万有引力是由质量引起的，所有天体之间都存在相互吸引的力。恒星吸引行星，于是行星绕恒星旋转。同样的，行星也会反作用在恒星上一个相同大小的拉力。而且，我们知道恒星在自转的同时也会在宇宙穿行，而它的行星也跟着它运动。

天文学家们试图寻找恒星在穿过宇宙时微小的摇摆。因为这些摇摆很可能是我们看不见的行星在绕恒星旋转过程中施加给恒星的力的方向不断改变而形成的。

1991 年，英国天文学家们曾经宣布，他们发现了行星大小的绕脉冲星旋转的天体。脉冲星是一种高速旋转的，体积小、密度大的恒星，它在旋转的过程中，还会发出无线

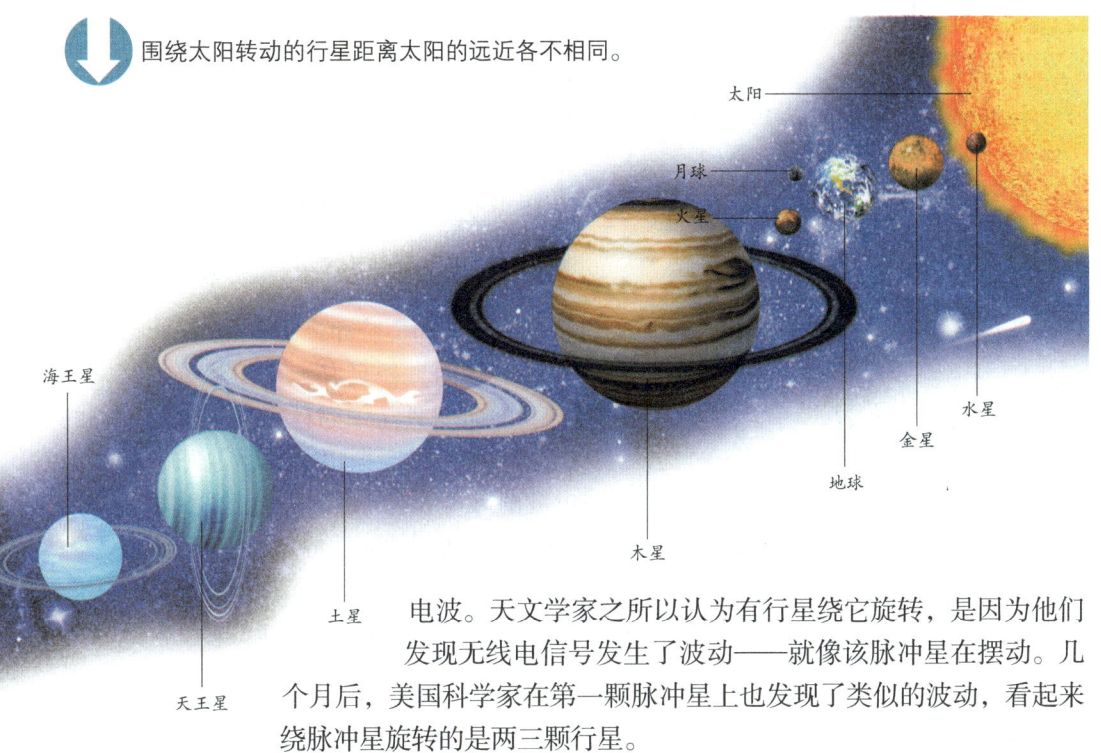

围绕太阳转动的行星距离太阳的远近各不相同。

太阳

月球

火星

地球

金星

水星

木星

土星

天王星

海王星

电波。天文学家之所以认为有行星绕它旋转，是因为他们发现无线电信号发生了波动——就像该脉冲星在摆动。几个月后，美国科学家在第一颗脉冲星上也发现了类似的波动，看起来绕脉冲星旋转的是两三颗行星。

但是 1992 年 1 月，英国天文学家又宣布了一个出人意料结果：他们之前的发现是错误的。科研小组没有把我们自己星球的绕日运动考虑进去，这也会影响对数据的分析。

但是美国科研小组的研究成果似乎没有问题。他们的发现和其他科研小组的类似发现几乎可以肯定，我们生活的太阳系不是宇宙里唯一的"太阳系"。

脉冲星与中子星的奥秘

由于大气不均匀起伏，当星光通过地球大气时，导致恒星的光看起来一闪一闪的，这称为"行星际闪烁"。充满行星际空间的太阳风引起了宇宙射电源的闪烁现象。天文学家通过射电望远镜发现的宇宙射电源，称为"射电源"，其波长从 1 ~ 30000 毫米不等，它是电磁辐射异常强的局部区域。

1967 年春天，英国剑桥大学卡文迪许实验室为了进一步研究宇宙射电源，设计建造了一种新型的时间分辨率很高的射电望远镜。为了保证仪器的正常运转，天文台决定开展人工分析工作。英国天文学家休伊什教授的研究生乔丝琳·贝尔接受了这一个任务。

在观测时人们发现，每到子夜时，一个神秘的射电源便会发生闪烁，同时自动化记录笔绘出了一连串间隔都是 1.337 秒的脉冲曲线，这个神秘的射电源发出的无线电脉冲波长是 3.7 米。

到 1968 年 1 月，发出这种波长 3.7 米的脉冲的射电源已发现了 4 个。根据观测到

的宽16毫米的脉冲，可以断定天体的发射区尺度限定在3000千米以内。后来经过精密测量发现，的确是由于该天体自转而发出的脉冲信号。

1968年2月，休伊什教授观测到的来自天体的周期性脉冲射电辐射，其周期短而且精确，仅为1.3373011秒。这一天体被天文学家形象地命名为"脉冲星"。

脉冲星的直径只有十几千米，它绕轴自转一周的时间只需三四秒钟甚至更短。它的磁场高达1万亿高斯以上，而地球磁极的磁场强度仅为0.7高斯。脉冲星的电子以无线电波的形式从它的两个磁极逃逸出来，并带出能量。脉冲星高速自转时发出的无线电波束会很有规律地到达地球。

不久后，射电天文学家在蟹状星云中发现了一颗脉冲星，它能在可见光的范围内发出辐射，它的脉动特别快。这颗脉冲星以前被认为不过是一颗普通的恒星，随着观测仪器精确度的提高，有人发现它每秒钟会闪烁30次，而且光的闪烁正好和射电辐射的时间相一致。

然而，脉冲星到底是一种什么样的天体呢？它是否一会儿膨胀一会儿收缩呢？它收缩时是否发射出能量呢？一个天体如果不是一直发射能量，而是周期间歇性的，那么，在不发射能量的时候，它一定会发生某种物理现象。它也许正绕着它自己的轴或围绕着另一个天体运转，并且每转一周，就发射出一股能量。

早在1934年，德国著名天文学家巴德和兹维基就在一篇论文上指出，超新星现象实际上是星体的一种粉碎性爆炸，这种爆炸包括两个方面：一方面是大量的外部物质被抛射向太空；另一方面星体的中央部分坍缩，变为一颗恒星，因为它是由排列紧密的中子构成的，所以称为"中子星"。

脉冲星被发现后，中子星又引起了广泛的注意。科学家们分析认为，只有白矮星或中子星能发出如此快速的脉冲信号。这样小的天体应当会飞快地自转，否则就不会产生上述的脉冲现象。而且，在这样的天体上，表面的某些点可能会使其中的电子通过。这样，当中子星高速自转时，电子就会从这些点逃逸出来，像一个旋转喷头喷出的水那样喷射出来，从而产生射电脉冲波，或者它每旋转一周，就会朝地球的方向喷射出一些电子，同时会逐渐失去能量。

↑ 小型恒星爆炸成超新星后，会以脉冲星的形式结束生命。我们称它为脉冲星，是因为它会散发出脉冲能量。天文学家认为脉冲星会快速旋转并发出微弱的能量。当散发着微弱能量的脉冲星通过地球时，我们就能看到一股脉冲能量所发的光。

至此，人们终于明白，天文学家曾经担心永远无法探测到的中子星就是脉冲星。

🪐 水星的真面目

平常，人们很难看到水星，这主要跟水星与太阳之间的角度有关。水星距太阳最远时达 6900 万千米，最近时约 4500 万千米。从地球上看去，它距太阳的角最大不超过 28 度，水星仿佛总在太阳两边摆动。因此，水星几乎经常在黄昏或黎明的太阳光辉里被"淹没"。只有在 28 度附近时才能见到它。

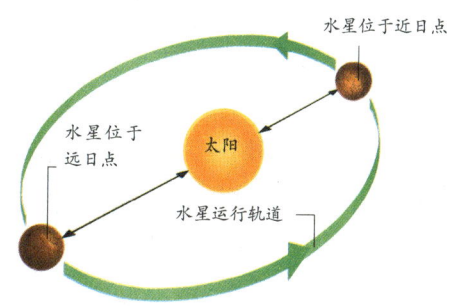

水星在中国古代被称为"辰星"。水星绕太阳运行的速度很快，每秒约 48 千米，它只需要 88 天就能绕太阳公转一周。在很长一段时期里，天文学家一直认为它的自转周期也是 88 天，跟公转周期一样长。

水星的运行轨道

大部分行星围绕太阳运行的轨道都是近似圆形的，然而水星的运行轨道却是一个椭圆形。位于远日点时，水星距太阳有 0.7 亿千米，而当在近日点时，离太阳只有 0.46 亿千米。

尽管也有人怀疑过水星的自转周期，但由于仪器、技术等方面的原因，人们对水星精确的自转周期仍不知晓。随着天文学观测水平和仪器精密程度的提高，水星自转周期终于被测出来了。1965 年，美国天文学家用阿雷西博天文台射电望远镜向水星发射了雷达波进行探测。这是一架世界上最大的射电望远镜（口径 305 米），它测出了水星的精确的自转周期为 58.646 天。原来，水星绕太阳公转 2 圈的同时，绕其轴自转 3 周，因此，水星的自转周期刚好是公转周期的 2/3。

此后，科学家对水星进行了更深入的探测和研究，但即使是当时地球上最好的望远镜，也很难让人们看清水星表面的情况。于是，科学家们采用了行星探测器这种高端的工具。美国于 1973 年 11 月 3 日发射了"水手"10 号行星探测器，它是至今为止地球人的唯一"访问"过水星的宇宙飞船。这次发射的主要任务是探测水星，顺便考察一下金星。"水手"10 号的总重量约 528 千克，从磁强计杆顶端到抛物面天线外缘的宽度达 9.8 米。宇宙飞船经过 3 个多月的飞行，于 1974 年 2 月 5 日飞越金星，离金星最近时只有 5000 千米。飞船在对金星考察的同时，借助金星的引力"支援"，其运动的速度和方向发生改变，进入了一条飞向水星的轨道，终于在 3 月 29 日到达水星上空。

航天科学家精心设计了这艘飞船的轨道。当它到达水星上空并进行观测之后，就成为一颗绕太阳运行的人造行星了，绕太阳公转的周期设计为水星公转周期的 2 倍，也就是 176 天。这样，当水星刚好绕过 2 周时，飞船就遇到水星一次。"水手"10 号飞船先后 3 次遇见水星，并获得了一批高质量的照片，其摄影镜头能把水星表面一二百米大的地面结构细节分辨清楚。

科学家们通过分析飞船的反馈资料发现，水星表面上布满了无数大小不一的环形山和凹凸不平的盆地和坑穴等。一些坑穴显示出陨星曾多次撞击过同一地点，这与月

球表面很像。水星表面与月球表面的不同之处是，水星表面直径 20 千米 ~ 50 千米的环形山不多，而月球表面上的直径超过了 100 千米的环形山很多。水星表面上到处都有一些被称为"舌状悬崖"的扇形峭壁，其高度为 1 千米 ~ 2 千米，长数百千米。科学家们认为，它们实际上是早期水星的巨大内核变冷和收缩时，在其外壳中形成的巨大的褶皱。水星上有一条大峡谷，长达 100 多千米、宽约 7 千米，科学家将其命名为"阿雷西博峡谷"，以纪念美国阿雷西博射电天文台测出水星自转周期这一贡献。

科学家们还发现水星阳面和背面的温差很大。由于没有大气而直接受到太阳辐射的侵袭，在太阳的烘烤下，水星向阳面温度高达 427℃，而背阳面温度却冷到 –170℃。水星表面一丁点儿水都没有。水星质量小于地球，它的地心引力只及地球的 3/8，所以其表面上的物体，只要速度达到 4.2 千米 / 秒就可以逃逸。

"水手" 10 号飞船探测到水星不仅有磁场，而且是一个强度约为地磁场 1/100 的全球性的磁场。水星磁场的发现说明，在其内部很可能有一个高温液态的金属核。科学家根据水星的质量和密度数值，推算其应有一个直径约为水星直径 2/3 的既重又大的铁镍内核。

随着世界航空航天技术的发展，科学家们对水星的探测力度将会继续加大，终有一天，水星的真实面目会呈现在地球人的面前。

陨星撞击

卡洛里斯盆地　冲击波

陨石坑

⬆ 水星表面布满了陨石坑，其中最大的叫卡洛里斯盆地。

🪐 金星上的神秘城墟

据人类目前所知，相对于火星来说，金星的自然环境要严酷得多。其表面温度近 500℃，大气中的二氧化碳占到 90% 以上，时常降落狂暴的具有腐蚀性的酸雨，还经常刮比地球上 12 级台风还要猛烈的特大热风暴。金星的周围是浓厚的云层，以至于 20 余年 (1960 ~ 1981 年) 间从地球上发射的多个探测器仍未能认清其真实面目。

20 世纪 80 年代，美国发射的探测器发回的照片显示，金星上有大量城墟。经分析，金星上共有城墟 2 万座，这些城墟建筑呈金字塔状。每座城市实际上只是一座巨型金字塔，门窗皆无，可能在地下开设有出入口。这 2 万座巨型金字塔摆成一个很大的马车轮形状，其圆心处为大城市，呈辐射状的大道连着周围的小城市。

研究者认为，这些金字塔式的城市可以有效地避免白天的高温、夜晚的严寒以及狂风暴雨。

苏联科学家尼古拉·里宾契诃夫在比利时布鲁塞尔的一个科学研讨会上首次披露了在金星上发现城墟的消息。1989 年 1 月，苏联发射了一枚探测器。该探测器带有能穿透浓密大气的雷达扫描装备，也发现了金星有2万座城墟这一重大秘密。

刚开始的时候，人们还不敢断定这就是城墟，认为可能是探测器出了问题，也可能是大气层干扰造成的海市蜃楼的幻象。但经过深入研究，人们确信这些是城市的遗迹，并推测是智能生物留下来的。不过，这些智能生物早已绝迹了。

里宾契诃夫博士在会上指出，我们渴望弄清分布在金星表面的城市是谁造的，这些城市是一个伟大的文化遗迹。这位苏联科学家详细地介绍说："在那些以马车轮的形状建成的城市的中间轮轴部分就是大都会。根据我们推测，那里有一个庞大的呈辐射状的公路网将其周围的一切城市连接起来。"他说："那些城市大多都倒下或即将倒塌，这说明历史已经很悠久了。现在金星上不存在任何生物，这说明那里的生物已绝迹很久了。"

金星的表面

"麦哲伦"号提供的数据给金星全景图增加了大约4000个表面地貌。它们都是以著名女性的名字命名的，例如《圣经》里的人物夏娃。

由于金星表面的环境极差，因此不具备派航天员到那里实地调查的条件。但里宾契诃夫博士强调说，苏联将努力用无人探险飞船去看清楚那些城市的面貌，无论代价多大，都在所不惜。

而在1988年，苏联宇宙物理学家阿列克塞·普斯卡夫则宣布：金星上也存在"人面石"，这一点与火星一样。联系到金星上发现的作为警告标志的垂泪的巨型人面建筑"人面石"，科学家推测，金星与火星是一对难兄难弟，都经历过文明毁灭的悲惨命运。科学家还说，800万年的金星经历过地球现今的演化阶段，应该有智能生物的存在。后来，金星中的大气成分中二氧化碳越来越多，以至于温室效应越来越强烈，进而使得

航天探测器拍摄的金星照片

起伏不大的火山平原，覆盖了金星的大部分地区。而9000多米高的玛亚特山是金星上最大的火山之一。

玛亚特山，金星上最大的火山之一，比周围地区高出9000米，宽200千米。

在玛亚特山底部，熔岩穿过平原，流淌长达几百千米。

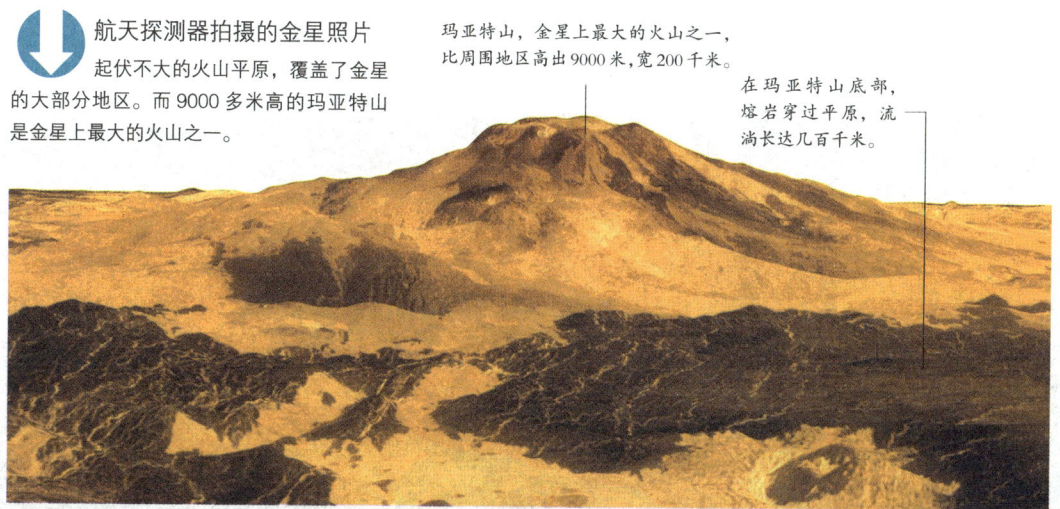

水蒸气散失，最终使得金星的环境不再适合生物的生存。

迄今为止，人们在月球、金星、火星上都找到了类似文明活动的遗迹和疑踪，甚至在距离太阳最近的水星表面也发现了一些断壁残垣。地球、月球、火星、金星上都存在金字塔式的建筑。人们将这些联系起来后认为，地球并不是太阳系文明的起点，而是其终点。

倒塌的金星城市中，究竟隐藏着什么秘密呢？那个垂泪的人面塑像到底是否经历了金星文明的毁灭呢？由于这实在太令人捉摸不透了，所以只有等待人类未来的实地探测，但愿这一天能尽早到来。

寻找火星生命

1890年，美国天文学家珀西瓦尔·罗威尔利用大型望远镜观测火星，偶然发现在火星表面存在着一些沟壑，这些东西看起来和地球上人工开凿的运河极为相似。人们开始怀疑有"火星生命"的存在，大量关于"火星人"的科幻故事也广为流传。

科学家们一直相信火星上有水资源的存在，而且可能是在火星两极或大气高层中以冰雪及水蒸气的形式存在。甚至有许多科学家相信，火星上也可能曾分布有河流和冰川。因为从目前观测到的照片来看，火星上有许多峡谷和沟壑看起来应该

火星上干涸的河床
"海盗"号轨道探测器拍摄到的图片，清晰地显示出了火星上的河床，在数十亿年前，河床里可能有原始生命存在。尽管火星在现在的冰冻条件下，不可能有液态水。

是水流冲击而成的。为了证明火星上的确有生命之源——水的存在，美国和苏联两个超级大国从20世纪60年代起就开始了大量的火星探测工程。

1960年10月，苏联先后两次发射了火星探测器，不幸的是都还没有进入火星的轨

⬇ **火星探测器拍下的火星表面照片**

道就失事了。

1962年11月1日，苏联又发射了3个火星探测器，其中一个在飞往火星的途中与地球失去了联系，而另外2个只飞到火星的轨道上便停留在那里了。

1964年11月28日，美国发射了"水手"4号探测器。在1965年7月14日飞至距火星9280千米的地方，"水手"4号成功地在近距离拍到了22张关于这颗红色星球的照片。

1971年5月19日和5月28日，苏联连续发射了"火星"2号和"火星"3号探测器。同年的12月15日，苏联的"火星"3号首次在火星上着陆，并从火星表面向地球发送数据达20秒。

1971年5月30日，美国又成功发射了"水手"9号探测器，同年11月14日，"水手"9号驶入距火星1280千米的轨道，并在该轨道上运行将近1年时间，拍摄照片7328张。依据这些照片资料，美国第一次为火星上的高地、火山、洼地和峡谷等地形命名。

1975年8月20日和9月9日，美国又分别发射了"海盗"1号和"海盗"2号探测器。1976年7月20日和9月3日，这2个探测器依次在火星上成功着陆，大量新的宝贵数据和图像被发回到地球。其中的"海盗"1号在火星上工作了6年，两次登陆都没有在火星上找到任何有生命的特征或痕迹。

由上述事实可看出，在这些早期的火星探测中，最成功的应该是美国的"海盗"1号和"海盗"2号探测器。探测器经过为期一年的星际旅行，终于成功进入了火星大气层，并分别在火星着陆。

科学家们在这两个着陆器上装备了大量的精密仪器，这些仪器能分析火星的土壤，同时也能对火星上的气压、风速、温度等指标进行测量，并确定了组成火星大气的元素构成。为了探测火星上是否存在生命的迹象，科学家们还专门设计了一些实验。在这些实验中，探测器先是用机械手臂挖掘采集了火星的土壤样本，再通过实验来对土壤样本进行分析研究，结果发现，火星土壤中能够释放出气体。然而那时的科学家却将之归因于化学反应。

在1999年，曾为美国宇航局工作过的南加利福尼亚大学的神经生物学家约瑟

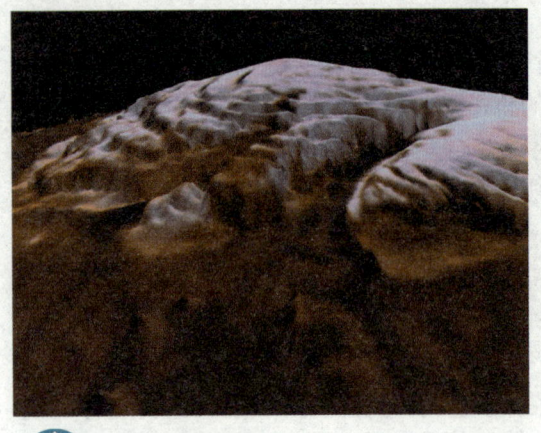

火星北极的地形
在火星北极有被称为冰帽的永不融化的冰层，大气层中的二氧化碳凝华形成干冰。

夫·米勒要求美国宇航局重新研究 20 多年前的实验结果。因为米勒坚信，美国宇航局在 1975 年发射的"海盗"号火星探测器探测收集到的资料中，有可以证实火星上存在生命的证据。但由于后来有关的资料丢失了，到目前为止，美国宇航局的研究还只能证明火星表面发生过化学反应。米勒进一步指出，是美国宇航局把实验的数据弄丢了。美国宇航局考虑了米勒的意见，彻底查找了档案里的资料，终于有一份被忽视已久的计算机记录被找了出来。由于这份记录所用的是极为陈旧的编码格式，已经没有能识别这种编码程序的设计师在世。因此米勒只能靠美国宇航局人员保留下来的数据备份进行自己的研究工作。那些数据很少，只是原来的 1/3 而已。

米勒把资料集中起来进行分析，终于得出结论，认为在火星上很可能有过生命。2001 年 11 月 28 日，他在圣迭戈召开的科学研讨会上，米勒将他的研究成果公布于世。

进入 20 世纪 90 年代以后，由于苏联的解体，火星探测几乎成了美国人的"专利"。美国在这期间先后进行了多次火星探测。

1992 年 9 月 24 日，为了考察火星的地理和气候状况，美国发射了"火星观察者"号探测器，为载人飞船飞往火星探测道路。

1997 年，美国用"火星开拓者"号飞船将"旅行者"号探测器发射到火星，并把相当多的火星照片发回地球。3 个月后，美国"火星环球勘探者"号探测器进入火星轨道，开始绘制火星地图。

2001 年 10 月 29 日，美国火星探测器"2001 火星奥德赛"又在火星上取得了大量的探测结果。

2001 年 11 月底，美国科学家对火星探测器发回的新照片进行了研究，提出了火星表面部分地区很可能存在水的固态形式（即冰）的设想。这项研究结果认为，火星表面在早期分布着广阔的海洋，火星上每平方千米拥有的水量甚至比地球还多。

美国布朗大学的科学家在英国《自然》杂志上发表文章说，"火星环球勘探者"探测器仍在围绕火星飞行，并向地球发回了 8000 多张高清晰度照片。在对这些照片进行研究后，发现有一种地形较为光滑。科学家认为，这种地形表明该区域的土层是多孔的土壤里面渗入了水后结冰、凝固而成的，或者是水混合了冰、尘土和岩石等，在火星表面形成了一层厚度达 90 厘米的覆盖层。在庞大的火星表面，从火星寒冷的南极直到大约南纬 60 度的很大一片区域里都是这样的含水区。

虽然目前只找到了水分解反应的产物之一——氢原子，但是这一发现对于推测火星曾经有过的含水量大有帮助。

研究还表明，早期的火星上有一个海洋，其深度最深可达 1.6 千米。由于发生了化学反应，加上小行星和彗星的撞击，致使火星在过去几百万年中逐渐失去了所有的水分。

研究人员认为，水仍然存在于火星土壤深处，或者是处于冰冻状态。

假如将来可以证实这一发现，连同其他火星上有水的证据，便会使火星上曾经存在液态水甚至简单生命的可信度大大提高。假如人类可以进一步探测出充足的水资源，那么，人类进行更进一步的火星考察乃至移居火星都将变得更加容易。

土星与神奇的土星光环

大家知道，土星有一个美丽的光环。早在 300 多年前，意大利科学家伽利略首次用望远镜观测土星，他发现土星两边好像"长着"什么附着物。可是用那架简陋的小望远镜无法看清楚。伽利略所发现的东西其实就是土星的光环。环绕土星的稀薄的美丽光环，不仅使土星本身变得漂亮，也把整个太阳系装饰得更美观了。当一个人第一次用眼睛接近望远镜的时候，对他来说，除了月亮，土星光环也许就是最奇妙的景色了。人类对土星及其光环的探索，是一个漫长而又艰辛的过程。

随着世界航空航天技术的发展，人类对土星的了解逐步深入。

太空船"先驱者"11 号、"旅行者"1 号和"旅行者"2 号自 1979 年以来先后探测了土星。飞船从太空深处向地球发回了大量有关土星本体、光环、卫星的彩色照片和多种信息。飞船拍摄的照片显示，土星本体呈淡黄色，彩色的带状云环绕着赤道部，云上有一些美丽的斑点及旋涡状动态结构，北极地区呈浅蓝色。

另外，"先驱者"11 号还探测出土星高层大气存在着主要由电离氢组成的电离层。土星上存在很强的跨度达 6 万千米的雷暴闪电（木星上也发现过这种情况）。在距土星 128 万千米处，飞船发现土星有磁场以及磁层结构。土星磁场强度比木星磁场强度弱得多，其强度只有木星磁场的 1/20，但比地磁场要大上千倍。从整体上看，土星磁层像一头头部圆钝、尾部粗壮的"巨鲸"。位于磁层内的土星辐射带强度弱于地球，但其辐射带范围却是地球辐射带的 10 倍。空间探测还证实，土星所发出的能量是从太阳得到能量的 2.5 倍，这一点与木星一样，表明其也有内在能源。

天文学家经过研究发现，土星的光环不是地面看到的 3 个、5 个或 7 个，而是成千上万个。从飞船发回的照片看上去，土星光环与一张密纹唱片很相似，可谓"环中有环"。让人更为眼花缭乱的是，光环呈现螺旋转动的波浪状，还有的环呈不对称的锯齿状、辐射状，有的光环甚至像辫子一样互相绞缠着。科学家对此现象十分惊异。

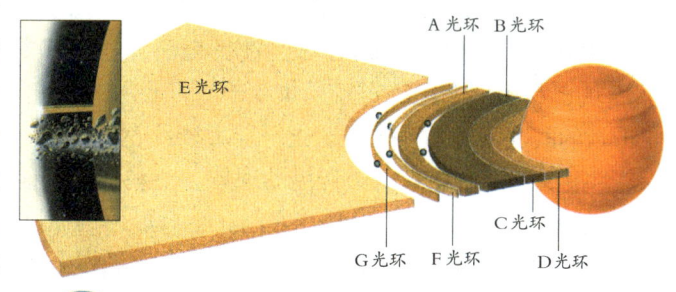

 土星光环特写图片

土星光环的厚度仅有 1.6 千米 ~ 3.2 千米，宽度却达 20 万千米。事实上，无数大小不等的物质颗粒组成了土星光环，所有的物质颗粒都是直径几米到几微米的石块、冰块或尘埃。构成土星光环的这些物质快速围绕土星运动，在太阳光的映照下，绚丽多姿，土星因此被装扮得异常漂亮。

众多科学家不仅对美丽的土星本身有极大的兴趣，而且也很重视土星的庞大家族。后来，太空船在以前基础上又发现了 13 颗土星的卫星，由此使土星卫星的数目达到 23 颗。土星卫星体积大多很小，有的卫星直径仅二三十千米，直径超过 100 千米的卫星只有 5 颗。

土卫六是土星的卫星中最大的一颗，仅次于太阳系最大的卫星——木卫三（半径为 2634 千米）。土卫六的半径为 2414 千米，土卫六上存有浓密的大气层，氮（约占 98% ~ 99%）为其主要成分，其余是甲烷（即天然气）以及微量的丙烷、乙烷和其他碳氢化合物，厚度约 2700 千米。一些科学家认为，可能有原始生命在土卫六上存在过。由于它和太阳相距遥远，高层大气的温度在 –100℃ 左右，低层大气温度约 –180℃。

1997 年 10 月 15 日格林尼治时间 8 点 43 分，美国的"大力神 4B"运载着"卡西尼"号宇宙飞船，从肯尼迪宇航中心顺利升空，开始了为期 7 年的奔向土星的航行。根据计划，"卡西尼"号飞船抵达目标后，对土星和土星的卫星——土卫六进行探测是其主要任务。这次航行的目的是探寻土卫六是否有生命以及获取地球生命进化的线索。

这个项目由欧洲航天局、美国航空航天局和意大利航天局携手合作开发。由"大力神"火箭运载的"卡西尼"号宇宙飞船被送往土星轨道，2004 年 7 月 1 日两层楼高的探险机器人在土卫六登陆。"卡西尼"号完成了有史以来的首次环绕土星轨道运行，从 2004 ~ 2008 年共绕行 74 圈。"卡西尼"号将 45 次扫过土星最大的卫星土卫六，它与火星的大小相近，比水星和冥王星都大。2005 年 11 月 6 日，它在轨道上向土卫六分离释放出"惠更斯"号子探测器（由欧洲空间局制造）。它通过降落伞降落在泰坦卫星上，从而成为在另外一个星球的卫星表面着陆的第一个外空探测器。人类能够依据其反馈的资料更好地了解土星。

"旅行者"1 号飞船在飞越土星时，对土卫一、土卫四和土卫五的探测取得了很大的成功。在卫星运动方向的半个球面上，发现有很多由撞击形成的环形山，而另外半个球面上却很少有这样的环形山。土卫一的直径约 390 千米，而其最大的环形山直径竟达 128 千米，在环形山的底部有一座高达 9000 米的山峰。

土卫三的直径超过 1000 千米，在其表面，也有许多几十亿年前因陨星撞击而留下的陨石坑，其中一个坑的直径达 400 千米，底深约 16 千米，在它的另一侧有一条长达 800 千米的既深又宽的大峡谷。土卫二直径约 500 千米，它有十分"光滑"的表面，即"星疤"很少，这实在是一个奇怪的现象。土星卫星可能由一半水冰一半岩石构成，其密度都在每立方厘米 1.1 ~ 1.4 克之间，且有厚厚的冰层覆盖在岩石核的周围。

目前，土星在很多方面仍存在着许多未彻底揭开的谜。科学家们正以严肃认真的态度，努力深入探索和研究这个谜。我们相信，随着现代科学技术的突飞猛进，这些谜总有一天会水落石出的。

木星上有生命吗

也许我们能十分有把握地断定，在太阳系的诸天体中，除地球外，没有任何一个天体拥有智慧生物，但仍无法肯定，在这些天体中也不存在任何生命活动，特别是那些低等的原始的微生物。除火星外，如今木星也被列入了"怀疑名单"。

木星之所以被怀疑可能有生命存在，是因为它的生态条件与地球比较接近。但是，这颗太阳系体积最大的行星上根本没有可供登陆的固态地表，这是一颗由气体构成的巨大星体，大气层中充满了氢气、氦气、氨、甲烷、水，这样的条件对生命的生存有着极大的障碍。

知识档案

木星上的气候

木星是由以氢为主的氢氦混合气体组成的巨大的气体状球体，这些气体在内部被压缩成液体，其压力非常大。温度在−125℃～17℃之间，气候很不稳定，自1644年第一次在木星上发现风暴以来，350多年来一直有一团飓风在其表面肆虐。这就是大红斑，它呈逆时针快速旋转，周期为6天。大红斑主要由氨气和冰云组成宽约1.1万千米，位于木星赤道南侧的上空。

随着科学技术的进步，人们对木星了解得越来越多。科学家们对木星大气层的成分进行研究后发现，木星大气成分和形成于早期地球海洋的物质十分相似。因此，木星上存在生命形式也成为一种可能。

然而，进一步的调查显示，木星大气层内具有强烈的乱流，而且大气下方温度极高，在这种情况下，很难形成生命。任何生物只要一碰到这股乱流，就会被卷入下方的高温中，化为灰烬。

科学家认为，唯一可以在这种环境下维持生命的办法就是在被烧焦之前复制新的个体，并且借助气流的力量把后代带到大气层中较高、较冷的地方。这种极少的生命形态可以在大气层外侧飘浮，其生命活动的能量主要来自所取用的食物。

令科学家欣喜的是，美国"伽利略"号探测器前不久拍摄的照片显示，在木星的一颗卫星（木卫二）的表面下可能隐藏着一片海洋。如果这片海洋真的存在，那么其中

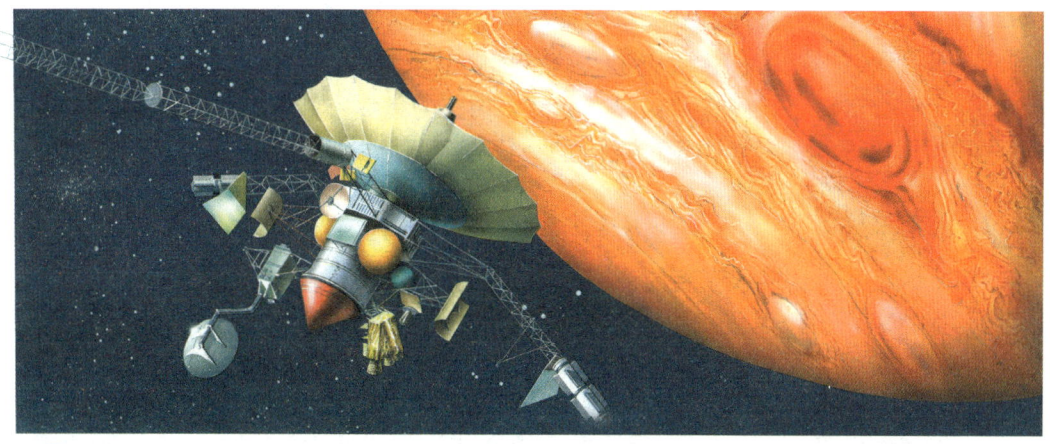

 绕木星轨道飞行的"伽利略"号探测器

就可能存在生命现象。"伽利略"号探测器拍摄的照片揭示出木卫二表面上有一个网状系统，该系统中的一些山脊和断层很像地球上板块构造形成的形态。有人在"旅行者"号飞越木星以后就猜测木卫二经历过火山活动，此次"伽利略"号拍下的近景照片为这一猜测提供了有力的证据。

据此，某些理论工作者假定，有一片深达200千米的液态海洋被掩盖在木卫二的冰壳之下。这一观点进一步论证了下述推测：木卫二可能存在类似于在地球深海温泉处富含矿物质的水中繁衍生息的那些有机体的生命形态。

总之，对于木星是否存在生命这一问题，目前我们还无法做出肯定的回答。

月亮是撞出来的吗

月亮是地球的卫星，紧紧地围绕着地球而旋转，但月亮到底是怎样形成的呢？科学家们提出了许多假说。目前，有关月亮形成的最重要的学说认为，大约是46亿年前，一颗大小与火星相似的星体强烈划过并碰撞地球，碰撞形成的大量熔岩碎片和尘埃被撞落在地球周围轨道之内，经过长时间的相互碰撞和聚集，最后形成了今天的月亮。

阿波罗登月计划的发现有力地支持了这种碰撞学说。航天员们从月球上采集了大量的土壤标本，这些土壤标本里所含有的矿物质和地球上的非常相近，因此科学家们确信，地球和月亮有着共同的起源。

通过对美国"阿波罗"号宇宙飞船从月球带回的岩石进行了大量的研究后，瑞士联邦科技研究所的科学家发现的最新证据表明，月球和地球曾经真的相撞过。

目前，科学界还有一种月亮生成的理论。此种理论认为，月亮在最早的时候和火星一样大，科学家叫它为Theia，大约在太阳系形成5000万年后，即地球生成的早期，此星球与地球剧烈相撞，并撞击出大堆大堆的熔岩，今天的月球即由其中某些熔岩聚集而形成的。

此外，瑞士科学家们这次还发现，月球岩石里面氧气的同位素含量和地球的完全一致。另外，科学家通过计算机进行碰撞模拟试验，试验显示月球主要构成物质来源于Theia星球的材料。为此，瑞士的科学家们断定，月亮和地球同位素的含量既然是一致的，那足以证明Theia曾经同地球发生过碰撞。

一个新的计算机仿真模型，为月球起源的大冲撞假说提供了新的证据。

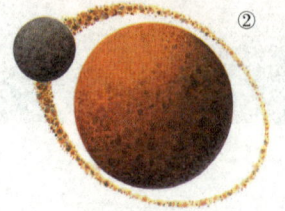

绕月球是怎么形成的

许多天文学家认为，月球是在几十亿年前另外一颗庞大的天体撞击地球后形成的（①）。撞击时从地球和那颗天体上脱落的物质扩散到太空中，之后这些物质聚集在一起形成月球（②）。这也解释了为什么地球上的岩石和月球上的不同。

大冲撞假说认为月球是地球与一个路过它附近的天体相互撞击而产生的，月球的某些特征能用此理论来解释。但在此之前建立的大冲撞模型认为，当初的相撞过程必须具备一些条件才能形成现在的月球，比如相撞的天体体积要非常大、发生撞击的次数要足够多；或者是地球还处于体积比现在小得多的早期状态等。由于这些条件过于严格，难以达到，因此大冲撞假说也一直受到科学界的挑战。

在一期英国《自然》杂志上，美国科罗拉多州西南研究所的罗宾·卡内普及其合作者说，在研究中他们把地球和与之相撞的天体划分为两万多个部分，分析相撞时产生的各种现象如各部分之间的压力、引力等相互作用以及温度升高，然后用计算机模拟不同初始速度和角度下的相撞过程并生成三维图像。结果显示，尺寸类似于今天的地球与一个火星大小的天体斜斜地相撞，足以形成现在的月球。也就是说，相撞所需的初始条件并不像旧模型认为的那样苛刻，月球很有可能通过大冲撞而产生。

现在还没有哪一个假说能圆满地解释月球到底是来自何方，天文学界对此也没有确切的解释。也许随着科学技术的发展，有关月球的来源能得到明确的解释。

难窥其实的月亮背面

自古以来，人们就喜欢仰望月亮，然而无论何时何地，人们看到的总是月亮的同一面。为什么人们无法观察到月亮的另一面呢？原因在于月球绕轴自转的周期与绕地球公转的周期刚好相同，因此人们用肉眼始终只能观察到月球的半个球面。

地球的公转轨道面和月亮的公转轨道面存在一个交角，这就使月亮自转轴的南端和北端，每月轮流朝向地球，因而在地球上有时也能看到月亮两极以外的一小部分，占月亮表面的59%。那么其余的41%的月面（月亮的背面）呢？有人说，月亮的背面，也许有空气和水的存在，重力可能要比正面大一些；也有些人预言那里有一片既广阔、又明亮的环形山；还有一部分人认为月亮正面的中央部分是最高地，而背面的中央部分则是一片"大海"——呈暗色的平原。

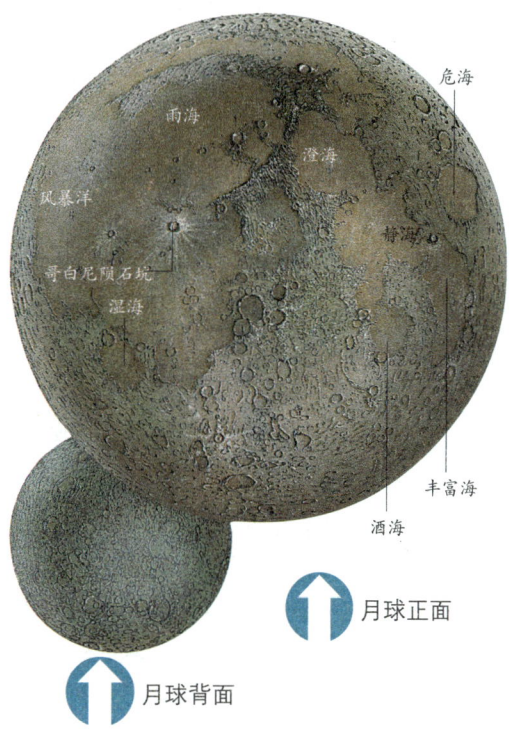

危海

雨海

澄海

风暴洋

静海

哥白尼陨石坑

湿海

丰富海

酒海

↑ 月球正面

↑ 月球背面

1959年，苏联发射的"月球"1号探测器在1月4日飞抵离月亮6000米的上空，并拍摄了一些照片传回地球。1959年10月4日，苏联又发射了"月球"3号。它于10月6日开始进入月球轨道飞行，7日6时30分，转到月亮背面大约7000米的高空。当时在地球上的人们看到的是"新月"景象，而在月亮上正是太阳照射其背面

科学探索

知识档案

月球环形山

　　"环形山"这个名字是意大利著名的天文学家伽利略所起的，它形状像"碗"，中间有一块圆形的平地，四周凸起一圈山环，是月球表面最显著的地形特征。环形山几乎布满了整个月面，这些星罗棋布的环形山大小不一，有的直径达到200多千米，有的只不过是直径仅有几十厘米的小坑。现在已经观测到的直径超过1千米的环形山有3万多个，总面积占月球面积的7%～10%。月球上最大的环形山是位于月球南极附近的贝利环形山，它直径295千米，比我国的海南岛还大一点。最高的环形山高达9000多米，比喜马拉雅山还要高，最深的环形山是牛顿环形山，有8788米深，就算阳光也照不到它的底部。环形山都是用世界上著名的科学家和思想家的名字来命名的，如阿基米德环形山、牛顿环形山、哥白尼环形山、开普勒环形山等，其中以我国古代科学家的名字来命名的环形山有4座，它们是位于月球背面的石申环形山、张衡环形山、祖冲之环形山和郭守敬环形山。

的白天，是照相的大好时机。就这样，人类有史以来拍摄到的第一批月亮背面的照片公之于众。

　　月亮的背面也像正面一样，中央部分没有"海"，绝大部分是山区，其他地方虽有一些"海"，也都比较小。背面的颜色相较于正面稍红一些。

　　1966年，美国"月球太空船"所拍摄的照片，使人们能够仔细地看清同美国西北部的圆丘相似的月面上那些大量错落、形状不一的圆丘。科学家认为，是月亮内部熔岩向月面鼓涌形成了这一月貌。

　　科学家对现代科学仪器观测的结果和航天员带回的月亮岩石进行分析，做出了这样的假设：在月貌的形成过程中，火山活动和陨星撞击这两种自然力量都起了作用。在火山活动中，形成了许多圆丘和较小的环形山，而那些大环形山则是陨星撞击月亮时造成的。

　　而随着科学家观测的深入，产生的有关月背的疑团却愈发复杂。第一件怪事是月球的最长半径和最短半径都在月背。月球半径最大处比平均半径长4000米，最小处比平均半径短5000米，而月球半径的平均值是我们通常所说的1738千米。

　　第二件怪事则是月球的正面集中了所有的月瘤。月瘤也叫月质量瘤，是月球表面重力比较大的地方。科学家们估计，在这些地方的月面以下有许多高密度物质。此外，月球上还有些地方重力分布小于平均值。令人不解的是，月瘤所在的正异常区和重力偏小的反异常区都在正面，而月背上却没有一处。

　　另外，月球"海洋""湖""沼""湾"等凹陷结构占了月球正半球面积的一半，共有30余处这样的凹陷分布在月球上，但90%以上都集中在正面，完整的"海"只有两个是在月背上，不足背半球面积的10%，月背其余90%的面积都是由起伏不平的山地所组成，山地的分布结构呈现出几个巨大的同心圆，地形凹凸悬殊，剧起剧伏，而这种地势是正面所没有的。

　　人们不禁要问：月球正面与背面的这些差异是怎样形成的？自从看到了月球背面的"本来面目"，科学家便对这一问题从各种角度展开了研究。经过长期的努力，科学界形成了几种不同的见解。

　　有人认为，在地球引力的作用下月球发生了"固体潮"，即月球地层也出现类似地球上的潮汐现象，结果就导致了正背面的差别。也有人认为，月球正背面的差异是由巨大的温差所造成的。当地球运转到太阳与月亮之间，月亮上便会发生日全食，此时月球正面的温度会急剧降低，因而形成巨大温差，反复的温度骤变引起了正背面的差别。

小行星会撞击地球吗

近年来，关于地球的命运有一个很敏感的话题，即小行星会撞击地球。的确，在茫茫宇宙之中，地球只是一个很不起眼的星球。既然宇宙中每时每刻都在发生星体碰撞，那么地球也就存在被撞击的可能。但是这里是人类的家园，就目前而言，我们舍此别无居所。因此人们自然会想到一个很令人担忧但不容回避的问题：地球的命运如何？小行星真的会撞击地球吗？

小行星有时会移动到离地球很近的位置，然而大多数小行星都停留在远离太阳的所谓小行星带内。彗星会横穿太阳系运行到远方，偶尔还会从地球身旁经过。

体积最大的小行星为巨大的岩石块，但是很少有这么大的小行星落到地面上。

实际上，这并非杞人忧天。尽管各种星体在茫茫太空的运行都井然有序，大家"井水不犯河水"，按各自的轨道来回穿梭运行。但是，偌大的宇宙太空，天体运行中的"交通事故"经常发生。经研究，彗星和小行星对地球的威胁最大。太阳系的外部边缘是彗星的活动范围，这种活动范围时时急剧地倾向地球的轨道。这种情形就像一辆车在双向高速公路上行驶，不断有车辆迎面而过，也不断有人从旁边的快车道超车。不过与彗星相比，太阳系小行星对地球的威胁要大得多，毕竟彗星的物质构成还很稀薄。

1807年，灶神星被发现以后，一直到1815年，8年间再没有人发现过小行星，直到1845年发现了第5颗之后，每年都有新的发现，小行星的数量急剧增加。23年后，小行星的数目突破100颗，数量达到200颗时只用了29年。又过了33年，小行星的数量已经达到449颗。截止到1999年1月初，已有1万多颗小行星被人类正式编号记录下来。据估计，约有50多万颗的小行星能通过天文望远镜用照相的方法记录下来。

小行星与大行星一样，都紧紧地围绕着太阳旋转，但它们大小不同，形状各异。小行星一般都不大，最大的谷神星直径只有700多千米。据统计，只有100多颗小行星直径大于100千米。约有一两万颗小行星的直径都不到1000米，大多数小行星的直径仅有几米、几十米。此外，已发现有小卫星绕着部分行星运转。

小型小行星在到达地球表面前一般都会被地球的大气层烧尽，而大型小行星与地球相撞并摧毁地球的概率则非常小，像图中所示的景象几乎不会出现。

1991 年 10 月，"伽利略"号探测器（其主要任务是探测木星）拍摄到大小约为 19×12×11 立方千米，自转周期约 2.3 小时的第 951 号小行星加斯帕拉。其表面有几百个较小的陨击坑，这可能是当它在碰撞时，大陨击坑被强烈的大星震夷为平地。

"伽利略"号探测器还拍摄到一颗具有磁场的叫"艾达"的小行星，同时还发现了艾达的卫星也具有磁场。小行星艾达呈不规则的长条形状，大小约为 56×24×21 立方千米，自转周期是 4.6 小时，其表面有许多撞击坑。距离艾达 1000 千米的小卫星直径为 1.5 千米。据分析，可能是一颗直径达 250 千米的母体分裂而形成的艾达小行星及其卫星，迄今它们仍保持着磁场。有趣的是，一年后"伽利略"号宇宙飞船观测到的 4179 号小行星，也是一对形状很不规则的小行星，其中最大的直径为 6.5 千米，其上均有许多陨石坑。

1997 年 6 月 27 日，美国"近地小行星会合"号空间探测器拍摄了一张距离小行星 2400 千米的照片，这颗小行星就是 253 号行星"玛蒂尔达"。它属于碳质小行星，大小为 57×53×50 立方千米，其自转周期为 17.4 小时，表面反射率很低，有 4% 的入射阳光能被反射回去。玛蒂尔达表面上布满了陨石坑，陨石坑比小行星艾达上的陨石坑要大，有一个陨石坑的直径至少在 19 千米～20 千米以上，相当于它本体直径的 2/5。

小行星通常是由下列物质构成的：石头、碳、金属、石与金属的结合。按它们所在的空间区域分，主要有以下 3 类：（1）位于火星与木星之间的小行星带。在该区域中，小行星围绕太阳运行，轨迹近似圆形。多数小行星，尤其是较大的小行星都位于这一区域。（2）特洛伊小行星群，包括两个小行星群，它们与木星在同一轨道上运行，其中一个小行星群在木星之前 60 度，另一个小行星群在木星之后 60 度。这些小行星的命名是用特洛伊战争中的英雄命名的。（3）绕太阳运行时穿过地球轨道且自身轨道明显伸长的一群小行星，它们的轨道不规则。这类小行星以古希腊与古罗马神话中的太阳神阿波罗命名。

在上述小行星中，只有阿波罗型的小行星对地球有危险。这些小行星通常每隔若干年穿越地球轨道一次，它们穿过地球运行轨道时，虽说距离地球相对比较远，但少数的近地小行星仍有可能与地球碰撞。它们主要是平均直径略超过 0.8 千米的石质小行星，直径从 6 千米 ~ 39 千米不等。迄今已发现近 200 颗阿波罗型小行星，而且这个数字还在继续增长。

天文学家认为，可以排除直径小于数十米的近地小行星对地球构成威胁的可能，因为它们往往在与大气摩擦时产生巨大热量，在未到达地面前就已经被燃烧殆尽。直径大约 100 ~ 1000 米以上的小行星对地球构成了较大的威胁。直径 1000 米以上的中等小行星对地球的威胁最大，这是因为它们撞击地球的机会相对比较大，而且它们数量众多。撞击如果发生，会释放出极其巨大的能量，而且会使世界上 1/4 的人口死亡。假定一颗小行星撞上地球，它的密度为 3 克 /cm^3、平均速度为 20 千米 / 秒，直径为 1000 米，那么它所造成的冲击相当于数十亿吨黄色炸药的爆炸力，其能量为 1945 年在广岛上空爆炸的原子弹所释放能量的几百万倍。

事实上，从诞生伊始，地球便在漫长的年代里不断受到撞击。说起来人类应感谢这些撞击，因为正是由于这些撞击，地球才会有水或其他生命所需的有机物质出现。大约 45 亿年前，天文学家认为在一团旋转的气体和尘埃云中诞生了太阳系。岩石等物质凝聚为包括地球在内的行星。由于岩石在互相碰撞中释放出巨大的能量，地球最初像一个熔融的球体，热度很高，表面的水、二氧化碳、氨、甲烷等挥发性的物质都沸腾逸散了。随着岩石逐渐减弱了撞击，地球慢慢冷却下来，地壳凝结成固体。这时太阳系边缘的寒冷的彗星，携带着水等有机物质撞击地球，于是生命开始了漫长的进化过程。

然而，这些不速之客的光临并非总给地球带来好运。古生物学家认为由于小行星或彗星撞击地球，地球进化史上曾发生了几次 50% 以上的物种灭绝事件。如 5.05 亿年前和 4.38 亿年前，海洋生物被灭绝；3.6 亿年前，海洋和陆地有机体被灭绝；6500 万年前，统治地球 1 亿多年的恐龙被灭绝。特别是恐龙的灭绝，由于距我们时间最近，一直最为人们关注。近来有越来越多的研究人员认为，小行星的撞击造成了这种庞然大物的灭绝。

如果说只能推测和想象上述撞击事件，那么发生在 20 世纪的险情则让我们有了真切的感受。100 年间，天文学家发现过许多次近地小行星与地球近距离"照面"的情形，真是"险象环生"。令天文学家们大吃一惊的是，1932 年首次发现阿莫尔型小行星离地球最近时只有 2200 万千米。1989 年，在"1989FC"小行星远离地球半年之后，曾引起一场轰动世界的风波，人人都以为小行星可能撞击地球，后来证实这只不过是新闻报道的失误，让人虚惊一场。1991 年 1 月 18 日，人们发现"1991BA"小行星离地球的距离只是月球到地球距离的一半，仅 17 万千米，当时堪称"近地之冠"。"1997BR"小行星是中国天文学家发现的第一颗距地球距离小于 7.5 万千米的近地小行星，其运行轨道与地球轨道相切。像这样与地球轨道相切的近地小行星，是已知的对地球潜在威胁最大的小行星。2000 年 12 月底，一颗小行星从伦敦上空"飞过"，吓得不少人直冒冷汗，当时这颗直径为 46 米的小行星距地球仅仅 80 万千米，如果它撞上地球，将会撞出一个 1200 米宽的大坑，后果不堪设想。

相对于这些有惊无险的事件，20世纪初的那次撞击更让我们感到了它的威力和可怕。1908年6月30日凌晨，一个来自太空的火球拖着长达800千米的尾巴在通古斯河谷上空爆炸，通古斯河谷位于贝加尔湖西北800千米处。大片森林被强烈的冲击波击倒，燃起一场冲天大火，浓烟积聚成的黑云许久不散。遥远的伦敦甚至也听到了爆炸声，约有1500只驯鹿葬身火海，所幸没有人死亡。后来人们发现在爆炸中心出现了一个巨大的"坑"，200多个直径1～50米的洞穴遍布在周围3000米的范围内，30千米～60千米范围内的树木全部倒下，树根齐刷刷地冲着爆炸中心。这一事件被称为"通古斯事件"。由于科学家们在现场没有找到陨石碎片，因此他们几十年来一直在苦苦探索。近年来，有一种为越来越多的人所能接受的解释是：一颗石质小行星从东北方向以30°角进入大气层，这颗直径30米的小行星的速度是15千米/秒，它的冲击波的震荡和压力化解了自己，当辐射能达到临界值时，发生的威力相当于1000多万吨TNT炸药的爆炸。让人庆幸的是，它发生在荒凉的西伯利亚地区，虽然当时它没有直接造成人员死亡，但却使周围牧民受到了辐射的损伤。在他们及其后代身上，出现了许多像广岛原子弹事件的受害者一样的怪病。

据科学家预测，21世纪里小行星与地球"照面"的机会将有7次，这7次都发生在距离小于300万千米的情况下。近来，英国天文学家已计算出一个位置，在这里，小行星带有可能接近地球。这个小行星带可能会增加碰撞地球的机会，而且都是灾难性的。报告说，在适当的条件下，这些天体可以在非常接近地球的轨道上运行。虽说并不能确定地球与小行星是否会发生大碰撞，但这种危险的确存在。也就是说，那些数百万年或数千万年才会有一次的碰撞事件的确可能存在，尽管概率很低，但不能排除这种可能性。

我们只有提前探测到潜在的有巨大杀伤力的小行星，才能避免悲剧的发生。为此世界各国制订了观测计划，都是针对近地小行星的。比如美国的"太空监测计划""近地小行星追踪计划"，中国的"施密特CCD小行星计划"等。再者，就是考虑如何拦截小行星或使其偏离原来的轨道而远离地球。形形色色的方案随之被提出来了。方案一为"打击"，有人提出可用一系列的钨弹排列起来打击小行星，或将数万发至数十万发钨弹用轻质纤维串在一起形成一个打击自投罗网的小行星的三维网络；方案二是"蒸发"，即在小行星轨道上引发使其汽化的核爆炸；方案三称"转向"，即通过发射火箭或利用核爆炸拦截或改变小行星运动方向。但以上3个方案产生的碎片极有可能会对地球造成更大的伤害。因此，方案四是：利用太阳能让小行星"光荣妥协"。具体方案是：在小行星活动区域附近安置一面巨大的由超薄片制成的凹面镜，来搜集太阳能；然后利用第二面镜子将能量聚集到小行星上的某个区域，使其发热；在受热不均匀的情况下，小行星会自动转向。甚至有人提出，干脆利用地球上发射的超高能激光，直接推动小行星偏离其轨道。

另外，科学家们设想，或许有一天，人们可能要到小行星上去采集稀有金属，小行星自然就成了天然的航天中转站。

地球揭秘

🪐 地球是怎样诞生的

早在远古时代，人类就对地球充满了好奇。那时的人们认为自然界存在的一切都是由上天创造的，一切都是与生俱来的。西方的"上帝创世说"曾经在相当长一段时间内占据统治地位，人们都相信有一个超乎人力之上的上帝创造了一切。然而，随着认识水平的提高和科学技术的发展，人们已经渐渐不相信"上帝创世说"那样荒谬的答案了。

在关于地球起源的各种理论中，较早就产生且比较普遍被人接受的是星云说。科学家们认为，在距今约 50 亿年前，宇宙大爆炸后，太阳系星云收缩，形成了以太阳为中心的太阳系。约 4 亿年后，地球开始形成。大概在 46 亿年前，地球发展成现在的大小和形状。其后可能又过了 15 亿年，地球上的环境才适宜早期的生物生存。

另外，法国生物学家布丰在 18 世纪就创造了"彗星碰撞说"。他认为彗星落到太阳上，把太阳打下一块碎片，碎片冷却以后形成了地球，即地球是由彗星碰撞太阳所形成的。这一学说打破了神学的禁锢，曾一度引起人们的注意。此后，其他科学家继承和发展了布丰的学说，将地球形成原因的研究又向前推进了一步。

然而，1920 年，英国天文学家阿瑟·斯坦莱·爱丁顿却指出，从太阳或其他恒星上分离下来的物质都很热，以至于它们扩散到宇宙空间前还来不及冷却就消散掉了。即使在某种未知的过程中凝聚成了行星，运行的轨道也不会像现在太阳系中的轨道那样有规律。1936 年，美国天文学家莱曼·斯皮特泽又证实了这一理论。

1945 年，德国科学家冯·韦茨萨克对以往的"星云假说"进行了进一步发展，他

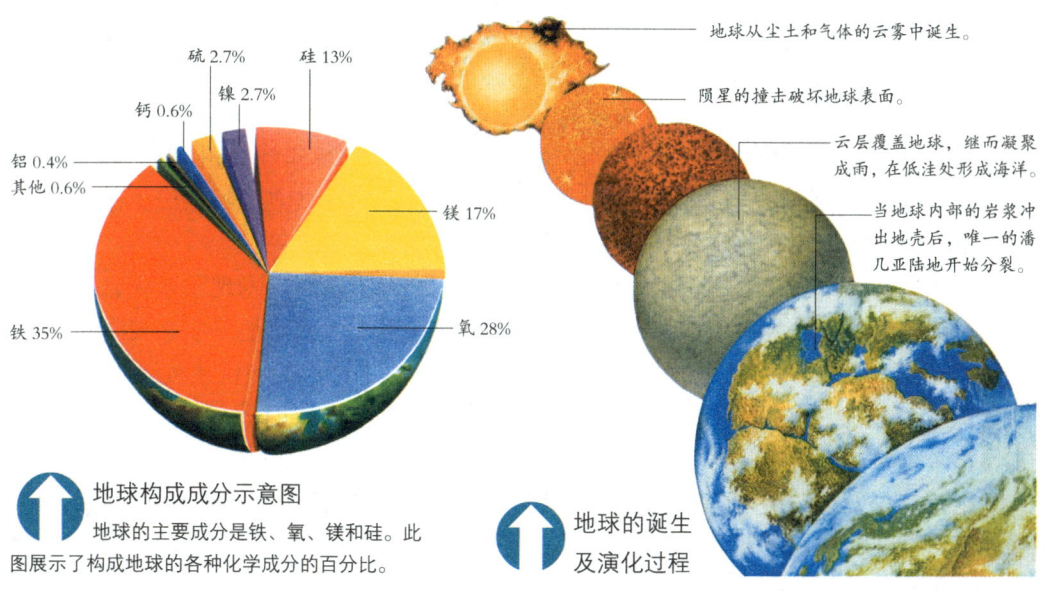

硫 2.7% 硅 13%
镍 2.7%
钙 0.6%
铝 0.4%
其他 0.6%
镁 17%
铁 35%
氧 28%

地球从尘土和气体的云雾中诞生。

陨星的撞击破坏地球表面。

云层覆盖地球，继而凝聚成雨，在低洼处形成海洋。

当地球内部的岩浆冲出地壳后，唯一的潘几亚陆地开始分裂。

⬆️ **地球构成成分示意图**
地球的主要成分是铁、氧、镁和硅。此图展示了构成地球的各种化学成分的百分比。

⬆️ **地球的诞生及演化过程**

认为是旋转的星云逐渐收缩形成了行星。如果把星云中的电磁作用考虑进去，就可以解释角动量是以什么形式由太阳转移到行星上去的。

随着人们在该领域研究的不断深入，目前科学家们提出的有关地球起源的学说已多达十余种。除以上两种外，主要还有以下几种学说：

1. 陨星说

1755年，康德在《宇宙发展史概论》中提出了该学说，他认为太阳系最初是一团由尘与气形成的冷云，并不停地旋转。今天的天文学家利用现代望远镜，看到遥远星际间漂浮着暗黑的尘云，这种云看起来就像康德想象中的太阳系旋转云。

2. 双星说

此学说认为行星都是由除太阳之外的另一颗恒星产生的。假定太阳最先产生，还没有行星。后来太空中有另一个星球从太阳附近掠过，把一块物质扯了出来。掠过的星球继续飞行，而那些被扯出来的物质则凝聚成了太阳系的行星。

3. 行星平面说

该学说认为所有的行星都在一个平面上绕太阳转，原始的星云盘产生了太阳系。

随着人们认识水平的提高和科技水平的进步，人类对地球的形成的认识将越来越深入和趋向统一。我们有理由相信，揭开地球起源之谜并不是一件遥远的事情。

🪐 追寻地球的年龄

我们知道，树有年轮，一棵树生长的年数会在树干横切面上的圆圈数上显示出来，层与层之间的界线非常清晰。与此类似，地球也有"年轮"。科学家通过对地球上岩层的性质和变化的研究，测定地球至少有46亿岁了。地球形成以后，在其不断运动、变化和发展的演变中留下了许多痕迹。组成岩层的主要成分火成岩、沉积岩和变质岩等，其来历都各不相同。通过对各种岩层的探测，人们就可以知道一些地方的地质历史。

20世纪放射性元素和其衰变成的同位素的发现，使人们找到了一个比较精确计算岩石年龄的方法。

根据科学方法鉴定出，在格陵兰岛西部地区发现的阿米佐克片麻岩是地球上最古老的岩石。英国牛津大学的研究人员使用铷－锶放射性同位素法，测定它已有38亿岁。不久前，科学家把放射性年代测定法运用到对陨星碎块年龄的测定中，发现太阳系碎屑的年龄大都在45亿～47亿岁间。他们认为，在同一时期，太阳系的成员大多形成了，因此也可以推测地球大约有多少岁了。

近年来，澳大利亚地质学家在澳大利亚西部的纳耶山沙石中发现了4块岩石晶粒，它们是锆石碎块或锆的硅酸盐。探测研究表明，这些锆石大多是地球原始表壳的碎块。人们使用离子探针谱分析法，测定了这些矿物样品中铀和铅的同位素离子的相对度，从而对这些岩石的年代做出了判断。这种岩石晶粒至少已有41亿～42亿年的历史，它比格陵兰西部岩石还要早3亿年。

根据这一发现，地质学家们认为，早在46亿年前地球就同太阳系的其他行星和月球一起形成了，而且地球在它起源以后一直受到陨石的重力冲击，时间至少长达5亿年，从而使得地球原始表壳的全部形迹遭到毁坏。

在发展过程中，地壳形成了各个不同年代的地层，保存在各种地层中的各种岩石从低等走向高等，从简单走向复杂。

地质学家把地球的历史分成太古代、元古代、古生代、中生代和新生代五个时期：

太古代：从距今约 40 亿年前到 25 亿年前。那时，地球上是一片汪洋，海面散布着一些火山岛；陆地面积还很小，上面尽是些秃山。地球上的生命刚刚孕育发生，原始细菌开始繁衍发展。

科学家研究地球的历史，是为了了解随着自然力量不断改变地形，地球是如何发展变化的。

元古代：距今 25 亿 ~ 5.7 亿年前。这个时候大片陆地出现，在海洋中海洋藻类和无脊椎动物开始繁衍。

古生代：距今 5.7 亿 ~ 2.5 亿年前。地壳运动剧烈，亚欧和北美大陆已形成雏形。最早出现的三叶虫兴盛一时，随后大批鱼类繁殖起来。两栖动物作为陆上脊椎动物之一，已成为当时最高级的动物，爬行类动物和有翅昆虫也出现了。

中生代：距今 2.5 亿 ~ 0.65 亿年前。大陆轮廓基本形成，太平洋地带地壳运动剧烈，大山系和丰富矿藏开始形成。那时候是爬行动物的时代，以恐龙为盛。原始的哺乳动物和鸟类也开始出现了。

新生代：6500 万年前到现在。地球上出现规模巨大的喜马拉雅造山运动，使得地球上海陆面貌同现在基本相似了。新生代的第三纪哺乳动物开始大量繁殖，第四纪则是人类起源和发展的时代。

随着科技的进步，人类一定能更加准确地测定地球的年龄。

🪐 地球内部的奥秘

一直以来，人们力图探寻地球内部的奥秘。18 世纪，人们计算出地球的平均密度后发现：地球内部的平均密度为 5.52 克 /cm³，而地球表面岩石的平均密度是 2.67 克 / cm³，两者相差 1 倍多。这说明地球内部一定存在着某种重物质。

19 世纪中期以后，人类开始大规模地探索地球内部的奥秘。地球物理学家通过地震仪测量发现，每当发生巨大地震时，受到强烈冲击的地下岩石会产生弹性震动，并以波的形式向四周传播，这种弹性波就是地震波。地震波分为纵波（P 波）和横波（S 波）。纵波可以通过固体、液体和气体传播，且传播速度较快；横波只能通过固体传播，传播速度较慢。由此可知，随着所通过物质性质的变化，纵波和横波的传播速度也会发生变化。

1909 年 10 月 8 日，萨格勒布地区发生了一次强烈地震，克罗地亚的地震学家莫霍

地壳
地幔
外核
内核

从地表到地核中心大约有 6400 千米。地球是由不同的岩石和金属层构成的。它主要分三部分：地壳、地幔和地核。最外层的地壳是由岩石组成的，分为大陆地壳和海洋地壳。位于地壳下边的是地幔，它是由熔融岩石构成的，厚度大约为 2800 千米。地核主要由金属铁和镍构成。它分为两部分：液态外核和固态内核。

洛维奇经过研究发现，地震波在传到地面下 33 千米处发生了折射现象，于是他认为这个发生折射的地带正是地壳和地壳下面物质的分界面。1914 年，在一次地震中，美国地震学家古登堡又发现在地表下面 2900 千米处，纵波的传播突然急剧变慢，横波则完全消失了，这说明存在着另一个不同物质的分界面。后来，人们为纪念他们，将以上两个不同的界面分别命名为"莫霍面"和"古登堡面"。

地球内部以莫霍面和古登堡面为分界，分为地壳、地幔和地核 3 个圈层。地壳是地球的最外层，指从地面到莫霍面之间很薄的一层固体外壳。地壳主要由各种岩石组成，高低不平，平均厚度为 17 千米。其中，大陆部分远比海洋部分厚，平均厚度为 35 千米，高山、高原地区甚至厚达 60 千米～80 千米；海洋地壳平均厚度仅有 6 千米。

地幔位于地壳和地核之间，是从莫霍面以下到古登堡面以上的一层固体物质。这一层的主要成分是铁镁的硅酸盐类，其含量由上而下逐渐增加。这一层分为上地幔和下地幔，深度为从地下 5 千米～70 千米以下到地下 2900 千米以上，从莫霍面到 1000 千米深处是上地幔，地下 50 千米～250 千米是上地幔顶部，这里存在一个软流层，岩浆可能就是发源于此。地下 1000 千米～2900 千米深处是下地幔，其温度、压力和密度都比上地幔大，物质状态可能不再是固体，而是可塑性固体。

地核是地球的中心部分，位于地球的最里层。1936 年，丹麦地质学家莱曼通过对地核中传播的地震波速度的测量，发现地核又可分为外核和内核两部分。外核在 2900 千米～5000 千米深处，物质状态接近液体。内核又叫"铁镍核心"，在 5000 千米以下深处，其温度、压力和密度更高了，物质成分近似于铁镍陨石。

美国科学家做了大量的模拟试验后发现：地核温度从内到外温度逐渐降低，地球中心的温度大约是 6880℃；内外核相交面的温度是 6590℃，略低于地球中心；外核与地幔的相交面的温度更低，是 4780℃。除此之外，科学家还发现，地球内核的压力极大，每 6.5 平方厘米为 2200 万千克，是海平面的地球大气压的 330 万倍。

近年来，借助大型计算机，研究人员从地面上 3000 个监测站收集到了大量的地震观察情报，并对之进行了综合分析，描成一张总图，结果发现：地核表面布满"山头"和凹凸不平的地带，结构与海洋相似，充满了低密度流体。

20 世纪 90 年代，在中欧的一个小城温迪施埃中巴赤，人们钻探出了一个直径 22 厘米、深 14 千米的世界上最深的洞。这个地区地理情况十分特殊，这里的岩石有 30

千米厚，并向地表突出。历史上古老的欧洲板块和非洲板块在这里相互碰撞，彼此推挤和啮合。正是由于这种地理情况的存在，地质学家们打算用管状的、中空的特殊钻孔器旋出岩心，把这些岩心提取上来，但这次努力最后还是以失败而告终。

经过多次的失败，人们不得不暂时承认，肉眼不能直接看到地球内部的情景。但是我们相信，总有一天人类能够揭开地球内部的奥秘。

探秘大陆漂移说

在世界地图被绘制出来之前，几乎没有人对我们生活于其中的这个星球的海陆分布状况产生过疑问，人们对大陆形状的兴趣产生于第一张世界地图产生之后。在对现有海陆分布情况做出解释的各种学说中，大陆漂移说影响最大，也最具争议。那么，大陆漂移说到底成不成立呢？

麦卡托是一名荷兰学者，他于16世纪末结合人类长期积累的地理资料，依据地理大发现，绘制出人类第一张世界地图。由此，人们对地球表面的基本地理状况有了比较准确的了解，许多人还因此对大陆状况产生了兴趣。科学家在19世纪末发现了一种蚯蚓，叫作"正蚯蚓"，它在欧亚大陆与美洲东海岸广泛分布，但在美洲西部却没有。这显然说明，正蚯蚓很可能是从大西洋彼岸的欧亚大陆"迁徙"到了美洲东海岸。这一发现令当时的许多科学家百思不得其解。

魏格纳是一名德国气象学家，1910年，30岁的他曾因病住院。有一天他躺在床上出神，床对面墙上有一幅世界地图。突然他从地图上获得了某种灵感，发觉大西洋两岸的轮廓非常吻合，他还发现非洲一边的海岸线与南美洲一边的海岸线看上去就像一张被撕成两半的报纸，凹凸相对。他认为美洲与非洲原来是连在一起的，但这个念头一闪而过，并没有深究。

1911年秋天，魏格纳读到了密卡尔逊写的关于蚯蚓奇怪分布的书。读后魏格纳不禁想到他在一年多以前注意到的那个奇怪现象，即非洲的西海岸与南美洲的东海岸中一个大陆的凸出部分正好与隔海相望的大陆的凹入部分相似，且遥相呼应。他不由地猜测，本来就是一整块的大西洋两岸大陆后来破裂漂移开来，成为现今的东西两个海岸线。如果是这样，蚯蚓就不是横渡大洋了。沿着这个思路，他又进行了许多研究。魏格纳在1912年发表了一篇论文，在论文中他提出了"大陆漂移说"。1915年他出版了一本轰动世界地质界的著作，书名叫《大陆与海洋的起源》。他认为，地球在远古的时候只有一块陆地，这块陆地叫作"泛古陆"；一个统一的大洋包围着这块泛古陆，这个大洋叫作"泛大洋"。大约2亿年前，地球上发生了一次重大的变化，泛古陆在这次变化中开始发生破裂。破裂了的大陆在地球自转和天体引力的影响下向外漂移，像航行在水面上的船舶一样。这些漂移的大陆在距今约两三百万年前，终于漂到了今天的位置，形成了七大洲、四大洋，即现代地球版图的基本面貌。

许多人对大陆漂移说持怀疑态度，因为人们不相信庞大的大陆可以在水中漂移。另外，限于当时的研究水平，魏格纳的理论也存在着许多破绽和缺陷。1930年，在第四次前往格陵兰考察时，魏格纳不幸遇难，大陆漂移说也因此沉寂下来。这一学说一

1. 大约 2.2 亿年前，地球上只有一块超级大陆称为泛古陆，被无边无际的泛古洋所包围。这时泛古洋中一个巨大古海——特提斯海开始向泛古陆扩展。

2. 大约 2 亿年前，泛古陆以特提斯海为界，分裂为两部分。北面是劳亚古陆，包括亚、欧、北美的古大陆；南面是由南美洲、非洲、大洋洲、南极洲以及印度次大陆拼合而成的冈瓦纳古陆。

3. 大约 1.35 亿年前，在非洲和南美洲之间开始出现南大西洋，印度次大陆脱离非洲大陆，向亚洲大陆方向漂移，欧洲大陆和北美洲大陆这时仍然是连在一起的。

4. 大约 6000 万年以前，北美洲大陆和欧洲大陆分离，印度次大陆也投入了亚洲大陆的怀抱，大洋洲与南极洲最后分离。经过逐渐漂移，南极洲大陆最后移到了南极地带。

 大陆漂移示意图

度几乎被人们完全遗忘。

　　随着海洋地质研究的深入，古地磁研究所总结的大量资料，魏格纳的大陆漂移学说在 20 多年后，又在新的理论基础上重新获得了生命力。

　　英国物理学家布莱克特是专门研究古代地磁学的专家。1954 年，他找到了大陆漂移的直接证据。1961 年英国人赫兹依据沿大洋海岭对称分布有磁性条带这一新发现，提出了地幔对流和海底扩张说。他设想新地壳的诞生处是大洋的海岭，地幔中的物质不断从海岭的裂缝中流出来，并凝结在海岭两边，造成海岭不断向外扩张，并以一浪接一浪、后浪推前浪的方式运动。赫兹认为，迄今这种运动仍然在持续进行。

　　1968 年，法国人勒皮雄提出板块构造理论。这种理论认为地球的外壳由二十几个大板块组成，其中最基本的是太平洋板块、印度洋板块、美洲板块、欧亚板块、非洲板块、南极洲板块六大板块。根据他的板块构造理论，地壳不断发生变化，在整个地质时代载着大陆的板块都在运动着，地球大陆在漫长的年代里实际上被"撕裂"过若干次。新的海洋就在它们被撕裂时形成了，但有时大陆在板块相互碰撞的情况下又粘接在一起，原来的海洋地带就变成了陆地，在别的地方又撕裂成了新的海洋。

　　通过大洋海岭的扩张，海底也同样不断扩张，这一点成功地解释了目前地球海陆的分布状态。板块学说是一种全新的地理学观念，它指出，大陆和海洋都有分有合，有生有灭，并非永恒不变。

随着更多的观测事实的积累，20 世纪 60 年代以后，大陆漂移论又在新的理论基础上复活。现在通过人造卫星的精密测量，人们已经证实：大西洋在以每年 1.5 厘米的速度扩展，太平洋上的夏威夷群岛与南美大陆和北美大陆相互靠近的速度是平均每年 5.1 厘米，澳洲与美洲大陆分离的速度则达到了每年 1 厘米。但是，这并不意味着这一学说已经被所有的人无条件地接受了。

时至今日，人们仍不太相信这个理论。一些科学家就认为大陆漂移说的前提是地球体积和地表总面积固定不变，这是从对地壳变动的认识来分析问题的，因而有许多疑点无法解释。他们认为相似的板块构造说也是如此。但勒皮雄关于大陆本来连在一起的思想启发了许多研究者，包括后来怀疑、反对他的研究者。

关于大陆漂移说成立与否的争论还在继续，许多新的学说还在不断涌现，到底孰是孰非，尚无定论。但是可以肯定的是，随着对该问题探讨的深入，人类对它的认识必将日益接近真相。

地震为何难以预测

地震是一种自然灾害，它的破坏力十分强大，让人谈之色变，使居住在地球上的人们缺乏安全感。许久以来，人类一直渴望能找到一种可以准确预报地震的方法，以减少和预防地震带来的损失。但直到现在，这个愿望仍没能真正地实现。

地震的形成有两种原因，一是火山爆发，一是地下岩石运动。一些地震发生在地下至少 10 千米～20 千米的岩石圈中，有的甚至深达数百千米，这种深度大的地震和坚硬的岩石圈给人类的观测造成了一定难度。更何况，地震是由多种因素引起的，人们很难一一预测到。所以，想要预测地震是件很困难的事，尤其是临震预报和近期预报。有许多历史资料记载了从自古至今的许多重大的地震的情况和损失，但少有说到抗灾防灾、预防地震的。

现在，科学家们终于找到了一种新的预测地震的方法——运用卫星预测地震，科学家们借助卫星遥感技术进一步了解和观测气象活动。

科学家们发现，当情况异常时，地表温度就会比周围正常温度高 2℃～6℃。这与地震的发生关系密切，因为，在地震将要发生的地区，地壳会先产生很大的力，挤压震中周围的岩石。这些岩石由于受挤压就会变形而产生裂缝，顺着这些裂缝会释放出二氧化碳、氢气、氮气和甲烷等气体。由此可知，如果一个地方将要发生地震，那么在震前，这个地方的低空大气会局部升温。又因为热物体向外辐射红外线（红外电磁波）时，它的强度大小是受物体温度影响的。所以，当一个地方产生热红外异常现象时，那肯定是因为这个地方的低空大气升温，而卫星上的红外探测器就是专门帮助科学家们探测并及时捕捉地球表面温度瞬间变化的。这样，就可以及时掌握地震前发出的信息，从而很好地预测地震。

当然，只有这种热红外地震前兆信息是不够的。地震专家还要结合地质构造、地震带分布以及气象等情况进行全面分析，这样才能准确预测地震发生的时间、地点和震级。

现在，这种新的预测方法已得到了实际的运用，并取得了初步的成效。例如，1997

 1999 年 8 月，发生在土耳其北部的大地震剥夺了大约 3 万人的生命。

年，地震工作者对日本列岛做过 7 次预报，除了 1 次失误，其余 6 次都是比较准确的。

在对"卫星热红外图像震兆"的研究中，地震工作者已经取得了引人注目的成就，虽然仍有许多难题没有解决，但地震预测技术必将日益完善。

是谁驱使地球在运动

远古时代，人们认为地球是平的，太阳落到地平面下面，天就黑了。也有人认为，地球是不动的，太阳嵌在天幕上，由于天幕不停地转动才引起太阳东升和西落。现在，人们已经明白：每隔 24 小时经历的一次白天和黑夜是由于地球自转造成的。在围绕地轴自转的同时，地球又在一个椭圆形远轨道上环绕太阳公转，带来昼夜交替和季节变化，使人类及万物繁衍生息。那么，是什么力量驱使地球如此永不停息地运动呢？

宇宙间的天体都在旋转，这是它们运动的一种基本形式，但要真正说明这个问题，首先要弄清楚地球和太阳系是如何形成的，因为地球自转和公转的产生与太阳系的形成密切相关。

天文学家普遍认为，太阳系是由古代的原始星云形成的。原始星云是非常稀薄的大片气体云，因受到某种扰动影响，再加上引力的作用而向中心收缩。经过漫长的演化，中心部分物质的气温越来越高，密度也越来越大，最后达到了可以引发热核反应的程度，从而演变成了太阳。太阳周围的残余气体，慢慢形成了一个旋转的盘状气体层，经过收缩、碰撞等复杂的过程，在气体层中凝聚成固体颗粒、微行星、原始行星，最后形成了一个完整的太阳系天体。

大家知道，如果要测量物体直线运动的快慢，应该用速度来表示，但是如何来衡量物体旋转的状况呢？有一种办法就是用"角动量"。一个绕定点转动的物体，它的角动量就是质量乘以速度，再乘以该物体与定点的距离。物理学中有一条非常重要的角动量守恒定律，就是说，一个转动的物体，只要不受外力作用，它的角动量就不会因物体形状的变化而发生变化。例如一个芭蕾舞演员，当他在旋转的时候突然把手臂收起来（质心与定点的距离变小），他的旋转速度就会自然而然地加快，因为这样才能保证角动量不变。这一定律在地球自转速度的产生中有非常重要的作用。

原始星云原本就带有角动量，在形成太阳系之后，它的角动量仍然不会损失，但已经发生了重新分布，各个星体在漫长的演变过程中都从原始星云中得到了各自的角动量。由于角动量守恒，行星在收缩的过程中转速也将越来越快。地球也是这样，它获得的角动量主要分配在地球绕太阳的公转、地月系统的相互绕转以及地球的自转中。

我们很容易产生错觉，常常以为地球的运动是匀速运动，否则每一日的长短也会改变。物理学家牛顿就这样认为，他把宇宙天体的运动看成是上好发条的钟，认为它们的运行准确无误。而实际上地球的运动也是在变化的，而且非常不稳定。有人研究"古生物钟"（研究保存有反映周期性生长变化的饰纹等特征的化石，如珊瑚、双壳类、叠层石等。可利用它们计算生物的年龄，研究地球自转速率的变化等）时发现，地球的自转速度逐年变慢。距今4.4亿年前的晚奥陶纪，地球公转一个周期需要412天；而到了4.2亿年前的中志留纪，每年只有400天；到了3.7亿年前的中泥盆纪，一年为398天；到了1亿年前的晚石炭纪，每年大约是385天；到了6500万年前的白垩纪，每年是376天；而现在一年是365.25天。科学家认为，产生这种现象的原因，是由于月球和太阳对地球潮汐作用的结果。在地球上，面向月球及其相反方向的海面会因潮汐力而发生涨潮现象，面向月球一侧的涨潮是因月球的引力大于离心力之故，而相反一侧则是因为离心力大于引力的缘故。当发生潮汐时，海水与海底产生摩擦，使得海面发生变化需要一段时间，因而对地球的自转产生牵制作用。这种牵制力会使地球自转减慢。

由于人类发明了石英钟，便可以更准确地测量和记录时间。通过一系列观测和研究发现，在一年内，地球自转存在着时快时慢的周期性变化：春季自转比较缓慢，秋季则加快。科学家认为，这种周期性变化的原因，与地球上大气和冰的季节性变化有关。另外，地球内部物质的运动，如重元素下沉，轻元素上浮等，都会影响到地球的自转速度。

除此之外，地球公转也不是匀速运动。地球公转的轨道是椭圆形的，最远点与最近点相差大约500万千米的距离。当地球由远日点向近日点运动，离太阳近的时候，受太阳引力的作用就会加强，速度也就变快。由近日点到远日点时则相反，地球的运行速度会减慢。

另外，地球自转轴与公转轨道并不是垂直的，地轴也并不是稳定的，而是像陀螺一样在地球轨道面上作圆锥状旋转。地轴的两端也不是始终指向天空中的某一个方向，而是围绕着一点不规则地画圆。地轴指向的不规则，是地球运动所造成的。

由此可知，地球的公转和自转包括了许多复杂的因素，并不只是简单的线速或角速运动所能概括的。

地球还同太阳系一起围绕银河系运动，并随着银河系在宇宙中飞驰。地球在宇宙中运动不息，这种奔波可能在它形成时便开始了。地球仍然在运动着，它的加速、减速与太阳、月亮以及太阳系其他行星的引力有关。那么，地球最初是怎么运动起来的呢？是否存在所谓的第一推动力呢？17世纪，意大利科学家伽利略发现了惯性定律：一个运动的物体，只要不再受到外力的作用，惯性就会使它保持着原来的速度和方向

一直运动下去。后来，物理学家牛顿在发现了三大运动定律和万有引力定律之后，曾用他后半生的全部精力来研究和探索第一推动力。他得出了这样的结论：上帝设计并塑造了这完美的宇宙运动机制，且给予了第一次动力，使它们运动起来，但这显然与现代科学格格不入。

那么，地球运动的能量又从何而来？假如地球运动不需要消耗能量的话，那么它是"永动机"吗？这些问题现在都还没有答案。

地球未来大揭秘

近年来，据日本东京技术学院的一项研究，在 10 亿年之后地球的海洋将会完全干涸，地球表面一切生物都会灭绝，地球将会有与火星一样的命运。

在研究报告中这项研究的责任人、东京技术学院地球及自然科学教授村山成德指出，大地板块与海洋正逐渐向地幔处下沉。地幔位于地球高热核心（地核）的外层，是地壳中的疏松岩石。村山教授说："依据当前水分消失速度加快的情形来看，约在今后 10 亿年内，地球表面的水将会消失殆尽。"

村山说，这项研究报告是建立在测量地表下温度的实验以及 2000 项以计算沉积岩生成时间为目的的学术工作的基础之上所得出的有关结论。他指出，由于地心逐渐冷却，使地表下 100 千米深的岩浆降温收缩，每年被抽进地壳的水超过 11 亿吨，但重新被释放出来的只有 2.3 亿吨。

报告指出，大量海水自 7.5 亿年前就已经开始从外围向地幔方向流动，导致今天大陆露出水面。报告还称，这样就为为何大部分大陆在 7.5 亿年前还在海底沉睡带来了新的解释。

倘若上述理论正确，那么关于那段时期大气中氧的含量急速增加的原因就可以得到进一步的解释了。报告称，生活在石头上的制氧浮游生物，因为大陆露出水面而在空气中暴露，把大量氧气释放进大气层，不同的生命形态也逐渐被充沛的氧气所孕育。

但是村山指出，自此地面的水量不

美国科幻电影《后天》，讲述的是全球温室效应改变了海洋暖流的运动，从而使得地球在几周时间内进入了冰川期。冰可以反射 85% 的太阳光，而海面对阳光的反射率不足 10%。冰川越多，暴露于阳光之下的海面也就越少，那么地球吸收的阳光能量就越少，气温就会越来越低。一旦地球被冷冻，单细胞微生物就会死亡或退化。

断减少，这种情形意味着最终这个星球上的生物将会成为历史。

村山指出，在每一个拥有水源的星球上存活的生命体，都将会一遍又一遍地上演在水分完全消失后的"灭绝"的历史，无可避免。他指出，在火星上早已发生过这种情况。科学家们推测火星上曾经有河流流动，但一直找不到水源消失的原因。

不过，村山所指出的地球终会"干涸"的预言并不可以说明地球人类将会面临所谓的"世界末日"。第一，对人类而言10亿年实在太漫长了，漫长到令世人没有办法去想象；第二，以地球人类的智慧，相较于10亿年而言，在不到弹指一挥间人类即能找到在地球以外的新的定居点。人类目前所掌握的空间技术就已经对这一蓝图进行勾画。因此，哪怕真有那么一天地球不再适合人类居住，人类也早就在其他的地方繁衍、进化了。

🪐 地球磁场为什么会"翻跟头"

为什么指南针会始终指向南方，这在古代曾是一个无法解答的谜，一直到1600年才由英国宫廷医生吉尔伯给出科学的解释。原来地球本身就是一个大磁场，北磁极（N极）在地球的南端，南磁极（S极）在地球的北端。正是这个大磁场，吸引着磁针始终指向南方。

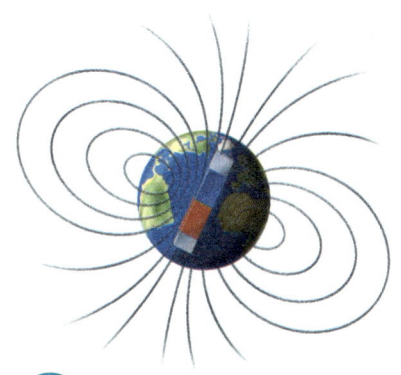

但是，法国科学家布容1906年在法国司马夫中央山脉地区对这里的火山岩进行考察时，却意外地发现那里的岩石的磁性与磁场的方向相反。此后，这一类现象被越来越多地发现，对它的研究也越来

 地球磁场是无形的，向太空中延伸。

越深入。人们终于发现，地球的磁场并非永恒不变的，现在位于南端的北磁极会转到北端去，而位于地球北端的南磁极则会转到南端去。这就是物理上所谓的"磁极倒转"。

在研究中科学家还发现磁极倒转的现象曾在地球的历史上发生过许多次。据统计，仅在最近的450万年里，就可以划分出4个极性相异的时期，地磁场的方向从现在到69万年前称为"布容正向期"，基本和目前一样；从69万年到253万年前，称为"松山反向期"，地磁场方向和现在恰好相反；从253万年到332万年前，称为"高斯正向期"，地磁场方向又与现在相同；从332万年到450万年前，称为"吉尔伯反向期"，地磁场又同现在相反。

但是，地磁场方向在每一个磁性时期里，也并不是始终如一的，有时会发生被人们称为"磁性事件"的短暂的极性倒转的现象，例如，在布容正向期里，就发生过被称为"V带"和"X带"的反向事件；在松山反向期中，则发生过"吉尔赛""贾拉米洛"等正向事件。

当然，在更古老的地质历史时期里也同样存在着地球磁场的这种"翻跟头"式的变化，只不过是时间太过久远，我们还没有办法对其变化的具体时限进行确定。

那么为什么地磁场会发生变化呢？有人认为，这可能是地球被巨大的陨石猛烈撞击后导致的结果，因为猛烈的撞击能促使地球内部的磁场身不由己地翻转一个跟头；

也有人认为，这与地球追随太阳在银河系里漫游相关，因为银河系自身也带有一个磁场，这个更大的磁场会对地球的磁场产生影响，从而促使地球的磁性会像罗盘中的指南针一样，随着银河系磁场的方向而不断地变化；还有人认为，由于地球本身的演变导致了磁极倒转的发生。总之，关于地磁场变化的原因，至今仍众说纷纭，莫衷一是。

🪐 氧气是否会被耗尽

氧是构成生命的重要元素之一，它是以气体形式存在于自然界中的合成物，氧气是地球上大多数生命进行各种活动所必需的物质之一，在空气中大量存在。不过，也有人担心氧气会被耗尽，那么，这种担心是不是真的像杞人忧天那样毫无根据呢？

植物吸收阳光、水分和其他生物呼出的二氧化碳，释放出氧气，而氧气又为其他生物体吸收利用。

在空气中氧气占 21%，我们和其他生物呼吸空气中的氧，释放出二氧化碳，即体内废气。一个健康的成人每天大约需吸入 500 升的氧气，呼出约 400 升的二氧化碳；除人类外大部分其他生物同样也吸收氧而释放二氧化碳。通常，大气中的水蒸气和二氧化碳的含量是不变的。一般二氧化碳含量为百万分之三，但是生产的发展使煤、石油、天然气等含碳燃料被大量使用，造成了大气中的二氧化碳逐年增加。美国世界观察研究所公布了一份报告统计，100 年前全世界每年进入大气的二氧化碳仅为 9600 万吨，而目前则达到 50 亿吨，预计在最近 10 年将递增到 80 亿吨，增长速度惊人。

早在 100 多年前，就已有人为二氧化碳含量的增加而担心了。1898 年，英国物理学家凯尔文曾指出，随着工业的发展和人口的增多，这种情况十分让人担心。地球上的氧气 500 年后将全部被消耗光，只剩下日益增多的二氧化碳。

二氧化碳增多的直接后果是地球的"温室效应"。同时，它还使地球的温度上升，冰川融化。据科学家预测，如果南极大陆的冰川因高温而融化，其增加的水量则可使美国的摩天大楼淹没 20 层，并淹没掉荷兰等一些地势较低的国家，使它们不复存在。那时的陆地面积很可能只占地表面积的 5% ~ 10%。在更为狭小的陆地上将生存全世界 60 ~ 70 亿的人口，人类恐怕也会逐渐灭绝。

那些和凯尔文一样担心氧气将会被耗尽的人们，只看到了问题的一个方面。事实上，除了绿色植物在消耗二氧化碳外，科学家们还发现在二氧化碳和水的作用下，岩石中所含的碳酸钙会变成酸式碳酸钙，这种形式的碳酸钙可以溶解在水中。据分析，每年由于岩石风化耗掉大约 40 亿 ~ 70 亿吨二氧化碳，这些风化的岩石随着江河流入大海，它再与石灰化合并重新形成石灰石，并以新的岩石的形式沉入海底。

当然不必担心氧气会被耗尽的主要理由是，地球上生长着种类丰富、数量众多的绿色植物。世界上大量的绿色植物在光合作用中会吸收大量的二氧化碳，同时排出氧气。据科学家们实验分析，三棵大桉树每天吸收的二氧化碳，相当于一个人每天所呼出的二氧化碳的量。因而一些人乐观地认为，地球不会变成二氧化碳的世界，但二氧化碳的含量也会略有增加。各国科学家积极探索一些新途径，希望能减少二氧化碳的排放量，并尽可能将其再生利用，但是却没有更好的方法增加氧气的生成。专家们认为，减少森林面积的流失、保护绿色植物就是人类最好的保护氧气的方法。这些绿色植物生产了我们人类赖以生存的氧气。

我们可以想象，如果有一天地球上的氧气被消耗殆尽的话，将会出现多么恐怖的场景。而地球上的氧气是否真的会耗尽，则取决于人类的努力程度。如果人类不加克制地乱砍滥伐林木，破坏生态平衡，势必会造成氧气生成机制的阻碍，那么我们真的可能会在某一天面临缺乏氧气的危机。反之，若人类能未雨绸缪，尽早地采取相应措施，就有可能避免氧气被耗尽的窘境。一切都取决于我们人类自身的行为。

🪐 地球上的水来自何处

从太空中看地球，它是一个大部分为蓝色的圆球，那些蓝色的部分便是水。在太阳系中，地球是唯一拥有液态水的天体。

地球上有多少水？联合国统计资料显示，地球上总共有约 138.6 亿立方米的水。

长久以来，人们对地球上水的来源问题一直争论不休。对此，有两种完全相反的看法，一种观点认为水是从天上（降水）掉下来的；另一种观点认为，雨雪是地面上的水蒸发后才到了天上的。

有的科学家认为，地球上的水来自太空由冰组成的彗星。

有些科学家说，太阳风导致了水的产生，地球水是太阳风带来的，是太阳风的杰作。首先提出这一观点的科学家是托维利，他认为太阳风是太阳外层大气向外逸散出来的粒子流，电子和氢原子核——质子是其主要成分。根据计算，托维利得出这样一个结论：从地球形成到今天，地球已从太阳风中吸收的氢的总量达 1.70×10^{23} 克。我们知道，氢和氧结合就会产生水，如果把这些氢全部和地球上的氧结合，就可产生 1.53×10^{24} 克的水，现在地球水的总量与这个数字是较为接近的。更重要的是，地球水中的氢与氘含量之比为 6700：1，这同太阳表面的氢氘比也是十分接近的。因此托维利认为，根据这些计算和成分对比，可以充分说明地球水来自太阳风。

研究地球物质成分和内部构造的科学家认为，地球上的水其实是从地球内部挤压出来的，地球表面原本是没有水的。水最早是从星云物质中带来的，在地球形成时，通过地球的演化，后来不断从地球深处释放出来。几乎在每次火山喷发时总会喷出大量气体，水蒸气要占到 75% 以上。地下深处的岩浆中有水分，即使是由岩浆凝固结晶而成的火成岩，水也以结晶水的形式存在其中。

但是，随着人们对火山现象研究的深入，上述观点被推翻。人们发现同火山活动有关的水，是地球现有水循环的一部分，并不是什么从深部释放出来的"新生水"。

科学家克莱因分析了世界各火山活动区与火山有关的热水中的氚，证明它们与当地的地面水是相同的，从而确认它们是渗入地下的地面水，在火山热力的作用下重新变为水蒸气上升。

后来，科学家根据对某些地区火山热力所导致的氚进行分析，发现人工爆炸能够导致氚含量的升高，这就进一步说明其实是新近渗入地下的雨水变成了火山热水。这些研究成果使那些主张地球水来自"娘胎"的研究者修正了对火山水的看法。

水的来源并无定论，美国艾奥瓦大学的弗兰克等科学家还提出了一个引人注目的新理论：太空中由冰组成的彗星才是地球上水的来源。

原来，科学家发现，大气中水蒸气分子在太阳紫外线的作用下，会分解成氢原子和氧原子。氢原子向外飘扬，当它到达 80 千米～100 千米气体稀薄的高热层中时，氢原子的运动速度会超过宇宙速度，能摆脱地球引力离开大气层从而进入太空。这样一来，地球表面的水就流失到了太空。人们经过计算发现，飞离地球表面的水量差不多等同于进入地球表面的水量。可是，有一个奇怪的现象似乎不符合这种说法，那就是地质学家发现，2 万年来，世界海洋的水位涨高了大约 100 米。地球表面水面为什么不断增高呢？这至今还是个谜。

自 1918 年以来，弗兰克等人通过对从人造卫星发回的几千幅地球大气紫外辐射图像进行仔细研究，发现总有一些小黑斑出现在圆盘形状的地球图像上。每个小黑斑面积约有 2000 平方千米，大约存在 2～3 分钟。经过仔细研究和检测分析后，弗兰克等人发现这些黑斑是因为一些肉眼看不见的由冰块组成的小彗星撞进地球大气层融化成水蒸气造成的。这些小彗星频繁地坠入大气层，每 5 分钟大约有 20 颗平均直径为 10 米的这种冰球进入大气层，每颗融化后能变成 100 吨左右的水，地球因此每年可增加约 10 亿吨水。如果地球从形成到今天大约有 46.5 亿年的历史，照此计算，这种冰球一共为地球提供了 460 亿吨水，比现在地球水体总量还多。

关于地球水的来源有许多各不相同的认识，各有各的道理，但真相究竟如何，还有待科学家们收集更多的客观证据，以揭开这个谜。

巨雹是怎样形成的

从春末到夏季，是冰雹经常出现的季节。但是按常理来说，只有在冬天那种寒冷的天气里才会结冰，可为什么在炎热的夏天也能形成冰？这实在令人费解。

中国面积辽阔，各地的气候条件各具特点，有些地方就常常发生冰雹灾害。冰雹的分布有这样一个特点：西部多，东部少；山区多，平原少。冰雹在中国东南部地区很少见，常常几年、几十年也遇不到一次；而青藏高原则是冰雹常光顾的地区，局部地区每年下冰雹的次数超过 20 次，个别年份达 50 次以上。唐古拉山的黑河一带是中国冰雹最多的地方，平均每年下冰雹 34 次之多。

世界上冰雹最多的地方则是肯尼亚的克里省和南蒂地区，那里一年 365 天中有 130

天左右下冰雹。

1928 年 7 月 6 日，在美国内布拉斯加州的博达，下了一次规模较大的冰雹，冰雹堆积有 3 ～ 4.6 米高，其中最大的一个冰雹周长431.8 毫米，重 680 克，是当时世界上最重的冰雹块。

1968 年 3 月，在印度比哈尔邦降下的冰雹中，有一块重 1000 克，一头小牛被当场砸死。这是人类历史上一次严重的冰雹灾害，十分罕见。

那冰雹是怎么产生的呢？它为什么会在夏天出现呢？

原来，在夏天，大量水汽在强烈的阳光照射下，急剧上升，到高空遇冷迅速凝结成小冰晶往下落，一路上碰上小水滴，掺合在一起变成雪珠。雪珠在下降过程中被新的不断上升的热气流带回高空。就这样，雪珠在云层内上下翻滚，裹上了层层冰外衣，越变越大，也越来越重，终于从空中落下，成为冰雹。冰雹小如黄豆，大如鸡蛋，最大的像砖块那么大。冰雹

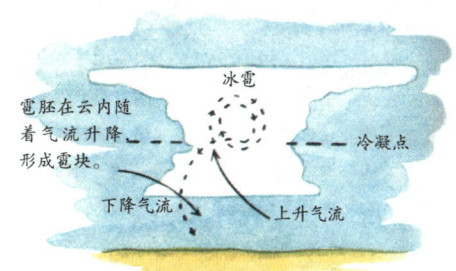

冰雹形成过程示意图

强大的上升气流循环流动，引起雹块增大。当雹块增大到气流托不住的时候，就落到地面上成为冰雹。

冰雹的中间是雹胚，一般是个小冰粒，外面包裹着一层透明、一层不透明的冰层，好似夹心饼干一样。这种透明与不透明的交替层，可达 4 ～ 5 层，最大冰雹的直径有 10 多厘米。

形状并不规则，多数呈球状，有时呈块状或圆锥状。冰雹内部构造很不均匀，中间有一个核，叫雹核，主要是由霰粒或软雹构成，也有由大水滴冻结而成透明冰核的。雹核的外面交替地包裹着几层透明和不透明的冰层，有的冰雹多达十几层甚至 30 层，在冰层中还夹杂着大小不同的气泡。

1894 年 5 月 11 日下午，在美国的博文纳一带下了一场大冰雹。人们发现其中有一块冰雹直径竟然长达 15.2 ～ 20.3 厘米。仔细观察后发现，冰雹里居然有一只乌龟，外面才是层层厚冰。原来，在博文纳，那天正刮着旋风，这只不幸的乌龟被旋风卷上天空，直上云霄，在云海里被当作核，被冰晶层层包裹，等到超过上升气流的承托力时，才坠落到了地面。

有趣的是，有时一场冰雹过后，人们会发现一些特大的冰雹，有的重几十千克，足有面盆大；有的竟有汽车那么大。如 1957 年，中国内蒙古自治区下了一场冰雹，人们在山谷中发现了一块像一辆吉普车那么大的巨雹。更令人惊奇的是，1973 年 6 月 13日，在中国甘肃省华池县山庄桥发现的一块巨雹比房屋还高。

这些巨雹真是从天上降落下来的吗？但上升空气是托不住一个重 10 千克的巨雹的，所以巨雹来自天空的可能性微乎其微。那它又来自何方呢？

由于没有足够的证据，科学家只能对巨雹之谜进行推测。他们认为，在降雹过程中，冰雹云后部受到干冷空气的侵袭，结果降落到地面的雨滴仍保持着冷却性，随风

冰雹的类型和结构

从冰雹云中降落的冰雹，按照其大小、软硬程度、结构形式等特点，大体可以分为4种类型：

冰雹：直径在5毫米以上的冰块，比较硬，落地会反弹。它由内部不透明的核心和外部层层不透明和透明交替出现的冰层组成，是危害性最大的冰雹。

软雹：结构比较松散，重量较轻，着地容易破碎。这种冰雹多在高纬度或者高原地区出现，危害较小。有人认为利用高空爆炸的方式，可以将冰雹变成软雹。

冰丸：直径在5毫米以内的冰块或者冰球，结构比较硬，落地会反弹，它所造成的危害仅次于冰雹。

霰：白色或乳白色不透明颗粒状冰球，直径2～5毫米，结构松软，着地易破碎，常呈球形或圆锥形。

冰雹的内部结构很不均匀，中间有一个雹核，主要由霰粒或软雹构成，也有的是由大水滴冻结而成的透明冰核。雹核的外面包裹着透明和不透明的冰层，这些冰层最多有30多层，在各冰层中还夹杂着大小不同的气泡。

飘下的雨滴聚集在某一冷的物体侧面上，边冻结，边增厚，形成棱形的巨雹。因此，它的原料来自天上，成品却是在地面上加工形成的。这种推测有一定的道理，但目前也只是推测。

巨雹究竟是怎么回事？我们只能寄希望于气象学家的研究。相信有一天，这个谜会被解开。

🪐 龙卷风成因探秘

在美国俄克拉何马州阿得莫尔市曾经发生过这样一件怪事：两匹马拉着一辆大车在路上行走，车夫坐在车上，由于天气闷热，他打起了瞌睡，突然一声巨响把他惊醒。睁眼一看，两匹马和一根车辕都已经无影无踪了，而自己和车子却是安然无恙。

俄克拉荷马州的一对夫妇也遭到过这种厄运。在1950年的一个晴朗的夏日，他们躺在床上休息。一声刺耳的巨响将他们惊醒，他们俩起来看一看什么也没有发现，以为这声音是梦中听到的，于是重新又躺了下来。但是，他们忽然发现他们的床已被弄到荒无人烟的旷野，周围没有房子，没有任何建筑物，也没有牲畜。只有一只椅子还留在他们的旁边，折叠好的衣服仍好端端地摆在上面！人们事后才得知，这件怪事的罪魁祸首是龙卷风。

龙卷风是云层底部下垂的漏斗状的云柱及其伴随的非常强烈的旋风。文献上记载的下降银币雨、青蛙雨、黄豆雨、铁雨、虾雨，还有血淋淋的牛头从天而降等现象，都是龙卷风把地面或水中的物体吸上天空，带到远处，随雨降落造成的。龙卷风中心气压极低，中心附近气压梯度极大，产生强大的吮吸作用。当漏斗伸到陆地表面时，把大量沙尘等物质吸到空中，形成尘柱，称陆龙卷；当漏斗伸到海面时，便吸起高大的水柱，称水龙卷或海龙卷。龙卷的袭击突然而猛烈，产生的风是地面上最强的。

在强烈龙卷风的袭击下，房子屋顶会像滑翔翼般飞起来。一旦屋顶被卷走后，房子的其他部分也会跟着崩解。龙卷风的强大气流还能把上万吨的车厢卷入空中，把上千吨的轮船由海面抛到岸上。在美国，龙卷风每年造成的死亡人数仅次于雷电。它对建筑的破坏也相当严重，经常是毁灭性的。1925年3月18日，一次有名的"三州旋风"遍及美国密苏里、伊利诺伊和印第安纳三个州，损失达4000万美元，死亡695人，重伤2027人；1967年3月26日，我国上海地区出现的一次强龙卷，毁坏房屋1万多间，拔起或扭折22座抗风力为12级大风两倍的高压电线铁塔；1970年5月27日，一个龙卷风在湖南形成后经过沣水，在沣水的江心卷起的水柱有30米高、几十平方米大，河底的水都被吸干了。

龙卷风在世界各地都曾出现过，中国龙卷风不多见，而在美国、英国、新西兰、澳大利亚、意大利、日本出现的次数却很多。龙卷风在美国又叫旋风，是常见的自然现象。1879年5月30日下午4时，在堪萨斯州北方的上空有两块又黑又浓的乌云合并在一起，15分钟后在云层下端产生了旋涡。旋涡迅速增长，变成一根顶天立地的巨大风柱，在3个小时内像一条孽龙似的在整个州内胡作非为，所到之处无一幸免。龙卷风旋涡

龙卷风

竟然将一座新造的75米长的铁路桥从石桥墩上"拔"起，把它扭了几扭然后抛到水中。事后专家们认为，这次龙卷风旋涡壁气流的速度已高于音速，威力巨大。

把高于音速的龙卷风比喻为一个魔术师一点也不为过。1896年，美国圣路易市发生过一次龙卷风，使一根松树棍竟轻易穿透了一块一厘米左右的钢板。在美国明尼苏达州，1919年也发生了一次龙卷风，使一根细草茎刺穿一块厚木板，而一片三叶草的叶子竟像模子一样，被深深嵌入了泥墙中。更让人不解的是一次龙卷风将坐在家中的一对夫妇和他们的大儿子和小儿子吹到一条沟里，而她的次子则被刮走不见影踪，直到第二天才在另一个市被找到。尽管他吓得魂不附体，但丝毫未受损伤。令人奇怪的是，他不是顺着风向被吹走的，而是逆着风被吹到那个市的。

尽管人们早就知道龙卷风是在很强的热力不稳定的大气中形成的，但对它形成的物理机制，至今仍没有确切的了解。有的学者提出了内引力—热过程的龙卷成因新理论，可是用它也无法解说冬季和夜间没有强对流或雷电云时发生的龙卷风。龙卷风有时席卷一切，而有时在它中心范围内的东西却完好无损；有时它可将一匹骏马吹到数千米以外，而有时却只吹断一根树干；有时把一只鸡的一侧鸡毛拔完，而另一侧鸡毛却完好无缺，龙卷风造成的这些奇怪现象的原因至今都不清楚。

龙卷风的风速究竟有多大？没有人真正知道，因为龙卷风发生至消散的时间短，只有几分钟，最多几个小时。作用面积很小，一般直径只有25～100米，在极少数的情况下直径才达到1000米以上，以至于现有的探测仪器没有足够的灵敏度来对龙卷风进行准确的观测。相对来说，多普勒雷达是比较有效和常用的一种观测仪器。多普勒雷达对准龙卷风发出微波束，微波信号被龙卷风中的碎屑和雨点反射后再被雷达接收。

如果龙卷风远离雷达而去，反射回的微波信号频率将向低频方向移动；反之，如果龙卷风越来越接近雷达，则反射回的信号将向高频方向移动。这种现象被称为多普勒频移。接收到信号后，雷达操作人员就可以通过分析频移数据，计算出龙卷风的速度和移动方向。为了制服龙卷风，预测龙卷风，人们正努力探索龙卷风形成的规律，以解开这个自然之谜。

🪐 球形闪电之谜

夏天，雷电交加的晚上雷声隆隆，火花在天空中闪亮，一道道明亮刺眼的闪电划破寂静的夜空。闪电是人们司空见惯的一种自然现象。专家计算过，全世界平均每秒钟就要发生 100 次闪电。人们常常见到的闪电大多是分权的枝条状而非平直的线条状，科学家对此有着不同的解释。

荷兰科学家曼努埃尔·艾里亚斯解释说，大气放电过程中存在两种媒介，即中性气体和一个充斥着电离气体的"通道"，"通道"在一定的时机会成为一个导体，放电时电流进行自由的流动，而电离气体和中性气体由于界限的不稳定就会出现交融，因而出现了分权的枝条状现象。

科学家还解释说，分枝现象是否出现取决于电场的强度。如果电场强度大，也有可能使阴极和阳极气体迅速形成"枝繁叶茂"的闪电现象。

除了树枝状的闪电以外，还有一种球形闪电也是多年来科学家研究探索的焦点之一。几乎所有的报道都表明，球状闪电出现在雷暴天气，且尾随于一次普通闪电之后。它出现时常飘浮在离地面不远的空中，接触地面后常反弹起来，而被接触的物质通常会被烧焦，目前，国内外有很多关于球形闪电的报道。

一般情况下，像空气这样的气体并不导电，因为空气中没有带电荷的原子和分子。不过，气体受热或遇到强电场时就会导电，这种情况下，中子从中性原子和分子上被剥离下来，形成等离子体。等离子体是不带电的离子、中子和正离子的高温混合物，等离子体中带电荷的离子可以导电。

10 多年前，出现在德国的球状闪电却很奇特。人们看到一个大火球自天而降，击在一棵大树顶上，当即分散成 10 多个小火球，纷纷落地，消失了，犹如天女散花一样。

在苏联的一个农庄，两个孩子在牛棚的屋檐下躲雨。突然，屋前的白杨树上滚落下一个橙黄色的火球，直向他们逼来。慌乱中一个孩子踢了它一脚，轰隆一声，奇怪的火球爆炸了，两个孩子被震倒在地，但没有受伤。事后，人们才知道那个火球是罕见的球状闪电。

在美国一个叫龙尼昂威尔的小城里曾发生过一件怪事：一位主妇清楚地记得，她放进冰箱的食品是生的，可是在她从市场回到家里，打开电冰箱一看，发现所有的食品都成了熟食。后来，经过科学家的研究才明白，这是球状闪电开的玩笑。不知怎么搞的，它钻到电冰箱里把冰箱变成了电炉，奇怪的是，冰箱竟没有损坏！

一位名叫德莱金格的奥地利医生，在钱包被盗的当天晚上，被请去为一个遭雷击的人看病，他发现那个人的脚上印着两个"b"字，同自己丢失的钱包上的"b"字大小相同，结果钱包就在这个人的口袋里。

1962年7月22日傍晚，我国科学工作者在泰山顶上对雷暴进行研究时，目睹了一次奇怪的球状闪电。随着一声巨响，在窗外冒雨工作的科学工作者发现一个直径约15厘米的红色火球从西边窗户的缝中窜入室内，大约几秒钟后，又从烟囱里飘出。在离开烟囱口的瞬间，发生了爆炸，火球也消失了。桌子上的热水瓶、油灯都被震碎，烟囱也被震坏。火球所经过的床单上，留下了10厘米长的焦痕。

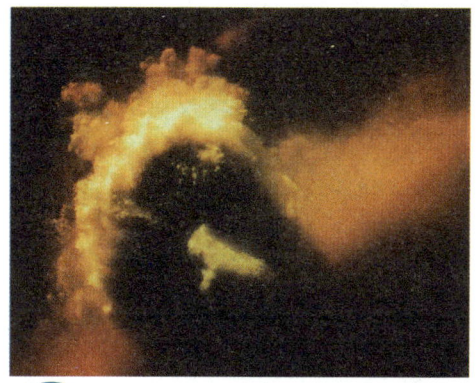

暖湿空气迅速上升，急剧降温，就形成了雷暴云。在雷暴云的内部，部分水分结成冰，强烈的气流使冰晶和水滴相互碰撞，冰内的带电粒子电子即受撞后产生电荷，通过闪电的形成释放出去。闪电可使周围的空气达到30000℃的高温，是太阳表面温度的5倍。巨大的热能使空气迅速膨胀，以致膨胀速度比声速还快，并因此产生爆裂的雷声。

1979年1月6日，在我国吉林市，有人曾经看到一个落地球状闪电在气象站办公室转了数圈，然后又腾空而起，往东方飞去。它像个大探照灯，一路照得通亮，最后落入松花江里消失了。

1981年7月9日，随着一声惊雷，人们看到两个橘红色的大火球，带着刺耳的呼啸声，从乌云中滚滚而下，坠落在上海浦东高桥汽车站。两个火球在地面相撞，发生一声巨响，消失了。

1993年9月16日晚大约19时45分，江苏省滨海县城天气异常闷热，气压很低，突然一条红火龙从该县东坎镇东村东园组的村东向西飞来，飞到杨某家上空时，变为一只火球窜进屋内，紧接着一声巨响，一人遭雷击身亡，身上衣服头发均被烧光，还有二人被击昏在地，身上多处烧伤，后经抢救脱险。

球状闪电这种罕见的自然现象给充满好奇心的人类带来了无尽的遐想。古人在很长一段时间只能借想象来解释它。把它描绘成骑着火团的矮精灵，或者是口吐火焰、兴风作浪的怪物。

在19世纪初，科学家们开始了对球状闪电的漫长的探索。球状闪电虽然罕见，但两个世纪来，人们还是得到了大量的直观资料，其中包括一些科学家的目击纪录。球状闪电是一种奇特的闪电，但它的形成原因至今尚未弄清。有人认为它是一团涡旋状的高温等离子体；有人认为它本身就是一种特殊形式的大气放电等。

最新的科学进展导致了一些科学家将分形理论引入球状闪电的研究，提出分形球状闪电模型：在普通闪电的一次放电瞬间产生的颗粒极小的高温微尘与周围介质碰撞并黏

结成一种错综复杂的网状结构—— 一种分子形结构。它有相对稳定的形状，但密度极小，绝大部分体积是空隙。正是这些空隙储存了球形闪电的能量，它是一种化学能，可能通过一个链式的化学反应来释放能量。

从人类已掌握的自然规律出发，科学家们已提出了几十种模型，他们都能不同程度地解释球状闪电的一部分性质。然而，因为不能在实验室中对球状闪电直接研究，无法获得充分的数据，而目击报告中许多现象又似乎矛盾重重，所以，能得到普遍认可的模型至今还没出现。200 年已经过去，自然界仍在炫耀它天才的创造，它里面究竟隐藏着什么奥秘？相信总有一天人类能够解开这其中的谜团。

🪐 海市蜃楼

19 世纪时，欧洲的许多探险队进入非洲撒哈拉大沙漠进行探险。探险队进入沙漠后，所携带的饮用水一天比一天少。有一天，他们忽然发现在前方不远的地方有一个很大的湖泊，湖水在刺眼的烈日照耀下波光粼粼，湖边还映着大树的倒影。探险队员看到这一幅景象，喜出望外，欢呼雀跃地拿着水桶兴奋地向湖边跑去。但跑了很久，也未能靠近那片湖泊。

英国探险家李温士敦在非洲卡拉哈里沙漠旅行时也曾被这种现象欺骗过。当时，他正在沙漠中行走，忽然发现前面出现一个湖泊，干渴难耐的他于是朝湖的方向奔去，结果可想而知，他根本无法接近那片湖泊。

20 世纪 80 年代人们在叙利亚沙漠地区还见到过更奇怪的景观。当时，雨季刚过，夏季即将来临。火红的太阳还悬在天空中，乌云飘过后，天空洒下一阵急雨。这时在天际突然出现一弯彩虹，与虹影相辉映的是，在它下面隐现出一座市镇，蓝色的湖水、绿色的树木、白色的房屋。这些奇景是怎么回事呢？

古代人将这些奇异的现象称为"海市蜃楼"。传说蜃是一种会吐一股股气柱的蛟龙，它吐出的气柱仿佛海上"城市"中的幢幢楼台亭阁，远远看去，若有若无。

海市蜃楼景象

这是一个出现在南极的海市蜃楼，它下边的山是真山，上边的一切则是幻象。由寒冷空气形成的海市蜃楼都是正像，出现在物体上方；沙漠里的海市蜃楼，都是倒像，出现在物体下方。

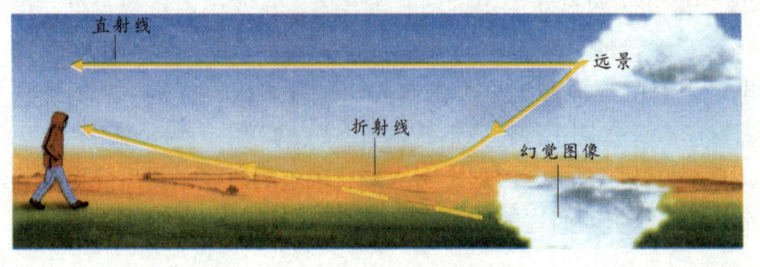

蜃景成因示意图

其实，海市蜃楼是光在密度分布不均匀的空气中传播时发生全反射而产生的。在沙漠中，由于强烈的太阳光照射在沙地上，接近地面的空气被迅速加热，因此其密度比上层空气的密度小，折射率也就小。从远处物体射向地面的光线，进入折射率小的热空气层时被折射，入射角逐渐增大，也可能发生全反射，人们逆着反射光线看去，就会看到远处物体的倒影，仿佛是从水面反射出来一样。沙漠中的行者就常常被这种景象所迷惑。

在海面上也会出现这样的奇景。夏季，海上的上层空气在阳光的强烈照射下，空气密度小，而贴近海面的空气受较冷的海水影响变得较冷，空气密度大，就出现下层空气凉而密，上层空气暖而稀的差异。从两层密度悬殊的空气穿越而过的光线由于短距离内温度相差7℃~8℃时，在平直的海面上或海岸，就会出现风景、岛屿、人群和帆船等平时难得一见的奇景。这是为什么呢？其实，岛屿等虽然位于地平线下，但岛屿等反射出来的光线会在密度大的气层射向密度稀的气层时发生全反射，又折回到下层密度大的空气层中来。上层密度小的空气层会使远处的物体形象经过折射后投进人们的眼中，而人的视觉总是感到物像是来自直线方向的，从而出现"海市蜃楼"的奇景。

蜃景与地理位置、地球物理条件以及那些地方在特定时间的气象特点有密切联系，不仅能在海上、沙漠中产生，柏油马路上偶尔也会看到。柏油马路因路面颜色深，夏天在灼热阳光下吸收能力强，同样会在路面上空形成上层的空气冷、密度大，而下层空气热、密度小的分布特征，所以也会形成蜃景。

对于这种奇异的景象，长久以来，人们迷惑不解，以致闹出了不少笑话。

1798年，拿破仑率领大军攻打埃及，军队在沙漠中行进时，茫茫沙漠中突然出现一个大湖，顷刻间又消失了。不久又出现一片棕榈树林，转眼间又变成荒草的叶子。士兵们被弄糊涂了，以为世界末日来临，纷纷跪下祈求上帝来拯救自己。

第一次世界大战时，在一次会战中，德军潜艇已达美国东海岸之外，从潜望镜内向海上窥探的艇长却惊讶地发现纽约市就在自己头上，他以为自己指挥的潜艇走错了航线，进入美国海域，赶紧下令撤退。

🪐 臭氧层真的会消失殆尽吗

我们头上20千米~48千米处，是环绕着地球的臭氧层。空气里的大部分氧分子（O_2）由两个氧原子组成，而每个臭氧分子（O_3）内包含3个氧原子。

阳光对于臭氧的形成起到了重要的作用。阳光里的紫外线在穿过大气层的过程中使普通的氧分子分解。自由的氧气单原子与邻近的氧分子（O_2）结合，就形成了臭氧分子（O_3）。

臭氧层的臭氧浓度极低，如果将延伸30千米的臭氧分子集中到一起压缩为固体层的话，厚度仅为3毫米。

在地面附近也会存在臭氧。阳光会与汽车尾气或工厂排出的烟中的化学物质发生反应生成臭氧。地面附近的臭氧含量会在闷热的烟雾天里达到警戒水平。吸进臭氧分

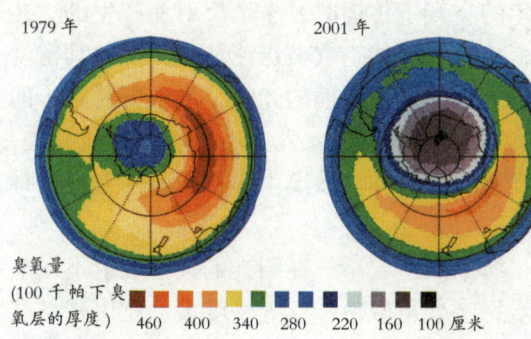

1979 年　　　　　　2001 年

臭氧量
(100 千帕下臭
氧层的厚度)　460　400　340　280　220　160　100 厘米

臭氧洞的扩大

　　8 月至 10 月相当于南极的冬天，这时在南极的上空 15 千米～ 20 千米附近，会出现被称为"极域同温层云"的云朵。这种云的粒子和阳光中的紫外线使氯气活化，导致臭氧层急速破坏，从而生成臭氧洞。

子对身体是有害的，因为臭氧分子会对肺部形成伤害。练习长跑的人如果过多地吸入含有臭氧分子的污染的空气，会感到肺部疼痛，呼吸困难。生长在公路两侧的树木和其他植物往往会因为臭氧污染而生长缓慢。

　　但是我们头上几十千米处的臭氧层不但不会对我们的健康构成威胁，相反还保卫了我们人类的健康。臭氧会吸收来自宇宙中的紫外线：紫外线会使我们的皮肤颜色变深；如果接受过多的紫外线照射，我们的皮肤会被灼伤，甚至患上皮肤癌。

　　从 20 世纪 70 年代起，科学家们一直关注臭氧层的变化。他们发现氯氟烃（CFCs）会破坏臭氧层，而氯氟烃是一种温室气体，被广泛地应用于冰箱、空调和气溶胶罐中。每次使用发胶、摩丝、空气清新剂时，或者当冰箱和空调被送去维修或报废时，都会有部分氯氟烃气体泄漏进入空气。

　　科学家认为，氯氟烃气体在空气中会慢慢地向上飘，最终进入臭氧层。在太阳辐射的作用下，氯氟烃会放出氯原子。氯原子会夺去臭氧中的一个氧原子，使臭氧变成普通的氧气分子，从而使臭氧层遭到破坏。如果这种反应不停地进行下去，臭氧层终究有一天会从地球上永远消失！

　　在 1985 年的时候，一位英国科学家公布了一个重大的发现：南极洲的上空出现了一个巨大的臭氧层空洞。这个臭氧层空洞的面积相当于整个美国的大小，每年春天都会出现。当季节改变，风向发生变化时，周围的臭氧分子会被吹过来填补这个臭氧层空洞，但与此同时周围地区的臭氧水平就会显著下降。1992 年冬天，欧洲和加拿大部分地区上空的臭氧含量下降了 20%。

　　研究人员在南极洲的上空还同时发现了大量含氯的一氧化物，这是一种在氯气分解臭氧反应过程中释放出的化学物质。由此可见，日常生活里广泛应用的氯氟烃的确是一大隐患。

　　据估计，臭氧含量每下降 1%，到达地面的紫外线就会上升 2%，同时皮肤癌的发病率会上升 3%～ 6%。紫外线对人体的免疫系统也会造成伤害，使人们更容易患上疟疾一类的疾病。此外，紫外线还会破坏植物细胞，使植物生长受阻。

　　科学家们还担心臭氧层变薄会导致全球范围内的气候变化，而此后的一系列结果将不堪设想。臭氧层有保温作用，而随着臭氧层逐渐变薄，臭氧层附近的空气温度下降，会导致全球风模式的变化，从而导致气候变化。随之而来的可能是长期干旱、庄稼歉收、粮食短缺，甚至大饥荒。

　　据科学家计算，即使全世界人民都行动起来，采取一切可行的措施阻止破坏臭氧层的活动，使臭氧水平恢复到从前的水平也需要多年的努力。

探寻沙漠的成因

辽阔的大漠给人以壮美的感觉，但也吞噬了无数美好的生命。如今，沙漠正以非常快的速度向人类的生存地带延伸，人类的未来面临着严峻挑战。人们在治理沙漠的同时，也在思索着沙漠的形成原因。

从地球上沙漠的分布来看，沙漠是地球上干旱气候的产物。然而，并不是所有沙漠的成因都能用这一观点来解释。例如，塔尔沙漠在平时上空总是湿润多云，而当西南季风来临时，空气中的水汽含量几乎可与热带雨林区相比，即使如此这里仍然形成了一片沙漠。

经过研究，科学家们认为形成沙漠的主要原因是尘埃。塔尔沙漠上空平均每平方千米飘浮着1吨半多的尘埃，是芝加哥上空的好几倍，而且尘埃分布高度也较高。塔尔沙漠没有降雨的条件，也没有成露的条件：白天尘层增温，空气因地面缺少加热而不能上升；夜间，尘埃以散热冷却为主，空气下沉使地面散热减弱。尘埃使空气变得十分干燥，地面只能形成沙漠。

那么，这么多的尘埃又源于何处呢？有的学者指出，人类是破坏生态环境、制造沙漠的真正凶手。

世界上最大的沙漠——撒哈拉沙漠的演变进一步证实了这一观点。谁能想到，在远古时代，撒哈拉的大部分地区曾经是一片植物茂盛的肥沃土地。然而，人类常常为了眼前的利益，乱砍滥伐，大肆破坏自然，造成了土地的严重沙化，从而加快了沙漠化的进程。

也有人反驳说，有些沙漠产生时，地球上还没有人类。人类不适当地开发自然，固然会使丰美的草原、森林退化成沙漠，但沙漠本身作为一种生态类型，早在人类出现以前就存在了。

到底是人类还是气候制造了沙漠？或是二者共同制造了沙漠？人们对这个问题仍然争论不休。但有一点是无须争论的，那就是为了人类的将来，当务之急应抓紧治理沙漠，大面积植树造林，努力保护我们的地球家园。

非洲纳米比沙漠中的这些巨型沙丘是世界上最高的沙丘之一。在纳米比，海风使沙一直处于移动状态，沙丘也就像缓慢的海浪一样慢慢向着内陆推移。

深海海沟中的秘密

长期以来，由于技术水平的限制，人们对大海的深处知之甚少，总以为大海的底部是平坦的，后来人们才发现海洋的底部与大陆一样，有宽广的海底"平原"和"高原"，也有纵横相交的海底山脉，甚至还有深达万米的海沟。

海沟被称为"倒过来的山脉"，是海洋底部最深凹的地方，它是一种地质形态构造。深海沟大多位于大洋的边缘，是大陆与海洋过渡的最外边的一种地质构造单元，它具有特殊的形状（代表大陆、大洋两种不同地壳的接缝）和极大的深度（约为 6000 ~ 10000 米），比一般洋底要深 3000 ~ 5000 米。

近年来，科学家们对海沟地形做了大量勘测。他们对大量勘测结果进行分析后发现：世界大洋中深度超过 7000 米的海沟有 19 条分布在太平洋，只有 4 条分布在其他的海洋中。

世界最著名的一些海沟，如日本海沟、马里亚纳海沟、菲律宾海沟和汤加海沟等就位于太平洋西部边缘的岛屿外侧。这些海沟的横截面均呈"V"字形，由于松散物的堆积，海沟最深处或海沟底部总有一段平坦的地形。可能由于海沟运动缓慢，这种海沟平底又并不是完全水平的，而是稍微向岛弧方向倾斜。

从阿拉斯加沿岸起有一连串的岛弧山脉直达新西兰海沟，这些岛弧的结构并不单一，大陆一侧的内弧多为火山弧，而位于大洋一侧的外弧则多为非火山弧。

这些神秘的海沟是怎样形成的呢？

大量的历史资料表明，海沟众多的太平洋地震带位于太平洋边缘地区。1876 年 1 月，伴随着斐济 – 克马德克群岛间海沟的 8 级强震，这里发生了大规模的地面变形、断裂和崩塌等现象。1891 年 10 月，日本横滨的地面裂开了一条长达 160 千米的裂缝。1899 年，阿拉斯加大地震使许多岩块离开原位置 10 ~ 15 米，它还使岸边森林也陷入海中。

随着 20 世纪 60 年代地震学的发展，一些人开始从地震机理入手研究海沟形成的原因。地幔下面温度高的部分发生热膨胀后就会产生热对流，形成地球内部的物质对流，就像锅中经过反复加热的水会发生膨胀，水的体积增加，密度变小变轻，锅底较热的部分上升，相反表面上的冷水就会下降。于是，科学家们推测：海沟形成的原理也与此相似。

后来，科学家们据此模拟了海沟的形成过程：大洋中央海岭顶部异常大的地热流，在张力作用下，与从海岭下方上升的地幔热对流，为地震提供能量来源，就是这种对流和地幔上升的张力，造成了大洋海岭中央部位的裂谷带和断裂带。到达大

大陆架

大陆斜坡

海沟

与陆地上一样，海底的地形各异，也有山脊、峡谷和山脉。

洋边缘部位的地幔流与大陆相碰撞，然后就在那里沉潜。地壳被下降的地幔流带动而发生凹陷，于是在大陆边缘部位就产生了像深海沟那样的凹地。

但是，让科学家们感到棘手的是，地幔对流说看似简单，实则不然。至今他们仍不能证实大规模的地幔对流的存在；即使存在，也无法证实它能在地壳之下沿着大洋底部横向流动。科学家们仍在努力探索着，以期早日破译海沟的秘密。

人体之谜

人类为何会得癌症

"癌症"这个词现在频繁出现在人们的嘴边，可谓谈癌色变。它夺去了无数人的生命，已经成为威胁人类健康的最可怕的"杀手"之一。有资料显示，全世界每年因癌症死亡的人数多达几百万，近年来，儿童患癌率显著增加，这一现象令医学家们大为震惊。癌症如此可怕，不禁令我们疑惑：究竟是什么导致人类得这种致命的绝症呢？

带着这个疑问，科学家们进行长期的研究，现今已经了解和掌握了一定的规律，并取得了一些临床治疗上的进展，但是科学家们并未找到致癌的真正原因，每年仍有大量的人因患癌症而死亡。所以说，要想彻底攻克这个难关并揭开它的秘密，还有相当长的路要走。

科学家们首先把注意力放在了寻找致癌物质上。他们通过研究患肿瘤的动物发现，诱发癌症的主要因素有：一定的化学物质和物理、环境方面的因素。举例来说，在广岛的原子弹大爆炸中因核辐射患血癌的人和长期工作在铀矿的矿工患肺癌的概率均远远高于普通人，而且死亡率也相当高。

然而，科学家们在进一步的研究中发现，日常生活中也不乏患癌症的人，那么日常生活用品中自然也含有致癌物质，到底哪些东西中含有致癌物呢？经过统计发现，诱发癌症的因素还有煤油、润滑油、香烟中的尼古丁、发霉的爆米花和粮食中的黄曲霉素等。

还有一些科学家提出，癌症还与遗传因素有关，致癌物可能通过基因突变传给后代。根据一部分医学工作者研究的结果，有一种癌症属于"遗传性癌"，它是直接由遗传决定的。进一步的研究之后，医学专家们又发现，那些属于非遗传型的癌症，竟也呈现出明显的遗传倾向。比如，胃癌患者的子女得胃癌的概率比一般人高出4倍；母亲患

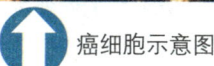
癌细胞示意图

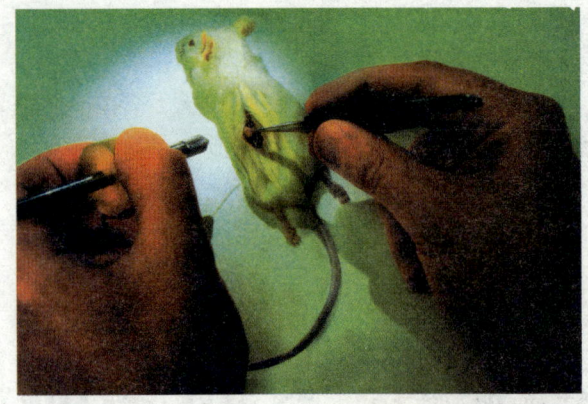

↑ 图为对一只老鼠进行基因注射，通过基因处理使其感染癌症，然后进行癌症治疗实验。在癌症还没有被征服前且基因技术的可靠性仍受到质疑时，以其他哺乳动物作为研究对象也是一种不得已的选择。

乳腺癌，女儿的乳腺癌发生率也比一般人要高。很显然，遗传因素对癌症的影响是不容忽视的。相关研究还表明，某些人对癌症具有易感性，主要因为体内某些酶的活性降低，染色体数目异常或畸变。总之，遗传上的缺陷很有可能促发癌症。但遗传因素是怎样促发癌症的，却仍然令医学家们感到费解。

近年来，有一些医学专家提出，绝大多数癌症与环境因素有关，例如，土壤中镁含量低的地区，胃癌的发病率就相对较高一些；皮肤癌的发病率和饮用水受砷污染的程度密切相关；饮用水中的碘的含量如果过低，甲状腺癌的发病率就会上升等。可见，环境因素对癌症的发生起着不可忽视的影响。

综上所述，我们看到，诱发癌症的因素很多，但是这些致癌因素之间并没有什么共同点，这到底是为什么呢？经过一系列临床研究实验后，医学家们发现，同样的致癌因素，并不一定都能诱发癌症。也就是说，所有的致癌因素可能都不过是外在因素，还有可能存在着内在因素。因此，科学家们又开始了致癌的内在原因的探寻过程，经研究发现，癌组织是由正常组织细胞病变而来，具体来说，人的肌体内都存在着克服致癌因素的抑癌因素，在这种抑癌因素的作用下，细胞才会健康发展。如果抑癌因素的作用减少或消失，正常细胞就会发生基因突变，代谢功能紊乱，细胞也因此无限地分裂、增生。一般来说，正常细胞演变成癌细胞，再引发癌症是一个相当漫长的历程，大约需要 10 多年的时间。同时，科学家们又发现人体基因内存在着癌基因，这是造成正常细胞癌变的关键。其实，人体内不仅存在癌基因，还有抗癌基因。抗癌基因的发现，使人类对癌症的研究有了突飞猛进的进展，是人类最终战胜癌症的前提。科学家们把培养的抗癌基因注入动物身上，取得了初步成功。如果研究能够再深入一步的话，有望在不远的将来把这种方法应用于人类的癌症治疗上。

一部分医学专家在不断研究细胞癌变的过程中还发现，癌细胞的氧含量很低，而蛋白质含量却很高，而且癌细胞的表层组织越深入其裂变能力越差，直至坏死。

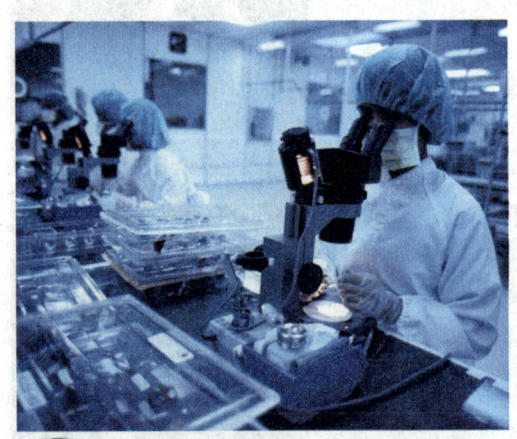

↑ 随着科技的不断发展，也许不久以后人类就能研制出彻底治疗癌症的药物。

因此，细胞缺氧可能也是诱发癌症的因素之一。当局部组织受到损坏，并进入窒息状态时，会改变其生存方式，癌细胞由此生成。

关于癌症的成因，可以说是林林总总，莫衷一是，但这些都只是具体细节方面的分歧，大体上来说，都有一定的合理成分在其中。但从根本上讲，人们并没有把癌症的病因彻底弄清楚，仍处于推测假说阶段。面对癌症这个疯狂病魔的肆虐，医学家们在大多数情况下仍然是束手无策，无能为力。但随着科学的进步，经验的累积，研究的深入，相信终有一天，人类会彻底弄清楚癌症的病因，降服这个恶魔。

人为什么会做梦

梦究竟是怎样产生的？它究竟能不能预卜吉凶？它受不受人世间自然力量的安排和支配呢？这些问题一直都吸引着历代学者去探讨。然而真正系统而科学的研究还是近现代的事。

1900年，世界著名心理学家弗洛伊德从心理学的角度解释梦的原因。他认为，梦是一种愿望的满足。在多种多样的愿望中，他更为重视性的欲望。认为性欲是人的一种本能，而本能是一种需要，梦就是满足这种需要的形式之一。弗洛伊德还认为，梦是有意义的精神现象，是一种清醒的精神活动的延续。借助梦可以洞察到人们心灵的秘密。梦是无意识活动的表现，人在睡眠时，意识活动减弱，对无意识的压抑也随之减弱，于是无意识乘机表现为梦境的种种活动。

弗洛伊德的学生阿德勒则认为，做梦是有目的的。梦是人类心灵创造活动的一部分，人们可以从对梦的期待中，看出梦的目的。梦的工作就是应付我们面临的难题，并提供解决之道。梦和人类的生活是息息相关的。每个人做梦时，都好像在梦中有一个工作在等待他去完成一般，都好像他在梦中必须努力追求优越感一般。梦必定是生活样式的产品，它也一定有助于生活样式的建造和加强。人在睡眠时和清醒时是同一个人，由白天和夜里两方面表现结合起来才构成了完整的人格。人在睡梦中并没有和

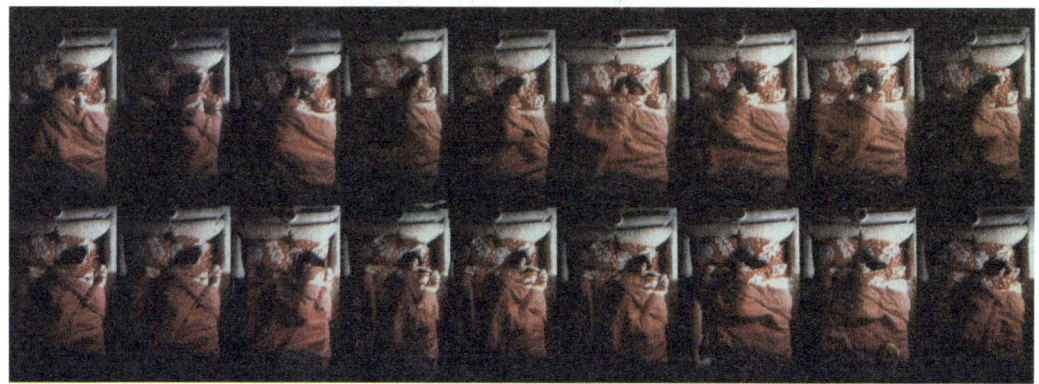

摄影师席尔多里·斯巴尼亚拍下的一系列关于睡眠的定时照片。每帧照片隔15分钟。他拍摄它们是为艺术创作，但神经生理学家霍伯森指出这些照片对睡眠研究的价值，因为图中人的姿势变化与脑的变化吻合。有一连几帧姿势没有变化——例如从上排第五帧起，其后睡姿发生变化，统称表示快速眼动睡眠或开始做梦。

现实隔离，仍在思考和谛听。梦中思想和白天思想之间没有明显的绝对界限，只不过做梦时较多的现实关系暂时被搁置了。梦是在个人的生活样式和他当前的问题之间建立起联系，而又不愿意对生活样式做出新要求的一种企图。它是联系做梦者所面临的问题与其成功目标之间的桥梁。在这种情况下，梦常常可以应验，因为做梦者会在梦中演习他的角色，以此对事情的发生做出准备。

弗洛伊德的另一名学生荣格认为，梦就是集体潜意识的表现。重视潜意识，尤其是集体无意识，是理解和分析梦的前提，梦具有某种暗示性。梦所暗示的属于目前的事物，诸如婚姻或社会地位，这通常是问题与冲突的根源所在。梦暗示着某种可能的解释。同时，梦还能指点迷津。

可以说，弗洛伊德、阿德勒和荣格对梦的心理机制、梦的成因以及梦的作用和意义等方面，都有自己独到的见解和贡献。

世界著名生理学家巴甫洛夫从生理机制方面解释了人为什么做梦的问题。他认为，梦是睡眠时脑的一种兴奋活动。睡眠是一种负诱导现象。大脑皮层的兴奋过程引起了它的对立面——抑制过程，抑制过程在大脑皮层中广泛扩散并抑制了皮层下中枢，人便进入了睡眠状态。人进入睡眠时，大脑皮层出现了弥漫性抑制，也就是抑制过程像水波一样扩展，当人熟睡时，弥漫性抑制占据了大脑皮层的整个区域以及皮层更深部分后，这时就不会做梦，心理活动被强大的抑制过程所淹没。当浅睡时，我们大脑皮层的抑制程度较弱，且不均衡，这便为做梦提供了条件。

现代科学发达，可以通过实验分析来逐步揭开梦的奥秘，有的科学家认为：梦是快速眼球运动中"意象"的集合，在快速眼球运动期间睡眠就会产生梦境，此时脑电波振幅低、频率快，呼吸和心跳不规则，周身肌肉张力下降。当这时候叫醒睡眠者，他会说："正在做梦。"如果不断地叫醒（打断其梦），会使其情绪低落、精神不集中，甚至暴躁和性急。

有的科学家做过这样的实验：将乙酰胆碱类药物注射到猫的脑干里。经研究发现，当脑干里某神经元放出乙酰胆碱进行信息沟通时，另一种神经元就停止释放去甲肾上腺素和羟色胺，前一种神经元将信息传至大脑皮层，皮层的高级思维和视觉中心，借助已存的信息去解释、编织成故事，梦就产生了。在梦境里为什么只见"镜像"，尝不出

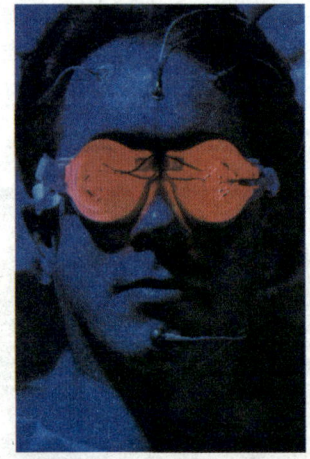

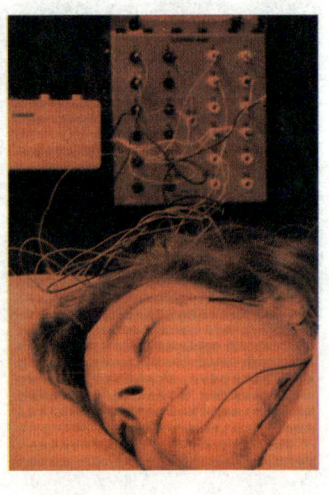

左图为史提芬·拉伯基的眼睛在睡眠中快速抽动时，眼镜便发出柔和的红光，表明梦即将发生。柔光不会惊醒清醒梦实验者，而提醒他在梦中发挥主动角色。

右图为在睡眠实验室的暗淡红光中，一个志愿者昏昏入睡。她的头和脸上贴着电极，用以侦测脑和肌肉活动，为研究者提供与做梦相关现象的记录。

五味，闻不到香臭，这是因为快速眼球运动期间发射出的是视神经元，而不是味觉、嗅觉神经元。为什么梦醒片刻就记不住梦的内容，这是由于梦的储存仅在短暂记忆里，而长期记忆库的去甲肾上腺素和羟色胺处在封闭状态。

当然，心理学家和生理学家对梦的解释和研究也不是完全正确的，有些解释还欠妥和过于简单。但可以相信，随着心理学和生理学的发展，当代和未来的心理学和生理学家们会对梦作出更准确、更完善的解释。

人脑之谜

人类在世界的历史上创造了许多伟大的奇迹，而这些奇迹的创造要归功于我们人类有一个与众不同的脑。尽管人类创造出了种种的奇迹，但是对于人脑的认识却充满了未解之谜，等待着我们去探索，去发现。

人脑之谜面临的问题很多，最首要的问题就是大脑的工作机理和它的微观机制。目前人们对这个问题的认识仍然是很少的。例如：人脑是如何处理信息的？是序列式还是并列式处理？他们又是怎样具体进行的？人脑中信息的表象是什么？怎样对化学密码做出阐释？其次是关于脑功能和结构异常引起的疾病问题。占首要地位的可以说是精神分裂症，病人有思维障碍、幻觉、妄想、精神活动与现实活动脱离等症状。大约有1%的人可患此病，这个比例意味着在我国将有上千万的患者。对于它的病因目前仍不很清楚。另一种疾病是癫痫，大约有0.5%的患病概率，对人类的健康构成严重的威胁。病因也不是很清楚。再有一种疾病就是阿尔茨海默病，在病人的脑中可以看到一种特殊的蛋白质的沉积，但是它是如何产生，在发病过程中所起的作用如何，都还是一个未解之谜。

最后一个问题就是人类对自己大脑的认识。在近代科学史上，生理学家一致认为：大脑皮层是智力和意识活动的中枢，并且认为大脑的发达程度和智力的高低与脑子的大小有密切的关系。为了弄清这个问题，医学家们甚至解剖过许多杰出人物的大脑。通过无数的实验得出结论：正常成年男子的脑重1.42千克左右，女子的脑重比男子要轻10%，如果男子脑重轻于1千克，女子轻于0.9千克，人的智力就会受到影响。

但是，随着科学的发展，往往可以得出一些与定论相悖的结论。例如英国的神经科专家约翰·洛伯教授就指出，人类的智力可能与脑完全无关。一个完全没有脑子的人一样可以有极好的智力。他提出的理论根据是，英国的谢菲尔德大学数学系有一个学生，每次考试成绩都名列前茅，可是在对他的脑部进行探测时却发现，这个学生的大脑皮层的厚

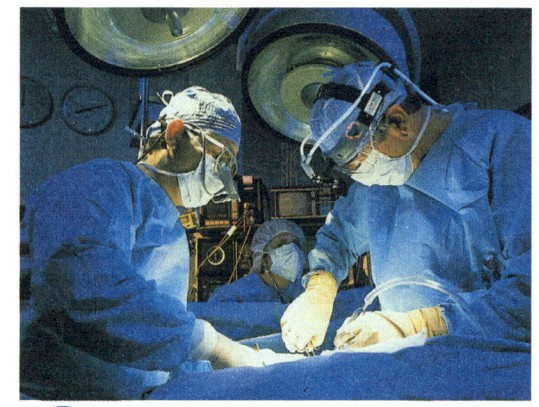

智力水平

智力这个术语涵盖了许多方面的能力。例如，手术操作要求医师具备高水准的专业知识和在压力下作出决定的能力，医师之间还需要相互配合。其他工作所要求的具体技能有所不同，不过同样具有难度。

度仅有 1 毫米，而正常人是 45 毫米。而在他的脑部空间充满脑脊液。另外，教授还发现一位医院女工作人员，根本就没有大脑这一部分，而她的智商却高达 120。

如果说大脑皮层是智力和意识的活动中枢，那么我们如何解释"没有脑子的高才生"的现象？洛伯教授发现的"水脑症"，不是根本没有大脑，而是有脑，但不及正常人的 1/4，既然如此，对于他们的超常智力又做何解释？

在人脑探秘中，科学家们现在进行的另一个关于人脑中枢的研究是：人脑中是否存在着嗜酒中枢。我们经常见到一些嗜酒如命的人，为了帮助这些酒鬼戒酒，有些科学家首先想到这样一个问题，在大脑中有负责正常人进食和饮水的延脑，那么有没有嗜酒的中枢呢？有的话，这种中枢又位于哪里呢？

人弹奏吉他时，大脑每秒钟都会沿着运动神经向手臂、双手和手指发出数千个神经信号，从而以惊人的速度和准确度控制人体的运动。

苏联的科学家们首先进行了这方面的研究。他们发现下丘脑与嗜酒有一定的关系。苏联医学科学院的苏达科夫经过研究认为，酒精破坏了下丘脑神经细胞的作用，从而形成了一些副作用。在对许多的动物和人类中的酒鬼的下丘脑检测实验中，他发现了酒精破坏的痕迹。酒精破坏了神经细胞的正常工作，被损坏的神经细胞会发出"索取"酒精的指令，于是酒鬼们就会无休止地沉湎于酒精的麻醉中。为了证实这一点，他做了这样一个实验：他让一群老鼠连喝了一个月的酒，结果把这些老鼠全都变成了酒鬼，接着再破坏一部分老鼠的渴中枢，并一连数天不让所有的实验鼠喝水，最后，当把清水和酒精放在这些老鼠面前的时候，在 90 只老鼠中，只有 6 只选择了清水，其余的 84 只全部选择了酒精。而未喝过酒和动过手术的老鼠选中的都是清水，这个实验有力地说明，动物大脑中的嗜酒中枢可能是渴中枢受酒精的刺激转化而成的。有些科学家由此断言，嗜酒中枢就是渴中枢。

这个实验在学术界产生了很大的影响，但是一些生理学家和医学家对于人脑中存在着嗜酒中枢却持怀疑的态度。他们认为，首先，在动物身上获得的结果能否在人体重新获得还有待于证实，动物的嗜酒是一种人工形成的生理需要，而人的嗜酒情况是很复杂的。还有遗传、环境、习惯、性格等各种因素的作用。其次，动物脑中的嗜酒中枢，仅仅是实验证明的一部分，对于所有动物来说是否成立还需要实验的证明。至于人脑中是否存在着嗜酒中枢就更需要进一步的实验来证明了。

科学本来就是在辩论中不断更新和发展的，法国著名的文学家巴尔扎克说：打开一切科学的钥匙都毫无异议地是问号；我们大部分的伟大发现都应归功于不断的疑问，而生活的智慧大概就在于逢事都问个为什么。究竟哪一种结论是正确的，这还需要科学家们用实践来证明。

能接收广播的牙齿

在都市奇谈中，最常听到的就是人们有时候能通过牙齿听到广播。虽然这种故事常常被认为是异想天开虚构出来的，但是此类传闻一直接连不断，屡次出现。实际上，美国牙科协会说每个月都有人向他们咨询这个问题。

芝加哥的一名男子说，他小时候掉了一颗牙齿。大约在 1960 年，牙医用金属丝将一个套子拴在他的牙床上。从那以后，他开始明显地听到脑袋里有音乐声，尤其是在户外的时候。他说音乐轻柔而清晰，但他分辨不出是哪个电台。一两年之后，新牙医解下了金属丝套子，音乐也停止了。另一个美国人在 1947 年也曾有过类似的经历，当时她乘火车从家乡克利夫兰去罗德岛上学。她说自己的头部接收到了某个广播电台，并持续了大概 10 分钟，她记得听到的是商业节目，还有一个广播员的声音。她曾有几个牙齿里面填充过银，但她记不清楚是不是在这件事之前填充的。

最有名的例子发生在喜剧女演员露西·鲍尔身上。她说在 1942 年，自己临时用铅填充了几颗牙齿，过了几天，她晚上在加利福尼亚开车的时候忽然听到了音乐。她写道："我弯下腰去关收音机，但它本来就关着。音乐声越来越大，我才发现声音是从嘴里发出来的。我甚至听出了是哪首曲子。我的牙齿嗡嗡作响，被鼓点敲击着，我以为自己昏头了。我想，这是见什么鬼啦？然后声音开始平息。"第 2 天，她在摄影棚里满腹狐疑地把这件事讲给演员巴斯特·基顿听，基顿笑着告诉她说，那是因为她牙齿里的填充物收到了广播，他有个朋友也遇到过这种事。

当然，这个故事可能被好莱坞夸大了，但是在 20 世纪 30 年代和 40 年代，当美国各地安装了功能强大的 AM 发报机之后，的确有许多当地居民说从栅栏的铁丝、浴缸和牙齿填充物上发出了音乐。这完全是民间传说，还是具有科学依据的事实呢？

一些科学家说，只要有合适的条件，人的嘴完全可以像收音机电路一样工作。收音机电路最基本的构成只需要 3 部分：天线，用来接收广播电磁信号；检波器，一种把无线电波转换成人耳可以听到的声音信号的电子元件；转送器，即任何能实现喇叭功能的东西。他们说，在极少数情况下，人的嘴能够达到这种构造。人体具有导电性，可以充当天线。牙齿里的金属填充物和唾液反应，能像半导体一样检验波音频信号。转送器可以是嘴里任何能振动并产生声音的东西，例如松动的填充物。

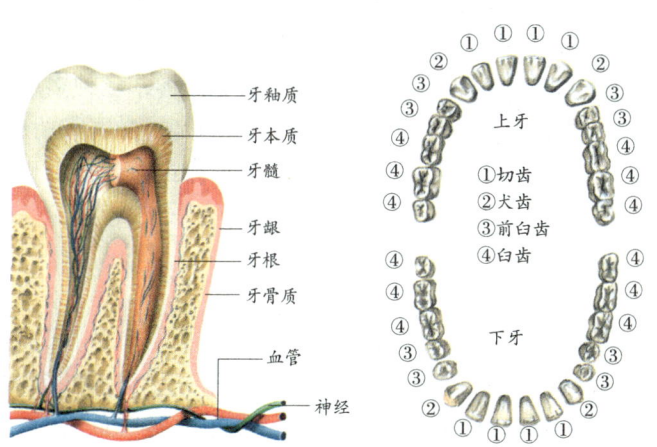

牙釉质
牙本质
牙髓
牙龈
牙根
牙骨质
血管
神经

① ① ① ①
② ②
③ 上牙 ③
④ ④
④ ①切齿 ④
④ ②犬齿 ④
④ ③前白齿 ④
④ ④白齿 ④
④ ④
③ 下牙 ③
② ②
① ① ① ①

牙齿

牙齿用于切断、撕裂和磨碎进入口腔中的食物。牙根嵌入上下颌骨中的牙槽内，牙齿最外层的牙釉质是人体内最坚硬的物质。婴儿出生时没有牙齿，到 2 岁左右长齐乳牙，共 20 个。6 岁左右，乳牙自然脱落，长出恒牙，共 32 个。

其他人不认同这种想法，说听起来像无线电波的东西，其实只是一种化学反应，由嘴里的填充物和唾液中酸的奇特作用引起。当然，这只是理想化的情况。

不管怎样，虽然通过牙齿听到音乐的报道偶然还会出现。这是否与收音机的过时或与牙齿填充物类型的变化有关呢？我们只能继续等待谜底揭晓的那一天。

🪐 神秘的人体自燃现象

人体自燃现象最早见于17世纪的医学报告，时至今日，有关的文献更是层出不穷，记载也更为详尽。那么，什么是人体自燃呢？它是指一个人的身体未与外界火种接触而自动着火燃烧。

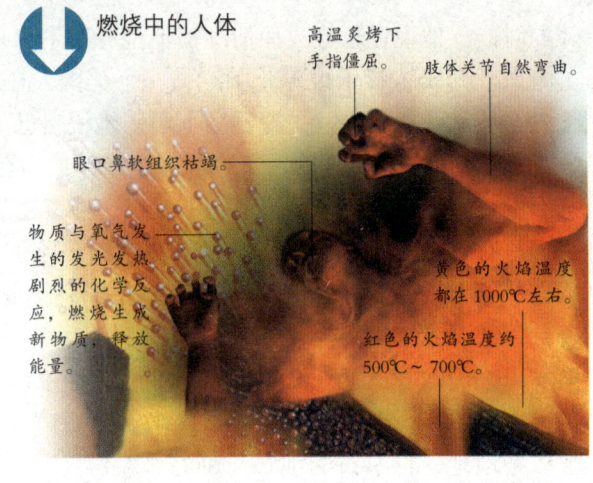
燃烧中的人体

高温炙烤下手指僵屈

肢体关节自然弯曲

眼口鼻软组织枯竭

物质与氧气发生的发光发热剧烈的化学反应，燃烧生成新物质，释放能量。

黄色的火焰温度都在1000℃左右。

红色的火焰温度约500℃～700℃。

1951年，佛罗里达州圣彼得堡的利泽太太被人发现在房中化为灰烬，房子却丝毫未受损坏。在这个案件中，调查人员使用各种现代科学方法，以确定这一神秘意外的来龙去脉。可是，虽然有联邦调查局、纵火案专家、消防局官员和病理专家通力合作研究，历时一年仍然没有把事件弄清楚。

在发生事故的现场除了椅子和旁边的茶几外，其余家具并没有严重的损毁，可是在屋内却出现了一种奇怪的现象：天花板、窗帘和离地1米以上的墙壁，铺满一层气味难闻的油烟，在1米以下的墙壁却没有。椅子旁边墙上的油漆被烘得有点发黄，但椅子摆放处的地毯却没有烧穿。此外在3米外的一面挂墙镜可能因为热力影响而破裂；在3.5米外梳妆台上的两根蜡烛已经熔化了，但烛芯依然留在烛台上没有损坏；位于墙壁1米以上的塑料插座也已熔化，但保险丝没有烧断，电流仍然畅通，以至于护壁板的电源插座没有受到破坏。与一只熔化了的插座连接的电钟已经停摆，上面的时间刚好指在4点20分。当电钟与护壁板上完好的插座连接时，仍然可继续走动。附近的一些易燃物品如一张桌子上的报纸以及台布、窗帘，却全部安然无损。

在世界其他地区也有像利泽太太这样人体自燃的案例，而且自燃的形式多种多样，有些人只是受到轻微的灼伤，另一些则化为灰烬，更令人不可思议的是，受害人所睡的床、所坐的椅子，甚至所穿的衣服，有时候竟然没有烧毁。还有些人虽然全身烧焦，但一只脚、一条腿或一些指头却依然完好无损。在法国巴黎，一个嗜好烈酒的妇人在一天晚上睡觉时自燃而死，整个身体只有她的头部和手指头遗留下来，其余部分均烧成了灰烬。

在以前发生过的人体自燃事件中，男女受害人的数目比例大致相同，年龄从婴儿到114岁的老人都有，其中很多是瘦弱的。他们有的人是在火源附近自燃，有的人却是在驾车时或是毫无火源的地方行走时莫名其妙地着火自燃的。

有人虽然曾经提出一些理论，但是一直没有合理的生理学论据来说明人体是如何自燃甚至于化为灰烬，因为如果要把人体的骨髓和组织全部烧毁，只有在温度超过华氏 3000 度的高温火葬场才有可能。至于烧焦了的尸体上尚存有未损坏的衣物，或者是一些皮肉完整的残肤，就更令人觉得有些神秘莫测了。

奇异的人体发电现象

在如今这个电气化的时代里，人们的生活可以说时时处处都离不开电。于是有人幻想，如果人体自身能发电该多好啊。事实上，世界上确实存在着这样的人，对于身体会发电的人来说，能发电可并不见得是一件好事。

在意大利罗马南方的一个村子里，住着一位名叫斯毕诺的 16 岁的年轻人，他的叔父艾斯拉模·斯毕诺在 1983 年 8 月首先发现了他的奇异之处：每当斯毕诺来到他家时，他家里的电气产品就会发生故障，而且他身边的床还会无缘无故发生自燃，油漆罐也会着火爆炸。

英国的贾姬·普利斯曼夫人是另一个会发电的人。贾姬的丈夫普利斯曼先生是位电气技师。但他的夫人却时时"发电"：一旦她靠近电器，电器制品就会损坏，电视会自己转台、灯泡会爆炸……她已经毁坏了 24 台吸尘器、9 台除草机、12 台吹风机、19 个电饭锅、8 台电炉、5 只手表、3 台洗衣机。

科学家用尽各种办法来研究这个不可思议的人体发电现象。他们从电鳗的健康与发出电能的相关关系得到启发，纽约州立监狱的南萨姆医师用囚犯做实验，用"肉毒菌"让被实验者暂时得病，暂时发电的现象在病人身体上出现了。这时从病人的体内可以检测出大量的静电。不过，病人的身体一旦恢复健康，发电的现象便消失了。

这个实验证明，是人的生理机能的失衡引起了人体的发电现象。

而韦恩·R.柯尔博士认为，从理论上来讲，约 3 立方厘米的人类肌肉细胞可以产生 40 万伏特的电压。他试验利用冥想在肌肉中产生静电，实验取得了成功。

正常情况下，人体是否隐藏着发电的潜能，还有待科学家们的进一步研究。

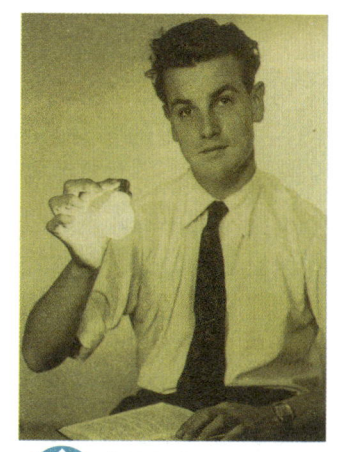

↑ 能使灯泡闪亮的人

威廉·布莱恩有一种奇异的功能，他在没有电源的情况下，仅靠摩擦几下自己的身体就可以使灯泡闪亮，而本人与常人无异。不知这种能力是否与辉光有关。

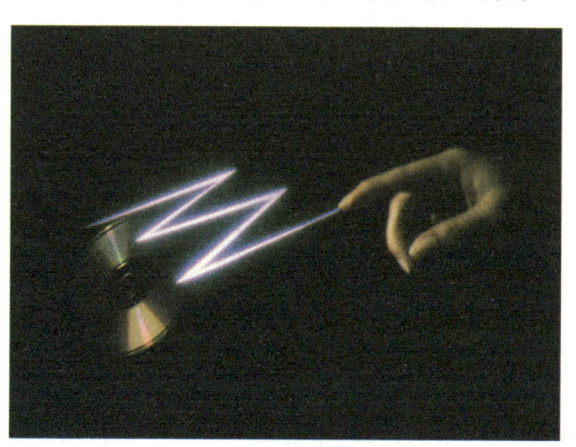

↑ 每个人都隐藏着发电的潜力，如果利用冥想真的能够产生电，那么我们就可以通过自己的身体对一些电器进行遥控了。

🪐 肉眼看不见的"人体辉光"

在许多古今中外的宗教绘画中，为了显示神佛的超凡、伟大，往往其头上都有光环存在。其实，撇开宗教上的象征意义不谈，即使是生存在现实世界中的任何一个凡夫俗子，他们身上同样也有一道光环，只不过不为人的肉眼所见罢了。

英国一名医生华尔德·基尔纳早在 1911 年采用双花青染料涂刷玻璃屏，首次意外发现了环绕在人体周围的宽约 15 毫米的发光边缘。其后不久，苏联科学家西迈杨·柯利尔通过电频电场的照相术把环绕人体的明亮而有色的辉光拍摄了下来。于是，这一有趣的发现受到了世界各国科学家们的广泛关注。20 世纪 80 年代后，日本、美国等相继使用先进高科技仪器对"人体辉光"进行研究，试图把"人体辉光"之谜公之于众。日本新技术开发事业团采用了具有世界上最高敏感度的、用于检测微弱光的光电子倍增管和显像装置，成功地实现了对"人体辉光"的图像显示，并把这种辉光称为"人体生物光"，他们还把这一科研成果应用到医学研究上去。他们对志愿接受检查的 30 位病人进行了生物光测试，最后的测试结果表明，甲状腺功能衰退者、甲状腺切除者及正常人在夜间睡眠时，在新陈代谢减缓的同时，其生物光强度也会减弱。

研究表明，经常参加锻炼的运动员身体发出的辉光要强于普通人的辉光。

尤其令人惊奇的是，科学家在研究"人体辉光"的照片时发现，照片中的光晕明亮闪光处，恰恰与中国古代针灸图上标出的针灸穴位相吻合，而每一个人又都有一种独特的辉光样式。另外，美国科学家研究指出，辉光在人体内疾病产生前，会呈现出一种模糊图像，好像受到云雾干扰的"日冕"；而当人体内有癌细胞扩散时则会出现一种片云状的辉光。苏联研究人员曾对酗酒者进行"人体辉光"追踪拍摄，他们发现饮酒者在刚刚开始端杯时，环绕在手指尖的辉光清晰、明亮。当人喝醉酒之后，指尖光晕会变成苍白色，同时他们还发现光圈无力，并且向内闪烁着收缩，变得暗淡异常。他们对吸烟者也做了类似的试验：一天只吸几支烟的人，其辉光基本上保持正常状态；而当吸烟量逐步增大时，"人体辉光"便会呈现出跳动和不调和的光圈；如果是位吸烟上瘾的人，辉光就会脱离与指尖的接触而偏离中心。

现在，对"人体辉光"的研究正在深入地进行中。各国专家试验将其应用到医学上，甚至还有人设想把它应用到保健上，如在家庭中设立"辉光档案"，通过计算机监测装置进行"遥控保健咨询"。另外，"人体辉光"会随着大脑活动的变化而发出程度不同的光辉，所以有人据此想把它应用到犯罪学上，譬如在对犯人进行审问时可以发现其是否企图说谎等。

但是，截至目前，"人体辉光"的成因还是个谜。有人认为，这是人体的密码文字；有些科学家则认为，"人体辉光"是自然界一切生命的特别现象，是好像空气一样的复合物；还有人说这是由水汽和人体盐分跟高电场相互反应的结果。总之，众说纷纭，莫衷一是。但"人体辉光"确实以其特殊的魅力吸引着众多的科学家为之不倦探索着。

🪐 梦与灵感

每个人都有做梦的经历，在梦中，我们经常会遇到千奇百怪的事情。然而直到今天，人类还不清楚梦究竟是怎么一回事。更有意思的是，有些人还能从梦中得到启发，从而获得新的发现。众所周知的化学元素周期表就是这么被发现的。

以前，化学家们只知道有 63 种化学元素，而且这些元素之间毫无关联。

1857 年，年仅 23 岁的门捷列夫成为俄罗斯著名的彼得堡大学的副教授。他工作勤勉认真，31 岁时又被聘任为化学教授，负责该校化学基本教程的授课工作。作为一名教授，他有很好的工作条件和生活环境，出于对化学的热爱和对工作的负责，门捷列夫一直勤勤恳恳地准备讲义，不敢有丝毫的懈怠。

然而，由于元素之间毫无联系，这些化学物质的性质非常多，就算连续讲上几个月可能都讲不完。而且，随着授课内容的增加，听的人可能由于不理解而对化学的认识越来越少。但是这块领域实在是太混乱了，以致没有一点系统性可言。门捷列夫在授课的过程中遇到了很大的困难，难道在这些化学物质中真的没有一点儿规律可言吗？难道这些组合真的是随机的吗？

门捷列夫试图寻找这些元素间的规律和统一性，然而苦思良久，却仍然得不到一个圆满的答案。那些元素就像散落在迷宫中一样，对于它们之间的联系，门捷列夫毫无头绪。

于是门捷列夫决定先找出元素之间的规律再继续写书，他在笔记本上画画涂涂，然而始终没有找到其中的规律。但他并没有气馁，在一张卡片上写上元素的名称、原子量，在底下写上化合物的化学式和一些主要的性质，然后他把这些元素一个个剪开来进行重新排列。

他用许多方法给写好的卡片进行分组，还尝试着用各种方式进行排列，希望以此来找出各种元素之间的内在联系，并用一张表格表现出来。

⬆ 奥地利精神分析学家弗洛伊德著有《梦的解析》一书，通过对梦境的科学探索和解释，打破了几千年来人类对梦的无知、迷信和神秘感，同时揭示了左右人们思想和行为的潜意识。

但令人失望的是，他仍然找不到答案。

平时，门捷列夫总是从清晨就开始工作，一直工作到深夜。有一次他废寝忘食地工作，竟然完全忘掉了时间，一连干了三天三夜。

门捷列夫真是累极了，趴在工作室的桌子上就睡着了。然而即使是在梦中，他还是在继续工作，竟然还做了一个梦。一张元素周期表突然清晰地出现在自己的面前，各种元素犹如一个个训练有素的士兵，各自站在各自的岗位上。强烈的责任心使门捷列夫立刻从梦中清醒过来，刚才那张表还清晰地在眼前晃动。他拿起笔，在一张纸上记下那张表。他对表格进行反复验算后，发现除了一处需要加以修改外，梦中的那张表格简直是完美的！

1869年3月，门捷列夫发表了元素周期表。在表格中，他还为许多化学元素留出了空位。后来他又继续对元素周期表进行研究，预言了三种新的化学元素：类硼、类铝和类硅。

然而，门捷列夫的这些预言在当时被许多科学家当作无稽之谈。而他却十分相信周期律的科学性，并认为它一定能得到证实。

法国一位化学家于1875年用科学的方法发现了镓这种新元素。门捷列夫发现这种新元素其实就是类铝，是他5年前预言过的。化学元素周期律取得了第一次胜利。

世界科学界轰动了，化学元素周期表和它的发明人门捷列夫立刻享誉全球。世界上的许多科学家在门捷列夫的元素周期表的激励下，废寝忘食地工作，努力探索，试图发现新的元素。欧洲几十家有名的实验室中的众多科学家紧张地工作着，渴望获得新的发现，以进一步揭开化学物质的谜底。

1879年，瑞典一位化学教授又发现了一种金属元素，命名为钪，它其实就是门捷列夫所预言的类硼。1885年，德国化学家温克勒也发现了一种新元素，这个叫作锗的新元素恰好可以填入周期表中预留的一个空格中，正是门捷列夫所预言的类硅。

元素周期律成为物理和化学界的一个基本定律，对于推进现代化学和物理学的发展起着举足轻重的作用。可谁能想到，这一切居然是在梦中发现的呢？

🪐 能预测天气变化的关节炎

目前受阳光照射而患皮肤癌的人数激增，这使我们更加关注天气和健康的关系。最近皮肤癌的危险性备受关注，而疾病和天气的关系至少可以追溯到公元前4世纪希波克拉底的年代，许多那个时候的传说中都讲到下雨和疼痛的关系。我们知道，一些人说他们能"预测天气"，在天气晴朗的时候，经常有年过半百的阿婆注视着窗外，抚摩着有关节炎的肩膀，一脸严肃地说："要下雨了。"

关节痛和天气潮湿之间有科学的联系吗？目前还没有得到确定的证据。1948年，科学家爱德斯特姆最先对这一问题进行了研究。他发现，风湿性关节炎患者在温暖干燥的环境中感觉很好。1961年，宾夕法尼亚医科大学的荷兰籍博士约瑟弗·赫兰德做了一个实验，让12个人（8个患风湿性关节炎，4个患骨关节炎）进入特殊的"天气室"中，里面的温度、气压和湿度可以调节。他们中间有8个人之前说自己能预感天气，而这 8 个人中有 7 个在湿度增大、气压降低的时候症状加重。

气压降低之后经常出现暴风雨。有一种理论说，大气压降低能引起关节周围的组织肿胀，导致关节疼痛，这可能是细胞渗透性所造成的结果。关节炎患者的血管壁一般渗透性比较好，因此有较多的血液进入组织。血液受到的压力总是比其周围的身体组织大，当外界环境压力降低的时候，就有很多血液进入组织。如果关节已经又疼又肿，那么增加的体液会令疼痛加剧。

对关节炎患者的测试表明，女性的关节对天气变化的敏感性明显比男性强。

为了证实这个观点，人们利用放在气压室里的气球作为模拟装置进行了实验。外面的气压降低，气球中的空气就膨胀起来。如果发炎的关节周围也发生类似现象，加剧的肿胀就会刺激神经，引起疼痛。神经对气压非常敏感，即使有微小的变化也会发生反应。

这个解释听起来非常可信，但它尚未得到科学的验证，还只是一种理论。部分原因是气压降低引起的人体关节肿胀程度十分微小，不能用科学手段检测出来。其实，和暴风雨相关的气压变化与乘电梯的时候所生产的气压变化差不多。因为在医学文献中还没有乘电梯使关节炎加重的记载，所以这个解释还没有得到认可。

另一个使天气和健康难以联系起来的障碍是大气状况的变化多端。气压、温度、湿度和沉积物都可能使疼痛加重。而且，患者之间说法不一。有的说天气变化之前感到疼痛；有的说是同时发生的；还有更多的人说变天之后才有感觉。怪不得解决了这个问题的科学家少之又少。

荷兰人后来做的实验对证明关节炎痛和天气有关更加不利，让事情变得扑朔迷离。1985 年，他们对 35 名骨关节炎患者和 35 名风湿性关节炎患者进行了研究。在受调查者不知道的情况下改变气压和湿度，虽然 62% 的人自称对天气敏感，但是结果却是在天气状况和关节痛之间没有找到确定的联系。对 62 名以色列关节炎患者的研究得到了稍稍令人欣慰的结果。风湿性关节炎患者中只有 25% 的人感觉到了天气变化，而骨关节炎患者中有 83% 感觉到了。温度变化、下雨和气压波动都影响着骨关节炎患者的关节痛，他们中 80% 以上的人能准确地预测降雨。其中，女性对天气变化比男性敏感，但一些女性说男人对什么东西都不敏感！然而，美国关节炎研究协会主任弗朗西斯·威尔德最近进行了研究，却没有发现关节炎和天气变化之间有任何有意义的联系。但威尔德保持乐观，他说："我想也许是科学还没能抓住有力的证据。"

即使天气和疼痛之间确有联系，但也可能不是身体的关系，而是心理关系。人们在潮湿天气里心情不好，郁闷的情绪可能使疼痛更难以忍受。还有另一种可能，雨天

让老年人喜欢长时间待在床上或舒适的沙发里，缺乏运动使他们感到关节僵硬。怀疑者还指出，如果你很想相信一些坏事情，那就真的会发生。有的疼痛和痛苦受心理影响。美国气象学教授丹尼斯·崔西科说："如果你确信天气和疼痛有关，那么，天哪，真的有关。每当气压计读数下降，阴云密布，凉风骤起，如果你想着关节炎又要发作了，那它就真的会疼起来。"

虽然对于是什么使天气潮湿和关节痛联系在一起还有相反的观点，但有一点绝大多数专家都表示赞同：不要急于搬到气候干燥的地方——变换环境带来的压力可能让症状加重，而且经过几个月，身体适应了新的气候之后，感觉不会比原来更好。

另据《朝日新闻》报道，名古屋大学环境研究所的佐藤纯副教授等人研究了患类风湿关节炎的老鼠对气压和气温变化的反应。他们先在实验室内制造出与台风来临时相似的低气压环境，然后用针刺激老鼠的腿部，记录老鼠抬腿和腿部晃动等回避动作的次数。结果发现，健康的老鼠对轻微和强烈刺激的回避次数在气压下降前后没有变化，而有关节炎的老鼠对轻微刺激的回避次数在气压下降后比气压开始下降时多2～4次，其对强烈刺激的反应在气压下降后比气压开始下降时多6次。此外，这些老鼠对气温下降的反应也是如此。

研究人员认为，导致这一现象的原因是，在气压、气温开始降低时，患关节炎的老鼠炎症加重，其对刺激的敏感性下降。但气压、气温下降了一段时间后，老鼠的炎症有所减轻，其对刺激的敏感性又增强。

在实验中，研究人员还设法使老鼠下半身的交感神经麻痹，结果老鼠对气压变化没有反应，但对气温变化仍有反应。这说明，在上述条件下，交感神经以外的传达疼痛的神经还在起作用。但研究人员仍不了解，为什么气压、气温降低会加重关节炎症状。

佐藤纯说，实验说明，气候变化与关节炎疼痛症状的变化有因果关系，患者可在感到天气要显著变化时服用预防药物。

可怕的整体免疫紊乱

医学界对整体免疫紊乱这种病有许多种叫法：复合化学物质过敏症；自发性环境过敏症；整体过敏综合征；环境过敏症；生态病；整体免疫紊乱综合征；化学免疫缺乏综合征；20世纪病。从每个名字都能看出这种病的原因、病理或症状。但是对这种病的定义和名字难以统一，阻碍了人们对它进行科学的认识。

然而专家们普遍赞同的一点是，这种疾病是近代才出现的。这种广为接受的理论说，第二次世界大战之后，新的化学产品得到了广泛使用，包括杀虫剂、香水、涂料、胶、溶剂、塑料、地毯、香波、清洁剂、药物、肥皂、咖啡因和食品添加剂等，不计其数。这些产品已经融入了日常生活，在我们吃的食物里、穿的衣服上和呼吸的空气中，它们无处不在。许多化学产品的潜在毒性没有得到充分的测试，导致人体产生不良反应。20世纪50年代，美国芝加哥的过敏症医师赛隆·伦道夫就发现了一些人因为环境而生病，此后不到10年，环境污染成为严重的影响健康的因素。70年代，建筑业的发展提高了房屋建造的效率，这使新式建筑中的通风方式发生变化。通风方式的改变和材料中化学物质的挥发导致了我们现在所说的病态建筑综合征，所以在办公室工作的人们经常会产生头痛、恶心和其他不良反应。

复合化学物质过敏症（MCS）的症状与传统的过敏症相似，但是由于不同的人对不同的产品发生反应，所以人们对此病的表现多种多样。MCS的症状包括呼吸困难、偏头痛、皮疹、头晕、恶心、疲乏、失眠、疼痛、注意力不集中和健忘等。女性比男性更容易患上MCS。科

MCS的一部分病因是心理方面的，多数患者同时还患有抑郁症或焦虑症。

学家认为，虽然女性容易患病可能是因为比男性接触更多的化学产品，例如化妆品和清洁剂，但是男性分泌的睾丸激素掩盖了他们初期的症状和身体的预警信号，直到病情严重了才会发现。

希拉·罗素就是一个著名的例子，她是20世纪70年代流行乐组合的歌手，忽然间她对人造纤维、塑料和经过加工的食品产生过敏，导致水肿和呕吐。因为她似乎对身边所有的东西都过敏，所以只能住在英国布里斯托尔一所黑暗的房间里，里面的空气是经过过滤的。但是她的体重还是下降到39.9千克，一度连抬头的力气都没有了。

是什么使人体产生如此强烈的反应？临床生态学家认为，人体长时间暴露在某些化学物质中会导致身体丧失解毒能力。

有一名MCS患者无法去除体内的化学物质，因为这些物质进入他身体的速度比被排出去的速度还快。化学物质储存在人体一些含有脂肪的组织中，例如心脏、肝脏和大脑。人们刚开始对某些物质没有变态反应，但是一旦体内处理毒素的功能受到破坏，就抵挡不住化学物质了。这说明患者的免疫系统失灵了，因此对其他人没有影响的东西却可以对他们造成伤害。一位科学家试图给MCS下定义，他描述说："它是由多种化学物质引起的多种器官的慢性疾病，表现出多种症状，影响到多种感觉。"

让事情变得更加复杂的是，有证据表明，MCS及其相关的病症不仅仅由化学物质引起，还和病毒、情绪过激、创伤（尤其是儿童时期受到的创伤）、肝脏损伤和代谢紊乱有关。一些专家还确定地说，MCS的一部分病因是心理方面的，多数患者同时还患有抑郁症或焦虑症。最近，多伦多大学的研究人员发现MCS也与恐惧症有关。

虽然MCS常常与过敏症联系在一起，但它与过敏症在一个重要的方面表现出很大的差异。研究人员做了一项实验，他们事先掩盖了变应原的特征，比如溶剂的气味，然后让不知情的MCS患者密切接触变应原，结果一部分患者没有出现症状。作为对比，他们也对花粉或坚果过敏者做了类似的实验，这些过敏者接触变应原的时候都出现了症状。

由此，多伦多的研究人员意识到MCS的病理有认知的成分，并观察到MCS的症状和恐惧症相似，所以他们决定研究一下这两种病是否有联系。此前曾有研究显示，恐

惧症患者对一种称为缩胆囊肽的化学物质很敏感。缩胆囊肽是在人的内脏和大脑中产生的激素。在内脏中，它有助于消化；在大脑中，它与忧虑和愤怒的情绪有关。它被看作恐惧基因的媒介，意思就是它会使恐惧症患者发病。但是，对于没有恐惧症的人，缩胆囊肽不会引起发病。实际上，用它可以判断出一个人是否患有恐惧症。MCS 和恐惧症有许多相似之处，所以研究人员想看看它们在基因方面有没有联系。

我们每个人都有两种缩胆囊肽的感受器——A 类和 B 类。B 类有 15 种不同的变种，称为等位基因。遗传密码决定了我们携带的是哪种等位基因。在恐惧症患者中，携带 7 号等位基因的人所占比例比正常人高。因此，克伦·宾科勒博士领导的多伦多研究小组对 11 名 MCS 患者进行了测试，并与 11 名正常人进行比较。MCS 患者中有 41% 的人携带 7 号等位基因；而正常人中，这个数字只有 9%。

显然实验的测试对象数量有限，要想给 MCS 在心理方面的因素下定论还需要做大量的工作。但是，宾科勒博士认为她的研究方向是正确的，她有信心找出这个令人烦恼的疾病的病因。"我觉得心理和身体的差别是人为提出的。它们其实是一个整体，不能单独看待。"

奇怪的幻肢

在伤口痊愈后的很长一段时间内，80% 以上的截肢者仍然可以感觉到失去的肢体。这种感觉可能在刚截肢之后出现，也可能几个月甚至几年之后才出现。1866年，美国神经学家 S. 韦尔·米切尔经过对内战伤员的观察，第一次将这种感觉称为"幻肢"。

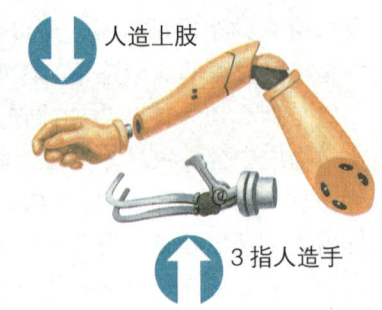

人造上肢

3 指人造手

幻肢常常表现为刺痛感，并幻觉到与截肢前的胳膊、手或腿形状类似的肢体。残肢被触摸的时候，截肢者经常感到失去的手臂或腿正在受到压力。他们在走路、坐下或伸展四肢的时候会觉得肢体还在正常运动。刚开始，幻觉中肢体的大小和形状与正常肢体一样，截肢者甚至想伸出幻肢拿东西，或者试图用虚幻的腿站起来。但是，一些体验过这种感觉的人说，幻肢的形状会随着时间的推移而发生变化，感觉越来越模糊，有时完全消失，只剩下半截手脚在半空中摇晃。而另一些人说感到幻肢逐渐缩进残肢里，直到完全缩进去。

许多幻肢感发生在截肢断口处受伤之后。因此，一些生来就缺少肢体和从未有过肢体感的人在断口受伤的时候也可能感觉到幻肢。一名 18 岁的姑娘就是一例。她生来就没有左前臂，某一天她骑马的时候从马背上摔下来，左臂前端着地。此后她产生了幻觉，感到前臂、手掌和手指都还在。她说这种感觉令人愉快而且没有痛苦，持续了1 年之后才消失。

另一个病例是一名 15 岁的女孩，她因癌症失去一条腿，之后她详细地记录下幻肢的体验。手术刚结束的第 1 天，她在原来脚趾的地方感到痒和刺痛。第 2 天，给另一只脚按摩的时候，那种感觉减轻了，幻觉中的脚好像睡着了。每次幻肢的感觉都能持续 10 分钟。10 天之后幻肢感开始减轻，并在 1 个月之内完全消失。然而有些人的幻肢感能持续好几年。

是什么导致了幻肢？有研究显示，我们对肢体的知觉是"硬连线"到大脑中的。肢体的感觉与大脑网络具有对应关系，人们往往从小就把对肢体的印象记在大脑里，肢体被截掉或者失去功能的时候这种印象还继续存在着。幻觉过一段时间后就会消失，因为患者纠正了对肢体的印象。但是如我们所见，一些生来就缺少肢体或 4 岁之前就截肢的人仍然会产生幻肢感。因为他们对完整身体的印象没来得及保存在大脑中，所以幻肢感一般只发生在残肢端部受伤的情况下。

伦敦大学学院的科学家最近对这一现象进行了实验，并在实验中对受试者的大脑活动进行监测。受试者把右手藏在桌子下面，一只橡胶假手摆在他们面前，看上去很像是身体的一部分。然后实验者用笔杆同时敲击假手和藏起来的真手，并用核磁共振成像仪器扫描受试者的大脑。仅仅 11 秒之后，受试者就开始将假手看作是自己的，而且稍后让他们指出右手在哪儿，多数人指向假手而不是真手，这说明大脑已经做出了调整。

科学家们发现，大脑中一个特殊的区域——前运动皮质，能通过视觉、触觉和本体感受（位置感）3 种知觉识别身体。但是，当得到的各种信息不一致的时候，大脑更相信视觉信息，因为它是三种知觉中最强的一种。研究主任亨利克·埃森说："此项研究表明，大脑通过比较对外界的不同知觉来分辨自己的身体。可以说，身体本身就是大脑形成的幻想。"

严重的幻肢表现为剧痛、灼痛、痉挛痛或刺痛等。一般认为，幻肢痛由神经末梢受损引起。这些受损神经继续扭曲地再生长，引起残肢异常的神经痛，有时也会改变断肢神经与脊髓神经元的连接方式。

有一种理论说，断肢失去的感觉使大脑的神经活动发生改变，有实验结果证实了这种说法。幻肢痛的治疗方法之一是反复触摸断口皮肤，增强那里的感觉和判断力。事实证明此法十分有效，这可能是因为触感代替了断肢以前传递到大脑中的感觉。

虽然断肢痛属于物理疾病，但是在 1996 年，加利福尼亚大学的维拉亚诺·罗摩占罗博士利用心理测试进行了一系列的实验。他让断臂的幻肢痛患者把手臂放进一个镜盒，这样他们就能看到残肢在镜子中的映像，看起来就像是截下去的断肢又回来了。然后再把完好的那只手臂放进镜盒，一边运动手臂一边假想那就是断肢，此时疼痛减轻了。10 个受试患者中有 6 个立即感到幻肢在动，少数人感到幻肢变得灵活。有一名患者甚至通过改变大脑对身体的印象而彻底消除了幻肢。

在另一个实验中，患者想象失去的手臂正在随着面前屏幕上的手臂一起运动。这次实验也获得了成功，并改变了治疗幻肢痛的侧重点，即不再注重受损的肢体本身，而是关注产生痛觉的中心——大脑。

幻肢引起了诸多不便和痛苦，但它也有一个好处：由于患者对断肢的感觉增强了，所以他们可以通过幻肢感更快地学会使用假肢。

动植物探奇

🪐 动物之间为什么会发生争斗

在地球上，除了人类以外，动物界也是经常发生大大小小的争斗。在以往的很长时间内，动物学家们都认为大多数的动物并不会杀害它们的同类。动物之间经常会发生侵犯的行为，主要是一种耀武扬威的姿态，而不是残杀性的。有时为了集体的利益，它们通常是相互合作的。

比如说在草原上生活的土狼，为了捕捉长耳兔经常采用接力的方法来弥补体力的不足。当第一条土狼追到体力不足的时候，就把长耳兔沿着对角线的方向追赶到一个隐蔽处，等在那里的另一条土狼会跳出来接着追赶，第一条土狼趁机抄近路跑到前边，等到充分的休息后，再接着追下去，就这样两条土狼轮番地追赶，直到兔子筋疲力尽成为土狼的口中美食。

还有一种长鼻浣熊，生活在中南美洲。喜欢吃栖息在树上的一种蜥蜴，可是对于浣熊来说，到树上捉蜥蜴是不容易的，它们就采取兵分两路的方法，一个在树下等，另一个则到树上把蜥蜴赶下树，彼此配合来捕捉蜥蜴。

几十年来，通过大量的观察，科学家们发现，在动物中间也存在着争斗的现象。而且在争斗的过程中还有着一定的规则，任何一方都是严格遵守，绝不违背。

蝙蝠的争斗方式是身体倒挂在石岩上，彼此通过鼻子的碰撞来发泄愤恨。

蛇类相斗时从不以毒牙加害对方，常常采取的方式是将尾部交缠在一起，挺起胸膛竭力将对方的头部按下，谁将对方牢牢按压住几秒钟，谁就是胜者。

雄旱龟在彼此相斗时，仅仅将对手翻个仰面朝天失去战斗力就算赢家。

鸟类之间的竞争准则很多。如鸽子之间仅仅是以发怒的一方羽毛横竖，挺着胸在另一方面前踱步的方式来进行对抗。谁的外貌显得雄壮威武谁就为胜利的一方。红眉雄黑禽鸡在争斗时要先发出一阵啾啾声，然后张开翅膀像公鸡一样厮杀，胸脯碰撞，相互击打，看起来就像一大团羽毛在狂飞乱舞。

大型的动物中，争斗方式比较奇特的要数棕熊了。雄性的棕熊在发情期间会变得格外地凶悍，不仅会因争夺配偶

◀ 狮群的生活一般都是很平静的，但是当不同的狮群相遇时，战争却常常不可避免。在肯尼亚马赛－马拉国家公园中，一个狮群里的狮子正在为保护领地而与入侵者进行斗争。这些战争看上去很危险，事实上大多数进攻只是虚张声势而已，很少会出现真正严重的伤势。

斗得头破血流，还会疯狂地袭击附近的民宅。

对于动物来说在争斗中总是以最强壮的器官作为理想的兵器。袋鼠的争斗很像是"拳击"，因为它们自信自己的后爪最有力。海狸争斗的武器是尾巴，而长颈鹿是用脖子来击打对方。有蹄类的动物常常将角作为自卫的武器。但是对于过于锋利的武器，动物之间也是要遵循一定的规则的，直角羚从不在同类的争斗中使用角。而鹿和驼鹿则在准备争斗的时候，目不转睛地盯着对手，直到弱小的一方认输为止。狼和狗在争斗中如果认输时，会把身体中最薄弱的咽喉暴露给对方，而胜者绝不会再碰负者一下。

对于动物之间的这种争斗和残杀，有一些是可以找到原因的。比如为了争夺配偶、领地或者食物等。美国动物学家曾经亲眼看见过象海豹为了争夺首领而厮打的场面。当两头雄性象海豹中的一头被打得晕倒在地的时候，一群雄性的象海豹扑到战败者的身上，把它折磨致死。在1990年的6月，澳大利亚曾发生过一起大群企鹅自相残杀的事件。这场残杀导致大约7000只企鹅丧生，其中有雏企鹅6000只。而科学家们对于事件的原因却是无法解释。

社会生物学家对于动物之间的争斗现象是这样解释的：这完全是出于动物的一种自私的本性。所有的动物都想把自己的基因或者亲属的基因传到下一代去。所以，它们进行漫山遍野的厮杀，只是为了让自己的后代进行繁殖，并不是为了种族的利益去牺牲。因此在一个亲属关系比较稳定的群体里很少发生激烈的厮杀。

而动物学家却认为，动物是不存在传宗接代的自觉意识的。它们所进行的争斗和残杀原因很可能是偶然的。随后发生的大规模的征战很可能是由于受到刺激而引起的。而且在缺乏信息交流的动物中是很容易发生这种情况的。

动物学家们有着不同的观点，但是有一点意见是统一的，他们一致认为动物之间进行的不流血争斗有着积极的生态学意义。年轻而健康的动物虽然在争斗中败北，却为以后获得幸

无论是长颈鹿、斑马或是羚羊，它们的争斗行为基本上是为了争夺配偶、领地或食物等，所以它们的争斗往往只是分出胜负即可，并非定要将对手置之死地才罢手。

福准备了条件，而在争斗中以流血殒命的动物也是自然淘汰的一种途径，也就是说残杀的威胁可能有助于形成动物的行为，对于物种遗传是有利的。但是，真正引起动物们争斗的谜底是什么？人类至今不得而知。

动物为何冬眠

冬眠是一些不耐寒动物度过不利季节的一种习性。许多动物都会冬眠，每年的霜降前后，气温逐渐降低，池塘里的蛙鸣消失了，刺猬、仓鼠等也进入了洞穴开始了它们的长睡。进入冬眠的动物在体温、呼吸以及心率等方面都要发生改变，新陈代谢会降到最低。而且热血动物和冷血动物的冬眠也不尽相同：在冬眠的时候，冷血动物体温的升降是一种被动的形式，完全由外部的环境来决定；而热血动物则是有目的地对体温加以控制，调节到冬眠时的最佳温度后才开始冬眠。而当它们苏醒的时候，制造热量的器官会充分地调动起来，在几小时内把温度恢复到原来的水平。

研究人员经过研究发现，刺猬在冬眠的时候会把身体蜷缩起来，不吃不喝。呼吸变得极其微弱，心跳缓慢，每分钟只跳 10～20 次，一只清醒的刺猬放到水里几分钟就会淹死，而冬眠的刺猬半小时也淹不死。黄鼠在冬眠的 130 多天中总共放出的热量才 29 焦耳，而在冬眠过后的 13 天中却能放出 2420 焦耳的热量。

动物在冬眠的时候，白细胞还会大大地减少。通过对土拨鼠的实验发现，平时土拨鼠 1 立方毫米的血液中含有的白细胞数是 12180 个，而冬眠时平均只有 5950 个。

科学家们对动物冬眠时制造热量、补偿体温消耗和保持恒温的复杂生理现象非常感兴趣，作了许多的研究，但迄今为止，有关动物冬眠诱因和生理机制还是众说纷纭，莫衷一是。

有的科学家认为，外界的刺激是导致动物冬眠的原因。外界的刺激主要有温度下降和食物不足两个方面。有人对蜜蜂做过这样的实验，当气温在 7℃～9℃的时候，蜜蜂的翅膀和足就停止了活动，但轻轻的触动还是能微微抖动的；当气温降到 4℃～6℃的时候，就完全进入了麻痹的状态；如果再降低温度，蜜蜂就会进入更深的睡眠状态。由此可见，动物的冬眠和温度的关系密切。实验中还发现，笼养的小囊鼠在供食充足的情况下，冬季的时候不会进入冬眠的状态。

但是有人提出，人工降温并不能保证所有的冬眠动物都能进入冬眠的状态；不少冬眠动物在进入冬季的时候就会自动地停止进食或拒绝进食，并不是由于食物不足的原因。以此来反对上述的观点。

还有的科学家提出了生物钟学说，认为是生物的节律控制了每年冬眠动物的代谢变化，恒温动物的冬眠变温现象是进化生态的一种次生性的退化，是和动物迁徙和冬季储藏食物相似的一种生态的适应，是在

冬眠是一种适应性习性。它帮助动物熬过天气寒冷、食物匮乏的冬季。

进化中已固定下来的一种生物节律。但是这种学说缺少事实性的根据。

科学家们发现在冬眠动物的体内存在一种诱发冬眠的物质。在对黄鼠进行的实验中，科学家在人工条件下冬眠的黄鼠身上抽取出血液，然后注射到活蹦乱跳的生活在夏季的黄鼠体内，这些黄鼠很快进入了冬眠状态。目前在冬眠动物的血液中还有 3 种颗粒无法鉴定。与正常的黄鼠相比，冬眠黄鼠的血液红细胞较结实，不容易分解，一种还呈褶皱状。而且进入冬眠时间长的动物的血液比刚进入冬眠的动物的血

刺猬在冬眠的过程中，通常躲在用树叶或干草做的窝里，并且将身体蜷缩起来，不吃不喝，心跳速率减慢，不过在天气稍暖的日子里，它们也可以醒来，到外面觅些食物，以提供消耗的热量。

液诱发冬眠的作用更强烈。诱发动物冬眠的物质存在于血清中。我们知道，通常不同动物之间会发生物质的排异反应，但令人奇怪的是，将正在冬眠的旱獭的血清注射到清醒的黄鼠的体内，黄鼠不仅不会发生排异的反应，反而会呼呼大睡。科学家们还发现，在冬眠动物的体内不仅存在诱发冬眠的物质，还存在和冬眠物质相对抗

獾栖息和冬眠的地点

的另一种物质。这种物质可以维持动物的正常活动和清醒状态，它和冬眠物质相结合形成复合体，当冬眠物质超过抗冬眠物质的时候，动物才会冬眠。

由此看来，动物何时开始冬眠，不仅取决于诱发的物质，还取决于诱发物质和抗诱发物质的比例。科学家推断：冬眠动物可能全年都在"制造"诱发物质，而抗诱发物质是在进入冬眠之后才产生的。该物质产生之后就会不断地上升，直到春天开始的时候才会开始下降。当它在血清中的浓度高于诱发物质的浓度时，动物就会从冬眠的状态苏醒过来。但是，对于冬眠诱发物质和抗冬眠物质到底的性质如何，为什么会引起动物生理发生这么大的变化，科学家们还是不了解。

1983年，科学家从松鼠的脑中提取到了一种抗代谢的激素。把这种激素注射到没有冬眠习惯的小鼠的体内，发现小鼠的代谢率会明显地降低，体温也会降低到10℃左右，看来激素可能也是诱发动物冬眠的一个因素。最近，又有科学家想从细胞膜的角度来探讨动物冬眠的机理。但是细胞膜的变化和神经传导是如何联系的，这对于动物的冬眠是否具有关键性的作用还有待于研究。

到现在为止，人们还没有完全地揭开动物冬眠的秘密。科学家们还在继续探索。让我们踏着前人的足迹，透过历史的帷幕，在奇妙的大自然里去大胆地探索寻觅吧，谜底终究会有揭开的一天。

🪐 动物治病之谜

古书中早就有过类似记载："熊食菖蒲叶，可治胃病；龟食薄荷以解蛇毒；野猪食荠苨，可治箭毒；野兔食马莲叶子，可治腹泻。"春天来临时，生活在北美洲的一种熊冬眠醒后，为了迅速恢复长夜冬眠带来的疲倦，就会去寻找一种能引起轻微腹泻的植物果实。更有意思的是，当幼獾的皮肤生病后，母獾会带它们去洗温泉，以利于皮肤早日痊愈。许多动物都有自疗行为，这些行为都出于它们生存的本能。人类是从动物进化而来，所以，原始人类依然保留着动物自疗的本能，并且通过观察动物自我治疗，而获得许多启示，学会了应用某些天然药物的本领。

在乌干达的达基巴拉森林里生活着一群黑猩猩，它们有时候会吃一种茜草科植物的叶子，而当地人也常用这种植物来治疗胃病。动物学家还发现非洲热带雨林中的黑猩猩也会自疗。每当它们食欲不振、大便不畅时，它们就会去嚼一种苦扁树的枝叶，然后再吐掉残渣。这种植物中的苦汁是治疗胃肠不适的良药。在坦桑尼亚的贡贝国家自然公园，黑猩猩有时会吞食一种向日葵科植物的嫩叶。药物学家进一步研究发现，这种植

⬆ 黑猩猩不仅能用药物进行自我治疗，还能够不断地尝试、发现新药物。

中有一种特殊的药物成分，能治疗寄生虫和细菌引起的疾病。

生活在南美洲亚马孙河两岸的一群吼猴，当雄性吼猴数量偏少，不能保持群猴雄雌性别平衡时，雌性吼猴就会吞食一种草，此后生下的小猴中，雄性的比例就会占优势。科学家们检验了这种草，原来这种植物中含有某些药物成分，能使雌猴阴道的酸碱度发生改变，因此有可能影响后代的性别。

一位英国生态学家在野外考察时发现，怀孕的母象会吞食一种紫草树的叶子，母象吃了这种叶子后，没过几天便产下了一头活泼可爱的小象。原来这些叶子中含有催产的成分。

动物的自疗行为虽然只是一种本能，但是人类从动物的这些行为中受到了许多启发，从而把最原始的医疗活动发展为现今的医药学，这不能不说是人类的进步啊！

骆驼不怕干旱的奥秘

骆驼素有"沙漠之舟"的美称，它是常年穿行于沙漠地带的人的必备工具，也是他们的忠实伴侣。骆驼之所以在沙漠中受到如此"器重"，与它能耐干旱酷热的特性有关。那么，到底是什么使骆驼有如此能耐呢？

许多游牧民族能在沙漠中生存下来，靠的就是骆驼。骆驼早在几千年前就被驯服，并被用作重要的驮畜。骆驼可以在炎热和缺少水源的条件下，日行 30 千米以上。同时骆驼的奶、肉、皮对人类都很有用。

骆驼的身体结构非常适应干旱酷热的沙漠生活。骆驼的四肢长，两个脚趾岔开，脚柔软、宽大，脚底有宽厚的纤维质弹性脚垫，有利于在平坦松软的沙地或雪地上行走。它的肘部、膝盖和前胸长着 6 个角质垫，休息时，蹲伏在地上就不会被灼热的沙砾烫伤。骆驼两眼的长睫毛是双重的，能像帘子一样挡住沙子，不被风沙迷眼。它的耳朵外布满细毛，能阻挡风沙侵入。骆驼灵敏的视觉和嗅觉能让它轻而易举地发现距离很远的水源，带领在沙漠中迷路的人找到水草丰美的绿洲。寒冷的沙漠夜晚，骆驼依靠蓬松的皮毛保暖。炎热的白天，骆驼的体温可以随外界温度的升高而自动调节，避免自己被晒伤。

有的学者认为，骆驼抗旱的关键在于它的驼峰内贮存着大量胶质脂肪，驼峰可以随着气温而增大或缩小。天气炎热时，驼峰里的脂肪被消耗得差不多了，驼峰就变得又低又软；到了秋天天气转凉，驼峰又渐渐鼓起来。骆驼不吃不喝时就靠驼峰里的脂肪氧化分解来补充营养、能量和水分。据统计，贮存在驼峰中的 1 克脂肪经过氧化后，可产生 1.37 克水。因此，假定一只骆驼的驼峰中有大约 40 千克的脂肪，也就相当于骆驼贮存了 50 多千克的水。

还有学者认为是骆驼的肝脏在起作用，才使得它特别能耐干旱。骆驼的肝脏的作用可以使大部分尿素得到循环利用，这样，骆驼体内流失的水分大大减少，尿中毒的情况也不会发生。

另外，科学界还有一种"水囊"说，这是由意大利自然科学家蒲林尼提出的。他认为骆驼的胃有三个室，其中最大的一个叫瘤胃，瘤胃里有许多肌肉带将其分隔成几

在北非、中东和中亚地区，骆驼被用来提供奶、肉的历史已经至少有 4000 年了。

个部分，起到了"水囊"的作用。在取水方便时，骆驼能利用"水囊"贮存一些水；不方便时，则可以取出贮存的水用以解渴。

然而"水囊"说很快就被美国生理学家施密特·尼尔森推翻了。通过解剖，他发现"水囊"其实很小，根本起不到贮水器的作用，而且它并不能真正地与瘤胃的其他部分隔离开。他认为骆驼耐旱的秘密在于骆驼本身禁得住脱水。在沙漠中，失去 12% 的水，人就会中暑死亡，而骆驼即便失去相当于体重 25% 的水时，也不会妨碍它的生存，只是体重略微下降。对此尼尔森是这样解释的：人失去的水来自血液，人一旦失水，血液浓度就会大大提高，心脏的负担就加重了。而骆驼失去的水却是来源于它的体液和组织，而不是血液，因此不会有什么危险。而且骆驼即使严重脱水，一旦补充水分，就会马上恢复。

尼尔森对骆驼为何耐旱的解释看起来很合理，但也有很多人不同意这种说法，并且似乎也不是没有道理。例如日本学者太田次郎曾写过一本名为《生命的奥秘》的书，他在书中表示，骆驼出色的保水能力才是它耐旱的主要原因。因为骆驼很少出汗，体温也很稳定，只有在最热的时候才稍微出点汗。

最近，科学家又有新的发现：骆驼呼出的空气湿度较低。据研究，骆驼独一无二的鼻子是这个系统的关键所在。一般动物在呼气时，由于排出的空气温度和体温相同，肺部的水分被大量带出。而骆驼呼出的空气温度比体温低。由于冷空气比热空气含水汽量少得多，因此，骆驼通过呼吸丧失的水分比一般动物少 45%。

尽管目前人类对骆驼为何抗旱已经提出了多种不同的解释，但似乎并没有人能够提出一种足以征服各家学说，彻底解释这一现象的理论。"沙漠之舟"的秘密对于我们而言仍是迷雾重重。

 ## 龟类长寿之谜

为什么人们将龟比作"老寿星"，龟为什么长寿百岁？虽然人们说法不一，却不能否定龟是一种长寿的动物。

1971年，人们在长江里抓住了一只大头龟，龟甲上刻有"道光二十年"（即公元1840年）字样，这分明是记事用的。1840年，正是中国的鸦片战争发生的那一年。换一种说法，从刻字的那年算起，到抓获的时候为止，这只龟至少有132年的寿命了。另外，据说有一只龟经过7代人的饲养，足足有300年，一直到抗日战争时候才中断了对它的喂养。

⬆ 沙漠龟的前肢特别发达，还有一双宽大的脚和结实有力的爪子，可以在沙土里挖掘地洞，以使自己钻进洞中躲避炎热。

1737年，在印度的查戈斯群岛有人捕到一只龟，那个时候科学家鉴定它有100岁左右。后来，它被送到了英国，在一个动物爱好者的家里生活了很长的一段时间后，被送到伦敦动物园。到20世纪20年代，它有了300年左右的寿命。

1983年，一只海龟在中国人民革命军事博物馆展览，重120千克，在展览的过程中，它还生了30个蛋。根据有关人的鉴定，这只海龟已经活了3个世纪。

龟虽然堪称动物世界中的"长寿冠军"，可是，不同种类的龟，它们的寿命也是长短不一的。有的龟能活100岁以上，有的龟仅能活15年左右。就算是长寿的龟种，事实上也不是每一只都能"长命百岁"。因为疾病和敌害从它们诞生的那一刻起就时刻威胁着它们，人类的过量捕杀和海洋环境的污染，也直接威胁到它们的生命。

人们都认为龟是长寿动物，可是对于龟的长寿原因能不能下定论呢？

有的科学家认为，龟的寿命跟龟的个子大小有关联。个头小的龟寿命短，个头大的龟寿命就长。有记录表明，龟类家族的大个子像海龟和象龟都是长寿龟。但在中国上海自然博物馆的动物学家并不认同这样的观点，因为前边提到的那只大头龟至少已经活了132年了，可是它的个头就不大，这又如何解释呢？

有些养龟专家和动物学家认为，食素的龟要比杂食或食肉的龟活得久。生活在印度洋和太平洋热带岛屿上的象龟，是世界上最大的陆生龟，它们以吃青草、仙人掌和野果为生，所以寿命十分长，能活到300岁，大家都认为它是长寿龟。但另一些龟类研究人员却并不这样认为。比如以鱼、蛇、蠕虫为食的大头龟和一些杂食性的龟，寿命超过100岁的也不少见。

目前，一些科学家还从细胞学、生理学、解剖学等方面去研究龟的长寿秘密。有的生物学家将一组寿命较长的龟和另一组寿命较短的普通龟进行了对比实验。研究结果

⬆ 雌海龟在夜间爬到岸边沙滩上，挖一个大坑，在坑内产卵，然后回到海中。雄海龟则除了到干燥的沙地孵卵外从不离开海洋。

表明，那组寿命较短的龟细胞繁殖代数一般较少。这也就得出结论，龟体内细胞的繁殖代数多少，跟龟的寿命长短关系非常密切。

有的医学家和动物解剖学家还对龟的心脏进行了检查，他们把龟的心脏取出来之后，整整两天龟的心脏还在跳动。这表明，龟的心脏机能很强，跟龟的寿命长也有直接的联系。

还有科学家认为，龟的长寿跟它的新陈代谢较低、行动迟缓和具有耐旱耐饥的生理机能有着直接的联系。

总而言之，科学家从各种不同的方面对龟的长寿原因进行探索和研究，得出的结论却各不相同，为什么会不同呢，还需要科学家们进行深层次的论证。

蚂蚁王国中的"公路"之谜

不单人类讲求全面发展，动物也是如此。譬如蚂蚁，不但能自制空调，还会铺桥架路。

在南美洲亚马孙河的热带雨林中，狂风暴雨常常会骤然而降。在雨林中，蚂蚁和白蚁主要在大树上活动，亚马孙雨林中的蚁类与众不同，它们会在自己活动的大树皮上啃咬出一条条凹槽，就像工兵在地上挖出的壕沟，并在这样的"壕沟"里行走，从来不曾逾越。在一次狂风暴雨中，美国博物学家赫尔墨观察到，所有正在行进中的蚂蚁、白蚁都静静伏在凹槽底部一动不动。如此一来，无论风吹雨打，都不会被冲跑冲走。后来，他又发现，在地面上，蚂蚁和白蚁也会用小石子、砂粒修筑成类似的凹槽"公路"，为了避免被雨水冲毁，它们还在这样的"公路"上加盖树皮、树叶。

蚁类的"公路"纵横交错，路面异常狭窄，在这样狭窄的"公路"上列队而行，会不会出现人类城市公路中的交通拥挤和阻塞呢？它们又该如何解决？仔细考察了雨林中错综复杂的蚁类"公路"系统后，赫尔墨惊奇地发现，凡是十字路口或三岔路口，蚁类"公路"都并非直接交叉，而是在交叉处筑成一个圆环形，分支的"公路"都从这个圆环的不同位置延伸出来。这样，当几支蚁类队伍交叉通过时，谁也不会碍谁的路，自然也就不会出现交通阻塞的情况了。令人不解的是，蚁类设计的交叉路口，也正是人类设计现代公路的交叉路口的方法，但却要比人类早好几千万年。

弱小的蚁类如何能想出如此妙不可言的交通疏导方法？看来大自然的奥秘还有待我们人类去努力探索和研究。

蚂蚁的腹部能分泌出一种物质，称为追踪素，通常蚂蚁出洞的时候，一般都是很有秩序地排成一纵队前进，前边蚂蚁分泌出这种带有象征气味的追踪素，边走边散发在路上，留下痕迹，后边走的蚂蚁闻到这种气味，就能紧紧地跟上，即使有个别的蚂蚁暂时掉队，也能沿原路前进不会迷路。

蜜蜂为什么有如此高的筑巢技能

蜜蜂不仅十分勤劳，而且还是一个高明的建筑师，它的筑巢技能常令人叹为观止。从教学角度来看，如果整个平面都由正多边形来铺满，那么只有正三角形、正方形和正六边形这三种图形可完成。然而，蜜蜂在建筑蜂房时，正是选择了角数最多的正六边形。整个蜂房由无数个正六棱柱状的蜂巢组成，紧密而有序地排列在一起。这种结构不仅非常符合实际需要，而且还十分精巧奇妙。

长期以来，蜜蜂筑巢的技能引起了许许多多科学家的注意。早在 2200 多年前，古希腊数学家巴普士就仔细地观察并研究了精巧奇妙的蜂房结构。在其著作《数学汇编》中，巴普士这样写道："蜂房里到处是等边等角的正多边形图案，非常匀称规则。"而著名的天文学家开普勒也曾经说过："这种充满空间的对称蜂房的角，应该与菱形 12 面体的角相同。"法国天文学家马拉尔第则亲自测量了很多的蜂房，结果发现：每个正六边形蜂巢的底，均是由 3 个完全相同的菱形拼成的；同时，他还测量出每个菱形的锐角均为 70°32′，钝角都是 109°28′。

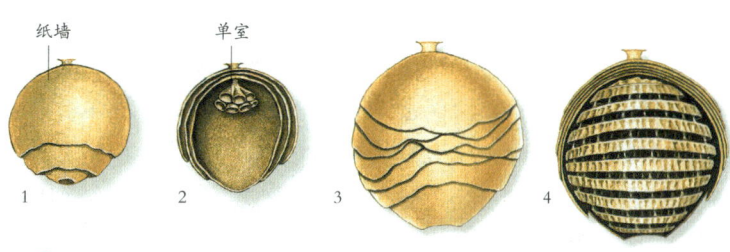

纸墙　单室

1　2　3　4

普通黄蜂筑巢，是通过咀嚼木质纤维，然后将之像纸一样层层铺摊而成的。图 1 和图 2 显示的是一只黄蜂蜂后新建的蜂巢。而图 3 和图 4 显示的是同一个蜂巢在 3 个月以后的样子。工蜂将蜂巢扩建了，并且添加了很多额外的"楼层"。这些"楼层"中有发育中的幼虫细胞。

18 世纪初，法国自然哲学家列奥缪拉提出这样一个设想：以这样的角度建造起来的蜂房，应当是相同容积中最省材料的。为了证实自己的这个猜测，列奥缪拉便向巴黎科学院院士、瑞士数学家克尼格请教。克尼格用高等数学的方法对这个数学上的极位问题做了大量计算，最后的结论是要建造出相同容积中最省材料的蜂房，每个菱形的锐角应为 70°34′，钝角应该为 109°26′。这个结论与蜂房的实际数值仅差 2′，这么小的误差当然可以忽略不计了。

就在人们对蜜蜂的这一小小误差表示惊讶时，著名数学家马克劳林在研究中发现，要建

蜜蜂从卵发育为成年蜜蜂需要 21 天时间。

蜜蜂用蜂蜡做成蜂巢，蜂巢的卵室中含有从蜂后所产的卵孵化而来的幼虫。

造相同容积中最省材料的蜂房，每个菱形的钝角应该为109° 28′ 16″，锐角应该为70° 31′ 44″。这个结论与蜂房的实际数值正好吻合。原来，数学家克尼格在计算时使用了印错了的对数。

小小的蜜蜂在人类有史以前就已经将人类到18世纪中叶才计算出并证实的问题运用到蜂房上去了。所以，人类虽说是万物之灵，但小动物的智慧力量也是不可忽视的。

植物血型之谜

我们都知道，人类和动物的血液有不同的类型，科学家们将其称为"血型"，不同的人血型是不相同的，目前已知道的人类基本血型有4种，即A型、B型、AB型和O型。对于血型的区分可以避免在给病人输血的过程中，由于血型的不吻合发生危险。不仅人类的血型不同，动物的血型也是不相同的，这一点已经得到了科学家的证实。然而，令人感到惊奇的是，人们发现植物也有血型。大家知道，人和一些动物的血液呈现红色是因为里面有红细胞，在红细胞的表面有一种特殊的抗原物质，是它决定了血液的类型（即血型）。植物既没有红色的血液，又没有红细胞，怎么会有血型呢？这个提法立即引起了科学家们的研究兴趣，纷纷要揭开植物血型的秘密。

日本警察研究所的法医山本茂最早提出植物具有血型。他对植物血型的发现源于一起凶杀案，在侦查案件时，他在一点血迹都没有的现场，发现在一个枕头上竟有微弱的AB型反应。为了弄清事实的真相，他对装在枕头里面的荞麦皮进行了血型的鉴定，鉴定的结果却让他大吃一惊：荞麦皮显示出AB血型的特征。山本茂随后又对150种蔬菜、水果以及几百种植物的种子进行了实验检测，结果显示有79种的植物有血型反应。在这些植物中，大多数的血型是O型，其余为AB型、B型。进行了大量的实验后，山本茂在世界上首次宣称：植物也有血型。他还认为，在植物的血型中，O型是最基本的类型，B型和AB型是从O型发展而来的。

后来，世界上的许多科学家对植物的血型进行了研究。科学家通过研究发现，植物体内有和人类很相似的附在红细胞表面上的血型物质，即血型糖。科学工作者

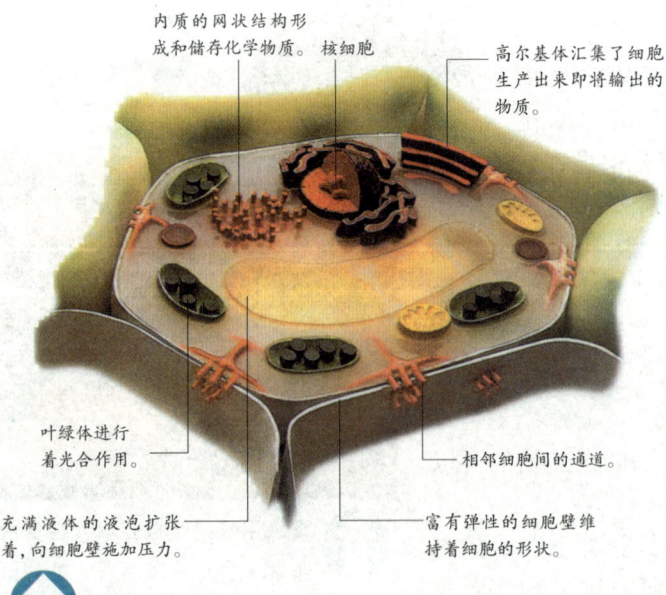

内质的网状结构形成和储存化学物质。核细胞

高尔基体汇集了细胞生产出来即将输出的物质。

叶绿体进行着光合作用。

相邻细胞间的通道。

充满液体的液泡扩张着，向细胞壁施加压力。

富有弹性的细胞壁维持着细胞的形状。

植物细胞模型

还发现，大多数植物的种子和果实都含有血型物质，并且植物的血型物质在果实成熟和发育过程中，从无到有逐渐增多，到发育成熟后，血型物质便达到最高点。

植物体内血型物质的发现，不仅为植物的分类测定、细胞融合、品种杂交等提供了新思路，还可为案件的侦破提供方便。举例来说，通过对被害者胃里食物的检测，确定食品的类别，可以为侦破案情提供线索。

现在人们已知道，大多数的生物机体内部有血型物质，氨基多糖和蛋白质是决定血型抗原性的基本物质，不同生物的血型物质是不同的。即使是同种生物，血型物质也不相同。这是由于各种氨基多糖的差别很大，结构也不稳定，导致血型物质种类很多。

对于生物界存在血型物质的原因，目前还不十分清楚。但是，科学家对血型物质的作用目前有几种不同的看法。有的科学家认为血型物质起一种信号作用。比如，通过实验发现，生物体内的糖链合成达到一定长度时，在它的顶端就会形成血型物质，然后合成就停止了。有的科学家认为，植物的血型物质，具有贮藏能量的作用；还有科学家认为植物的血型物质的黏性大，似乎担负着保护植物体的任务。

云杉

据说杉树也有一种"流血"的本领，在威尔士有一株700多年的云杉，树干上有一条2米多长的裂缝，里面长年流出一种像血液一样的液体，引起科学界的注意。

植物纤维中潜藏着植物血型的区别内因。

虽然目前还没有全部揭开植物血型之谜，但是一些研究成果已开始在侦破案件中应用。据报道，在日本中部地区的某县发生了一次车祸，肇事司机把一名儿童撞伤后，开车跑掉了。后来警察发现了这辆汽车，对车轮子上的血型进行验证后发现，除了有被撞儿童的O型血外，还有B型血和AB型血。当时警察怀疑，这辆汽车除了撞伤这位儿童外，还撞伤或撞死过其他人，但司机只承认撞伤了那名儿童，不承认还撞过其他人。后来经过科学研究所的验证，原来其余两种血型是植物的血型，这样才使案件得到正确处理。

现在日本已研究出了检验荞麦、胡萝卜等一些植物的抗血清。山本茂等人称，一旦有了已经确定血型的植物的全部抗血清，就能准确地判断植物的种类，这样，利用植物血型侦破案件的时代就将到来。

现在，对植物血型的探索还刚刚开始，植物体内存在血型物质的原因以及血型物质对植物本身有什么意义，还需要科学家们去进一步研究和探索。

🪐 植物也能用语言交流吗

英国专家在很早的时候就知道植物有"语言"了。他们的研究结果表明，在正常情况下，植物发出的声音节奏轻微、曲调和谐，但遇到恶劣的天气情况或某种人为的侵害时，它们就会发出低沉、混乱的声音来表达它们的痛苦。据英国专家介绍，植物的语言被称为"微热量语"。人们通过一种特殊的仪器——植物探测仪，把仪器的线头与植物连接，人戴上耳机，就能够听到植物说话的声音了。

但是，除了能够听到植物说话之外，人们还想知道植物到底说了什么。研究表明，各种植物在生长过程中，能量交换的过程是时刻进行的。这种交换虽然很缓慢、不易觉察，但交换过程中微弱的热量变化和声响还是可以察觉的。如果把这些"动静"用特殊的"录音机"录下来，经过分析，我们就能解开植物语言的密码，明白它们说什么了。如果你能听懂植物的话，那么它会告诉你什么样的温度、水分和养料是它最喜欢的。

苏联的科学家通过电子计算机与植物进行交谈。据苏联《真理报》1983 年 2 月 2 日的报道，将计算机与植物进行特殊的连接后，根据它所"听到"的在屏幕上打出数据。然后，另一台计算机来解读这些数据，绘出简单的图表。人们根据这些图表就能明白植物说了什么，人与植物的交流就是这样进行的。

其实，这个过程并不神秘。科学家们用计算机询问植物一些问题，植物通过自身的形状变化、生长速度等向人们传递一些信息。这些信息必须通过仪器解码才行，而且即使是解码之后的信息，也只有专家才懂。但目前这种状况已经有所改善。意大利的科学家发明了一种能与植物直接交流的对讲仪。只是在目前来看，这种先进的对讲仪也只能与植物进行很初级、很简单的交流，因为它只能辨别出诸如"热""冷""渴"等单词。

美国学者在研究中证实：植物缺水时也是会发"牢骚"的。因为植物缺水时，其运送水分的维管束会绷断，而维管束绷断时会发出一种"超声波"。这种声音很低很低，一般情况下是听不到的，因为它比两人说悄悄话的声音还低 1 万倍。目前，人们发现，渴了能发出这种"超声波"的植物有苹果树、橡胶树、松树、柏树等。

受到攻击的植物可以散发一种气体信息。

周围的植物接到这种危险信号，会继续把信号传递给其他植物。

植物之间的会话遭受昆虫的攻击，植物可以通过根部传递信息，或通过茎叶散发诸如乙烯之类的气体，通知其他植物有危险。某些植物也可以通过改变体汁的味道，使攻击者知难而退。

尽管人类对植物语言的了解到目前为止仍然是非常有限的，但是，不管怎么说，能听到植物"说话"，能知道植物说些什么，仍然算得上是科学的一大进步。如果人类能真正听懂植物的语言，那人类的农业生产将发生一个历史性的飞跃。但愿人与植物间的交流能获得成功，届时人类的粮食短缺问题将会有所缓解，人类也将彻底从饥荒中解放出来。

植物也有感情吗

相对于人类和各种动物而言，植物常被认为是一种低级的生命形态。它们不言不语，默默地生长着，正如人们所说的——"草木无情"。其实不然，植物虽然不像人类或动物那样具有丰富的情感，但是它们对外界各种刺激作出的反应，却远远出乎人们意料。所以，从这个意义上说，植物也是有感情的。

鬃刺草是极为干旱的澳洲红色中心地区常见的景观。由于每棵草都向外部生长，最内部的草会死去，所以形成一个草圈。

如果你用手碰一下含羞草，它就会像少女一样羞涩地低下头；花生、大豆的叶子到了夜晚就会紧紧合拢……这一切都是植物对外界刺激所作出的反应。

令人感到惊奇的是，植物对人类才会欣赏的音乐也有很高的鉴赏能力。法国一位园艺学家曾做过这方面的一个实验。他把耳机套在一个番茄上，每天播放3个小时的音乐。结果，这个番茄成熟后比一般番茄大许多。

还有人曾专门用仪器对植物的感觉做了记录。美国著名的测谎机实验者克里夫·巴克斯特曾在1966年把测谎机的电极连在一种热带植物——龙舌兰的叶子上，然后浇上充足的水，结果测谎机把植物饥渴喝水的"情景"记录了下来，很像人在短暂的感情冲动时反应的情景。

日本"新世纪"公司经过长期研究后发明了一种能够测定植物对外界刺激反应的机器。为了了解花草的"感性状况"，他们先用一种叫"蜘蛛抱蛋"的花草做试验，把这个用电池做动力的小装置放在花盆边，把两根电线分别夹在"蜘蛛抱蛋"的叶子和茎上，第二根电线插进土里。"蜘蛛抱蛋"受到外界刺激时会发出一种电脉冲，装置会感受到任何细小的变化，然后通过电线把植物脉冲传导给装置里面的扬声器，扬声器会发出一种类似鸡蛋在杯子里煮爆了的噼啪声，声音随着脉冲增强而提高。更让人惊奇的是，若植物的主人与它对话时它则会很高兴，当主人走近它以至于它能感受到他的呼吸和体温时，植物能够感受到将要发生什么，并在10秒钟内快速作出反应。

专家认为，未来人与植物的"联网"也许会成为现实。人与植物交流的效果比对植物放音乐的效果要好得多。

仙人掌"步行"的奥秘

动物之所以被称为动物，是因为它们有自由行动的能力。而植物没有腿，没有脚，只能留在原地不动。然而，奇怪的是，有些植物似乎打破了这一常理，它们不会常年厮守着方寸之地，而是四处"行走"。

葡萄是我们常见的一种植物，它伸出的卷须能不停地向周围四处探索，如果遇到可攀缘的物体，就会紧抓不放，同时"顺竿爬"，从而开花结果，长得枝繁叶茂。此外，很多住宅、教堂的墙壁从远处看是一片令人心旷神怡的翠绿色，这就是人们常说的"爬山虎"。它的学名叫地锦，又名常青藤、红葛。虽然葡萄能到处"游走"，地锦能"漫游"四壁，可它们的根茎依旧立在原地而无法动弹半步。因此，它们还不能算是真正会"走路"的植物。

在戈壁、沙漠地区生长着一种"步行仙人掌"，它可以称得上"步行高手"了。与葡萄、地锦不同，这种仙人掌能够连根带茎一起四处"行走"，可谓居无定所、四海为家。

可是，不管怎样，"步行仙人掌"仍旧是植物，它又怎么会"步行"呢？

植物学家经研究发现，"步行仙人掌"的根由一些带刺的嫩枝组成，它不会扎进土壤很深。因为戈壁、沙漠经常刮风，"步行仙人掌"就可以在风的帮助下四处"走动"，风停后，它就在新的地方"落脚"生长。

但是，"步行仙人掌"的根既然不能深深地扎进土壤，在干旱的环境里，它如何吸收养分呢？原来，奥秘在"步行仙人掌"的叶茎里。它的叶茎非常肥厚，既能从空气中吸收营养，又能将其贮存。而它的根只管"步行"，吸取养料的作用并不大。

世界上有 2000 多种仙人掌，而树形仙人掌是其中体型最大、寿命最长的种类之一。储存在一株树形仙人掌中的水分可以超过 1 吨重。

动物肢体再生的奥秘

动物世界是一个弱肉强食、适者生存的世界。大自然中的竞争如此激烈，使得动物在进化过程中逐渐具备了各自的防御本领。其中有一部分动物为了自卫，可以瞬间舍弃自己的一部分肢体，掩护自己逃生，过不了多久，它们的肢体又会重新长出来。这让人惊叹不已。

动物世界中的肢体再生之王当属海绵，它有着无与伦比的再生本领。若把海绵切成许许多多的碎块，非但不会损伤它们的生命，相反，在海中它们中的每一块都能逐渐长大形成一个新海绵，各自独立生活。即使把捣烂过筛的海绵混合起来，只要条件良好，它

海星的肢体可以再生，甚至整个身体都会再生。

们重新组成的小海绵的个体也只需要几天的时间即可成活。

海星也分身有术。海星是养殖业的大敌，因为它吃贻贝、牡蛎、杂色蛤等养殖场的饲养物。养殖工人把海星捉起来，碾成粉末后再投入大海，结果每一块海星碎块都繁殖出了新的海星。这令养殖工人大为光火。

还有海参，遇到敌人时，它倾肠倒肚，把内脏抛给敌人，过不了多久，只剩躯壳的它又再造出一副内脏。再生，成了海参逃命的重要工具。

章鱼也有利用触手逃生的本领。章鱼的触手在平时是很结实的，当有人抓住它的某只触手时，这只触手就像肌肉回缩被刀切一样地断落下来，掉下来的触手还会用吸盘吸在某种物体上蠕动。当然这只是障目法，章鱼并不是整个触手都断了，而是在整个触手的4/5处，触手断掉后，它的血管自行闭合，极力收缩以避免伤口处流血。6小时后，闭合的血管开始流通，受伤的组织也有血液的流动，结实的凝血块将触手皮肤伤口盖好。第二天伤口完全愈合后，新的触手就开始慢慢长出。一个半月后，触手就能恢复到原长的1/3了。

海绵是动物界的肢体再生之王。

不仅海星等水中动物有肢体再生的能力，陆地上的动物也有这方面的高手，我们最熟悉的莫过于壁虎了。处于险境的壁虎，可以自行折断尾巴，当进攻者被断了却仍在扭动的尾巴所迷惑的时候，壁虎已逃进了洞穴。不久，壁虎尾巴折断的地方就长出了新的尾巴。

兔子也有弃皮的本领。当兔子的肋部被别的动物咬住时，它会丢掉被咬住的皮，自己逃跑。兔皮跟羊皮纸一样薄，被扯掉皮的地方没有一点儿血，并且很快地，新的皮毛就在伤口处长出来了。还有山鼠，它毛茸茸的尾巴一旦被猛兽咬住，皮很容易脱落，山鼠则秃着尾巴逃跑了。据说黄鼠、金花鼠都具有再生的本领，遇到危险时，它们也会露上一手绝技。

动物的这种"丢卒保车"般的再生本领实在令人羡慕。那么人的断肢能否重新长出来呢？研究动物的再生能力，无疑对人类有很大的启发。

在美国，贝克尔在研究中发现了一种生物电势：蝾螈的肢体被截断了，在未复原时，有一种生物电势产生了，残肢末端的细胞通过电流获得信息，开始分裂，形成新的组织，最后新的肢体长出来了。研究表明青蛙之所以不能再生失去的肢体就是因为体内没有这种电流产生。老鼠前腿的下部被切断，并让电流从此断裂处通过。实验的结果让人震惊，老鼠失去的肢体开始复原了。

我们是否揭开了动物再生的秘密呢？答案是否定的，因为现在还没有充足的实验证据，而且并非所有的有再生能力的动物都遵从这一理论。但是，可以肯定地说，不久的将来，我们一定能揭开动物再生之谜，那时人类肢体的再生将不再是梦想。

🪐 鲸集体自杀现象

1976 年的一天，突然有 250 条鲸出现在佛罗里达州的海滩上。当潮水退下时，这些被搁浅在海滩上的鲸无法动弹，很快就会死掉。美国海岸警卫队员们和数百名自愿救鲸者进入冰冷的海中，企图阻止那些鲸自杀；有的人用消防水管在鲸身上喷水，想以此延续它们的生命；有的人甚至开来起重机，试图把鲸拖回大海，由于鲸重量过大，反而把起重机拖翻了。

鲸冲上海滩集体自杀的现象在许多地方都发生过，没有人驱赶，没有人捕捞，鲸为什么要自杀呢？这真是令人费解。

对于鲸集体自杀的原因，大多数人认为是由于某种原因干扰了鲸对方向的判断，从而使其"误入歧途"。

鲸并不是靠它的眼睛辨别方向的，这一点同海豚相似。鲸的眼睛与它的身材是极不相称的，一头巨鲸的眼睛只有一个小西瓜那样大，而且一般只能看到 17 米以内的物体，能看到的距离还没有自己的身体那么远。但鲸具有一种天生的高灵敏度的回声测距本领。它们发射出的超声波频率范围极广，这种超声波遇到障碍后会立即反射回来，形成回声。鲸就根据这种超声波的往返时间来准确地判断自己与障碍物的距离，定位非常准确，误差很小。

由于鲸具有这个特点，如果非自然原因影响了鲸的回声定位系统，就有可能使鲸找不到方向。学者们对制造鲸自杀惨案的"凶手"进行了追捕，并且找到了几个"嫌疑犯"。

1975 年 7 月，在美国佛罗里达州发生了一群鲁莽的逆戟鲸在洛捷赫特基海滩集体搁浅的事件，动物学家发现鲸的内耳中有许多圆形的昆虫。研究人员因此认为，耳内寄生虫破坏了鲸的回声定位系统，可能是一些鲸搁浅、不能正确收听回声而犯致命错误的原因。

此外，那些污染海水的化学物质也有可能会扰乱鲸的回声定位系统，所以环境污染也可能是鲸搁浅的原因之一。另一些科学家通过解剖数头冲进海滩搁浅的自杀鲸后发现，绝大多数死鲸的气腔两面红肿病变，因此科学家们认为，可能是由于鲸定位系

 1984 年，95 头鲸集体冲上美国马萨诸塞州海滩，随后全部丧生。

统发生病变使它丧失了定向、定位的能力，导致其搁浅海滩。鲸的恋群性特征表明，只要有一只鲸冲进海滩而搁浅，那么其余的就会奋不顾身地跟上去，造成接二连三的搁浅，最终形成集体自杀的惨剧。

伦敦大学生物系的西蒙德斯教授和美国拉斯帕尔马斯大学兽医系的胡德拉教授却认为，军舰发动机的噪音以及水下爆炸等才是鲸集体自杀的真正原因。因为他们在将一系列鲸集体自杀事件进行分析之后，发现了其中的巧合。

这种观点认为，在海洋深处定向、定标的发达的定位系统是每头健康的鲸都拥有的，而那些军舰声呐和回声探测仪所发出的声波及水下爆炸的噪音，破坏了鲸的回声定位系统，从而导致鲸集体冲上海滩自杀。

美国海军曾进行过一系列实验，实验中产生了巨大的海底噪音，结果24小时之内，有16头鲸在巴哈马群岛群体触礁。哈佛医学院和伍兹霍尔海洋研究所对该事件中死亡的两只鲸部分取样后进行了研究分析。鲸类听觉及解剖学专家通过研究发现，鲸的一些对强烈压力都很敏感的部位出现了损伤，如内耳出血，并伴有大脑、听觉系统和喉部的损伤。在其中一具鲸尸中，甚至连接耳鼓鼓膜的韧带都断裂了，这显然是由于受到了强烈的肢体冲撞而造成的。触礁事件之前的10年里，该地区的鲸类科学研究报告中都没有发现有类似状况的鲸。

为此，国际爱护动物基金会的海洋生物学家表示："我们希望通过不杀害或威胁海洋哺乳动物的其他方式进行研究，尽管我们很清楚海军所致力的研究对国家安全至关重要。"许多环保组织则对低频活动声呐表示关注。

对鲸自杀之谜，科学家们做了种种推测后，普遍认为是人类社会的某种原因导致的悲剧。但联想到其他动物群体中一些难解的现象，鲸的集体自杀也许是其"社会"中的一次集体行动。

抹香鲸为何有如此惊人的潜水能力

拥有"海上巨无霸"之称的抹香鲸是海洋中的潜水冠军，海里的其他动物都难以与之媲美。抹香鲸屏气潜入水下的时间可以长达一个多小时之久，而且其潜水深度可达2200米。它的潜水时间之长，入水之深都令人惊叹不已。科学家们对抹香鲸充满了好奇，为什么它会有如此惊人的潜水能力呢？

据海洋生物学家考察，抹香鲸是一种生活在海洋中的肉食性哺乳动物，它的主要食物是生活在深海中的头足类动物，例如乌贼等。大王乌贼个头很大，已发现的长达17米的乌贼伸展开来的触角足有6层楼高。与这些庞然大物搏斗对于抹香鲸来说绝非易事。抹香鲸经常潜入深海来捕食这些动物，因此，时间一长，它练就了一身深潜的好本领。鲸的呼吸系统也随之发生了相应的变化，其右鼻孔通道的容量差不多与肺相等，演变成了一个空气贮藏室。因此，抹香鲸的肺容量可以说增加了一倍。

人类在潜水时不能像抹香鲸那样下潜到如此深处，在海中更不能逗留过久。潜水员上浮时也不能太快，否则就会使得压力骤降，导致组织遭到破坏或神经受压，引起血管闭塞或麻痹，甚至死亡。然而，令人感到不解的是，抹香鲸却能自由地下潜和上

这头在海面游荡的抹香鲸已经准备好又一次的深潜了。它可以潜水达 1 个小时以上，而每次到海面呼吸只要 5 分钟时间即可。

浮，它下潜、上浮的速度甚至达到每分钟 120 米，也毫无不适之感。那么，为什么抹香鲸能自由地下潜和上浮而人却不能呢？

原来，鲸类在潜水时，胸部会随着外部压力而进行调节。压力大时，肺部会随着胸部收缩而收缩，因而肺泡就不再进行气体交换，防止氮气自然溶解到血液中去。这就是一位名叫斯科兰德的科学家于 1940 年创立的"肺泡停止交换学说"。

我们期待着人类有一天也能像抹香鲸一样自由地上浮和下潜，希望科学家利用鲸的"肺泡停止交换"原理，早日研究出适用于人体的肺泡停止交换器。

🪐 旅鼠投海自杀之谜

旅鼠在北欧斯堪的纳维亚半岛的挪威和瑞典一带生活。它们属于小型哺乳动物，最大的身长也不过 15 厘米。它们平时居住在高山深处，以树根、草茎、苔藓为主食。在食物极度缺乏的灾年里，它们就会几十万甚至几百万的大规模地迁移。可人们迷惑的是，是什么原因使它们偏偏要拼命地奔向大海，走向死亡呢？

据史料记载，早在 1868 年，这种奇怪现象就已经出现过。那是一个阳光灿烂、晴空万里的春日，一艘满载旅客的轮船正航行在碧波荡漾的海面上。突然，船上的人们发现一大片东西在远离挪威海岸线的大海中蠕动，后来人们才知道这是一大批在海中游泳的旅鼠。它们从海岸边一群接一群地向大海深处游去，那些游在前面的旅鼠精疲力竭时，便溺死在大海里。但令人不解的是，跟随其后的旅鼠却仍奋不顾身、继续前进，直到溺死为止。数以万计的旅鼠就这样溺死了，海面上漂浮着大片大片黑色的尸体。

1985 年春季，一群旅鼠成群结队，浩浩荡荡地向挪威山区挺进，所到之处庄稼被吃得一塌糊涂，草木也被洗劫一空，它们甚至还把牲畜也咬伤了。一时间，成群的旅鼠使当地蒙受了极大的损失，人们日夜为此烦忧。但是，不知为什么，旅鼠大军在 4 月份的时候却突然每天前进 50 千米，直奔挪威西北海岸。一旦在行程中受到河流阻挡，那些走在前面的旅鼠便毫不犹豫地跳入水中，用身体为后来者架起一座"鼠桥"；一旦遇上了悬崖峭壁，自动抱成一团的旅鼠们就会形成一个个大肉球，勇敢地滚下去。一路下来，尽管伤亡惨重，但活着的仍会继续前行。就这样，它们遇水涉水，逢山过山，前仆后继，勇往直前，几乎沿着一条笔直的路线向大海挺进。来到海边后，它们纷纷跳下大海，毫无惧色，奋力往前游去，直到所有的旅鼠都在水中溺死。

旅鼠要集体"自杀"的原因到底是什么呢？至今还没有一个解释能够让人信服。

有一种解释是"生存压力说"。根据这种说法，由于旅鼠的繁殖力过强，导致数量太多，无法得到充裕的食物和生存空间，所以它们必须另找生路。但是它们为什么非得自杀呢？而且为何只有在北欧生活的旅鼠，才会有这样的举动？一些生物学家因此又进一步解释说，几万年前的挪威海和北海比现在要窄一些，因此旅鼠很容易便能游过大海，从此旅鼠迁徙的习性就作为一种本能遗传下来。可是如今的挪威海和北海比过去宽得多，而旅鼠仍在起作用的遗传本能下迁移，淹死在海中便也不足为怪了。可这也不是一种令人信服的解释，原因在于旅鼠一般以北寒带所有的植物为食，按理说，即使它的数目达到每公顷 250 只的密度，也不愁没有食物可吃。再说在迁移过程中，旅鼠通常也会遇到食物丰富、地域宽广的地带，但是这并不能使它们停住不前。所以认为旅鼠集体自杀是因为缺少足够的食物和生存空间才向外迁徙的说法不是很可信。

苏联科学家认为，在 1 万年以前，地球正处在寒冷的冰期，北冰洋的洋面在这个时期形成一层厚厚的冰，由于风和飞鸟的原因，大量的沙土和植物的种子被带到冰面。所以，一到夏季，这里水草丰盛，旅鼠在此生存不成问题。但是后来气候变化，原有的冰块不复存在，旅鼠之所以要向北方迁徙并且最后跳入巴伦支海，正是为了寻找当年居住的"乐土"。虽然这一解释听起来很有道理，但是也由于没有充足的证据而显得有些牵强。

还有观点认为，急剧增加的旅鼠的种群数量，使它们的神经变得高度紧张，社群生存压力也大为增加，旅鼠的肾上腺增大，因此变得急躁不安。与此同时，它们的运动欲望又非常强烈，所以便进行分散和迁移。擅长游泳的旅鼠们妄图横渡江河湖泊甚至大海，可是最后还是因为体力不支而被淹死。

当然，这种说法也颇为牵强。一些科学家指出，旅鼠通常情况下不可能很快看见群体密度高的后果，这种影响要到下一代才会显现出来。早期时，一片葱郁的冰块完全适合旅鼠的生存，到了后来气候发生了变

 北欧寒冷地区是旅鼠的生活栖息地。

旅鼠的耳朵很小，掩在浓毛中，毛色会因时变化。它们在迁移途中的"自杀"行为至今令科学家们迷惑不解。

化，冰块消失了。为了寻找昔日的居住地，它们集体向北迁徙，并且义无反顾地跳入巴伦支海。这个解释不乏一定的合理性，但也因证据不足而不能使人信服。

除此之外，还有些科学家以旅鼠的生命周期为研究对象，他们的发现表明，在数量急剧增加的时候旅鼠体内的化学过程和内分泌系统会发生变化。有人认为，这些变化可能正是生物体内的"开关"，它们以此来控制其种群数量。当其数量多到一定程度时，该种群大量的"集体自杀"现象就会出现。

总而言之，科学家认为，应该把旅鼠自身生理上、行为上和遗传上的因素，加上外部环境条件的影响作为研究其自杀之谜的基本着眼点。但是旅鼠真的是"集体自杀"，还是在迁移过程中"不小心"坠海而死，至今仍是生物学界中解释不清的谜题。看来，人类要想最终破解这个谜，还需假以时日。

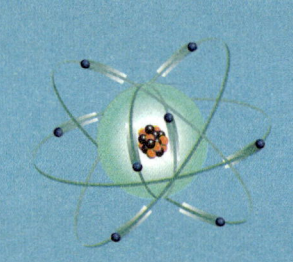